普通高等教育"十二五"旅游管理专业规划教材

旅游经济学

主　　编　陈淑兰
副主编　张小利　程　柯
参　　编　李永文　何　静　万三敏

机械工业出版社

本书共分 12 章，内容包括旅游经济学概论、旅游产品、旅游需求与旅游供给、旅游价格、旅游消费及旅游者效用、旅游企业成本与收益分析、旅游投资与决策、旅游市场、旅游市场失灵与规制、旅游收入与分配、旅游经济结构及其优化、区域旅游经济发展。本书资料新颖、丰富，理论联系实际，宏观分析与微观研究相结合，注重案例研究，便于理解与自学。

本书不仅适合普通高等院校（含高职高专）旅游管理专业作为教材使用，也适合成人教育相应专业作为培训教材，还可供旅游管理人员、旅游经济研究人员参考。

为方便教学，本书配备了电子课件等教学资源。凡选用本书作为教材的教师均可登录机械工业出版社教材服务网 www.cmpedu.com 免费下载。如有问题请致信 cmpgaozhi@sina.com，或致电 010-88379375 联系营销人员。

图书在版编目（CIP）数据

旅游经济学/陈淑兰主编． —北京：机械工业出版社，2011.12
普通高等教育"十二五"旅游管理专业规划教材
ISBN 978-7-111-36393-4

Ⅰ．①旅… Ⅱ．①陈… Ⅲ．①旅游经济学—高等学校—教材
Ⅳ．①F590

中国版本图书馆 CIP 数据核字（2011）第 230374 号

机械工业出版社（北京市百万庄大街 22 号 邮政编码 100037）
策划编辑：徐春涛 责任编辑：徐春涛 宋 燕
责任印制：李 妍
中国农业出版社印刷厂印刷

2012 年 1 月第 1 版第 1 次印刷
184mm×260mm・17 印张・417 千字
0 001—3000 册
标准书号：ISBN 978-7-111-36393-4
定价：32.00 元

前　言

　　旅游业已成为当今世界经济中最大的产业之一，并仍以十分惊人的速度发展着。中国旅游业在改革开放中崛起，经过30余年的发展，已经树立起世界旅游大国的鲜明形象，成长为推动世界旅游发展的极富活力的重要力量。随着旅游业在国民经济中地位的不断提高，人们越来越重视对旅游经济活动的研究。旅游经济学是研究旅游经济活动运转过程，以及在这一运转过程中所反映的各种经济现象、经济关系、经济运行及其规律的科学。旅游经济学是对旅游经济活动实践的科学总结，它随着旅游经济活动的发展而不断发展，并已形成自身的科学研究体系。

　　本书根据旅游经济学理论性强、应用性突出的特点，以现代市场经济理论为基础，运用现代经济学、旅游学、管理学等多学科理论与方法，较为全面、系统地阐述了旅游经济学的基本原理和方法。在注重旅游经济理论阐述的同时，又结合国际、国内旅游经济活动的实践进行诠释。本书主要内容包括旅游经济学概论、旅游产品、旅游需求与旅游供给、旅游价格、旅游消费及旅游者效用、旅游企业成本与收益分析、旅游投资与决策、旅游市场、旅游市场失灵与规制、旅游收入与分配、旅游经济结构及其优化、区域旅游经济发展。

　　本书在编写时注重突出以下几个特点：

　　（1）在理论性、系统性基础上，吸收几年来国内外有关旅游经济学研究的新理论、新成果，如旅游产品生命周期理论、旅游市场失灵与规制等内容。

　　（2）在注重定性和宏观分析的基础上，加强定量与微观研究。

　　（3）基本原理与产业实际相结合。精选了国内外旅游经济的若干案例，并有相关的案例评析，以利于培养学生的分析能力。

　　（4）每章前后分别安排有学习目标、本章小结、思考与练习等内容，以方便学生理解和自学。

　　本书由陈淑兰担任主编，具体的编写分工如下：李永文编写第一、十二章；何静编写第二、十章；程柯编写第三、十一章；陈淑兰编写第四、七章；张小利编写第五、八章；万三敏编写第六、九章。全书由陈淑兰统改、定稿。

　　在本书的编写过程中，参考了旅游经济及其相关领域的大量国内外文献资料，引用了若干学者的许多观点，其主要部分已在书后的参考文献中列出，在此，全体编写成员向这些文献作者表示衷心的感谢！

　　由于编者水平有限，书中尚有纰漏和不足之处，恳请各位专家、学者及广大读者批评指正。

编　者

目　录

旅游经济学概论

学习目标

1. 了解旅游经济活动的概念、含义及其形成的社会背景和条件。
2. 理解并掌握旅游经济学的研究对象、任务和基本内容。
3. 能够运用旅游经济学的研究方法从事相关问题的研究。

旅游经济学是伴随着旅游经济的产生和发展而形成的一门新兴学科，是研究旅游经济活动内在规律的一门应用性学科，是对旅游经济活动规律的理论概括和总结。本章作为旅游经济学的导言，主要介绍：旅游经济活动形成的社会背景和条件，旅游经济学的产生与发展，旅游经济学的研究对象、研究内容、研究方法等，从总体上把握旅游经济学的基本理论体系。

第一节　旅游经济活动概述

一、旅游活动与旅游经济活动

1. 旅游活动

关于旅游活动的概念，有狭义与广义之分。狭义的旅游活动是指游人以游览为主要目的，所从事的"游览"性活动。广义的旅游活动既包括游人的游览活动，也包括旅游开发者的开发活动，旅游经营者的经营活动，旅游管理者的管理活动，以及旅游科技、文化、教育人员的科学教育活动等，即旅游活动是指与旅游直接相关的各种活动的总称。

旅游活动是一个发展变化着的概念。在奴隶社会和封建社会，不管是帝王将相的巡游、和尚道士的云游、文人墨客的漫游，还是经商贸易人员的商游，旅游活动仅仅是少数人的游览活动，其活动的开展主要是以自助方式完成的，旅游活动的内容极其单一。随着社会的发展，生产力水平的提高，特别是随着旅游交通条件的改善，个人收入的不断增加，人们闲暇时间的不断增多，参加游览活动的人数日益增加，由过去的少数人、小范围、短时间、自助式的游览活动逐渐演变为现在的大众性、全球性、服务性的旅游活动，其活动内容的广度和深度都发生了极其深刻的变化，包括参与旅游活动的人员构成、活动的方式、参与的途径等，都不可同日而语。旅游活动由过去的单一性游览活动，发展到今天的包括游人游览活动（旅游消费活动）在内的其他各种活动。

2. 旅游经济活动

旅游经济活动是旅游活动的一个重要方面，它是指旅游需求者与旅游供给者之间，通过市场交换形式所形成的各种经济现象和经济关系的总和。

对于旅游经济活动这一定义，可以从以下几方面加以理解。

（1）它是旅游活动伴随着商品经济高度发展的产物　从其发展历史来看，旅游活动并非一开始就是以商品交换的形式出现的，而是随着社会生产力发展水平的不断提高，社会分工的不断细化和专业化，商品生产与商品交换广泛深入地发展而逐步商品化的。也就是说，随着社会经济的发展，旅游活动的社会化程度在不断提高，旅游活动过程中的各种经济联系不断加强，旅游活动同整个社会的经济依存关系日益紧密。与此相对应，旅游活动对整个社会经济的影响作用也变得越来越大。旅游者为了实现自己的旅游目的，必然会在食、住、行、游、购、娱等方面产生各种需求，而社会也必须为旅游者在旅游过程中的各种需求提供供给，以适时满足旅游者旅游活动的进行，从而实现供需双方各自需要的价值和使用价值的交换。也就是说，人类早期的旅游活动与今日的旅游活动相比，今日的旅游活动已经具有完全的商品化和社会化特征。商品化是指旅游活动是在商品交换的条件下完成的；社会化是指旅游活动已经成为一种大众性活动，其活动的开展离不开专门为旅游者提供产品和服务的旅游产品供给者，以及与之配套的旅游服务组织与环境。在自然经济条件下，旅游活动主要表现为旅游者依靠自我服务而满足自我需求的活动，一般不涉及旅游产品的生产交换问题，而今日的旅游活动是建立在商品经济基础之上的，是以旅游商品的生产与交换为主要特征的旅游活动。

（2）它是旅游活动在经济领域中的具体体现　旅游经济活动主要反映的是旅游活动过程中供需双方之间发生的各种经济联系，以及这些联系对社会经济发展所产生的各种影响。旅游经济活动像工业、农业、其他第三产业一样，也是国民经济的重要部门和重要经济活动内容之一，只不过是生产资料、劳动对象、生产成果以及所解决的主要矛盾不同而已。例如在解决的主要矛盾方面，除了旅游需求与旅游供给这对基本矛盾以外，还有旅游活动中的经济效益、社会效益、环境生态效益三者之间的矛盾；旅游需求中旅游者的旅游欲望与旅游支付能力、闲暇时间、身体条件等方面的矛盾；旅游者之间争夺旅游"热点"、"热线"的矛盾；旅游企业之间争夺客源的矛盾；旅游企业收益与成本之间的矛盾；旅游企业利益与国家利益、游人利益、旅游地居民利益的矛盾等。

（3）它的主体是旅游者、旅游产品供给者和旅游目的地国家（地方）政府　有旅游欲望的人是潜在旅游需求者，当潜在旅游需求者身体等条件许可，并得到充足的费用和闲暇时间的支持时，就会成为现实旅游需求者，即旅游者。而现实旅游需求者数量的多少、人员构成等，又在一定程度上决定了旅游活动的规模、地区范围和活动内容。有旅游产品生产欲望的人，是潜在旅游产品供给者。当潜在旅游产品供给者的供给条件许可，且价格合适，有利可图时，就会成为现实旅游产品供给者，即旅游产品的生产经营者。而现实旅游产品供给者人数的多少，生产的旅游产品种类和数量、服务质量、产品价格等，又在一定程度上影响着旅游需求，进而影响到旅游活动的规模、地区范围和活动内容。旅游目的地国家（地方）政府，是旅游产品生产、流通、交换和消费政策的制定者，市场秩序的管理者，在旅游经济活动中起着重要的宏观、微观组织协调和管理作用。可以说，没有政府的参与，旅游经济活动很难有序、正常的进行。旅游者、旅游产品供给者和旅游目的地国家（地方）政府，三者既是旅游经济活动的主体，也是旅游经济效益的最大受惠者，三者和谐有序地互动，是一个国家或地区旅游业顺利发展的根本保证。

（4）它是一种综合性服务活动　旅游活动虽不完全是以经济活动为目的的，但其整个活动过程是以旅游经济活动为基础的，特别是在现代旅游活动中，旅游者要想有效地实现其旅游需求，既离不开食、住、行、游、购、娱等各种服务，也离不开金融、通信、文化、体育、医疗、保健、商务等各种辅助性服务。因此，从供给的角度来看，旅游经济活动是一种以服务活动为主体，并涉及许多企业和行业的综合性服务活动。正因为旅游经济活动是一种综合性服务活动，具有强烈的服务性特点，所以它才理所当然地被划入第三产业（服务业）的范畴。

二、旅游经济活动形成的社会背景和条件

旅游经济活动是社会生产力发展达到一定水平的产物。了解旅游经济活动形成的社会背景和条件，有利于进一步加深对旅游经济活动的认识和理解。

1. 旅游经济活动形成的社会背景

旅游包括旅行与游览两个组成部分。旅行是人们由一地至另一地的空间位移，游览则是人们在旅行过程中所从事的对另一地风光的观赏。旅行是游览的前提条件、手段和方法，游览是旅行的根本目的。从形成的历史来看，旅行活动与游览活动是相伴而生的，但严格地说，旅行活动早于游览活动。有人说，最早的旅行活动是指原始社会的迁徙、移居性游牧耕种活动。但我们认为，在生产力极不发达的原始社会，由于生活环境与生存条件的需要，常常由一地迁徙到另一地，直至近代，地球上还有一些游牧民族仍是逐水草而居的。然而，这种迁徙、移居性的活动虽具有旅行的性质，但还不能称为旅行活动，而只是原始性农业生产活动。真正的旅行活动是指人们因某些事务离开常居地，在外赶路或短时间的过夜住宿现象。在封建社会，这种旅行活动已经非常普遍，如人们从事的各种探险、科学考察、宗教信仰、外事交往、求医治病、商贸经营等。虽然在这些旅行活动中会不可避免地发生一些游览行为，但旅行活动的最终目的是从事其他活动，并非游览。在此期间，只有少数帝王将相、贵族等，才有条件进行以游览为目的的消遣性旅行活动。因此，在整个漫长的奴隶社会和封建社会，旅游活动只不过是极少数特权阶级和贵族享乐的代名词。在这种极少数人的旅游活动中，虽然也会进行食、住、行、游、购、娱等各种活动，并为各种活动支付一定的货币，具有今日旅游经济活动的性质，但这只是极少数人的行为，并不具有普遍的社会意义，特别是在旅游活动的核心内容"游"的方面，并没有人以谋取经济利益为目的来组织或经营这种活动。因此，在封建社会及其以前时期，旅游活动是以旅行活动为主体，游览活动为辅助的人类活动现象，真正的旅游经济活动并未出现。

随着社会生产力发展水平的不断提高，特别是交通运输发展水平的不断提高，社会劳动分工不断深化，旅游活动逐渐同社会经济活动结合了起来，旅游活动不论是从消费的角

度还是从生产的角度分析，其经济属性越来越强，旅游活动逐渐转化为一种社会性的经济活动。人类社会进入 19 世纪以后，蒸汽机、电的发明和利用，火车、轮船和汽车的出现，使人们实现空间上的位移不仅更快，而且更加舒适，交通作为旅游活动不可缺少的必要条件，变得更加便利。有人在谈到交通与旅游的关系时曾认为，旅游与交通是相伴而生的，在某种程度上说，旅游的发展史就是交通的发展史。正是由于交通运输条件的变化，英国人托马斯·库克才有可能组织 540 人的庞大队伍到路夫鲍洛夫参加禁酒大会；才有可能成为第一个商业性的旅游组织者，使众多人完成从利物浦到苏格兰的旅游活动；才有可能把旅游活动的组织进一步扩展到英国以外的地区，先后组织众多的游人到美洲、欧洲、亚洲、北非乃至环球旅游。正是在托马斯·库克多次旅游活动组织成功的影响下，人们受到了启发，使商业性的旅游经营活动在整个欧洲相继展开。其间，美国与欧洲其他国家也相继成立旅行社，专门从事旅游活动的组织与经营。到 20 世纪初期，一个包括中国在内的全球性旅游经营组织的分布基本形成。这时参加旅游活动的除皇室、贵族、大商人等之外，也有一部分有时间和金钱的中产阶级人士、求学和传教人员，旅游活动开始具有了以谋取经济利益为目的的性质，它不再仅仅是一种社会性的生活、文化活动，已经成为人类社会一种新的经济活动。

2. 旅游经济活动形成的社会经济条件

社会生产力发展水平是旅游经济活动能否形成的决定性因素。旅游经济活动像农业、工业、商业等经济活动一样，是社会生产力水平发展到一定阶段的产物，是在其他产业部门高度发展的基础上产生和发展的，是近代商品生产和商品交换长期发展的结果。从社会经济发展的进程来看，世界经济的高速发展发端于英国 18 世纪的产业革命，其标志是以机器工业代替了工场手工业，形成了以机器大工业为基础的社会化大生产，使社会生产力水平得到迅速提高，并大大促进了资本主义商品生产和交换的进行，给整个人类社会的经济生活带来了根本性变化，其表现如下：

（1）社会生产力发展水平的提高，造就了大量的旅游需求者　一方面，产业革命的进行不仅大大提高了社会生产力的发展水平，而且相应提高了劳动者的生产效率和收入水平，培育了他们的旅游消费能力。同时，产业革命的进行，加速了产业工人和城市居民队伍的扩张，这样既促进了城市与工业区的兴起和发展，也有利于旅游中心的形成与发展。另外，通过产业革命，使社会上以工业资本家和商业资本家为代表的一批新兴资产阶级的收入大大增加，成为完全有时间和金钱从事旅游消费的人。另一方面，随着工商业和对外贸易的发展，工商企业需要寻求更广阔的原料地与商品市场，需要业务人员经常不断地穿梭往来于全国各地或世界各地，进行原材料的采购、产品推销、业务洽谈，使得商业旅游活动迅速发展。

（2）社会生产力发展水平的提高，使旅游经济活动所需的物质资料更加充裕，旅游经济活动的供给能力大大增强　产业革命的进行，造成了地区间、城市间大规模的人口流动，从而直接为交通运输业、旅游业、饮食业等提供了大量的服务对象，进一步促进了这些产业的发展，间接地促进了建筑工业、原材料工业、建材工业等的发展。交通运输业、旅游业、饮食业、建筑业的兴旺发展，又使旅游经济活动中的食、住、行供给能力和水平大大增强。另外，产业革命的进行，既促进了工农业生产部门的生产能力和水平，也促进了人们的生活消费能力与水平的提高，这时间的宴会厅、舞厅、剧院、休息厅等休闲娱乐性场所不断增多，旅游经济活动中"娱"的条件大大改善。总之，构成旅游业主要组成部分的食、住、行、购、娱等行业，在此期间得到了迅速发展，它们使旅游经济活动所需的物质资料更加充裕，旅游经济活动的供给能力和水平大大增强，为旅游业的大发展提供了充分有利的条件。由此可见，旅游经济活动是社会生产力发展水平达到一定阶段的产物，是社会劳动地域分工进一步细化的结果，是在具备了丰富的物质条件，人们的生存需求基本得到满足的前提下，才产生的一种人类社会经济活动。

（3）社会生产力发展水平的提高，使旅游经济活动的自身建设成为可能，旅行社产生，游乐内容增多　随着社会生产力发展水平的提高，社会上的旅游需求能力和满足旅游需求的旅游业迅速发展，社会上出现了组织团体旅游和散客旅游的旅行社及与其类似的旅游服务专业机构，托马斯·库克就是从事这方面经营的一个杰出代表。托马斯·库克于 1845年在英国开办了包括食、住、行业务在内的旅行社，并在美洲、非洲、亚洲设有分支机构。尾随库克之后，在法国、德国、美国等一些发达的资本主义国家，也相继出现了一些名称不同，但经营内容相似的旅行商社组织。

另外，随着旅行社经营活动的开展和旅游需求与供给能力的日益增强，一些旅游休闲地、人造旅游吸引物、豪华型旅游设施也都相继出现。例如，英国的布莱顿（Brighton）和法国的里维埃拉（Riviera）成为十分繁荣的度假胜地；巴黎出现了舒适豪华的新式大饭店（Great Hotel）；大西洋上出现了"泰坦尼克"号巨型豪华邮轮；人造吸引物在北美大陆兴起，著名的纽约康尼岛游乐园（Coney Island）、迪士尼乐园（Disneyland）相继出现。

旅游需求、旅游供给和旅行社组织的产生与迅速发展，使旅游经济活动完全具备了发展的条件，旅游业作为人类一种新的经济活动，一个相对自成体系的产业部门，开始独立于社会经济行业体系之中，并以其自身的辉煌业绩，显示了它在世界经济发展中的重要地位与重大影响。

3．现代旅游经济的发展及现状特征

（1）现代旅游经济的发展　现代旅游经济的发展通常是指第二次世界大战以后，特别是 20 世纪 50 年代以后世界旅游经济的发展。与 20 世纪 50 年代以前的战乱状态下的世界旅游经济发展相比，60 年代以后，全球国际局势相对稳定，科技进步加快，社会生产力发展水平大大提高，世界经济以前所未有的速度发展，尤其是西欧、北美、东亚太地区。随着社会经济的快速发展，人们的收入和生活水平逐渐提高，闲暇时间不断增多，特别是带薪假期增加，交通运输条件显著改善，从而使世界旅游业步入了一个现代旅游的新阶段。

自世界旅游业进入现代旅游经济阶段以来，旅游经济以强劲的发展态势相继超过机械工业、钢铁工业、石油工业、汽车工业，成为引领世界经济发展的第一大产业，也是一个高增值、高就业、高创汇、高效益的新兴产业。以国际旅游为例，战后初期的 1950 年，全世界国际游客人数约 2 520 万人次，国际旅游收入 21 亿美元。到 2002 年，国际游客人数和旅游收入分别达到 6.92 亿人次和 4 725.1 亿美元。另据世界旅游组织"2020 年旅游业远景"报告预测，到 2020 年，全球旅游人数将增至 16 亿人次，国际旅游收入将达到 2 万亿美元，这充分显示了现代旅游经济发展的旺盛活力和辉煌灿烂的发展远景。

我国旅游经济的发展也是同样，自新中国成立以来，尤其是 1978 年我国实行改革开放

以后，旅游经济以前所未有的速度向前发展。1978 年，来我国旅游的国际游客人数仅有 181 万人次，国际旅游收入 4.52 亿美元，还赶不上东南亚的城市型国家新加坡。而到了 2004 年，我国接待的国际游客人数达到 1.09 亿人次，旅游外汇收入达到 257.39 亿美元，我国的旅游业可谓发生了天翻地覆的变化。

（2）现代旅游经济的特征

1）大众性。现代旅游经济发展的大众性特点，主要表现在两个方面：一是表现在旅游需求方面；二是表现在旅游供给方面。

首先，从旅游需求方面来看，在第二次世界大战以前，参加旅游活动的人多是富裕阶层，广大劳动人民与旅游无缘。其原因主要是社会生产力发展水平太低，个人可自由支配收入，尤其是用于旅游的可支配收入太少或根本没有，再加上劳动时间过长，闲暇时间不多，社会动乱，安全得不到保障等。第二次世界大战以后，社会环境相对稳定，经济恢复发展，劳动生产率大大提高，个人可自由支配收入和时间增加，人们参与旅游活动的各种条件得到根本改善。目前，除了发达国家以外，对于大多数发展中国家而言，很多人也已经有条件参与旅游活动，广大人民群众已成为旅游的主体。以我国为例，在 2002 年我国接待的 9 790.8 万人次的外国旅游者中，农民、办事员、服务人员、无职业人员等约占 70% 以上。由此可见，旅游活动的大众性特点已经形成。

其次，从旅游供给方面来看，由于旅游需求的大众化，为旅游产品供给者的生产提供了广阔的市场。目前，旅游资源的开发利用，旅游设施的建设，旅游信息网络和各种旅游服务的提供，旅游科学研究和旅游文化教育的普及，旅游管理政策和法规的制定，以及旅游市场管理的规范和完善等，都达到了一个前所未有的水平。据有关方面统计，目前，全世界从事旅游产品生产、服务等方面的从业人员人数，是世界所有产业部门中就业人数最多的产业部门之一，其大众性特点也已经非常突出。

2）全球性。现代旅游经济发展的全球性特点，主要表现在两个方面：一是表现在游人的活动范围上；二是表现在世界旅游经济发展的地区分布上。

首先，从游人的活动范围来看，在第二次世界大战以前，由于支付能力、闲暇时间和交通条件的限制，人们的旅游活动不仅人数少，而且出游距离近、时间短。而现在，由于以上各种旅游条件的改善，特别是交通运输条件和通信技术条件的现代化，可以使人们在较短的时间内快速、安全、舒适地到达世界各地旅游，旅游活动的发展成为一种全球性的人类社会活动。

其次，从现代旅游经济活动的地区分布来看，在第二次世界大战以前，不管是国内旅游还是国际旅游，基本上全部集中在少数几个经济发达国家，广大的发展中国家和经济欠发达国家的旅游很不发达，不少国家的旅游业务甚至为零。第二次世界大战以后，随着世界各国经济的迅速恢复和发展，世界各国基本上都发展了自己的国内旅游业务，大多数国家和地区开展了国际旅游业务。目前，东亚太地区、中南美地区和非洲的不少国家和地区，旅游业发展速度都很快，一个全球性的旅游经济大发展的局面已经形成。

3）多样性。现代的旅游经济活动不论是在活动的内容上、旅游的方式上，还是活动的地域范围上、旅游产品的生产上，都充分表现出了多样性的特点。例如，在旅游活动内容上，过去大多是有什么看什么的传统观光式旅游。而现在，随着旅游产品的日益增多，旅游的内容丰富多样，如购物游、探亲游、生态游、休闲游、探险游、亲子游、蜜月游等，可谓五花八门，花样翻新。在旅游的方式上，既有团队包价游，也有散客游；既有徒步考察游、自行车旅游，也有私家车驾车游、三五好友结伴游。在旅游活动的地域范围上，既有近距离的区域旅游、中远距离的国内旅游，也有远距离的出国旅游、洲际旅游，更有甚者，现在已经有人利用航天器进入太空旅游。在旅游产品的生产上，更是琳琅满目，多种多样，自然的、人文的，历史的、现代的，物质的、精神的，民族的、异国的，林林总总，不一而足。总之，现代旅游经济活动的多样性特点，充分说明现代旅游经济的发展水平已经不可与过去同日而语，已经进入一个兴旺发达、蒸蒸日上的时期。

4）持续性。第二次世界大战以后，世界旅游经济一直保持着强劲的发展势头，尤其是最近二十年来，由于亚太地区旅游经济发展的异军突起，中南美和非洲部分国家的快速发展，更使世界旅游经济的发展速度加快。从1950年到2000年，世界旅游客流量增加了26.56倍，国际旅游收入增加了226.14倍，世界旅游业发展速度之快和半个多世纪以来的持续增长，由此可见一斑。在半个多世纪的时间里，虽然也受到过资本主义的经济危机、国际局部战争、亚洲金融危机和"非典"等很多事件的冲击，其增长速度时而有所放慢，但同世界其他行业的发展相比，旅游业的持续、高速发展特点仍然是十分突出的。

5）系统性。现代旅游经济活动是由旅游主体、旅游客体和旅游媒介体等多种要素相互联系、相互制约、相互促进，分别发挥各自的特殊作用，共同分工协作完成的，具有鲜明的系统性、整体性特点。任何一个国家或地区的旅游经济活动的进行，以上三大要素都是不可缺少的，并且要求它们之间保持合理的比例关系（即合理的系统结构）。

6）区域性。区域性，也称区域差异性。就一个具体的地区而言，旅游经济活动都是在其特定的环境条件、社会历史发展基础和传统文化的作用下进行的，均具有鲜明的地域性特点。尤其是国家间、地区间相距越远，旅游经济活动的区域差异性就越大。

7）竞争性。现代旅游经济活动是商品经济活动的一个重要方面，其市场性随着旅游经济的发展越来越强，国家间、地区间的市场竞争也越来越激烈。每个地区都想通过竞争获取更多的人流和价值流，以促进本地区旅游业的发展。旅游产品市场与工农业产品市场相比，其最大不同点是竞争性强、垄断性差，原因是旅游产品的可替代性强，旅游市场受随机因素影响大。因此，对于一个地区而言，勇于创新、突出特色、提高竞争力等，是区域旅游经济永得活力、持续发展的根本。

第二节　旅游经济学的产生、发展与学科特点

一、国外旅游经济学的产生与发展

旅游经济学是伴随着旅游经济的形成与发展而产生的一门新兴学科。1840年以后，随着西欧、北美等地区经济发达国家旅游业的发展，人们开始关注对旅游经济问题的研究，先后发表或出版了一些旅游经济研究论文和著作。例如，1899年意大利国家统计局局长博迪奥发表了《关于在意大利的外国旅游者的流动及其花费》的论文，认真探讨了外国游客在意大利的旅游分布、流动及其消费情况；意大利的尼切福罗和贝尼尼分别于1923年和

1926 年发表了《在意大利的外国人流动情况》和《关于旅游者流动计算方法的改进》两篇论文，进一步探讨了外国人在意大利的流动规律及流动量的计算等问题；1927 年，意大利罗马大学的教授马里奥出版了《旅游经济》讲义，次年又出版了该书的续编，首次对旅游经济问题进行了比较全面、系统的研究；1935 年，德国柏林商业大学旅游研究所所长格里克里曼发表了《一般旅游论》，从经济学和社会学角度对旅游经济的发展进行了研究。

第二次世界大战以后，西欧、北美等地区的旅游业迅速发展，成为国民经济中的重要行业。为了满足旅游经济快速发展的需要，许多西方国家建立了各种类型的经济管理院校，开设了旅游经济、旅游管理等学科，"旅游经济学"成为这些院校和学科的专业基础课。与此同时，西方国家为了适应旅游经济发展和旅游人才培养的需要，一些专家和学者在对世界旅游经济及本国旅游业发展进行认真分析、研究的基础上，对旅游经济的基本理论、基本内容和基本方法进行了比较全面地分析，发表了一批高水平的旅游经济学术论文，出版了一些研究专著和教材，对世界旅游经济的发展起到积极的指导和促进作用。例如，1936 年，英国的丁诺瓦尔出版了《旅游业》；1933 年，英国的奥格尔维出版了《旅游运动》，利贝拉出版了《旅游业的发展和作用》；1951 年，美国的诺曼出版了《历代的旅行和交通》；1966 年，吉勒贝尔·西戈出版了《旅游业历史》；1969 年，美国迈克尔·彼德斯出版了《国际旅游业》；1970 年，南斯拉夫的 S.马尔维奇和 Z.马尔科维奇合作出版了《旅游业原理》；1974 年，英国的卡特和梅德里克合作出版了《旅游业的过去、现在和未来》；1978 年，前南斯拉夫贝尔格莱德大学副校长斯洛博丹·翁科维奇出版了《旅游业》等专著。

20 世纪 90 年代以后，西方国家对旅游经济学的研究已经相当普遍和深入，出版和发表的这方面的著作和论文如雨后春笋。例如，美国的哈罗德 L.瓦格尔（Harold L. Vogel）所著的《旅游经济学金融分析指南》，亚德里恩·布尔（Adrian Bull）所著的《旅游经济学》，艾斯拉比（Aislabie）和科林（Colin）合著的《旅游经济学》等。

二、国内旅游经济学的产生与发展

中国旅游经济的研究相对较晚，其原因是：①我国旅游经济不发达，缺乏旅游经济理论研究的服务对象和实践基础；②与我国自古以来重视物质产品的生产，轻视和忽视服务产品等传统意识有关。1978 年，我国实行对外改革开放、对内经济搞活的方针政策以后，旅游业才一步一个台阶地在全国各地迅速发展起来。一方面旅游经济的大发展需要更多的旅游经济理论作指导；另一方面，旅游经济的大发展也为旅游经济理论的研究提供了大量的研究素材、服务对象和实践检验平台，从而使旅游经济理论研究如火如荼地开展起来。我国的旅游经济理论研究虽然起步很晚，但发展很快，研究成果很多，尤其是区域旅游经济发展研究，旅游资源开发利用研究，旅游市场研究，旅游投资决策和经济效益分析研究，旅游经济增长与可持续发展研究，旅游经济发展战略研究等方面的成果更多。从旅游经济研究的具体成果来看，首先是论文性的成果最多，其次是报告性成果，这部分成果多与具体的区域相结合，以服务地方旅游经济发展为宗旨，如区域旅游经济发展战略研究、区域旅游资源开发利用研究等；最后是专著或教材性成果，现在在我国能够看到的由我国学者编著的《旅游经济学》或同类型的书籍，至少有 20 部之多，主要作者有王立刚、刘世杰、林南枝、陶汉军、李天元、黄辉实、张汝昌、罗明义、王大悟、魏小安、历新建、张辉、赵晓燕、田里、李亚非、朱沁夫、王晨光、邹树梅、叶全良、唐留雄等。以上这些成果的问世，为我国旅游经济的发展产生了重要的指导作用和巨大的推动作用，也为我国旅游经济学的教学和科研提供了丰富的参考资料。

三、旅游经济学的学科特点

旅游经济学是一门产业经济学，是以现代经济学的理论为指导，研究旅游经济活动中各种经济现象、经济关系和经济规律的科学。若要对旅游经济学有一个比较全面的了解，必须从对它的基本概念和学科特点的认识开始。

1. 旅游经济学是一门新兴学科

从前面旅游经济学的形成与发展的介绍可以看出，旅游经济学是伴随着现代旅游经济的形成与发展而产生的一门新兴学科。如果从 1927 年意大利罗马大学的教授马里奥第一次出版的《旅游经济》讲义算起，至今还不到 100 年的历史；如果从 19 世纪后半期西方国家开始关注对旅游经济问题的研究开始，至今也不过 150 年左右。由于旅游经济学的研究历史比较短暂，是一门新兴学科，因此其学科体系、基本内容、基本概念、研究方法等方面还存在着许多值得深入探讨和进一步完善的地方，旅游经济学的理论建设还有很多工作要做。

2. 旅游经济学是一门应用学科

旅游经济学是以经济学的一般理论为指导，专门研究旅游经济活动中的各种经济现象、经济关系和经济规律的科学。旅游经济学的应用性特点主要表现在以下几个方面：首先，旅游经济学的基本理论、基本内容和基本方法来源于旅游经济的实践活动，是人们对旅游经济活动现象、关系和规律的高度概括、梳理和总结。其次，由于旅游经济学是旅游经济活动的理论结晶，因此它能够反过来指导和服务于旅游经济的发展，也可以将来源于实践的旅游经济理论再次在实践中得以检验，使其理论更为成熟和完善。最后，旅游经济学还特别注重其实用性的研究，如区域性旅游资源的开发利用、区域旅游经济发展战略、区域旅游经济可持续发展等。由于旅游经济学具有很强的实用性，世界上的许多国家都把旅游经济学作为旅游院校学生必修的专业基础课。

3. 旅游经济学是一门产业经济学

按照经济学的学科分类，旅游经济学属于产业经济学的范畴。产业经济学是针对某一产业部门领域内的经济活动进行研究，从而揭示该部门内部的各种联系、特殊矛盾、内在规律及其外在形式的科学。旅游经济学作为一门产业经济学，主要研究旅游经济活动过程中各种经济现象之间的内在联系、特殊矛盾、内在规律，并把经济学和产业经济学的一般原理用于指导旅游经济活动，以促进旅游产业持续、稳定发展。

4. 旅游经济学是一门边缘性学科

旅游经济学是以经济学为理论基础，并结合旅游学、心理学、地理学、资源学、社会学、统计学、市场学等学科理论与方法，综合考察旅游经济活动在经济领域中表现出来的各种关系、特殊矛盾、变化规律等。旅游经济学的这种综合性、边缘性学科特点，使其研究的内容变得非常丰富，各种经济关系变得十分复杂，科学研究的难度增大。因此，我们必须在对旅游经济学的边缘性特点有一个科学、全面认识的基础上，能善于利用其他学科的基本理论与方法解决旅游经济问题。

第三节　旅游经济学的研究对象、任务、内容与方法

深入了解一门学科的研究对象、研究任务、研究内容、研究方法和研究意义，是全面掌握该门学科理论和有效指导人们开展相关社会实践活动的关键。

一、旅游经济学的研究对象

毛泽东同志指出："科学研究的区分，就是根据科学对象所具有的特殊的矛盾性。因此，对某一现象的领域所特有的某一种矛盾的研究，就构成某一门科学的对象。"[一]据此分析，不同学科的研究对象是由该学科不同的矛盾规定性决定的。显然，旅游经济活动中的主要矛盾，就是旅游经济学的研究对象。

在旅游经济活动中，存在着各种各样的矛盾，如旅游产品需求与供给的矛盾，旅游价格与价值的矛盾，旅游收入与分配的矛盾，旅游经济效益与环境生态效益及社会效益的矛盾等。但是，在一系列众多矛盾中，旅游产品需求与供给是贯穿旅游经济活动始终的矛盾，是其他各种矛盾产生的根源性矛盾。因此，旅游产品需求与供给的矛盾，是旅游经济活动中的主要矛盾，也是旅游经济学的研究对象。旅游产品在其需求与供给的矛盾运动中，必然产生多种经济现象，呈现多种经济关系，存在与其矛盾运动相一致的发展变化规律。因此，旅游经济学是研究旅游产品需求与供给这一矛盾运动及其运动过程中所产生的各种经济现象、经济关系与经济规律的科学。

在旅游经济活动中，旅游产品需求与供给这一内在矛盾，其外在表现是旅游者、旅游产品经营者与旅游目的地国家（地区）政府三者之间利益上的矛盾。就三者而言，旅游者追求的主要是最大的使用价值，旅游经营者追求的主要是价值的最大化，而旅游目的地国家（地区）政府则要仔细权衡旅游者、旅游经营者和旅游地居民三方利益，以及旅游地的可持续发展问题，追求最大限度的经济效益、社会效益和旅游地区的环境生态效益。在这三种利益间，既存在着相互作用、相互矛盾的一面，也存在着相互制约、相互依存的一面。如果三者之间的关系能够得到协调处理，旅游业便能实现顺利、稳定、可持续发展。若三者之间的关系得不到协调处理，即任何一方的利益得不到实现或受到损害，旅游业的发展，特别是旅游业的可持续发展便成为一句空话。所以，在旅游经济学研究中，既要求人们时刻关注旅游需求与供给这一矛盾的内在变化，又要求人们经常关注这一矛盾外在表现形式的发展变化，及时地把矛盾解决在萌芽状态。只有这样，旅游业的发展才不至于走弯路。

二、旅游经济学的研究任务

旅游经济学的研究任务是指旅游经济学研究者在旅游经济研究过程中应该从事的主要工作和要干的具体事情。

一 毛泽东，《矛盾论》，《毛泽东选集（第一卷）》，北京：人民出版社，1966：284。

旅游经济学的研究任务主要有以下几个方面。

1. 揭示旅游经济活动的主要影响因素和经济关系

任何一种经济活动，都是在当地特有的自然环境和社会经济条件下进行的，旅游经济活动也不例外。对于旅游经济活动来说，其活动的产生与进行，不仅受制于旅游目的地的自然环境和社会经济条件，还受制于游客自身、客源地、客源地与目的地间的交通运输的条件。可以说，旅游经济活动是受外界影响因素最多的一种人类经济活动。在这些影响因素中，任何一种因素存在问题，旅游经济活动都难以正常进行。因此，这就要求我们在旅游经济研究过程中，认真分析每一项影响因素的作用，尤其是关键性因素的作用。

当然，旅游经济活动的影响因素多，其各种因素间的相互关系就变得非常复杂。不少旅游地理工作者都把旅游活动及其相关因素、相互关系看做一个复杂系统，在系统内部又包括很多不同层次的子系统。例如保健刚教授认为，旅游系统由旅游客源地、旅游目的地和旅游通道3部分构成；吴必虎教授认为，旅游系统由客源市场系统、出行系统、目的地系统和支持系统4部分构成。另外，陈安泽、卢云亭、吴人韦等学者，也分别从不同的角度出发，提出了各自的旅游系统方案。在这里，我们暂且不论哪种旅游系统方案是最合理的，只强调这种思考问题的方法是值得我们旅游经济工作者学习的。这些旅游地理工作者从系统论的角度，认真探讨了旅游系统内部各要素（子系统）之间的复杂关系，以及旅游系统与环境间的相互关系。从系统论的角度看，旅游经济活动也是一个完整的、由众多因素（子系统）构成的系统，其中的各个因素都会在不同程度上影响着旅游经济活动，有的起主导作用，有的起辅助作用，有的起促进作用，有的起阻碍作用。因此，作为一个旅游经济学理论研究者，其主要任务之一就是充分揭示旅游经济系统内部各种因素的作用，以及各因素间的相互关系，从而采取相应手段和方法，使系统充分发挥其有利因素，克服或降低不利因素，使旅游经济活动取得最大的经济、社会和环境生态效益。

2. 促进区域旅游经济可持续发展

区域旅游经济可持续发展是指在保持和增强未来区域旅游经济发展机会的同时，满足目前游客和旅游地居民的需要。区域旅游经济可持续发展的目的是：①增进人们对旅游带来的经济效益和环境效应的理解；②促进旅游的公平发展；③改善旅游接待地居民的生活质量；④为旅游者提供高质量的旅游经历；⑤保护未来旅游开发赖以存在的环境质量。区域旅游经济可持续发展的核心思想是建立在经济效益、社会效益和环境生态效益基础之上的，它所追求的目标是：既要使人们的旅游需求得到满足，个人得到充分发展，又要对旅游资源和旅游环境进行保护，使后人具有同等的旅游发展机会和权力。区域旅游经济可持续发展，不仅充分考虑了旅游者、旅游经营者和旅游地社区居民的基本利益，而且充分考虑了不同时代人们进行旅游开发和旅游发展的代际公平性。因此，区域旅游经济可持续发展应该成为每一个地区进行旅游经济开发的指导思想和战略方针。鉴于以上情况，如何协调处理各旅游相关利益者之间的经济关系，并使各方面获得最满意的旅游经济发展成果，是旅游经济学研究的又一重大任务。

3. 为制定旅游业发展方针、政策和法规提供理论支撑

在旅游经济发展过程中，为了约束与旅游相关利益群体的某些行为，保证旅游经济活动健康、有序、稳定、持久地发展，旅游业发展方针、政策和法规的制定是不可缺少的。

然而，旅游业发展方针、政策和法规的制定，需要一定的旅游经济理论作指导。旅游经济学是对旅游经济运行规律的科学总结，是 100 多年来人们从事旅游经济活动的宝贵经验和沉痛教训换取的重要成果，它充分揭示了旅游经济活动运行中各种经济现象之间的内在联系及规律性。因此，它一方面可对旅游经济发展起指导作用，另一方面可为区域旅游业发展方针、政策和法规的制定提供理论支撑。

三、旅游经济学的研究内容

根据旅游经济学的研究对象和研究任务，可以确定旅游经济学的研究内容如下。

1．旅游经济活动的产生及其发展

研究旅游经济活动的产生及其发展，首先，要回顾旅游经济发展历史，总结经验与教训，更好地服务于今后旅游经济发展。其次，通过这方面的研究，可以充分揭示旅游经济的运行与发展规律，全面发现旅游经济运行的基本条件及其障碍因素，对今后的旅游经济发展以指导。最后，通过该研究，可以准确判断不同区域旅游经济发展所处的阶段、地位、作用等，更加科学地调控区域旅游经济的运行及发展。

2．旅游产品的供求关系

旅游产品的供求矛盾是旅游经济运行过程中的主要矛盾，旅游产品的供给与需求是推动经济发展的原动力。因此，旅游供求矛盾解决得好坏，直接影响着旅游业全局的运转，必须高度重视，认真研究。另外，由于旅游产品具有不同于其他物质产品和服务产品的属性和特点，并且，这些属性和特点对旅游产品供需服务、市场开发等提出了一些特殊要求。因此，在旅游产品概念、内容构成、性质和特点、生命周期、市场细分等方面进行认真研究很有必要，对制定合理的旅游产品开发策略，有效实现旅游产品的市场供求平衡具有重要意义。

3．旅游市场

旅游经济是市场经济，旅游产品供求关系的建立离不开旅游市场，并且旅游市场运行的好坏又直接关系到旅游经济的发展。因此，加强旅游市场细分、市场特点、市场竞争、市场法规、市场管理、市场开发和营销的研究等，便显得十分必要。通过旅游市场研究，充分掌握市场动向和市场运行规律，及时开发适销对路的旅游产品，达到繁荣旅游市场，满足游人需求，获取良好旅游经济效益的目的。

4．旅游消费

旅游消费是拉动旅游生产，推动旅游经济发展的一个重要环节，它和旅游生产一起共同影响和决定着旅游经济的发展。由于旅游消费是一种生产与消费具有时空一致性的现时消费，是一种完全有效的服务性消费。因此，旅游消费对旅游投资、旅游生产等提出了不同于其他消费的特殊要求。作为旅游经济学研究的一名理论工作者，我们应该针对旅游者的消费时尚、消费倾向、消费行为、消费结构等，积极组织旅游产品的生产，在充分满足旅游者消费需求的同时，积极引导旅游消费向合理化方向发展。另外，旅游消费研究也是确定旅游投资的前提条件之一，如果在没有进行认真的旅游消费研究的情况下进行盲目投资，其投资效益是很难保证的。

5. 旅游价格

旅游价格是旅游经济运行的重要调节器，它既可以调节旅游经济活动中旅游者和旅游经营者之间的利益，也可以调节旅游市场上的供求平衡和加强旅游市场的宏观调控与管理。因此，了解旅游价格的形成机制与影响因素，适时采取正确的价格策略，加强旅游价格管理与监督，对谋求旅游经济的平稳运行与健康发展是十分必要的。旅游价格研究的内容主要包括旅游价格的概念与特点，旅游价格的分类，旅游价格的影响因素，旅游定价的方法及策略，旅游价格的管理与监督等。

6. 旅游投资

旅游投资是旅游区建设必不可少的前提条件，也是旅游业实现扩大再生产的物质基础，更是促进旅游经济可持续发展的重要保障措施之一。同时，旅游投资又是优化旅游经济存量结构，提供更多旅游产品和服务，满足人们日益增长的旅游需求的基本手段。旅游投资研究的内容主要包括投资目的和内容、投资特点、投资类型、投资决策、投资可行性、投资评价等。

7. 旅游收入与分配

获得旅游收入是旅游经济发展的根本目的之一。旅游收入的多少可以明显而直观地反映一个旅游企业的经营状况，旅游经济活动成果的多少，旅游经济在整个社会经济中的地位、作用和贡献。旅游收入研究的目的，主要在于如何充分利用旅游业发展的有利条件，最大限度地扩大旅游收入，使旅游业获取更好地经济效益。其研究内容包括旅游收入分类、影响因素、指标计算和旅游收入对区域经济发展的影响等。

旅游收入分配包括初次分配和再分配。旅游收入分配具有满足各旅游要素投入主体的利益追求，积极促进旅游目的地国家或地区社会经济发展的作用。旅游收入如何分配，分配是否合理，如何减少旅游收入漏出、最大限度发挥旅游收入的乘数效应等，是旅游收入分配研究的主要内容。

8. 旅游经济运行与调控

旅游经济运行是指一个国家或地区在一定时期内旅游总需求和旅游总供给的发展变化过程。旅游经济运行研究是在对微观旅游经济活动完全把握的基础上，对宏观旅游经济的发展变化进行的分析和研究。通过该研究，可以了解宏观旅游经济运行的状况和特点，适时对旅游经济进行宏观调控。其研究的重点是旅游总供求分析、旅游经济运行的基础和条件分析、运行过程分析、旅游经济核算和旅游经济调控分析等。

9. 旅游经济结构与优化

旅游经济结构是指旅游业内部各组成部分的比例关系及其相互联系、相互作用的形式。旅游经济结构是否合理不仅影响着旅游经济总量增长的规模和水平，而且还直接影响着旅游经济效益的提高。因此，认真分析旅游经济结构，并对不合理的旅游经济结构进行优化，对保证旅游经济发展战略目标的实现，形成先进的生产力体系，促进旅游经济良性发展和提高旅游经济综合效益等，具有重要的现实意义和长远的历史意义。

10. 旅游经济效益分析与评价

获取旅游经济效益是人们从事旅游经济活动的根据目的之一，讲求和提高旅游经济效益是人们从事旅游经济活动的基本准则。因此，如何获得良好的旅游经济效益，不论是对旅游企业而言，还是对旅游目的地国家（地方）政府而言，都是一个非常关心、高度重视的问题。旅游经济效益分析与评价研究，其目的是：①使企业和国家（地区）分别获得良好的微观、宏观旅游经济效益，并能合理处理二者之间的利益关系；②通过研究发现更为科学合理的旅游经济效益评价方法，使评价结果更加符合客观实际，更能充分发挥对旅游经济发展的指导作用。

11．旅游经济可持续发展

旅游经济可持续发展是一种全新的旅游经济发展观念和模式，是在充分考虑旅游活动与自然资源、社会文化和生态环境相互作用、相互影响的前提下，把旅游经济开发建立在生态环境的承受能力之上，努力谋求旅游业与自然资源、社会文化、生态环境的协调发展，并福及子孙后代的一种经济发展模式。旅游经济可持续发展研究的内容主要包括其基本思想、基本目的、基本内容、重要措施、发展重点和发展规律等。

四、旅游经济学的研究方法

旅游经济学是一门综合性和边缘性很强的学科，其研究的内容非常广泛。因此，旅游经济学研究除了使用经济学研究中经常应用的一些方法之外，还必须根据旅游经济活动的基本特点，以及该学科与其他学科间的密切联系，借鉴其他学科的一些方法开展旅游经济学研究。

1．理论联系实际的方法

旅游经济学是人们对旅游经济活动的科学概括和总结，是伴随着旅游经济的产生及发展而逐渐形成的一门新兴学科。因此，旅游经济学的研究必须坚持实事求是的科学态度，将理论与实践相结合，一切研究都要从旅游经济活动的客观实际出发，运用现代经济理论认真分析旅游经济活动中的各种经济现象和经济关系，解决旅游经济发展中的实际问题，并善于发现其中的规律性内容，将其上升为科学理论。另外，理论与实践相结合的研究方法还要求我们坚持"实践是检验真理的唯一标准"，把在实际工作中总结出来的旅游经济学理论运用到实践中进行反复检验，并根据检验的结果进行修正和充实，从而使旅游经济学的理论体系日臻完善。

2．系统问题系统分析的方法

从系统论的观点来看，国民经济是一个大系统，旅游经济是其中的一个子系统。旅游经济子系统像其他各种系统一样，具有自己完善的系统结构、紧密的系统要素联系、突出的系统特性和独特的系统功能。既然旅游经济是一种系统现象，旅游经济学的研究就必须使用系统分析的方法。其研究的侧重点如下。

（1）系统内部各要素间的相互作用、相互联系　旅游经济系统是由众多要素构成的，且各要素间是相互联系、相互作用、相互制约的，它们共同构成一个有机的整体。因此，旅游经济学的研究要善于揭示各要素间的相互关系，看其是相互促进的或是相互制约的，然后采取措施，发挥其利，防备其害。

（2）系统与环境间的相互作用、相互联系　旅游经济系统是一个开放系统，它经常不断地与环境（包括自然环境与社会环境）发生着人流、物流、信息流、价值流和能量流的交换，系统与环境间具有密不可分的关系。因此，旅游经济学的研究要善于处理系统与环境间的五流交换关系，做到既有利于系统的正常运转，又有利于环境的日益改善。

（3）系统与系统间的相互作用、相互联系　在旅游经济发展过程中，不同地区间的旅游经济交往和联系，实际上就是旅游经济系统间的相互作用和联系。这些联系有时是竞争性的，有时是互补性的。因此，旅游经济学的研究要善于辨别系统间相互作用的性质，抑制其竞争性，促进其互补性，实现两地双赢的目的。

3．综合问题综合分析的方法

旅游经济活动是一项综合性的人类社会经济活动，其内容涉及经济学、旅游学、心理学、社会学、统计学、地理学、文化学等很多学科。因此，在旅游经济学的研究中，一方面要注意学习吸收这些学科的基本理论和最新研究成果，不断丰富和完善旅游经济学；另一方面，还要注意借鉴这些学科的研究方法，不断提高旅游经济学的研究水平。

4．定性分析与定量分析相结合的方法

任何事物既有质的规定性，又有量的规定性，一定的质包含着一定的量，量变发展到一定程度就会引起质变。旅游经济系统是一个开放性系统，它既时刻与外界发生着各种各样的联系，也时刻发生着各种各样的变化。因此，在研究旅游经济问题时，必须强调定性分析与定量分析相结合。一般来说，定量分析可以明确揭示各种旅游经济现象之间的量变关系、发展趋势和发展规律，为定性分析提供科学依据；定性分析可以准确界定事物的本质和属性，为定量分析提供指导，从而达到事物质和量的统一。

5．静态分析与动态分析相结合的方法

从辩证唯物主义的观点来看，在一定的时点上旅游经济所表现出来的各种要素、结构、规律和特征是一种静态现象，而在不同的时点上看同一种事物，它又是一种在发展变化的动态现象。也可以说，动态现象是事物发展变化的过程，静态现象是事物发展变化的瞬时结果，二者紧密联系，形成辩证的统一。旅游经济学的研究既离不开静态分析，如要素、条件、关系、特征、结构、规律方面的各种分析，也离不开动态分析，如纳入时间变量的旅游经济系统内部各要素的发展变化分析、区域旅游经济发展研究等。

6．微观分析与宏观分析相结合的方法

微观分析是对具体的旅游企业进行的经营管理分析，宏观分析是对一个国家或地区旅游经济整体运行状况的分析。在旅游经济学的研究中，微观分析是基础，只有通过众多的微观分析才能把握事物的特点，认识其发展的规律性，才能有的放矢地进行决策或采取相应的对策。但是，旅游经济学的研究仅停留在微观层面上是不够的，还必须从整体出发去研究所有旅游企业、要素经济运行的整体效果，对国民经济和人民生活的影响，旅游经济内部结构是否协调，旅游经济运行有何规律等，这就需要我们重视运用宏观分析的方法。所以，我们在旅游经济学的研究中，只有把微观分析与宏观分析结合起来，才能既看到局部又看到整体，全面、正确地认识和把握旅游经济活动的发展变化及其运行规律。

7．区域差异对比分析的方法

就一个具体的地区而言，不论是自然旅游资源、人文旅游资源，还是旅游设施与服务，都是在特定的自然环境条件、社会历史发展基础和传统文化的作用下形成的，均具有鲜明的地域特性，尤其是两个地区相距越远，其旅游经济发展条件的区域差异性就越大。因此，在旅游经济发展的研究中，尤其是区域旅游经济发展的研究中，是不能完全照搬其他地区的发展经验的，必须针对本地区的具体情况进行具体分析，然后提出适合本地区旅游发展

的具体措施。区域差异对比分析方法是地理科学研究经常使用的一种方法，这种方法对旅游经济学的研究同样是适用的。

本 章 小 结

本章详细介绍了旅游经济活动的基本含义、形成的背景和条件，以及旅游经济的发展和现代特征；简要阐述了旅游经济学的产生、发展与学科特点；明确指出了旅游经济学的研究对象、任务、内容和方法；从整体上建立了旅游经济学的理论体系和框架结构。

思 考 与 练 习

一、名词解释

旅游经济学　　旅游活动　　旅游经济活动

二、选择题

1. 准确地说，旅游经济活动是一种（　　　）。
   A. 生产活动　　　　　　　　　　　B. 社会文化活动
   C. 服务性生产活动　　　　　　　　D. 物质性生产活动
2. 旅游经济发展的决定性因素是（　　　）。
   A. 旅游资源条件　　　　　　　　　B. 自然环境条件
   C. 社会生产力发展水平　　　　　　D. 历史基础
3. 旅游经济学研究之所以最早出现在欧洲地区，是因为（　　　）。
   A. 旅游发展条件好　　　　　　　　B. 旅游资源丰富
   C. 旅游经济起步早且发达　　　　　D. 历史悠久文化发达
4. 中国的旅游经济学研究之所以相对较晚，主要是因为（　　　）。
   A. 旅游资源条件不是太好　　　　　B. 旅游经济不发达
   C. 对旅游发展不重视　　　　　　　D. 旅游研究人员缺乏

三、简答题

1. 为什么说旅游经济学是一门边缘性学科？在旅游科学内部，还有哪些学科是边缘学科？
2. 旅游经济学的应用性特点主要体现在哪些方面？
3. 简述旅游经济学研究的基本内容。

四、论述题

1. 如何实现区域旅游经济的可持续发展？
2. 如何运用系统论的观点和方法分析解决旅游经济问题？

第 二 章

旅 游 产 品

学习目标

1. 了解旅游产品的概念，旅游产品的特性和构成。
2. 熟悉旅游产品的演进过程及运用产品生命周期原理经营管理旅游产品。
3. 掌握旅游产品的开发原则与开发策略。

第一节　旅游产品的内涵、特点与构成

一、产品的概念

1. 产品的定义

产品（Product）是用来满足人们需求和欲望的物体或无形的载体。它是使用价值和价值的综合体，能够提供给市场，被人们使用和消费，并能满足人们某种需求的任何东西，包括有形的物品，无形的服务、组织、观念或它们的组合。产品一般可以分为 3 个层次，即核心产品、形式产品、延伸产品。核心产品是指整体产品提供给购买者的直接利益和效用；形式产品是指产品在市场上出现的物质实体外形，包括产品的品质、特征、造型、商标和包装等；延伸产品是指整体产品提供给购买者的一系列附加利益，包括运送、安装、维修、保证等在消费领域给予购买者的好处。

2. 服务产品的出现和发展

在传统观念中，产品是物质生产领域的劳动者所创造的物质资料。似乎只有实物形态的实物才是产品，如各种生活用品和工业用品。随着第三产业的迅速崛起，服务产品在社会总产品中的比重不断增大，人们对产品的观念也在逐步改变，非物质性的服务产品逐渐进入人们的生活，被人们接受。服务产品是指不具有实体，而以各种劳务形式表现出来的无形产品，如旅游业、信息咨询、法律服务、金融服务等。菲利普·科特勒认为：服务是一方能够向另一方提供的基本上是无形的任何功效和利益，并且不导致任何所有权的发生。

它的生产可能与某种有形产品密切联系在一起，也可能毫无联系。据此，服务产品又可区分为以设备为基础的服务产品和以人为基础的服务产品两部分。服务产品具有无形性、不可分离性、易逝性、可变性、相互替代性等特点。因此，提供此类产品的企业应加强服务质量管理，提高服务人员综合素质，以提高企业的知名度和美誉度；产品定价更为灵活，多倾向于顾客导向定价；产品较多采用直销和经由中介机构销售；正确利用人员推销和广告。

二、旅游产品的概念

1. 旅游产品的定义

1978 年开始，关于旅游产品的概念研究逐渐涌现出来。许多专家学者从不同的角度界定了旅游产品。具体来说，主要依据旅游经济活动的参与主体，旅游者、旅游景区经营者、旅行社的视角来界定旅游产品，就旅游者而言，旅游产品是旅游者花费了一定的时间、精力和金钱获得的一次旅游经历；对旅游景区经营者而言，旅游产品是凭借旅游吸引物、旅游设施，向旅游者提供用以满足其旅游活动需求的服务；从旅行社的角度来讲，旅游产品是以旅游吸引物为核心，以食、住、行、游、购、娱诸要素及各个环节的服务为辅，针对资源市场需求，按照一定的主题，设计、加工、制作、组合而成的旅游线路。在各种定义中，大多数专家学者认可的定义有以下几种。

（1）经历学定义 旅游产品是旅游者在旅游活动过程中的全部感受和经历。该定义从旅游者的旅游感受角度定义，关注旅游者的旅游过程和旅游的体验质量。但是该定义的不足在于：①旅游者不同，其旅游经历有差异，致使旅游产品的质量无法恒定；②旅游产品缺少质的恒定性，影响旅游产品的开发设计与生产。

（2）组合说定义 旅游产品是由多种旅游要素组合而成的综合性产品。该定义从旅游经销商的角度阐述，明确旅游产品的构成要素，便于旅游经销商组合、设计和销售旅游产品。但是该定义的不足在于：①旅游产品不完全是多要素的综合体，尤其随着散客旅游日趋增多，单项要素构成旅游产品随之增多，多要素组合的综合性产品的定义不能涵盖市场上存在的单项要素构成的旅游产品类型；②不同的旅游者由于旅游需求不同，产品组合要素也有所不同，相同的产品只能在单次的旅游团队中出现。

（3）综合说定义 旅游产品是一次旅游活动中旅游经营者提供的物质产品和服务产品的总和。该定义从旅游经销商的供应角度阐述旅游产品的内涵，避免了多项要素和单项要素组合的冲突，同时具有物质的规定性和便于旅游经销商进行旅游产品的组合、设计和销售。该定义和与国家质量监督检验检疫总局在《旅游服务基础术语》上的旅游产品的定义在内涵上有较强的一致性。

总之，旅游产品是指旅游经营者为了满足旅游者在旅游活动中的各种需求，而向旅游市场提供的各种物质产品、精神产品和旅游服务的组合。它是个整体概念，由旅游资源、旅游设施、旅游服务和旅游商品等多种要素组合而成。

2. 旅游产品的经济性质

旅游产品之所以能成为市场交换的商品，是因为它和其他产品一样，具有一般商品所具有的基本属性，即使用价值与价值的统一。

（1）旅游产品的使用价值 旅游产品使用价值的特点不同于一般商品。一般商品只满足人们的一个主要需求，而旅游产品能满足人们物质的、精神的、生理的和心理的等多种需求，因而它具有多个使用价值。

1）旅游产品的使用价值包括基本部分和附属部分，即在旅游产品的使用价值构成中，既有构成旅游产品使用价值中必不可少的基本部分，又有构成旅游产品使用价值中可有可无的附属部分。例如旅游者在旅途中突发疾病，旅游经营者及时提供了医护条件及相应服务，虽然这种服务不属于旅游产品使用价值的基本部分，但其属于附属部分，因而一旦发生，旅游经营者也要义不容辞地提供。

2）旅游产品使用价值的多效用性。一般物质产品的使用价值只能满足人们的某一方面或局部的需要，而旅游产品的使用价值则能满足旅游者物质生活和精神生活的多种需要，从提供食、住、行等基本的物质生活需要，到能满足人们更高层次的观光、游览、娱乐等精神生活的需要。

3）旅游产品使用价值的多功能性。旅游产品的动态性决定了一个整体的旅游产品具有使用价值的多功能性，即旅游产品没有稳定的固定形态和模式，而是能够根据旅游者的不同需要、旅游产品的成本及旅游市场的供求状况等，设计和开发出高、中、低等若干不同规格档次的旅游产品，并指定相应的旅游产品价目表。无论是哪一种规格档次的旅游产品，其使用价值都能满足不同消费层次的旅游者的需要，并同时提供各种不同功能的旅游服务。

4）旅游产品使用价值的重复性。旅游产品的服务性决定了其使用价值可以在不同时期重复使用，甚至在较长时期内发挥有效性。一方面，旅游产品的交易不涉及所有权的转移，同一旅游产品既不能由任何人随意携带，也不能为某一旅游者个人独占和享受，因此旅游产品的使用价值可以供许多旅游者同时使用；另一方面，旅游服务的提供是一种现场服务，因此，随着加强对旅游资源的保护、开发和利用，旅游从业人员素质的不断提高，旅游产品的使用价值不仅可以在较长时期内重复使用，而且其效用和功能还会不断完善和提高。

（2）旅游产品的价值 旅游产品的价值特点依其内容不同而不同。自然资源虽无劳动投入，但一旦成为旅游产品，必然要经过开发并投入一定劳动，使其具有价值；人文资源是古代人类劳动与现代人类劳动相结合的产物。旅游设施是当今人类劳动的成果。旅游服务虽不是物质产品，但其包含的人类劳动，也具有价值。旅游产品的价值，基本由以下 3 部分组成：旅游服务所凭借的建筑物、服务设施的折旧；向游客提供饮食和日用品的原材料成本；支付旅游从业人员用以维持劳动力再生产所需消费资料的价值或工资和旅游从业人员创造的价值。旅游产品特定的使用价值，使其价值的确定表现出一些特殊性。

首先，表现在旅游服务价值量的确定上。服务是旅游产品的核心，服务质量的好坏直接影响旅游产品的质量和形象。在服务设施条件相同的情况下，服务方式、服务效率和服务态度的差别会产生迥然不同的服务效果。高质量的服务反映旅游产品的质量好，价值大；低质量的服务反映旅游产品的质量差，价值小。服务质量的优劣虽与投入劳动量的多少有一定关系，但更重要的是与从业人员的文化素质、性格修养、职业道德水平密切相关，它们主要反映人类社会交往关系的标准，与劳动量投入的多少无直接关系。

其次，表现在旅游吸引物价值量的确定上。旅游吸引物是游客决定流向的主要依据，是旅游产品构成的重要内容。旅游吸引物种类繁多，在价值量的计算上差异很大。例如，人文景观吸引物中的历史遗产、文物古迹、建筑物等，除了是前人劳动的结晶外，历代人们的维修保养也付出了大量劳动，难以估量。更重要的是这些吸引物具有无法替代的历史价值,这种价值不能以消耗多少劳动量去衡量。例如,中国的故宫、长城、兵马俑,埃及的金字塔等,其价值远远大于投入量,价值的不可估量性反映在价值上即呈现为垄断性。

吸引物中的纯自然物和社会现象,没有人类劳动的投入因而没有价值。但作为旅游产品构成中的自然景观则是经过人类开发后具有可估量性的吸引物。社会制度、风土人情、传统生活方式等社会现象是经过漫长的社会演进积累而成的传统文化,其中蕴藏着人类的智慧与辛劳,是人类脑力和体力劳动的结晶,并具有别人无法模仿的独特性,也具有不可替代的社会价值和历史价值,在价值上同样表现为垄断性。

综上所述,旅游产品与一般商品一样同受价值规律的作用,但由于它独特的、历史的、社会的、自然的因素,使其价格除了主要由其价值决定外,还受制于旅游产品各部分所体现的人与人的关系、稀缺因素和垄断因素的作用。

三、旅游产品的特点

1. 综合性

(1)产品构成的综合性　旅游产品是由多种多样的旅游对象资源与旅游设施和多种多样的旅游服务构成的,其中不仅包含了劳动产品,而且包含非劳动的自然创造物,既有物质成分,又有社会精神成分,是一种组合型产品。

(2)需求对象的综合性　旅游产品的综合性是由旅游活动的性质与要求决定的。旅游是一种综合性的社会活动、经济活动、文化活动,其主体是旅游者,旅游者的需要是多方面的,不同旅游者的需求是有差异的,在市场经济条件下,旅游产品供给者经营旅游产品,是为了通过满足旅游者的多种需要而获取利润,因此,旅游产品包含的内容必然十分广泛。

(3)涉及行业的综合性　旅游产品的构成和需求的综合性决定了生产或提供旅游产品的部门与行业众多,除了包括旅游业中各部门与行业外,还涉及不少旅游部门外的其他部门与行业。旅游业作为部门增长极,通过极化效应,促进了自身的发展,通过扩散效应带动了关联产业的发展;作为区域增长极,通过极化效应,促进了人类活动、生产要素的空间集聚,形成了一定规模的旅游中心,推动了城市化进程,通过扩散效应,导致了人类经济社会活动的空间扩展,带动了区域经济社会的发展。

2. 不可储存性

旅游产品不存在独立于消费者之外的生产过程,生产的结果不表现为一个个具体的物品,而是通过服务直接满足旅游者的需要。因此,只有旅游者购买它并在现场消费时,旅游对象资源、旅游设施与服务的结合才表现为旅游产品。如果没有旅游者的购买与消费,旅游对象资源、旅游设施与服务就不能实现这种结合,也就不称其为旅游产品。可见,旅游产品的生产、交换与消费具有同一性,具有不可储存性。旅游产品实现的时间性很强,它一天无人购买,它这一天的价值就白白丧失了。这就要求旅游产品供给者切实树立"顾客第一"的经营宗旨,努力开发旅游对象资源,改善旅游设施,充实服务内容,提高服务质量,树立区域或企业旅游产品的"名牌"形象,争取更多的客源;根据旅游地的游客容量与接待能力,通过各种措施与途径平衡游客的时空分布,从而提高旅游对象资源、旅游设施的利用率,实现更多的旅游产品价值的转移,获得尽可能多的经济收益。

3．不可转移性

旅游产品实现交换后，旅游者得到的不是具体的物品，而只是一种感受或经历。旅游产品不同于物质产品可以运输并在交换后发生所有权的转移，旅游者购买旅游产品，得到的并不是旅游对象资源或旅游设施本身的所有权，而是"观赏和享用"或"操作和表现"的权力，获得的是一种"接受服务"和"旅游经历"的满足感。在旅游活动中，发生空间转移的不是旅游产品，而是购买旅游产品的主体——旅游者。旅游产品的不可转移性说明，它的流通不是以物流形式出现的，而是以其信息传播以及由此而引起的旅游者的流动表现出来的。旅游产品信息传播速度快、效率高，对消费者的旅游需求刺激影响大，其价值就易于实现。这就要求旅游产品供给者重视旅游产品的促销，采取各种有利的促销方式，建立、完善促销系统，加速旅游产品流通，提高旅游经济效益。

4．生产和消费的同步性

旅游产品的生产（经营）和消费常常发生在同一个时空背景条件下，二者密不可分，往往是一个过程的两个方面：旅游产品在生产开始的同时，消费也即刻启动；消费结束时，生产也不再进行。这个特性使旅游产品与一般消费品表现出巨大的差异，也给旅游产品的开发与管理带来了严峻的考验。

四、旅游产品的构成及相互关系

1．旅游产品的一般构成

现代市场营销理论认为，任何产品都是由产品的核心部分、形式部分和延伸部分所组成的。核心部分是产品满足消费者需要的基本效用和核心价值；形式部分是构成产品的实体和外形，包括款式、质量、商标、包装等；延伸部分是随产品销售和使用而给消费者带来的附加利益。

（1）核心部分　旅游资源和旅游服务是满足旅游者对旅游产品的主要需求，是旅游产品的核心部分，是旅游产品形成的基础和最具竞争力的部分。

（2）形式部分　它是指旅游产品的载体、质量、特色、风格、声誉及组合方式等，是旅游产品核心部分向生理或心理效应转化的部分，属于旅游产品向市场提供的物质产品和服务的具体内容。

（3）延伸部分　它是指旅游者购买旅游产品时获得的优惠条件、付款条件及旅游产品的推销方式等，是旅游者进行旅游活动时所得到的各种附加利益的总和。

2．旅游产品的需求构成

根据旅游者的需求程度分析，旅游产品可分为基本旅游产品和非基本旅游产品，这种划分方式，有助于旅游经营者针对不同的旅游消费需求，提供不同内容的旅游产品，满足旅游者的多种消费需求。

根据旅游者的消费内容分析，旅游产品可由食、住、行、游、购、娱等组成，这种划分方式，要求旅游经营者必须全方位地向旅游者提供饮食、住宿、交通、游览、购物、娱乐等消费内容，任何一方面都不能忽视。

3．旅游产品的供给构成

旅游资源是指在自然和人类社会中一切能够吸引旅游者进行旅游活动，并为旅游业所利用而产生经济、社会、生态效益的事物，它是一个地区旅游开发的前提条件，也是吸引旅游者的决定性因素。

旅游设施是实现旅游活动而必须具备的各种设施、设备和相关的物质条件，也是构成旅游产品的必备要素。旅游设施一般分为专门设施和基础设施两大类，它们之间紧密依靠，专门设施建立在基础设施之上并有效发挥作用。

旅游服务是旅游产品的核心，旅游经营者除向旅游者提供餐饮和旅游商品等少量有形物质外，还大量提供各种各样的接待、导游等服务。旅游服务的内容主要包括服务观念、服务态度、服务项目、服务价格、服务技术等无形性产品。

旅游购物品是指旅游者在旅游活动中所购买的，对旅游者具有实用性、纪念性、礼品性的各种物质形态的商品，它是旅游产品的重要组成部分，是重要的旅游外汇来源。

旅游便捷性主要是指进入旅游目的地的难易程度和时效标准，它是连接旅游产品各组成部分的中心线索，是旅游产品能够组合起来的前提条件。

4．旅游产品的构成关系

（1）旅游产品构成间的互补关系　旅游产品内部的互补关系，是由旅游需求的综合性决定的。它是指旅游产品各构成部分之间的相互依存关系。

1）构成旅游产品的行、游、住、食、娱、卫（含旅游厕所），应按比例共同发展，一个部分滞后，其他部分的发展就会受到影响，一个部分的超前也不能单独创造效益。

2）互补关系还表现在各部分的经营成果上的相互影响，每一部分经营企业收入的增加和减少都直接影响到其他部分产品的数量，或者说，任何一个部分产品质量的优劣都直接影响其他部分的经营。旅游服务质量公式"100-1=0"，就是强调各旅游企业之间的协作和全过程服务质量的重要性。

3）旅游产品各构成部分与其他产业的产品和服务之间也存在同样的联系。"上游产业"的质量提高将推动包括旅游业在内的服务业的发展。旅游作为服务经济中的一个重要组成部分，处在国民经济产业链条中的"下游"，而多年以来制约旅游发展的一个重要因素就是"上游产业"的服务质量不高，如交通设施、城市基础设施建设等。

（2）旅游产品构成间的互代关系　互代关系在提供相同服务的企业之间表现为竞争性。它是指旅游产品各部分中具有相同功能的组成成分之间存在互相替代的关系。例如，旅游产品构成中的饭店产品部分包括汽车旅馆、商务旅馆等。可以互相替代的关系反映了同种功能设施间存在的竞争性。在旅游产品之间，尤其是那些吸引物相同、目标市场又近似的旅游产品之间的可替代关系更大。例如，中国旅游产品与东南亚旅游产品，旅游产品和高档消费品之间也存在着一定的替代关系。

（3）旅游产品内外部的替代与互补关系的转化　旅游产品构成的各部分之间，以及旅游企业与国民经济中相关企业之间的互补关系，可以相互转化。例如，饭店增加短程的交通服务，航空公司增加饭店业务，以方便国际旅客转机夜宿的需要。又如在 1985 年，日本交通公社提出要在中国独资办旅行社，实行网络化发展，实现入境、接待一条龙服务，目标是要达到日本旅游团体的全程质量监督和质量控制。旅游产品各部分内的组成成分之间、旅游产品与高档消费品之间的替代关系的转化。例如飞机运力不足时，以火车代步；在汉文化圈内旅游产品间存在互相替代关系，但如果各旅游目的地国或者地区实行旅游区域联合，则可转化为互补关系。

1）互补关系向互代关系转化。由旅游者需求的多样化和旅游企业经营的多样化促成的。旅游企业的多元化经营和集团化经营是互补关系向互代关系转化的主要途径。

2）互代关系向互补关系转化。当供给小于需求时，提供相同单项产品的旅游企业之间可以互相帮助，解决燃眉之急。提供相同服务功能的单项旅游产品一般都有高、中、低等多档次，满足旅游者的不同需求。多档次和多服务方式可以形成互补关系。提供相同服务的各企业相互联合，优势互补，共同促销，共创旅游产品的形象，增强产品的竞争力。处在一条旅游线上的各个目的地的单项旅游产品之间有明显的互补关系。

第二节　旅游产品的生命周期

一、产品生命周期理论

产品生命周期理论是美国哈佛大学教授雷蒙德·费农（Raymond Vernon）1966 年在其《产品周期中的国际投资与国际贸易》一文中首次提出的。产品生命周期（Product Life Cycle，简称 PLC）是产品的市场寿命，即一种新产品从开始进入市场到被市场淘汰的整个过程。费农认为：产品生命是指市场上的营销生命，产品和人的生命一样，要经历形成、成长、成熟、衰退这样的周期。就产品而言，也就是要经历一个开发、引进、成长、成熟、衰退的阶段。

雷蒙德·费农教授的这一理论随后被广泛运用于市场营销领域的产品研究。由于典型的产品生命周期一般可以分成 4 个阶段，即介绍期（或引入期）、成长期、成熟期和衰退期。因此把握每个时期产品的特点，有利于进一步的明确和改善产品的营销方案，从而最大可能地挖掘产品的潜力。

二、旅游产品的生命周期

1. 旅游产品生命周期理论

同其他产品一样，旅游产品生命周期是指旅游产品从进入市场到被市场淘汰的整个过程，它分为推出期、成长期、成熟期和衰退期 4 个阶段，见图 2-1。一条旅游路线、一个旅游活动项目、一个旅游景点、一个旅游地开发等，都将经历这一由兴至衰的过程。旅游产品生命周期的各个阶段通常是以销售额和所获利润的变化来衡量的；同时，处于不同生命周期阶段的旅游产品也有着不同的特点。理想的旅游产品生命周期呈"S"形。除此之外，大概还有 6~17 种旅游产品的生命周期形态，如"增长——衰退——成熟"形态、"循环——再循环"形态、风尚形态、扇贝形态。

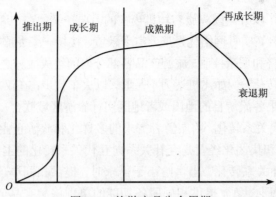

图 2-1　旅游产品生命周期

（1）旅游产品的推出期　在推出期，新的旅游产品正式推向旅游市场，具体表现为新的旅游景点、旅游饭店、旅游娱乐设施建成，新的旅游路线开通，新的旅游项目、旅游服务推出。在这一阶段，旅游产品尚未被旅游者了解和接受，销售量增长缓慢而无规律；旅游企业的接待量很少，投入费用较大，经营单位成本较高；企业为了使旅游者了解和认识旅游产品，需要做大量的广告和促销工作，产品的销售成本较高。在这个阶段内，旅游者的购买很多是试验性的，几乎没有重复购买，企业也通常采取试销态度，因而企业往往销售水平低，利润极小，甚至亏损。但处于这个阶段，市场上一般还没有同行竞争。

（2）旅游产品的成长期　在这一阶段，旅游景点、旅游地开发初具规模，旅游设施、旅游服务逐步配套，旅游产品基本定型并形成一定的特色，前期的宣传、促销开始体现效果。这时，旅游产品在市场上拥有一定知名度，产品销售量迅速增长；旅游者对产品有所熟悉，越来越多的人试验使用这一产品，重复购买的旅游者也逐步增多；企业的广告费用相对减少，销售成本大幅度下降，利润迅速上升。处于这一阶段，其他旅游企业看到产品销售态势很好，就有可能组合相同的产品进入，市场上开始出现竞争。

（3）旅游产品的成熟期　在旅游产品的成熟期内，潜在旅游者逐步减少，大多属于重复购买的旅游者。旅游产品的市场需求量已达到饱和状态，销售量达到最高点；在前期销售量可能继续增加，中期处于不增不减的平稳状态，后期的销售增长率趋于零，甚至会出现负增长。利润增长也将达到最高点，并有逐渐下降趋势。很多同类旅游产品和仿制品都已进入市场，扩大了旅游者对旅游产品的选择范围，市场竞争十分激烈，而且还有来自更新产品的替代性竞争，差异化成为竞争的核心。

（4）旅游产品的衰退期　旅游产品所处的衰退期一般是指产品的更新换代阶段。在这一阶段，新的旅游产品已进入市场，正在逐渐代替老产品。旅游者或丧失了对老产品的兴趣，或由新产品的兴趣所取代。原来的旅游产品中，除少数名牌产品外，市场销售量日益下降。市场竞争突出地表现为价格竞争，价格被迫不断下跌，利润迅速减少，甚至出现亏损。

2．旅游产品生命周期各阶段的判断方法

划分旅游产品生命周期阶段主要有以下 3 种方法。

（1）销售增长率法　这是根据某一旅游产品在不同时期销售增长率的大小，划分旅游产品生命周期不同阶段的方法。其计算公式为

$$销售增长率 = \frac{本期销售额 - 上期销售额}{上期销售额} \times 100\%$$

国外一些营销学者提出了界定各阶段的经验数字，认为：

年销售增长率≤10%，旅游产品处于推出期。

年销售增长率>10%，旅游产品处于成长期。

年销售增长率0.1%～10%，旅游产品处于成熟期。

年销售增长率<0，旅游产品处于衰退期。

（2）供求比例法　某旅游产品供求比例，是现有市场上该旅游产品的供应量对整个市场需求量（包括现有市场需求量和潜在市场需求量）之比。用供求比例法划分旅游产品生命周期各个阶段的参考数值是：推出期≤0.1；成长期≤0.65；成熟期≤1.2；衰退期>1.2。

（3）类比法　这是指比照类似旅游产品发展情况来分析判断。采用此法要注意两点：两种旅游产品必须具有可比性；要注意具体情况具体分析。

3．旅游产品生命周期的变异

一般旅游产品都经历过推出、成长、成熟、衰退的生命周期，但也有很多的旅游产品会产生变异形态。其中有两种主要的变异形态较为典型，即时尚旅游产品的生命周期和延伸旅游产品的生命周期。

（1）时尚旅游产品的生命周期　时尚旅游产品的生命周期只有两个阶段：一个是快速增长阶段；另一个是显著暴跌阶段。时尚旅游产品一般具有以下特点。

1）一般传播媒介可能愿意用大量时间或空间对时尚旅游产品加以宣传，如目前的生态旅游、漂流旅游、迪斯科舞等，许多电视、杂志、报纸等会主动加以宣传，而不需要旅游企业付费做广告。

2）时尚旅游产品常常随着产品推出前的大量宣传而到来，因此生命周期中没有明显的缓慢增长的推出阶段，往往一开始就呈现出高速的增长。

3）在时尚旅游产品的目标市场中，没有明显的选择行为，如早期选用者、中期选用者、晚期的大多数消费者等，整个市场的选择同是在产品推出后的短时期内发生。

4）时尚旅游产品营销组合的目标在于快速的市场进入，同时产品常常被一个分界很清楚的市场所选取，这一市场通常是一个特殊的年龄集团。

5）大多数时尚旅游产品是非基本旅游产品，其消费者常常自以为与其他人相比有显著的差异性或特殊性。

（2）延伸旅游产品的生命周期　这类产品有一个延伸的成熟阶段，这一延伸的成熟阶段，也称之为饱和阶段。在饱和阶段中，高度的重复购买，造成一个稳定的销售额。最后可能会在市场的全部购买中找到一个持久销售地位。有很多旅游产品都呈现出延伸产品的生命周期的形态，其中主要有大众旅游产品，风行旅游产品，功能性旅游产品和多效用旅游产品。

1）大众旅游产品是指那些为人民群众经常使用的旅游产品，在某种程度上已成为必需品，如欧美人把度假就视为必需品。

2）风行旅游产品是指那些在市场上影响广泛且吸引力较大的产品，如中国的长城、兵马俑观赏游览等，就风行于市场而经久不衰。

3）功能性旅游产品是指那些具有普遍功能的产品，如饭店的餐厅，就能满足多方面的需求而具有较高的重复购买率。

4）多效用旅游产品是指那些具有多种用途而能满足多方面或多层次需求的产品，如旅游饭店等，就具有持久的重复购买率。

（3）影响旅游产品生命周期变异的因素　旅游产品的生命周期之所以会发生变异，是因为受到多方面因素的影响，这些因素归纳起来主要有外部因素和内部因素两大类。外部因素是指影响旅游产品在市场上发展状况的外部条件，具体包括政治、经济、社会、竞争及一些偶发因素，甚至旅游接待国或某一旅游客源国发生诸如地震、火灾、水灾等自然灾害或爆发战争，都会冲击旅游产品的供给与需求，从而影响旅游产品生命周期的变异。内部因素是指旅游业内部的可控因素，主要包括资源特点、设施与服务因素、管理因素等。例如新建的饭店、新开发的资源，由于管理不善，设备破坏严重，秩序杂乱无章，服务质量下降，都会对旅游者产生排斥作用，影响旅游产品的销售及旅游产品的生命周期的延伸，从而导致旅游产品过早进入衰退期。

对以上旅游产品生命周期的规律性分析，具有以下几点意义：①任何旅游产品都有一个有限的生命，大部分旅游产品都经过一个类似"S"形的生命周期；②每个产品生命周期阶段的时间长短因旅游产品的不同而不同；③旅游产品在不同的生命周期阶段中，利润高低不同；④对处于不同生命周期阶段的旅游产品，需采取不同的营销组合策略；⑤针对市场需求及时进行旅游产品的更新换代，适时撤退或改造过时旅游产品以免遭受不应有的损失。

三、旅游产品生命周期各阶段的营销策略

研究旅游产品生命周期的目的主要有：①在旅游产品生命周期性的不同阶段，采取不同的营销策略；②研究改进旅游产品，延长其生命周期的方法；③当衰退期不可避免地到来时，开发旅游新产品，更好地适应旅游市场变化的需求。为了增强营销效果，提高经济效益，旅游企业必须针对产品生命周期各阶段的不同特点，推出不同的市场营销策略。

1．推出期的营销策略

（1）快速撇脂策略　以高价格和高促销费用的方式使新的旅游产品快速进入市场的策略。运用此策略必须具备以下3个条件：潜在市场上的大部分旅游消费者还不知道该产品；了解该旅游产品的消费者十分渴望得到该产品并有足够的支付能力；旅游企业面临潜在的竞争，必须尽快培养"品牌偏好"。

（2）缓慢撇脂策略　以高价格和低促销费用的方式把新的旅游产品推向市场的策略。运用此策略必须具备以下4个条件：市场规模有限；市场上大部分潜在旅游消费者了解这种旅游产品；潜在旅游消费者愿意出高价；潜在竞争对手的威胁较弱。

（3）快速渗透策略　以低价格和高促销费用的方式推出新的旅游产品的策略。采用这一策略必须具备以下4个条件：市场规模大，存在众多的潜在旅游消费者；大部分旅游消费者对产品价格敏感；消费者对旅游产品不了解；存在强大的潜在竞争对手的威胁。

（4）缓慢渗透策略　以低价格和低促销费用推出新的旅游产品的策略。采用此策略必须具备以下4个条件：市场庞大；旅游产品的知名度较高；市场对该旅游产品的价格弹性较大，市场开拓空间较大；存在潜在竞争对手。

2．成长期的营销策略

旅游产品处于成长期，旅游企业一般应采取以下4项营销策略：改进旅游产品，提高产品质量策略；开拓并采用新的销售渠道策略；开拓新市场策略；加强旅游促销策略。

3．成熟期的营销策略

旅游产品处于成熟期，旅游企业一般应采取下列 4 项营销策略：市场改进策略；产品改进策略；营销组合改进策略；旅游新产品的研制和开发。

4．衰退期的营销策略

旅游产品处于衰退期，一般有 3 种营销策略可供旅游企业选择：立即放弃策略，即果断决定撤出市场，不再生产原有的旅游产品；收获策略，即旅游企业不主动放弃某一产品，继续用过去的市场、渠道、价格和促销手段，直至旅游产品的完全衰歇；逐步放弃策略，即对那些仍有一定潜力可挖的旅游产品，旅游企业不是盲目放弃，而是分析产品销售量下降的原因，对症下药，扩展产品用途，提高产品质量，以期产品销售量的回升。

第三节　旅游产品的开发

一、旅游产品开发的原则

旅游产品开发是一项较为复杂的系统工程，需要对旅游市场需求、旅游市场环境、投资风险、宏观政策、旅游资源、旅游基础设施及劳动力素质等很多方面进行深入、全面、系统的综合分析，才能制定符合旅游目的地实际的旅游产品开发方案，从而取得良好的社会经济效益和生态环境效益，因此，旅游产品开发必须遵循一定的原则。

1．市场导向原则

旅游产品的开发必须以市场为导向，牢固树立市场观念。没有市场需求的旅游产品开发，不仅不能形成有吸引力的旅游产品，而且还会造成对旅游资源的浪费和对生态环境、历史文化和民族风情的破坏。坚持市场导向原则，就是要根据社会经济发展及对外开放的实际状况，正确地进行旅游市场定位，以确定旅游客源市场的主体和重点，明确旅游产品开发的方向和针对性，提高旅游产品开发的经济效益。同时，要根据旅游市场定位，调查和分析旅游市场需求和供给，把握目标客源市场的需求特点、需求规模、需求水平及其变化规律和变化趋势，从而开发出适销对路且物美价廉的、具有市场竞争力的旅游产品，确保在推向旅游市场后具有长久、旺盛的生命力。

2．因地制宜原则

旅游产品的开发必须依托旅游目的地的旅游资源及其所处经济社会环境、生态环境和历史文化环境，因为旅游目的地的旅游资源及其所处经济社会环境、生态环境和历史文化环境在相当程度上构成了旅游产品开发的基础、可能和特质。游离于旅游目的地的旅游资源及其所处经济社会环境、生态环境和历史文化环境之外进行旅游产品开发，既缺乏必要的旅游资源及其环境支撑，又缺乏地方性特质底蕴而毫无特色和竞争优势可言。

3．综合效益原则

旅游业是一项经济产业，必须始终把提高经济效益作为旅游产品开发的主要目标；同时旅游业又是一项文化事业，要求在讲求经济效益的同时，还必须讲求社会效益和生态环境效益，也就是要从整个旅游产品开发的总体水平考虑，谋求综合效益的提高。坚持综合效益原则，需要综合考虑和妥善处理以下几方面问题。

（1）要讲求经济效益　无论是旅游目的地的开发还是某条旅游线路的组合或某个旅游项目的投入，都必须先进行项目可行性研究，认真进行投资效益分析，不断提高旅游产品开发的经济效益。

（2）要讲求社会效益　在旅游产品开发中要充分考虑当地社会经济发展水平、社会文化、地方习惯，以及人民群众的心理承受能力，形成健康、文明的旅游活动并促进地方精神文明的发展。

（3）要讲求生态环境效益　按照旅游产品开发的规律和生态环境的承载力，以旅游产品开发促进生态建设和环境保护，以生态建设和环境保护提高旅游产品开发的综合效益，形成"保护——开发——保护"的良性循环，创造出和谐的生态环境和优美的旅游环境。

4. 形象制胜原则

旅游产品是以旅游资源为基础，对构成旅游活动的食、住、行、游、购、娱等各种要素进行有机组合，并按照客源市场需求和一定的旅游线路而设计组合的产品。因此，拥有旅游资源并不等于就拥有了旅游产品，而旅游资源要开发成旅游产品，还必须根据市场需求进行开发、加工和再创造，从而组合成特色鲜明、适销对路的旅游产品，才能树立良好的旅游产品形象和旅游目的地形象，在旅游市场竞争中处于强势地位。坚持形象制胜原则，一是要以市场为导向，根据客源市场的需求特点及其变化趋势，科学地进行旅游产品的设计；二是要以旅游资源为基础，把旅游产品的各个要素有机结合起来进行设计和开发，特别是要注意在旅游产品设计中注入文化因素，增强旅游产品的吸引力；三是要充分考虑旅游产品的品位、质量及规模，突出旅游产品的特色，努力开发具有影响力的拳头产品和名牌产品，要随时跟踪分析和预测旅游产品的市场生命周期，根据不同时期旅游市场的变化和旅游需求，及时推出新的旅游产品，不断改造和完善老的旅游产品，从而保持旅游业的持续发展。

二、旅游产品开发的内容

旅游产品的开发是根据旅游市场上人们的旅游需求及变化，按照旅游产品生命周期规律，对旅游资源进行开发和建设，并且与旅游设施、旅游服务及其他相关服务进行科学的设计和组合，形成可以提供给旅游者消费的旅游产品。

1. 单项旅游产品的开发

单项旅游产品的开发，一般是指对某一旅游景点、旅游接待设施、旅游娱乐项目、旅游购物场所等单个项目的开发与建设，其中，旅游景点的开发和建设是单项旅游产品开发的重点。一般有以下几种基本形式。

（1）以自然景观资源为主的开发　它是指主要以保持自然景观的原始风貌为主，通过进行相应的道路、食宿、娱乐等配套旅游设施的建设，对生态环境和自然景观进行保护、绿化和美化等，使之成为吸引旅游者的旅游品。通常，对这类旅游产品的开发不允许冲淡和破坏自然景观的美感，并严格控制旅游设施的建设数量和建设密度，使人工造景、建筑与自然环境协调一致。

（2）以人文景观资源为主的开发　它是指主要凭借丰富的历史文化古迹和现代建筑成就，

通过一定的维护、修缮、复原或建设等使其具有旅游产品的吸引功能，同时配备一定的旅游设施，使之成为提供给旅游者消费的旅游产品，如具有历史文化价值的古迹、遗址、园林、建筑形态及一些重要的、著名的现代建筑等。通常对这类旅游产品的开发既要保持其历史文化价值，又要通过一定的开发建设使其具有旅游产品的功能，因此一般需要较大的投资和维修费用。

（3）以民族文化旅游资源为主的开发　它是指主要围绕少数民族地区的传统文化、民族习俗、文化艺术等进行挖掘、整理、改造、加工和组合，并在此基础上开发成各种旅游产品。由于民族文化旅游资源较为广泛，因此对这类旅游资源的开发，需要各有关部门进行广泛的合作，统一规划、共同开发。同时，开发中既要重视对民族文化的精华进行发掘、整理和发扬，又要对民族文化中落后或不适应现代社会发展需要的内容进行改造或扬弃。

2．组合旅游产品的开发

组合旅游产品的开发，就是把各种单项旅游产品与旅游设施、旅游服务有机地结合起来，并与旅游者的旅游需求相吻合、与旅游者的消费水平相适应的旅游产品开发，也就是旅游线路产品的开发。旅游产品开发是否成功，通常与组合旅游产品能否为旅游者所接受密切相关，因为组合旅游产品是旅游者购买和消费最多的旅游产品，也是满足旅游者消费需求的具体形式。从组合旅游产品的开发过程来看，其充分体现了旅游产品与物质产品在开发方式上的区别。一般物质产品的开发和生产，是人们借助劳动工具将劳动对象加工改造为特定的外貌和内质全然不同的、并且符合人们消费需求的有形产品；而组合旅游产品的开发和生产过程，则主要是旅游从业人员凭借已开发的旅游资源、已建成的旅游设施和其他服务设施，通过科学设计而组合成各种不同的旅游线路产品，提供给旅游者以满足其多方面的旅游需求。因此，组合旅游产品的开发实质上是对各种单项旅游产品或要素的有机组合过程。

3．整体旅游产品的开发

整体旅游产品的开发就是旅游目的地的旅游产品开发，由于旅游目的地是旅游产品的地域载体，也是各种单项旅游产品和组合旅游产品的综合体现。整体旅游产品开发是指在旅游经济发展战略的指导下，根据旅游市场需求和旅游产品特点，对区域内旅游资源进行开发，通过建造各种旅游吸引物，建设大量旅游基础设施和接待设施，不断提高旅游服务质量和水平，使之成为旅游者集聚、停留、活动的主要基地。根据对国内外旅游目的地产品的开发和建设分析，旅游目的地产品开发通常有以下几种形式。

（1）全新旅游目的地产品的开发　它主要是指根据旅游者需求变化和旅游市场发展的情况，依托旅游资源的比较优势而进行的旅游产品的开发。例如，云南省在20世纪70年代以前基本上没有多少旅游者光顾，20世纪80年代以后随着国际、国内旅游业的发展，云南省依托自然风光和民族风情的比较优势，大力开发各种旅游产品，在短短的20多年中迅速发展为国内外知名的新兴旅游目的地；美国的拉斯维加斯也是因为开发以娱乐为主的旅游产品而迅速成为世界知名的旅游目的地的。

（2）发展中旅游目的地产品的开发　它主要是指利用旅游目的地原有旅游产品的声誉和旅游资源的比较优势，通过科学的规划和开发，进一步扩大和增添新的旅游项目和活动内容，以达到突出旅游产品特色，丰富旅游产品内容，提高旅游目的地形象，增强旅游目的地吸引力和市场竞争力，从而吸引更多的国内外旅游者的目的。例如，深圳通过在原来开发的锦绣中华、民族风情园的基础上，不断开发世界之窗、欢乐谷等新的观光和娱乐产品，使深圳成为面向国内外旅游者的具有较强吸引力的旅游目的地。

（3）发达旅游目的地产品的开发　它主要是指运用现代科学技术，通过精心构思、科学规划和设计，以新颖、奇幻为特点，融观光、娱乐、游艺、刺激为一体，创造性地开发出具有特色的旅游产品，以继续巩固和提升旅游目的地的市场形象和竞争力。

三、旅游产品开发的策略

旅游产品的开发是一项非常重要的工作，为了最大限度地利用资源和满足旅游者的旅游需求，在正确的旅游产品开发原则指导下，还必须采取科学、有效的旅游产品开发策略。常用的旅游产品开发策略有旅游目的地产品规划开发策略和旅游线路产品设计组合策略。

1. 旅游目的地产品规划开发策略

旅游目的地产品作为一种整体旅游产品，其规划与开发既取决于旅游目的地的开发程度和水平，又取决于所包含的各单项旅游产品的开发程度与水平。

（1）主导产品策略　旅游者到旅游目的地旅游时，他们的旅游需求是多种多样的，消费水平也有高有低，旅游目的地应该尽可能提供品种丰富、类型齐全的旅游产品，最大限度地满足旅游者。但是，这并不意味着旅游目的地无须拥有自身的特色及相应的主导旅游产品。主导旅游产品是自身旅游资源优势与客源市场需求双向驱动的产物，在旅游产品发展的初期，它有助于旅游者尽快认知和熟悉旅游目的地，在旅游产品发展的中后期，它可以树立旅游目的地的独特形象。

（2）保护性开发策略　对于罕见或出色的自然景观和人文景观，应完整地、绝对地进行保护或维护性开发。有些景观因特殊的位置不允许直接开发，只能作为观赏物远远地欣赏。拥有该类旅游资源的旅游目的地的开发要求就是绝对地保护或维持原貌。例如，自然保护区的核心区，对维护当地的生态系统平衡和进行典型性科学研究具有极其重要的意义，因此，即使是在自然保护区开展保护性特征较为突出的生态旅游，也一定要慎之又慎。

（3）有序开发策略　旅游目的地的旅游产品开发，既要考虑旅游产品的时效性，也要考虑旅游产品的可更新性，兼顾短期效益和长期效益，保证旅游目的地的长期、稳定、持续发展。为此，旅游目的地在开发建设景区景点、建设基础设施和购置相关设备时，都要有实践上的考虑和妥善安排，做到审时度势、不失时机、稳步有序地推出新的旅游产品。

（4）高低结合策略　它是指在旅游目的地旅游产品的开发过程中，进行高档旅游产品与低档旅游产品的科学、合理、有机组合，以满足不同层次旅游者的旅游需求。例如，旅游目的地的酒店，四星级、五星级高档饭店可以为高收入旅游者提供豪华、舒适的享受；三星级、二星级甚至更低星级的饭店则能满足追求经济、实用的中低收入旅游者的需求。

2. 旅游线路产品设计组合策略

（1）市场型组合策略　它是指针对某一特定的细分旅游市场提供其所需要的旅游产品。例如，旅行社专门为某一客源市场提供观光、度假、购物等多种旅游产品；或者以青年市场为目标，开发探险、新婚、修学等适合青年需求的旅游产品。市场型组合策略有利于旅游企业集中力量对特定的目标旅游市场进行调研，充分了解其需求，开发满足这些需求的多样化、多层次的旅游产品。但是，由于市场型组合策略所选择的目标旅游市场单一，市场规模有限，会使旅游企业的旅游产品销售受到一定的限制。

（2）产品型组合策略 它是指以某一种类型的旅游产品来满足多个目标旅游市场的同类需求。例如，某旅行社主要开发观光旅游产品或生态旅游产品来满足各种各样的旅游者。采取产品型组合策略时，旅游产品线路单一，旅行社开发和经营成本较少，利润率较高且易于管理；可以集合旅游企业资金不断完善旅游产品，进行旅游产品的深度加工，加强对旅游产品的促销宣传，有利于树立鲜明的旅游企业形象。但是，采取这种策略会使旅游企业产品类型单一，增大了旅游企业的经营风险。

（3）产品—市场型组合策略 它是指旅游企业开发和经营多种旅游产品，并推向多个不同的目标旅游客源市场。例如，某旅行社同时经营观光旅游、度假旅游、购物旅游、会议旅游等多种产品，并以欧美市场、日本市场、东南亚市场等多个旅游市场为目标市场。采取产品—市场型组合策略，可以满足不同旅游客源市场的需要，扩大旅游企业或旅游目的地的旅游市场份额或市场占有率，减少旅游产品经营风险等，但是，由于同时开发和经营多种旅游产品，会造成旅游企业经营成本较高，因此，要求旅游企业必须具备较强的实力，才能有效地采用这种策略。

本 章 小 结

旅游产品是旅游经济的基本"细胞"，现代旅游活动之所以具有经济性，就在于旅游需求与旅游供给双方要交换旅游产品。本章从分析旅游产品的含义开始，阐述旅游产品的概念、价值构成和主要特征；在分析旅游产品构成的基础上，阐明旅游产品构成中的内外部关系；阐述了旅游产品生命周期理论及延长旅游产品生命周期的策略；对旅游产品的开发原则和内容进行了系统介绍。

思考与练习

一、名词解释

旅游产品　旅游服务　旅游资源　旅游设施　旅游产品生命周期　旅游产品开发

二、选择题

1. 旅游产品的核心部分是（　　）。

　A．旅游资源　　　B．旅游服务　　　C．旅游设施　　　D．旅游通达性

2. 旅游产品生命周期处于哪个阶段时，产品的销售量达到最高点（　　）。

　A．推出期　　　B．成长期　　　C．成熟期　　　D．衰退期

三、简答题

1. 旅游产品使用价值表现在哪些方面？

2. 旅游产品的价值由哪几部分构成？表现在哪些方面？

3. 延长旅游产品生命周期的方法有哪些？

4. 旅游产品开发的内容和策略是什么？

四、案例分析

解读海南旅游产品开发与推广

"美丽海南 精品景区游"、"逍遥海南 浪漫之旅"、"冬之海岛 温泉纯玩游"、"美洋洋海豚之恋蜜月游"、"海南大环岛游"……一个个全新的旅游线路，都是来自海南旅游业界人士的设计。为了对接 2009 昆明国际旅游交易会、及早抓住 2010 年的新市场，海口市旅行社协会、海南省旅游发展研究会发动旅行社业界开展了"2010 海南国际旅游岛特色新线路设计开发评选"活动，获奖产品将在 2009 昆明国际旅游交易会上隆重发布，此举在业内反响热烈。自 2007 年海南开始尝试新线路设计开发与市场联合促销以来，如今已经摸索出了一条海南国际旅游岛新产品开发与联合营销之路。

1．一套权威公信的模式

从近几年海南各大旅行社在"新产品、新市场、新回报"方面的成功探索，海口市旅行社协会与海南省旅游发展研究会逐渐探索出一套"政府主导、行会组织、企业参与、联合推广"的新模式。

海南省旅游发展研究会副会长兼秘书长王健生认为，"大促销"将是海南旅游业发展的一大趋势。长期以来，海南旅游产品着重打的是资源牌，现在必须做足品牌，产品要品牌化、活动要主题化、线路要标准化、服务要个性化。从 2007 年开始，海南连续三年为"旅游宣传促销年"，政府提供了一个大平台，重点扶持好景区、好旅行社、好酒店、好产品，按照客源市场的需求进行新的对口组合，要形成专业分工化，培养自己的竞争优势，形成海南旅游"产、供、销"一体化的良性循环。海南旅游的宣传促销，政府部门主要负责海南旅游的整体形象宣传，海南旅游产品对客源市场的促销则按"政府主导、行会组织、企业参与、联合推广"的新模式进行，实现海南旅游品牌产品与海南旅游形象的无缝对接。

海南省旅游委市场处副处长邹贤峰表示，为了迎接 2009 年昆明国际旅游交易会，希望在这种新模式的共同努力下，通过新产品的开发促进海南旅游产品内容和结构的改造，提升客源层次，优化客源结构，提高海南旅游经济增长质量。

海口市旅游委副主任蔡俏透露，海南国际旅游岛需要动态的产品，需要不停地创新，以满足社会的需要、市场的需要、消费者的需要。从 2009 年开始，按照此模式，每年在11 月份召开的中国国际旅游交易会上都将举行次年海南旅游新产品新闻发布会，每年以新产品对接国内旅游市场新需求，为每年冬春旅游旺季做好充分的市场准备。

2．一支新产品开发队伍

"连续三年的新产品设计开发活动，点燃了海南旅游界策划、包装、营销新产品的激情，涌现出一批旅游产品开发设计专业能手。今年的活动就有数 10 家旅行社共上报 160多条新线路参与评选，经海南旅游新产品设计开发小组及专家评议，10 条线路荣获'2010海南国际旅游岛十大特色王牌线路'称号，另有 10 条线路被评为'2009 市场热销的海南岛特色新线路'"，海口市旅行社协会秘书长季东疆很自豪地说。

"游客终于可以体验到真正的海南环岛游了"。作为此次获奖线路之一，海南南海假日旅行社总经理樊胤飞介绍，该社在原有产品的基础上，创新研发了海南大环岛游，把海南西北部生态人文资源和东南海岸资源完美地结合起来，受到了内地组团社的广泛好评。

而海南航空假日旅行社则针对海南岛产品低端化、老化、严重失衡等问题，推出了"阳光 100" 系列产品，打出了"把一切摊在阳光下，满意不止百分百"的口号，"创新是企业的核心竞争力，尽管高端产品面临着一定的推广难度，但是只要提高游客满意度，以特色吸引游客，并且避免价格战，那市场是巨大的，前景是乐观的"该社市场总监曹宁础如是说。

海南事达国际旅行社产品研发部总监杜思思认为，产品的创新一定要结合市场才能有持续的生命力。该社现在主打的"达达派对"就是利用时尚元素，结合海南精品景区，把景区作为活动的场所，吸引岛内外的年轻人，通过派对活动激发年轻人参与的热情度，使其玩出特色、展现自我。

海南省旅游委市场处负责人表示，近年来，海口市旅行社协会与海南省旅游发展研究会，整合各大旅行社的产品开发力量，按旅游委委托的旅游新产品设计开发任务，设计出如婚庆旅游、温泉养生游、雨林探奇游、风情观光游、高尔夫游、邮轮游、海岛自驾游等等主题性线路，支撑起海南国际旅游岛的新形象。通过主题性新产品对接新市场的个性化新需求消费群体，实现培育一个主题性新产品，开发出一片新市场目标，为海南国际旅游岛建设提供强有力的国内旅游市场支撑。

3．一条串点托面的机制

"'点入线中、以线串点、以线托面'联合营销原则也是一个大的创新"，海口市旅行社协会会长房新海分析，海南岛是远离国内主要客源地的远程目的地，由于旅游信息传递的不对称，客源地的组团社和游客很难获得海南旅游日新月异的真实信息。这就需要组织一批有实力、有客源基础、有客户网络、有社会责任心的海南旅行社，联合全省各大景区、酒店、相关旅游企业和航空公司，以及旅游专家、各大媒体，乃至于客源地的主要组团社，紧密配合政府的市场拓展计划，以产品为纽带，以市场为导向，通过"点入线中、以线串点、以线托面"的方式，"谁参与谁受益"，联手策划、包装和营销富有竞争力的海南特色旅游产品，联手进行专项市场开发，引导和创造重点客源地、重点客源人群的需求，构建共同承担市场责任的营销新机制，构筑海南旅游产业持续发展的客源基础，带动旅游消费的转型升级，从而为全省旅游界创造更好的市场空间和盈利机会。

此举得到了精品景区的认可，南山休闲会馆市场总监金梦娟表示，"再好的景区也不过是一个点，游客不可能冲着一个点去一个地区旅游，如果串到线上的都是明珠，项链就成了品牌，就物有所值。"近几年海南省各家景区都在摸索中前进，客源结构的不断改变，旅行社的转型升级，让景区走向复合型的发展道路。景区的发展已经不能靠单打独斗，需要与政府、协会、各家旅行社强强联手，搭建一个可持续性的合作机制，在国际旅游岛建设的大背景下，使景区走得更远、更好。

（资料来源：同程网，http://www.17u.com/wd/detail/4_82903）

思考：海南旅游产品生命周期延长的方法和举措有哪些？

评析：海南旅游产品是我国早期休闲度假旅游产品开发的成功代表，但是经过多年的发展，其已经进入产品的衰退期，产品的升级换代迫在眉睫。海南旅游是典型的远程海岛旅游，使得旅游者呈现单向流动的特征，以地接为主的经营模式决定了海南旅行社对接团价格没有话语权，价格的恶性竞争，让海南一流的旅游资源卖不出好价钱，让人很心痛。在旅行社通过岛外的推广中发现民间旅行社的产品、资源信息与岛外极不对称，沟通不到位，使得组团社没有很好地了解该社的产品。因此，海南旅游产品在升级换代中，重点采取了以下 3 项措施：

1）政府主导、行会组织、企业参与、联合推广的新模式。重新树立海南对外的统一旅游形象，加强品牌化的意识。

2）迎合新需求，挖掘新特色，研发新产品。重点针对市场呈现出的新的需求特点，升级旅游产品，把人文旅游资源和自然旅游资源结合起来，设计多元化的旅游产品，适应海南国际旅游岛的新形象。

3）整合资源，联合促销，强强联合。旅游产业各行业各部门之间，打消瓶颈，强强联合，实现共赢的新局面。

旅游产品的生命周期理论决定了大多数的旅游产品，最终都会走向衰退期，这也是市场规律的必然结果。怎样进一步的延长产品的生命周期，或者实现产品的再成长，是旅游从业者必须未雨绸缪的。因此，加强对市场的研究，把握市场的需求动态，进一步调整供给结构，同时解决在供给中出现的内部矛盾，整合资源，整合市场，整合供给，联动发展，才是旅游产品可持续发展的必由之路。

第三章

旅游需求与旅游供给

 学习目标

1. 了解旅游需求、旅游供给的概念、特点及其影响因素。
2. 掌握旅游需求、旅游供给的规律性以及旅游供求的弹性系数。
3. 应用旅游供求矛盾及供求均衡规律，分析调控旅游产品供求关系、促进旅游经济均衡发展的方法。

旅游需求和旅游供给是旅游经济活动中的一对基本矛盾，随着社会经济的发展而产生和变化，并以其对立统一和矛盾运动构成了旅游经济活动的主要内容。本章在对旅游需求与旅游供给进行概念认知与内涵解析的基础上，分析了旅游需求和旅游供给产生和变化的主要影响因素，揭示了旅游需求与旅游供给的内在客观规律及弹性，探讨了旅游需求与旅游供给的矛盾运动及其均衡机制，为解决旅游需求和旅游供给矛盾提供了理论指导。

第一节 旅 游 需 求

一、旅游需求的概念

旅游需求，即对旅游服务的需求，是指旅游者在某一特定的时期内，在各种可能的旅游价格下，有旅游动机和足够闲暇时间的旅游者愿意而且能购买的旅游产品的数量。这个定义强调了旅游者旅游动机、拥有的闲暇时间以及旅游者的实际购买能力 3 个要素，突出了旅游产品需求与其他一般商品需求的区别。正确地理解旅游需求的概念，需掌握以下几点：首先，旅游需求量是旅游者愿意而且能够购买的数量，这证明该旅游需求量是旅游者的购买能力的意向性表示，但不是已经购买的数量；其次，旅游需求是指一种旅游产品（包括服务）的需求量与其价格之间的对应关系；最后，旅游需求表现为市场中的一种有效旅游需求。在旅游市场中，有效的旅游需求是指具有旅游动机、足够的闲暇时间和一定的支付能力的需求，三者缺一不可，否则即为潜在旅游需求。它反映了旅游需求市场中的现实旅游需求状况，是分析和预测旅游市场变化和发展趋势的重要依据，也是旅游者制定经营策略的出发点。

二、旅游需求的形成

1．形成旅游需求的支撑条件

（1）旅游需求产生的基本前提是旅游者对旅游产品的动机　动机就是引发一个人为满足自身某种需求而决定采取某种行为的内在动力，是一种主观意愿，也是形成旅游需求的首要的主观条件。内因是起决定作用的因素，如何了解和激发旅游者的动机对于充分认识旅游需求显得尤其重要，但这并不是旅游需求得以实现的决定性因素。这里的旅游需求量是旅游者愿意而且能够购买的数量，但不是已经购买的数量。只有人们对某种旅游产品或服务的消费需要具有一定的支付能力时，人们的动机与需要才会转化为经济学上的需求，因此，经济学只考虑有支付能力的旅游需求。

（2）旅游需求有效化的根本前提是旅游者对旅游产品的实际购买能力　有了意愿（旅游动机）并不能保证旅游活动能够实现，关键在于旅游者的实际购买能力。购买能力是指人们在其收入中用于旅游消费支出的能力，即经济条件。旅游产品作为一种层次较高的精神消费产品，其需求受到除满足个人生活需求之外的可自由支配收入的影响。因此，在其他条件不变的情况下，个人的可自由支配收入越多，人们对旅游产品的需求也就越大。因此，旅游者的实际购买能力不仅表现为旅游者消费旅游产品的能力及水平，而且是旅游者的旅游动机转化为有效需求的重要前提条件。

（3）足够的闲暇时间是旅游需求有效化必不可少的支撑条件　旅游活动的一个重要特征是生产和消费的同一性，即消费空间的位移。这使得旅游消费具有不同于一般产品的消费异地性和时限性，这些特点使得旅游需求的实现除了要有旅游动机和实际购买能力之外，还必须有足够的闲暇时间——特别是人们连续性的可自由支配的时间作为支撑，这是旅游需求得以实现的客观限制条件。而闲暇时间的长短影响旅游地域范围，进而影响旅游产业的产业关联效应的发挥；影响旅游者的旅游方式，从而影响旅游需求的实现程度；还影响旅游效用函数，从而影响旅游产品的结构升级；也影响旅游需求的集中程度，进而影响旅游经济的运行质量。

2．形成旅游需求的影响因素

由于旅游需求的多样性，影响旅游需求的因素也很复杂，要很好地了解旅游需求状况，除了研究旅游者自身的旅游动机、收入水平、闲暇时间及对外交流等直接因素外，还必须分析和研究影响旅游需求的其他因素。例如，旅游产品的价格水平，旅游目的地供给的旅游资源和服务质量，旅游目的地的旅游供给竞争，旅游目的地的交通运输条件，旅游目的地与旅游客源地国家或地区之间的货币汇率；此外，还有旅游客源地居民身体素质的提高和文化素养的提高因素，现代消费观念的转变，旅游目的地在旅游客源地的旅游促销水平等因素。这些因素自身并不能产生旅游需求，但都能够作用于有一定基础的个人和群体，刺激居民旅游需求及促使其选择旅游出行方式与对象，或者促使其提前或增多对某种旅游活动的选择。

三、旅游需求的特点

1．整体性

旅游活动是一个连续的时空过程，旅游者在整个旅游活动过程中，不可能只有对某一单项旅游产品的需求，而是对于旅游活动相关的多项产品的系列需求。通常认为旅游需求是集食、住、行、游、购、娱等为一体的整体需求。旅游消费者在进行旅游产品的购买时，必然会综合考虑旅游目的地的旅游景点、旅游住宿、旅游交通、旅游购物的整体设施状况，以保证自己的各项需求能够在旅游消费过程中得到综合满足。

2．指向性

旅游需求具有地域指向性和时间指向性。其中，旅游需求的地域指向性或地域集中性反映了旅游需求规模与旅游客源地经济发展水平之间的密切关系，旅游者往往来自于经济较为发达的地区或国家。一方面从旅游客源地角度来看，旅游需求具有特定的地区，表现为地域上的集中性；另一方面从旅游目的地的角度来看，旅游需求地域分布特征造成了旅游热点地区和冷点地区的共存状态。

旅游需求的时间指向性是指旅游需求具有特定的季节和时间，形成旅游的淡季、平季和旺季。一方面从旅游客源地来看，不同的国家有不同的社会风俗习惯和不同的休假制度，闲暇时间的时段分布会出现集中性特征。比如每年5月的带薪假期是日本的旅游黄金月，不仅其国内旅游红火，访华旅游也在很大程度上集中在这一时段。另一方面从旅游目的地来看，受风俗习惯、自然气候条件的限制，旅游目的地的人文及自然吸引物往往表现出截然不同的吸引力，甚至有些吸引物自身的产生与是否存在也具有一定的季节性特征。比如，哈尔滨在冬季，可以提供观赏冰灯和滑雪等特殊的旅游活动项目，而成为旅游的黄金季节。由于时间指向性，这使得旺季时旅游供给紧张、淡季时旅游供给闲置，导致旅游设施的非均衡使用现象，给旅游企业带来了经营上的困难，对旅游供求之间的平衡带来不利的影响。

3．多样性

旅游需求属于人们满足了基本生理需求后所产生的一种较高层次的需求，它受旅游者的职业、文化、社会地位、年龄、性别、所在国、消费习惯、健康、个性及旅游偏好等因素的影响而表现出众多差异。即使处于同一种旅游动机，旅游目的地选择、旅游方式、旅游等级、旅游时间、旅游类型等消费内容和消费方式也会因人而异，这必然导致市场上旅游需求构成的多样性。例如，为了缓解紧张的工作压力，有的人乐意选择攀岩、漂流、蹦极等颇具冒险性的旅游项目；而有的人却喜欢观赏自然风光、欣赏人文景观等舒缓活动的旅游项目。旅游需求的多样性是旅游供给多层次的前提和基础，也必然要求旅游产品千差万别。

4．敏感性

旅游需求对自然环境、社会政治状况、社会时尚等的变化及偶发事件都十分敏感。由于旅游产品的生产和消费是不可分割的，这就造成旅游产品在销售的时候只能提供相关信息。而信息的可靠性受旅游产品本身的影响力和购买者的心理感受因素的影响。因此，旅游需求对于舆论导向非常敏感。一些人比较容易接受朋友的推荐，另一些人更加相信媒体的宣传。舆论宣传的好坏，对旅游需求的影响十分明显。例如，2002年足球世界杯给韩国旅游业带来巨大利润；2002年博鳌亚洲论坛使我国海南博鳌从一个名不见经传的小渔村，一夜之间闻名天下。又如美国"9·11"事件发生后，不仅使美国的旅游需求量受到巨大冲击，而且使世界大部分国家的旅游需求量都有不同程度的减少。此外，地震、海啸、泥石流、台风等自然灾害和生态环境逆向变迁也会使旅游需求锐减。流行性疾病的传播和扩散等突发性事件也会导致旅游需求的萎缩。例如，曾经广为扩散的"非典"、"禽流感"、"猪流感"疫情，曾严重影响了旅游者对疫情所在国家和地区的旅游需求。

5．高弹性

影响旅游需求的因素是多种多样的，而在实践中，每一个影响因素都处于不断变化的状态。这些变动着的因素与旅游需求之间的关系，可以用需求弹性来衡量。需求弹性是指需求量同其他变量之间的关系。如果某一变量的变动对需求量的影响不大，称之为需求弹性较小；反之，则需求弹性较大。目前，由于受社会生产力水平和社会多种因素所制约，旅游需求对于大多数旅游者来说，仍主要代表为一种闲暇的消遣性消费。同时，由于旅游产品具有较强的替代性，当某一市场发生变化，旅游者可以选择另一市场出游，如国际旅游市场发生变化，它可以转向国内旅游市场。由于上述种种原因，旅游者对各种因素变动的反应极为敏感，从而决定了旅游需求具有高弹性的特点。

四、旅游需求规律

旅游需求规律的基本内容是：在其他因素不变的情况下，人们对某一旅游产品的需求随该产品的价格变动成反方向变化，随人们可支配收入和可支配自由时间的变动成同方向变化。旅游需求规律用函数式表示为

$$D = f(P;\ I;\ T;\ \cdots) \tag{3-1}$$

式中　D——某种旅游需求；

　　　P——某种旅游产品的价格；

　　　I——旅游者的可支配收入；

　　　T——旅游者的可自由支配时间，即可粗略等同于旅游者的闲暇时间。

下面是对旅游需求规律的具体讨论。

1．旅游需求量与旅游产品价格成反向变化关系

（1）旅游需求曲线的上下移动（见图 3-1）。在图 3-1 中，纵坐标代表旅游产品的价格，横坐标代表旅游产品的数量，于是，坐标图中旅游产品价格的任一变动，都有一个与之相对应的旅游需求量，从而形成了旅游需求价格曲线（DD）。该曲线表示：旅游需求量与旅游产品价格呈负相关变化的关系，即当某种旅游产品价格为 P_0 时，旅游需求量为 Q_0；当旅游产品价格从 P_0 下降到 P_2 时，旅游需求量从 Q_0 增加到 Q_2；当旅游产品价格从 P_0 上涨到 P_1 时，旅游需求量从 Q_0 减少到 Q_1，因而旅游需求价格曲线是一条自左上向右下倾斜的曲线。

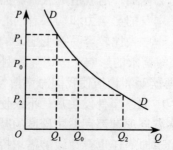

图 3-1　旅游需求曲线的上下移动

（2）旅游需求曲线的平行移动（见图 3-2）在旅游产品价格既定情况下，由于其他因素的变动而引起的需求变化，称为旅游需求水平的变化。当人们可支配收入增加时，在旅游产品价格 P_0 不变情况下旅游者就会增加旅游需求，从而引发旅游需求曲线 DD 右移到 D_1D_1，并使旅游需求量由 Q_0 增加到 Q_1；反之，当人们可支配收入减少时，在旅游产品价格 P_0 不变情况下，就会减少旅游需求，从而引起旅游需求曲线 DD 左移到 D_2D_2，并使旅游需求量由 Q_0 下降到 Q_2。

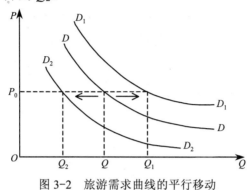

图 3-2　旅游需求曲线的平行移动

2. 旅游需求量与人们可支配收入成同方向变化关系

旅游活动发展实践证明，其他因素不变时，人们可自由支配的收入越多，对旅游产品的需求也就越大，尤其表现为外出旅游次数或在外旅游天数的增加；反之亦然（见图 3-3）。

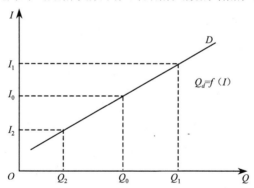

图 3-3　旅游需求与旅游可支配收入同方向变化关系

在图 3-3 中，纵坐标代表人们外出旅游的可支配收入 I，横坐标代表旅游需求量 Q，旅游需求曲线为 D。旅游需求量与人们可支配收入成正方向变化的规律性，其函数式表示为

$$Q_d = f(I) \qquad\qquad (3-2)$$

式中　I——可支配收入；

Q_d——一定时期内的旅游需求量；

f——两者之间的函数关系。

3. 旅游需求量与人们的闲暇时间成同方向变化关系

闲暇时间是旅游需求产生的制约条件。旅游活动是一种异地消费的经济活动，闲暇时间是旅游消费活动的组成部分，闲暇时间的私有化和商品化是旅游经济得以形成的重要条

件。当人们的可自由支配收入达到一定水平之后，闲暇时间就形成了制约旅游需要扩大的重要因素。人们只有拥有足够的闲暇时间，而且是连续的可自由支配时间才有可能出游。

一般来说，闲暇时间和旅游需求成同方向变化关系（见图 3-4），即旅游需求量随着人们闲暇时间的增多而增加；反之亦然。图 3-4 中，纵坐标代表人们的闲暇时间 T，横坐标代表旅游产品需求量 Q。随着人们闲暇时间的增加，也必然会有与之相对应的旅游需求量的增加，从而形成了旅游需求闲暇时间曲线。并且两者之间的这种正向变化关系可以用式 3-3 来表示。因此，旅游需求闲暇时间曲线是一条向右上方倾斜递增的曲线。这对于从理论角度证实我国实施黄金周假日旅游政策以及改革以来的游客旅游需求量的变动而言，非常实用。

$$Q_d=f(T) \tag{3-3}$$

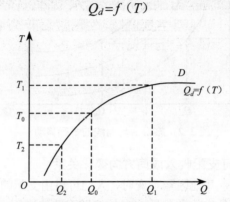

图 3-4　旅游需求量与人们的闲暇时间成同方向变化关系

4．可自由支配收入与闲暇时间共同决定的旅游需求

以上我们提到了一般情况下，可自由支配收入和闲暇时间都与旅游需求成正相关关系，这并不意味着旅游需求会无限制增加。在考虑闲暇时间约束的前提下，对某特定旅游产品的需求量与可自由支配收入就不一定成必然的正相关关系，而可能会出现图 3-5 和图 3-6 的情况。

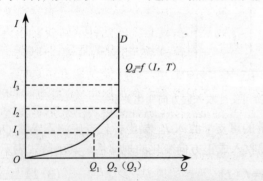 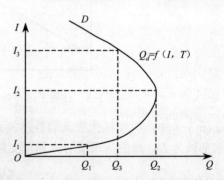

图 3-5　I 与 T 先正相关后零相关作用下的旅游需求　　图 3-6　I 与 T 先正相关后负相关作用下的旅游需求

对于图 3-5 和图 3-6 而言，可以从宽泛的国内旅游产品和国际旅游产品的关系角度来理解，当然，两种旅游产品都需要占用旅游者的闲暇时间（可自由支配时间），而在本书这两幅图上并未把时间因素 T 标注出来，但不影响分析旅游者的可支配收入与可支配时间共同发生作用的规律。假设旅游者的闲暇时间相对充裕，不构成对旅游者进行国内（或国际）旅游活动的限制性因素时，旅游者选择出境国际旅游与国内旅游的可能性均等的话，随着

旅游者可自由支配收入从 I_1 增加到 I_2，那么旅游者对该项国内（或国际）旅游产品的需求量将会从 Q_1 上升到 Q_2；而一旦当闲暇时间成为旅游者出游的限制性因素时，旅游者的可自由支配收入即使从 I_2 增加到 I_3，甚至更高的状况，而旅游者对该项国内（或国际）旅游产品的需求量却只能停留在 Q_2 的水平（与 I_3 相对应的 $Q_3=Q_2$），即图 3-5。

　　但若是旅游者选择出境国际旅游与选择国内旅游的意愿并不相等，如我国当前的有经济实力的旅游者更倾向于出境旅游，那么国家对于出境旅游的政策调控措施，就会明显影响到旅游者的出游决策及行为。具体而言，当旅游者的出境旅游受到限制时，旅游者只能选择国内旅游，其旅游需求变化同图 3-5 所示的变化规律；但当出境旅游政策放开的条件下，随着旅游者的可自由支配收入从 I_1 增加到 I_2，那么旅游者选择国内的开支（包括旅游者对国内旅游产品的需求量以及闲暇时间消耗）会从 Q_1 上升到 Q_2，但随着旅游者的可自由支配收入从 I_2 增加到 I_3，甚至更高的状况，旅游者在国内旅游的开支（包括旅游者对国内旅游产品的需求量以及闲暇时间消耗）却从 Q_2 的水平下降到 Q_3 水平，即图 3-6 所示的旅游者的国内旅游开支曲线，并更倾向于增加的出境旅游开支（图 3-6 并未表示）。这对于从经济学角度解释与分析当前我国出境游井喷的现象，非常实用。

五、旅游需求弹性

　　在影响旅游需求的因素中，任何一个因素的变化都将引起旅游需求量相应的变化，这种反映特点叫做旅游需求弹性。它是测定旅游需求对其自变量变动反映的灵敏程度的指标，是具体说明一个变量每百分之一的变动所引起的旅游需求量变化的百分比。此外，旅游需求弹性还有两种形式：一种是点弹性；一种是弧弹性。这两种弹性系数的数值是有差异的，计算公式的基数也是有差异的，其差异原因在于：比方说，一条旅游需求曲线可以看做是众多的旅游价格与旅游需求量的对应（坐标）点的集合，而旅游需求曲线上的不同坐标点即瞬间概念的点弹性可以看做是曲线在该点上的斜率，那么，即使在同一条旅游需求曲线上的不同点的斜率肯定是不同的，点弹性表示的是该点非常精确的瞬间的运动轨迹，那么在该坐标点上的价格从低到高和从高到低的两种不同变化趋势的终结点上的点弹性都是有差异的；但在实践应用中，讨论价格上涨或下降并未如此，也不需要如此细致地讨论这种非常短的瞬间变化趋势时的差异，而是笼统地使用这样一个价格变化区间（可能是发生在一段时间周期内的价格调整）下，可能出现的旅游产品的整体的、平均的需求弹性，这就必须引入一个更为实用的弧弹性的概念，弧弹性表示的是旅游需求函数在某一区间的平均弹性。影响旅游需求的因素主要由旅游产品价格、可自由支配收入、闲暇时间、其他旅游价格等。相应的，旅游需求弹性主要有价格弹性、收入弹性和交叉弹性。

1. 旅游需求价格弹性

　　（1）旅游需求价格弹性系数及公式　　旅游需求价格弹性是指旅游需求量随着旅游产品价格的变动而发生的相应变化，用旅游需求价格弹性系数来衡量。旅游需求价格弹性系数是指旅游需求变化的百分比与旅游产品价格变化百分比的比值。旅游需求量与旅游产品价格呈负相关的关系，因此旅游需求价格弹性系数总是表现为负数，即通常用绝对值表示。其计算公式为

$$\left|E_{dp}\right| = \frac{Q_1 - Q_0}{Q_0} / \frac{P_1 - P_0}{P_0} \qquad (3\text{-}4)$$

$$\left|E_{dp}\right| = \frac{Q_1 - Q_0}{(Q_1 + Q_0)/2} / \frac{P_1 - P_0}{(P_1 + P_0)/2} \qquad (3\text{-}5)$$

式中 E_{dp} —— 旅游需求的价格弹性；

       Q_0 —— 基期的旅游需求量；

       Q_1 —— 报告期的旅游需求量；

       P_0 —— 基期的旅游产品价格；

       P_1 —— 报告期的旅游产品价格。

式 3-4 用于计算旅游需求曲线两点之间的变化量趋于无穷小时的旅游需求价格的弹性，即点弹性；当计算旅游需求曲线上两点之间的需求量的变动对于价格变动的反映程度时用弧弹性（式 3-5）表示。

（2）旅游需求价格弹性分析   由于旅游需求量与旅游产品价格反向变动，旅游需求价格弹性系数通常为负值。根据旅游需求价格弹性系数 E_{dp} 的绝对值大小，通常可以将旅游需求价格弹性系数分为 3 种情况及两种特例趋势。

1）$\left|E_{dp}\right| > 1$ 时，表明旅游需求价格富有弹性，因为旅游需求变动的百分比大于旅游产品价格变动的百分比，旅游需求曲线斜率较大，形状较平坦。在这种情况下，旅游产品的价格下降会引起旅游需求量的增加，但增加的百分比大于价格下降的百分比，从而使旅游总收益增加；反之，提高旅游产品价格将会使旅游总收益减少。因此，若某旅游产品的旅游需求价格是富有弹性的，则适合采取降价策略来增加旅游收益。一般旅游花费中的住宿、交通等都属于这种类型。

2）$\left|E_{dp}\right| < 1$ 时，表明旅游需求价格缺乏弹性，因为旅游需求变动的百分比小于旅游产品价格变动的百分比，旅游需求曲线的斜率较小，形状较陡峭。在这种情况下，价格的上升会引起旅游需求量的减少，但减少的百分比小于价格提高的百分比，从而使旅游总收益增加；反之，降价使旅游总收益减少。因此，如果某旅游产品的旅游需求价格是缺乏弹性的，则适合采取提价的策略来增加旅游总收益。一般旅游花费中的景点门票属于这种类型。

3）$\left|E_{dp}\right| = 1$，表明旅游需求价格是单位弹性，因为旅游需求变动的百分比等于旅游产品价格变动的百分比，旅游需求曲线的斜率为 -1。在这种情况下，提价和降价都不会使总收益增加。因此，如果某旅游产品的旅游需求价格是单位弹性的时候，保持价格不变是最合适策略。

4）$\left|E_{dp}\right| = 0$，表明旅游需求价格完全缺乏弹性，即无论旅游产品价格如何变化，旅游需求量变化皆为 0，旅游产品价格完全缺乏弹性，此种需求曲线为一垂直于横轴的直线。当旅游者对某种产品的需求价格弹性系数趋向于无穷小甚至等于零时，则说明旅游者还是需要这种旅游产品的，但是由于供给方的强势垄断、供给量的限额，而导致即使价格再怎么变动，旅游者对该项旅游产品旅游需求量也只能处于某一水平不再扩张。例如，古玩、珍藏品拍卖或其他供给垄断型产品的需求价格弹性即为此种情况。但也有可能当该旅游产品价格从起始点就已超出旅游者的承受能力时，旅游者会选择放弃购买，旅游需求量为零，此后价格再变化也不会发生需求量的变动，这即为旅游者的抗议。随便旅游供给方的价格再怎么变动，旅游者对该产品的需求量不再发生改变了，对于旅游供给商，虽然愿意提高价格，但也得考虑公众能够接受的范围，旅游目的地政府也需要加强对此种供给垄断型旅

游产品的价格听证监管。

5）$|E_{dp}|=\infty$ 表明旅游需求价格完全有弹性，即价格变化为 0，需求量变化不为 0。其需求曲线表现为一条与横轴平行的直线。当旅游需求价格弹性系数大于 1 并趋向于无穷大时，旅游产品价格完全富有弹性，而旅游者对该产品的需求量仍然存在并且无限增长，显然这是一种理论探讨状态，在社会交易现实中，很小可能会存在对某种旅游产品如此忠实且需求量无限大的旅游需求者。

一般来说，基本生活资料的消费需求弹性较小，而奢侈品或高档消费品的需求价格弹性较大。旅游活动在大多数情况下是一种较高层次的消费活动，属于非基本生活资料，因此旅游需求价格弹性系数的绝对值一般大于 1。但是由于旅游目的、旅游服务档次、各种旅游服务的功能的不同，表现出的价格弹性也有所不同。如果从需求类型来看，观光旅游同商务旅游相比，前者的需求价格弹性要大于后者的需求价格弹性；如果从旅游需求时间来看，淡季旅游需求价格弹性要大于旺季旅游需求价格弹性；如果从旅游目的地选择来看，"冷点"旅游地的需求价格弹性要大于"热点"旅游地的旅游需求价格弹性；如果从旅游服务项目的附加价值来看，一般旅游服务项目的旅游需求价格弹性要大于特色垄断性旅游服务项目的旅游需求价格弹性。由此可见，分析不同旅游产品的旅游需求价格弹性系数及其变化，对于旅游供给商进行科学合理旅游规划、搭配设计不同类型旅游产品、采取适当定价策略都是有益的理论支持。

例 3-1：某景点对旅游团提供一定旅游者数量折扣，当团队人数为 10 人时，门票价为 30 元；当团队人数为 20 人时，门票价为 20 元。试计算团队人数为 20 人时的门票需求价格弹性系数，以及团队人数在 10～20 人之间的门票需求价格弹性系数。

解：当团队人数在 20 人时的需求价格弹性是点弹性。而团体人数在 10～20 人之间的需求价格弹性系数为弧弹性，可根据以上有关公式计算出门票的两种需求价格弹性系数：

因为：$Q_0=10$；$P_0=30$；$Q_1=20$；$P_1=20$；

① 团队人数为 20 人时的门票需求价格点弹性为

$$E_{dp}=\frac{Q_1-Q_0}{Q_0}/\frac{P_1-P_0}{P_0}=\frac{20-10}{10}\div\frac{20-30}{30}=-3$$

② 团队人数在 10～20 人之间的门票需求价格弧弹性为

$$E_{dp}=\frac{Q_1-Q_0}{(Q_1+Q_0)/2}/\frac{P_1-P_0}{(P_1+P_0)/2}=\frac{20-10}{(20+10)/2}\div\frac{20-30}{(20+30)/2}\approx-1.67$$

2. 旅游需求收入弹性

旅游需求收入弹性反映的是旅游需求相对于旅游者可自由支配收入的变化程度，用旅游需求收入弹性系数来衡量。旅游需求收入弹性系数是指旅游需求变化的百分比与旅游者可自由支配收入变化百分比之间的比值。旅游需求与人们的可自由支配收入成正相关关系，因此旅游需求收入弹性系数总为正数，其点弹性和弧弹性计算公式分别为式 3-6 和式 3-7。

$$E_{dI}=\frac{Q_1-Q_0}{Q_0}/\frac{I_1-I_0}{I_0} \tag{3-6}$$

$$E_{dI}=\frac{Q_1-Q_0}{(Q_1+Q_0)/2}/\frac{I_1-I_0}{(I_1+I_0)/2} \tag{3-7}$$

式中 E_{dI}——旅游收入弹性系数（点弹性系数或弧弹性系数）；

Q_0、Q_1——基期和报告期的旅游需求量；

I_0、I_1——基期和报告期的旅游者可自由支配收入。

旅游需求收入弹性也表现为 3 种情况，其他两种理论上可能的变化趋势就不再讨论了。

1）$E_{dI}>1$ 时，即该旅游产品的旅游需求收入富有弹性，表明旅游者对旅游产品需求量受其可自由支配收入的影响程度较大，需求量变化的百分比要大于人们可自由支配收入变化的百分比，表现为旅游收入需求曲线较为平坦。对于富有旅游收入弹性的旅游产品，旅游者的收入水平得到一定程度增加，那么旅游者对该旅游产品需求量就会以更大的幅度增长。

2）$E_{dI}<1$ 时，即该旅游产品的旅游需求收入缺乏弹性，表明旅游者对旅游产品需求量受其可自由支配收入的影响较小，需求量变化的百分比要小于人们可自由支配收入变化的百分比，表现为旅游收入需求曲线比较陡峭。对于缺乏需求收入弹性的旅游产品，即使旅游者的收入水平增加了较大幅度，旅游需求量虽然也要增加，但增加幅度很小。

3）$E_{dI}=1$，即该旅游产品的旅游需求收入为单位弹性，表明旅游需求量变动的百分比与人们可自由支配收入的百分比相等，旅游需求曲线表现为一条正双曲线。对于旅游收入弹性为单位弹性的旅游产品，旅游者对该旅游产品的需求量受其可自由支配收入水平的影响发生等量程度的增减。显然，旅游供给商的该项旅游产品的价格变化幅度是否正好与旅游者的可自由支配收入变化水平相对应，则是一个偶然机会的问题了，但一般作为对旅游产品的收入反映状况的粗略估计与预测，此预测方法对于旅游经营者或供给商而言还是很实用，旅游经营者可以根据人们收入水平的变化来粗略分析旅游者对该旅游产品的需求量的变化趋势，进而预测旅游市场的未来发展。

例 3-2：某旅行社通过对旅游团队的旅游消费与旅游者的收入的调查，得到以下数据，当旅游者收入为 3 000 元时，旅游者出游 2 次，当旅游者收入为 5 000 元时旅游者出游 4 次，试计算旅游需求收入的点弹性。

解：根据题意，按旅游需求收入的弹性系数公式计算如下：

$$E_{dI} = \frac{Q_1 - Q_0}{Q_0} / \frac{I_1 - I_0}{I_0} = \frac{4-2}{2} \div \frac{5\,000 - 3\,000}{3\,000} = 1.5$$

计算结果表明由于旅游需求量随人们的可自由支配收入增减而增减，而旅游需求收入弹性系数始终都是正值，这一正值表明当收入上升 1% 时引起需求下降的百分比。

3. 旅游需求交叉弹性

旅游产品是一种由食、住、行、游、购、娱所组成的综合性产品。它既能表现为一个整体的产品，又能表现为若干个产品的系列，而每一种要素都能构成独立的单项旅游产品。因此，从旅游需求的角度来看，旅游产品既有替代性又有互补性。一方面，旅游产品的替代性，指性质相同而类型不同的旅游产品在满足旅游者的消费需求时具有相互替代的关系。例如，宾馆、度假村、招待所、公寓、临时帐篷等都能向旅游者提供住宿，不同类型的住宿设施随着价格的变化也可以互相替代。又如旅游者对于经营同一线路的客运公司和航空公司的选择。再如旅游者对于本地一日游的不同旅游经营商的选择。另一方面，旅游产品的互补性，就是指旅游产品由于其综合性的特点，某种旅游产品功能的发挥，必须以其他旅游产品功能的发挥为前提，其某一部分的存在和发展必须以其他部分的存在和发展为前提，或者某一部分旅游产品作用的有效发挥，必须以其他部分的存在及配合为条件，相互之间的关系是互相补充和互相促进的。例如，旅游景点的旅游者增加，必然会促使在旅游景点附近为客人提供饭店和旅游餐饮产品的增加。又如，航空公司机票降价，而又没有其他出境条件限制的话，出国旅游产品需求明显上升。

正是由于旅游产品具有替代性和互补性的特点，因而，某种旅游产品的需求量不仅对自身的价格变化有反应，而且对其他旅游产品的价格变化也有反应。所以，旅游需求的交叉弹性就是指旅游产品 X 的需求量对其他旅游产品 Y 价格变化反应的敏感性，即响应变化程度，旅游需求交叉弹性系数 E_{jp} 正是用于表示这种敏感性，它是指旅游产品 X 需求量变化的百分比与旅游产品 Y 价格变化百分比的比值，如公式 3-8 和 3-9 所示。一般出于判断与选择 X、Y 产品之间的替代或互补关系的结果值的实际需要，通常在讨论旅游需求的交叉弹性时，一般都指点弹性。

$$E_{jp} = \frac{Q_{x1} - Q_{x0}}{Q_{x0}} \bigg/ \frac{P_{y1} - P_{y0}}{P_{y0}} \qquad (3-8)$$

$$E_{jp} = \frac{Q_{x1} - Q_{x0}}{(Q_{x1} + Q_{x0})/2} \bigg/ \frac{P_{y1} - P_{y0}}{(P_{y1} + P_{y0})/2} \qquad (3-9)$$

式中　Q_{x0}、Q_{x1}——基期和报告期旅游产品 X 的需求量；

　　　P_{y0}、P_{y1}——基期和报告期旅游产品 Y 的价格。

一般情况下，两种不同的旅游产品之间存在着替代或互补的关系，计算出来的旅游需求交叉弹性 E_{jp} 有以下 3 种情况。

1）当 $E_{jp}>0$ 时，旅游需求交叉弹性系数为正数，表明这两种旅游产品之间为替代关系，即旅游产品 Y 价格的上升（下降）必然会引起旅游产品 X 需求量的增加（减少），因此，旅游产品 X 的需求量与替代品 Y 的价格之间成正方向变化关系。

2）当 $E_{jp}<0$ 时，旅游需求交叉弹性系数为负数，两种旅游产品互为补充。旅游产品 Y 价格下降将会引起对旅游产品 X 的需求量增加；反之，旅游产品 Y 价格上涨则将引起对旅游产品 X 的需求量减少。因此，其互补品的需求量与该旅游产品的价格成反方向变化关系。

3）当 $E_{jp}=0$ 时，两种旅游产品成独立关系。当旅游产品 X、Y 互不相关时，Y 价格上涨，对 X 的需求量影响甚微，说明两旅游产品之间的关系不大。

例 3-3：假日饭店上月将标准客房价格从每间 400 元提高到 450 元，使本月饭店餐饮部就餐客人从每天 160 人减少到 120 人，试计算餐饮部的交叉价格弹性系数。

解：由于旅游饭店的餐饮与入住旅游者之间有联系，因而，通过计算餐饮的旅游需求交叉弹性系数，即可知道旅游饭店餐饮与住宿是替代关系还是互补关系，计算如下：

$$E_{jp} = \frac{Q_{x1} - Q_{x0}}{Q_{x0}} \bigg/ \frac{P_{y1} - P_{y0}}{P_{y0}} = \frac{120 - 160}{160} \div \frac{450 - 400}{400} = -2$$

从计算结果看，由于餐饮的旅游需求交叉弹性系数是负数，因此旅游饭店餐饮与食宿具有互补性。

在实际旅游经济活动中，旅游产品的替代关系与互补关系并不是绝对的，两者之间可能出现互相转化。例如，航空、铁路、公路运输本来是互相替代的，但为了开拓国内外旅游市场而把它们有机配套起来，于是它们之间就从替代关系转化为互补关系；同理，旅游汽车公司与宾馆原来提供的服务是互补关系，但如果宾馆建立相应的附属车队，以扩大服务内容，则两者之间就形成替代关系。

第二节　旅游供给

一、旅游供给的概念及内涵

1. 旅游供给的概念

旅游供给是指在一定时期内，一定价格下旅游经营者愿意而且能够向旅游市场提供的旅游产品的数量，具体包括旅游业经营者向旅游者提供的旅游资源、旅游设施和旅游服务等。有效的旅游供给既要有市场，又要有提供旅游产品的意愿，还要有生产这种产品的能力。

2. 旅游供给的内涵

（1）旅游供给必须以满足旅游需求为基本前提和根本目的　有需求才会有供给，旅游需求是旅游供给发生的基本前提条件。旅游产品经营者必须以旅游消费者的需求内容为导向，建立起一套适应旅游活动需求的旅游供给体系。在实施旅游供给时，要对旅游需求的动向、内容和层次进行必要的调查研究和预测，结合制约旅游供给的其他因素，制定合理计划，组织生产，达到提供旅游供给的目的。

（2）旅游供给是旅游产品经营者愿意提供的旅游产品　虽然旅游需求是旅游供给发生的基本前提条件，但旅游供给还要取决于旅游产品经营者是否愿意提供该种旅游产品。在特定的价格下，总有特定的旅游产品与之相对应，并随着价格的变动相应波动。同时对旅游需求的满足，并不仅仅是旅游产品数量的累加，还是旅游产品质量提高的反映。因此，提供旅游供给，除了要抓旅游产品的数量，还要在原有独立资源禀赋的基础上，注重提高旅游服务质量和旅游设施水平，才能增加有效供给，更好地满足市场的需求。

（3）旅游供给是旅游产品经营者能够提供的旅游产品　旅游供给必须是真正的有效旅游供给，除了必须是旅游产品经营者愿意提供的旅游产品外，还必须是旅游产品经营者能够提供的旅游产品。通常旅游产品经营者能够提供的旅游产品包括两大类，即：基本旅游供给和辅助旅游供给，其具体构成体系详见表3-1。基本旅游供给与辅助旅游供给的划分具有约定俗成的相对性。例如，旅游区内的交通常常划入基本旅游供给范围，而旅游景区以外且到达旅游区必须经过的交通则归属于辅助旅游供给的范围。但只有基本旅游供给和辅助旅游供给相互配合，并在数量上、结构上等方面相适应，才能向旅游者提供有效的旅游供给。

表 3-1　旅游供给构成体系

基本旅游供给	旅游资源	自然旅游资源
		人文旅游资源
	旅游设施	交通运输设施
		食宿接待设施
		游览娱乐设施
		旅游购物设施
	旅游服务	多种划分方法下的旅游服务（质量）
辅助旅游供给	旅游基础设施	旅游目的地提供给旅游者的公用事业供给设施
		旅游目的地提供给旅游者的现代社会生活基本设施

二、旅游供给的特点及影响因素

1. 旅游供给的特点

旅游供给是一种特殊的产品供给，具有自身的特殊性，主要表现在以下几个方面。

（1）关联性　旅游供给不是单一的孤立的行为，其各个组成部分是具有内在制约的关联特征的，是一个完整的体系。系统供给不能仅看旅游供给的某一部分（如旅游景区行业、旅游住宿行业、旅游交通行业等）的生产能力与旅游者需求之间的力量对比，系统中任何一个部分的供给与需求力量的对比，都可能影响到另外一个部分供给的实现，从而最终影响到旅游目的地供给系统的实现程度以及旅游经济的实现质量。因此，系统供给能力的形成是各个部分供给能力耦合的结果，是市场协同的结果。

（2）空间固定性　不管是旅游景区还是饭店等住宿设施，这些供给能力一旦形成，就很少可以移动。因而旅游供给则黏附在空间维度上，具有天然的地域分割特点，无法像一般物质商品的生产是通过流通环节流出生产地，也无法通过将生产的产品从产地外运到异地市场的方式实现产能的变相转移.旅游供给的这种特性在旅游经济中被称"不可贸易性"，这也是旅游相关跨国公司出现的重要原因。

（3）时间固定性　旅游产品供给的时间固定性，涵盖以下两个方面。

1）旅游供给的非储存性。由于旅游产品生产与消费的同一性，旅游产品不能储存。今天没有使用的生产能力（或者讲今天没有销售出去的服务产品）就永远失去了今天的价值。

2）旅游供给数量上的不易变动性。旅游供给一旦形成，不能在短期内对旅游需求变化作出及时反应，随之扩大或缩小。由于旅游供给的这种特性只能通过提高价格来限制一部分旅游需求，从而可能造成旅游需求的流失；如果旅游供给大于旅游需求，则欲使旅游供给在需求量上完全实现的话，只能降低供给价格。

（4）持续性　无论是景区还是宾馆饭店，一旦建成就能在较长一段时间内持续供给，有些可以永续利用。但如果遭受破坏，也较一般物质产品要严重得多。因为，一般物质产品生产工厂的破坏还可以通过另建新厂来恢复生产，而旅游景点的破坏会令这种旅游供给能力永久消失。

（5）多样性　旅游产品的核心价值在于满足旅游消费者心理和精神的需要，而这种需求是千差万别的，从而使得旅游供给较之某一物质产品，具有多样性的特征，方能满足旅游者多样性需求。

2. 旅游供给的影响因素

分析旅游供给影响因素是把握旅游市场的基本方面。在市场经济的条件下，影响旅游供给的因素十分广泛，各种自然的、历史的、社会的、经济的和政治的因素都会对旅游供给产生影响，概括起来主要有以下几个方面：旅游资源因素；旅游产品和相关产品的价格因素；旅游生产要素的价格因素；旅游目的地的社会经济发展水平因素；科学技术发展水平因素；旅游目的地政府旅游发展政策以及生产经营者的心理预期因素等。总之，诸多影响因素对旅游供给产生的影响作用主要表现在：影响旅游资源的可持续性，影响旅游基础设施建设与更新，影响旅游服务种类与质量，影响旅游产品的可进入性，等等，进而直接造成旅游消费的变化。

三、旅游供给规律

旅游供给常常受多种因素的影响和制约，不同的因素对旅游供给的变化产生不同的影响。在市场经济条件下，决定旅游供给变化的主要因素有旅游产品价格、生产要素价格、旅游供给能力等，它们与旅游供给之间的不同变化就形成了旅游供给规律。

1. 旅游供给量与旅游产品价格的关系

旅游供给量同旅游产品价格之间存在着密切的关系。在其他因素不变的情况下，一个国家或地区在一定时期内愿意并有能力向旅游市场提供的旅游商品数量，将会随着市场价格的升降而增减，旅游供给量与旅游产品价格之间具有同向变化关系，这就是所谓的旅游供给规律。旅游供给量同旅游产品价格之间的这种同向变化关系也是一种函数关系，称为旅游供给函数。用公式表示为

$$Q_s=f（P）\tag{3-10}$$

式中　Q_s——旅游供给量（因变量）；

　　P——旅游产品价格（自变量）；

　　f——两者之间的函数关系。

将一定时期内旅游产品价格变化的情况和与之对应的旅游供给量的变化情况列入坐标图，见图 3-7。

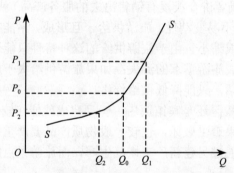

图 3-7　旅游供给量与旅游产品价格的同向变动关系

当旅游产品价格为 P_0 时，旅游供给量为 Q_0；当旅游产品价格从 P_0 上涨到 P_1 时，旅游供给量则会相应增加到 Q_1；当旅游产品价格从 P_1 下跌到 P_2 时，旅游供给量则相应减少到 Q_2。SS 曲线即为旅游供给曲线，反映旅游供给量与旅游产品价格之间变化关系的轨迹，也可称之为可以供给量与旅游产品价格之间的关系曲线，表明旅游产品价格的上涨将致使旅游供给量的增加，而旅游产品价格的下降将会引起旅游供给量的减少。

2. 旅游供给能力的相对稳定性

由于旅游供给的特点及有关影响因素的作用，使旅游供给能力和数量在一定条件下是既定的、有限的。所谓有限旅游供给量，就是在一定条件下（包括时间和空间等），旅游经营者按照一定价格，能够提供旅游产品的最大数量。由于旅游产品是一种以服务为主的综合性产品，因此旅游供给能力是以供给方所能接待旅游者数量多少来反映，如旅游综合接待能力和旅游环境承载能力，而不像物质产品是以产品数量多少来反映。

一旦旅游供给能力达到饱和，即使是旅游产品价格再高，旅游供给量也是既定不变的（见图 3-8）。在图 3-8 中，当旅游供给量小于 Q_2 时，旅游供给量随着旅游产品价格的变化成同方向变化；当旅游供给量达到 Q_2，即最大旅游供给能力后，无论旅游产品价格如何变化，从 P_2 再上升到 P_3 时，旅游供给量仍不会发生变化。

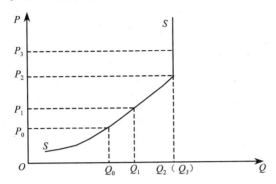

图 3-8　旅游供给量与旅游产品价格的先正相关再零相关

3．旅游供给水平变化的规律性

实际生活中，除了旅游产品价格因素以外，还有许多其他因素的变化都会使旅游供给量发生变化。其他因素主要是指旅游政策的变化、旅游价格的调整、旅游税收的增减、旅游需求量自身的变化等。一般情况下，即使旅游产品价格不变，某一其他因素的变化同样会引起旅游供给量的增加与减少。在这种情况下，旅游供给量的变化不是沿着旅游供给曲线上下移动，而是整个旅游供给曲线向左或者向右发生位移现象。一般在以下两种情况下会发生位移现象，见图 3-9，曲线 SS 为原旅游供给曲线，如果除旅游产品价格以外的其他因素的变化导致旅游供给量的增加，整条供给曲线 SS 便会向右移至 S_1S_1，旅游供给量增加到 Q_1；如果除旅游产品价格以外的其他因素的变化导致旅游供给量减少，整条供给曲线 SS 便会向左移至 S_2S_2，旅游供给量减少到 Q_2。

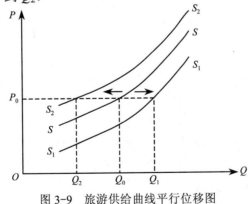

图 3-9　旅游供给曲线平行位移图

4．长期旅游供给曲线的变化趋势

旅游供给量对旅游产品价格的反应需要区分短期和长期，基于长期尺度来分析旅游供给量与旅游产品价格的关系，将会出现以下特例情况。

（1）旅游供给量与旅游产品价格的连续变化规律　　旅游供给量与旅游产品价格之间

的关系见图 3-10，由于旅游产品价格的提高，促进旅游供给商改善管理、利用能力和效率，从而使旅游供给量增加；但当旅游产品价格提高到高端区域时，旅游供给商几乎达到改善效率的极限，此时旅游供给量将会出现与旅游价格轴平行的现象，不再追随价格的变动。

（2）旅游供给量与旅游产品价格之间的跳跃性变化规律　旅游产品价格与旅游供给量之间的关系表现为跳跃性，当旅游产品价格上升到一定程度后，旅游供给量无法继续扩大，当旅游产品价格下降时，旅游供给量表现为跳跃性的减少。比如在一个价格区间，旅游产品价格的下降不会导致住宿供给数量变化，但是当旅游产品价格突破这个区间时，就会出现企业的亏损，一旦企业倒闭，旅游供给量就会呈现跳跃性的变化，见图 3-11。

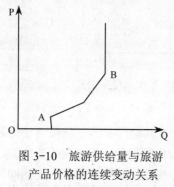
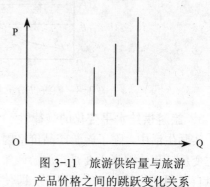

图 3-10　旅游供给量与旅游　　　　　　　　图 3-11　旅游供给量与旅游
产品价格的连续变动关系　　　　　　　　产品价格之间的跳跃变化关系

四、旅游供给弹性

1. 旅游供给弹性的含义

旅游供给弹性是指旅游供给的变动对各种旅游供给的各种因素变动的敏感性，即旅游供给量的变动随其影响因素的变动而相应变动的状况。由于旅游供给不仅受旅游产品本身价格的直接影响，还受其他因素的影响，因而，旅游供给弹性包括价格弹性、交叉弹性和预期弹性等。本书将着重分析旅游供给价格弹性和价格预期弹性。

2. 旅游供给价格弹性

（1）旅游供给价格弹性系数公式　旅游供给类型多种多样，不同的旅游产品，其供给量对价格的反应程度不同。为此，我们用供给的价格弹性系数 E_{sp} 来表示价格与供给量的相对的变化，以此衡量供给对价格变化的灵敏度，即旅游供给量变化的百分比与旅游产品价格变化的百分比之间的比值；P_0、P_1 表示变化前后的旅游产品价格；Q_0、Q_1 表示变化前后的旅游供给量。公式 3-11 和公式 3-12 分别代表了点弹性意义下的旅游供给价格弹性和弧弹性意义下的旅游供给价格弹性。一般情况下，由于旅游供给量与旅游价格呈正方向的变化，故不论是旅游供给价格点弹性还是弧弹性，其弹性系数皆为正值。

$$E_{sp} = \frac{Q_1 - Q_0}{Q_0} / \frac{P_1 - P_0}{P_0} \tag{3-11}$$

$$E_{sp} = \frac{Q_1 - Q_0}{(Q_1 + Q_0)/2} / \frac{P_1 - P_0}{(P_1 + P_0)/2} \tag{3-12}$$

例 3-4：某旅游度假饭店对外提供家庭配菜，当每份售价 10 元时，每天生产数量为 40 份；当每份售价 20 元时，每天生产数量 100 份。计算价格为 20 元时的旅游供给点弹性系数，价格为 10～20 元时的旅游供给弧弹性系数。

解：根据旅游供给价格弹性系数计算公式，可计算出该旅游度假饭店的旅游供给价格点弹性系数和弧弹性系数：

$$点弹性系数\ E_{sp} = \frac{Q_1 - Q_0}{Q_0} / \frac{P_1 - P_0}{P_0} = \frac{100 - 40}{40} / \frac{20 - 10}{10} = 1.5$$

$$弧弹性系数\ E_{sp} = \frac{Q_1 - Q_0}{(Q_1 + Q_0)/2} / \frac{P_1 - P_0}{(P_1 + P_0)/2} = \frac{100 - 40}{(100 + 40)/2} / \frac{20 - 10}{(20 + 10)/2} \approx 1.29$$

（2）旅游供给价格弹性分析　旅游供给产品的供给曲线可能会出现以下 5 种情况。

1）$E_{sp} = \infty$ 时，表明旅游供给价格完全富有弹性，或称旅游供给具有无限价格弹性，表示价格变化为 0，供给量变化不为 0。此时，在既定旅游产品价格条件下，旅游供给量可以任意变化，供给商处于完全竞争态势，该供给商不在此价格水平下提供此旅游产品，自然有其他供给商来提供，或者该供给商在提供不同旅游产品的搭配时，并不会引起价格水平的变化，需求者照单全收；不管旅游供给商的产品供给量有多少，旅游产品的价格水平都是不变的。当然，这种竞争状态是一种理想状态，是最有利于需求者、消费者的状态，但并非是旅游供给商希望看到的。

2）$E_{sp} > 1$ 时，表明旅游供给价格富有弹性，说明旅游产品价格的微小变化将引起旅游供给量的大幅度变化；旅游供给量变化的百分比大于旅游产品价格变化的百分比，1%旅游产品价格变化所引起的旅游供给量的变化百分比大于 1%。这时如果旅游产品的价格上涨了某一幅度，则旅游供给量会增加更大幅度，涨价对旅游供给的刺激十分明显。此种情况通常在某地旅游产品刚刚开始起步、尚未形成一定规模时存在。相反，如旅游产品的价格下跌，也会引起旅游供给量大幅度地减少。

3）$E_{sp} = 1$ 时，表明旅游供给价格具有等量弹性，或称旅游供给具有单位弹性，它表示旅游供给量变化的百分比等于旅游产品价格变化的百分比。1%旅游产品价格变化所引起的旅游供给量的变化百分比等于 1%。此时，旅游供给量与旅游产品价格同比例变化，如果旅游产品价格上涨，旅游供给量会等比例增加，但对旅游经营者的收益没有影响。

4）$E_{sp} < 1$ 时，表明旅游供给价格缺乏弹性。它表示旅游供给量变化的百分比小于旅游产品价格变化的百分比，旅游供给量变化幅度小于旅游产品价格变化幅度，因而旅游供给弹性不足，说明旅游产品价格的大幅度上涨或下跌，对旅游供给量变化的作用不强。如果此时旅游产品价格增加某一幅度时，旅游供给量所增加的幅度较小，涨价对旅游供给的刺激并不明显。此种情况通常存在于旅游地发展较为成熟的时期，同时也说明旅游供给商对价格的反应周期要迟钝一些，可以解释为此类状况下的旅游产品供给刚性，但若是市场价格持续大幅波动，尤其是价格下降的话，对旅游供给商并非好事。

5）$E_{sp} = 0$ 时，表明旅游供给价格完全无弹性。无论旅游产品价格如何发生变化，旅游供给量都会保持不变。例如，特殊的历史遗迹类旅游供给产品，如长城、故宫、秦始皇兵马俑等。

3. 旅游价格预期弹性

旅游价格预期弹性是指未来价格的相对变动与当前价格相对变动之比。旅游价格预期弹性对于无论是旅游者还是旅游经营者来讲，都是一个非常重要的决策影响系数。用 E_f 表示价格预期弹性系数，其计算公式为

$$E_f = \frac{F_1 - F_0}{F_0} \bigg/ \frac{P_1 - P_0}{P_0} \qquad (3-13)$$

式中　　F_0、F_1——未来价格的前后变化；

　　　　P_0、P_1——现行价格的前后变化。

（1）对于旅游者而言

1）$E_f > 1$，表明旅游者预期未来价格的相对变动将大于现行价格的相对变动，于是旅游者会做出增加现期旅游需求的决策。

2）$E_f < 1$，表明旅游者预期未来价格的相对变动将小于现行价格的相对变动，于是旅游者保持观望的态度，在适当的时期才会购买，从而引起现期旅游需求减少。

但由于旅游需求同时受闲暇因素的影响，因而，价格预期对于旅游需求的影响相对较小，即旅游价格预期弹性系数一般较小。

（2）对于旅游经营者来讲

1）$E_f > 1$，表明旅游经营者预期未来价格的相对变动大于现行价格的相对变动，于是为了保持经营的稳定性，旅游经营者就会减少现期的旅游供给，并加大投入以期望提高未来的旅游供给量。

2）$E_f < 1$，表明旅游经营者预期未来价格的相对变动小于现行价格的相对变动，即旅游市场价格稳定，于是旅游经营者就会扩大宣传促销，以增加现期的旅游供给。

因此，把握好旅游价格的预期弹性变化，对于旅游经营者来讲是至关重要的。

总体而言，旅游供给是一个旅游目的地在一定时期内愿意并且有能力提供的旅游产品的数量及质量。因此，在旅游产品价格呈下跌趋势的情况下，一个旅游目的地若愿意减少其旅游供给，相对来说是比较容易的。此时其旅游供给弹性可能很大。但目前常出现的情况是，随着旅游活动的普及和旅游需求的扩大，旅游产品的价格同时也在上升，然而，一个旅游目的地要想迅速扩大其旅游供给则相对比较困难。特别是在其旅游业已具相当规模或者其旅游环境容量已趋于饱和的情况下更是如此。一方面，由于旅游供给的扩大及旅游服务设施和基础设施的增建或扩建，以及旅游从业人员的补充和培训，从而为人力、财力、物力和时间所限制；另一方面，则是由于旅游供给扩大的同时也会受到当地旅游景区的生态环境容量以及社会等众多因素的制约。人们通常认为旅游供给弹性很小，其原因就在于此。

实际上，一个旅游目的地旅游供给弹性的大小与其分析周期的长短有一定关系。分析周期越长，则旅游供给弹性越大；反之，则旅游供给弹性越小。因为在较长周期内，只要旅游景区的生态环境容量许可，旅游目的地针对旅游产品价格上升的情况，可以设法创造条件大规模地增建或扩建其旅游设施和基础设施。对这一时期进行分析时，其旅游供给弹性一般都会较大。在较短周时期内，尽管旅游产品价格上升，但由于前述原因，旅游目的地很难通过外延扩大再生产方式迅速增加其旅游供给。针对这样的时期进行分析，旅游供给弹性往往相对较小。

第三节　旅游供求的矛盾与均衡

旅游供给与旅游需求是对立统一的关系，两者贯穿于整个旅游经济活动的始终，既相互对立、相互制约，又相互联系、互为条件。双方都以对方的存在为自身存在和实现的前提条件。旅游者的需求通过旅游供给予以满足，旅游供给又必须通过旅游需求来实现其价值，两者缺一不可，否则，旅游经济活动就不能实现。

一、旅游供求矛盾的形成及表现

1. 旅游供求矛盾的形成

旅游需求与旅游供给的矛盾运动与均衡调节机制是旅游市场机制中的一个重要组成部分，旅游供给与旅游需求是供求机制中对立统一的两个方面。

（1）旅游需求与旅游供给的相互依存性表现在以下两个方面

1）旅游供给虽然受多种因素的影响与制约，但旅游需求是最根本、最核心的决定要素。脱离旅游需求的旅游供给必定是盲目的。此外，从本质上说，旅游供给的其他影响因素也是通过抑制旅游需求来间接影响旅游供给的。

2）旅游供给又是旅游需求实现的保证，它以旅游需求的变化为导向，不断为旅游需求提供具体活动内容。因此，旅游供给与旅游需求各自以对方的存在作为自身存在与实现的前提条件。一般来说，旅游供求矛盾在旅游发展的不同阶段，双方的主导地位也不一样。旅游需求只有借助旅游供给才能得到满足，供给与需求都要求双方彼此适应。旅游供给源自旅游需求，因旅游需求而产生和存在，而且旅游供给的规模和数量需要通过旅游需求来实现，并且在旅游业发展到一定程度后，还能激发促生新的旅游需求。

（2）由于供求双方利益取向的不同，决定了旅游需求与旅游供给必然会产生相互冲突，形成供求矛盾　旅游供给者总是力图以较高的价格把旅游产品卖出去，而旅游购买者总是希望以较低的价格购得旅游产品。买卖双方由于自身利益的需要，导致旅游需求并不总能得到与之相适应的旅游供给，旅游供给也并不总能得到有支付能力的旅游需求，于是，旅游供给与旅游需求就产生了矛盾。旅游供求矛盾是旅游市场的主导矛盾。两者在产生矛盾的同时也带动了其他各种矛盾，而各种矛盾的解决又围绕着这一矛盾进行，二者的矛盾运动构成了旅游经济活动的主要内容。如何调节二者的矛盾也是旅游经济部门关心的问题。

总而言之，旅游市场上供求矛盾的本质就是，旅游供给与旅游需求能否相互适应、相互协调的矛盾。如果供求之间大体上能够适应，矛盾不突出，可以称之为供求平衡；如果供求之间根本不能适应，矛盾突出，则被称为供求失衡。在旅游市场上，供求平衡是相对的，有条件的；不平衡是绝对的，无条件的。旅游供给与旅游需求彼此之间要求相互适应，并表现出供求从不平衡到平衡，再由平衡到不平衡的循环往复变化过程，称之为旅游供求矛盾运动规律。

2. 旅游供求矛盾的表现形式

在旅游市场上，旅游供给与旅游需求的矛盾错综复杂，但总体上看，供求矛盾主要表现在数量、质量、结构、时间和空间方面。

（1）旅游供给与旅游需求在数量方面的矛盾　旅游供给与旅游需求在数量方面的矛盾，

主要表现在旅游供给或旅游接待能力与旅游总人次上的矛盾。在旅游市场上，旅游需求是一个多变量，人们的收入水平、消费水平、时间、气候、社会环境、宣传舆论等条件的改变，都会使旅游需求产生较大的波动，使得旅游总人次很快地增加或减少。但旅游供给却不同，一段时间内建设形成的旅游供给能力，相对而言其波动变化的范围是有限的、稳定的，不可能有快速地提高或降低。旅游供给的这种既定性与旅游需求自身的多变性，必然使供给与需求难以在短时间内同步适应、相互适应，因而出现旅游供给总量与接待旅游者总人次上的不平衡。要么供不应求，如景区、景点人满为患；要么供过于求，如宾馆、饭店冷冷清清。

（2）旅游供给与旅游需求在质量方面的矛盾　旅游供给与旅游需求在质量方面的矛盾，主要表现为旅游者的心理预期与实际旅游供给之间的差距。旅游市场上的产品是一种无形的产品，主要以旅游服务的形式表现出来。旅游者对产品质量的判定不能像一般商品那样，可以用具体的尺度和指标去求证。因此，旅游供给质量的高低主要取决于旅游者自身的感受。由于这种感受带有很强的主观性，因此会使旅游者对旅游产品的心理预期与实际的旅游供给产生一定的差距。差距小，旅游者就认为旅游产品供给的质量高；差距大，旅游者就认为旅游产品供给的质量低。因此，旅游经营者在提供旅游产品时，一定要充分考虑不同旅游者的心理特征和行为方式，了解他们的特殊需要，开展有针对性的个性化服务，提高服务水平，加快旅游设施建设和更新，尽量缓解旅游供需双方在质量方面的矛盾。

（3）旅游供给与旅游需求在结构方面的矛盾　旅游供给与旅游需求在结构方面的矛盾是指旅游供求在结构上的不适应。这种不适应是多方面的，集中表现在：旅游供给的内容和项目与旅游需求不相适应；旅游供给的档次和级别与旅游需求不相适应；旅游供给的方式与旅游需求不相适应。造成不适应的原因在于：旅游供给在一定时期内是稳定的；固定的，而旅游需求却是复杂的、多样的。在旅游市场上供需结构矛盾所产生的直接影响就是，同一时期内某一旅游产品供不应求，另一旅游产品则供过于求。旅游热点地区与冷点地区的形成，某一地区宾馆档次偏高或偏低的现象，都与供需的结构矛盾有关。

（4）旅游供给与旅游需求在时间方面的矛盾　市场上旅游需求的发生是多变、不稳定的，旅游者的需求倾向在产生的时间上还具有一定的指向性，往往与旅游季节的时间相联系，这就造成全年时间周期内旅游需求的不均衡分布，形成了旅游需求的淡旺季悬殊。在客源国或客源地区的节假日，旅游需求产生得多；在旅游资源，特别是自然旅游资源表现最好的季节，旅游需求也产生得多。但旅游供给在这种时间变化范围内却几乎可以视为一个常量，构成旅游产品的各项旅游设施一旦建成就具有常年同一性。旅游需求在时间上的指向性和集中性与旅游设施的常年性和均衡性形成了很大的反差，造成某一地区的旅游产品在一段时间内，即旺季供不应求，需求过剩，供给不足；而在另一段时间内，即淡季供过于求，需求不足，供给过剩。

（5）旅游供给与旅游需求在空间方面的矛盾　由于旅游资源的主体是自然景观或人文景观，在历史形成过程中其地点是不可选择的，在地域分布上是非均衡的，这就造成固有的旅游资源供需的地域不平衡现象。因而，旅游供给与旅游需求在空间方面的矛盾，也主要表现为旅游供求在地域空间上分布失衡。有的旅游目的地供大于求，游人稀少；有的旅游目的地供不应求，游人如织，形成旅游的冷点、热点和温点地区。造成旅游供求在空间上产生矛盾的原因主要与两方面有关：一方面是旅游目的地旅游资源的类型、数量和质量等状况，决定了不同旅游目的地的旅游供给有先天性的差别。旅游资源品位高、名气大的地区，旅游吸引力强，旅游供给压力大。另一方面，可能一些地区的旅游资源丰富，但是由于旅游目的地区位条件不佳，远离客源地，旅游设施的完善程度不同，导致了不同旅游目的地的旅游供给能力在后天上的差别，使其面临"供给过剩、需求不足"的窘境。而另外一些经济发达地区的旅游资源匮乏，旅游点稀少，但旅游需求却十分旺盛，使得有限的景点游客如云，络绎不绝，大大超过环境承载力。可见，旅游基础设施、旅游综合接待能力弱、可进入性不强的地区，旅游者望而却步，旅游供给就无从实现。

二、旅游供求的均衡及规律

就本质属性而言，旅游需求与旅游供给虽然具有相互依存性，但受现实生活中各种因素的制约，旅游供求矛盾依然十分突出。因而在市场经济条件下，要实现旅游需求与旅游供给的均衡，就必须充分发挥旅游市场作为旅游供求调节器的功能，把旅游供给与旅游需求结合起来考察，以探寻旅游需求与旅游供给均衡的客观规律。

1．均衡的概念

均衡是一种状态，在这种状态下，市场中的买方和卖方对于市场价格下他们购买和售出的数量均感到满意，在供给需求曲线图中即表现为两条曲线相交的那一点。此点所对应的价格和数量称为均衡价格和均衡数量。除非存在价格管制，价格和数量会由于卖方和买方的行为而逐渐向均衡状态靠近。如果一开始价格较高，市场上存在超额供给，卖不出去商品的供应商会实行降价策略。如果一开始价格较低，市场上存在超额需求，消费者之间的竞争会使价格升高。这种现象会一直持续，直至达到均衡状态。

这种均衡状态，若是供求双方可以通过简单的、小幅度调整，便达到原先的均衡点所对应的均衡价格和均衡数量的状态，则称之为静态均衡；若是供求双方需要通过复杂的、较大幅度调整，进而实现了新的均衡状态，此种均衡已经不同于原先的均衡点所对应的均衡价格和均衡数量了，即均衡点发生改变的状况，这就称之为动态均衡。

2．旅游需求与旅游供给的静态均衡

旅游产品价格决定着旅游需求与旅游供给的均衡数量，而旅游需求与旅游供给两种矛盾力量共同作用的结果，就形成了均衡价格。旅游需求与旅游供给的静态平衡见图3-12。

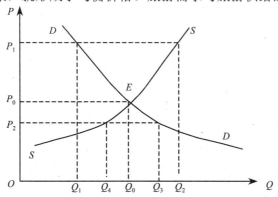

图3-12　旅游需求与旅游供给的静态均衡

在图3-12中可以看出，旅游需求规律与供给规律的影响：旅游供给曲线是一条向上倾斜的曲线，而旅游需求曲线则是向下倾斜的曲线。当把它们描绘在同一坐标图中时，会发现：在某一点，SS曲线和DD曲线必定会相交，在本图中它们相交于E点。在E点，由于旅游

需求量与旅游供给量相等，因此，我们称，在 E 点达到了旅游需求与旅游供给的均衡。此时，与 E 点相对应的旅游产品价格 P_0 即为均衡价格，旅游产品数量 Q_0 即为均衡产量。而当旅游产品价格由 P_0 上升至 P_1 时，旅游市场的供求均衡被打破，旅游产品的需求量由 Q_0 减少到 Q_1，而旅游产品的供给量则由 Q_0 上升到 Q_2，旅游市场陷入供大于求的状态，Q_2-Q_1 即为旅游产品过剩的数量。当旅游产品价格由 P_0 下降到 P_2 时，旅游市场的供求均衡同样会被打破，旅游产品的需求量由 Q_0 增加到 Q_3，而旅游产品的供给量则由 Q_0 下降到 Q_4，旅游市场陷入供不应求的状态，Q_3-Q_4 即为旅游产品短缺数量。因此，在静态均衡点 E 的上方，对于任何价格水平而言，都是旅游供给量大于旅游需求量，旅游需求皆能满足，但有一部分旅游供给的价值难以实现，这就解释了旅游产品的供给过剩与需求相对不足的矛盾形成机理；而在静态均衡点 E 的下方，对于任何价格水平而言，旅游需求量都大于旅游供给量，旅游产品都能实现其价值，但有一部分旅游需求无法得到满足，这就解释了旅游产品的需求过剩与供给相对短缺的矛盾形成机理。所以除了 E 点能够达到旅游供求平衡外，不是供过于求，就是供不应求，供求不平衡。事实上，在价格之外的各种条件因素都不改变的前提下，旅游供给与旅游需求两方都尽可能会做出与价格变化水平相应的、己方的供给数量或需求数量的调整，进而希望促使供求双方能在 E 点达到平衡，这是市场力量自发作用的必然趋势，即市场双方还是力求通过彼此相互适应的调整需求量和供给量而实现静态均衡的。

3．旅游需求与旅游供给的动态均衡

由于影响旅游需求和旅游供给的因素很多，每一项因素的变化都是复杂的，而其中任何一项因素的变化都会造成旅游需求量或供给量的变化，进而又导致出现更为复杂的供给过剩或供给短缺的现象。因而，即使供求双方在静态均衡点（E 点）上实现的平衡，也是相对的、暂时的，旅游供求双方的矛盾形式还会发展变化，在这个市场供求关系力量对比发生自行变化的过程中，还会形成旅游供求双方为解决矛盾而实现的新的均衡状态，即旅游需求与旅游供给在矛盾运动中实现的动态均衡；但总体而言，无论各种因素如何变化，它们导致供求矛盾的基本形式以及实现动态均衡的结果形式，可以归纳为以下 3 种情况。

（1）旅游需求变动引起的旅游供求动态均衡　随着人们生活水平的提高，休闲时间的增多，生活方式的改变，以及全球化进程的加快，21 世纪的旅游需求必然将呈现快速增长之势。旅游需求变动引起的旅游供求动态平衡见图 3-13。

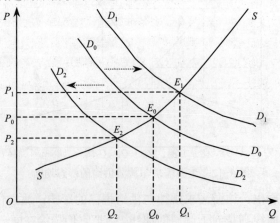

图 3-13　旅游需求变动引起的旅游供求动态均衡

　　从图 3-13 中我们可以发现，随着旅游需求的增加，旅游需求曲线向右发生平移，即由 D_0D_0 移到 D_1D_1，此时在旅游供给水平 SS 曲线不变的情况下，旅游供求平衡点从 E_0 移到 E_1，相应的旅游产品的均衡价格也由 P_0 上升到 P_1，旅游产品的均衡量由 Q_0 增加到 Q_1。随着旅游需求的减少，旅游需求曲线向左发生平移，即由 D_0D_0 移到 D_2D_2，此时在旅游供给水平 SS 曲线不变的情况下，旅游供求平衡点从 E_0 移到 E_2，相应的旅游产品的均衡价格也由 P_0 下降到 P_2，旅游产品的均衡量由 Q_0 下降到 Q_2。

　　（2）旅游供给变动引起的旅游供求动态平衡　随着经济的发展和社会的进步，很多地区已把旅游业作为新的经济增长点。这预示着旅游供给量随着战略举措的制定而实现跳跃性变化。旅游供给变动引起的旅游供求动态平衡见图 3-14。

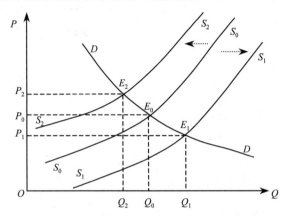

图 3-14　旅游供给变动引起的旅游供求动态均衡

　　从图 3-14 中我们可以发现，随着旅游供给的增加，旅游供给曲线向右发生平移，即由 S_0S_0 移到 S_1S_1。此时，在旅游需求曲线 DD 不变的情况下，旅游供求均衡点从 E_0 移到 E_1，相应的，旅游产品的均衡价格也由 P_0 下降到 P_1，旅游产品的均衡产量则由 Q_0 增加到 Q_1。随着旅游供给的减少，旅游供给曲线向左发生平移，即由 S_0S_0 移到 S_2S_2。此时，在旅游需求曲线 DD 不变的情况下，旅游供求均衡点从 E_0 移到 E_2，相应的，旅游产品的均衡价格也由 P_0 上升到 P_2，旅游产品的均衡产量则由 Q_0 下降到 Q_2。

　　（3）旅游需求与旅游供给同时变动引起的旅游供求动态平衡　这种变动相对比较复杂，表现为旅游需求和旅游供给既可按同方向变动，又可按反方向变动；既可按同比例变动，又可按不同比例变动。但不管哪种变化情况，其变动的基本原理是一致的，即都遵循着旅游需求规律和旅游供给规律；其变动达到的均衡结果即动态均衡点在均衡价格或者均衡数量的变化规律无外乎上升、不变或者下降 3 种情况，但均衡价格与均衡数量对应起来变化组合的可能性就很多了。本书在此不再详加讨论。

　　4．旅游供求规律

　　旅游供求规律作用方式表现为两种途径：其一，通过价值规律的表现形式——价格机制，不断影响供求双方的静态决策，进而实现供求双方的静态均衡；其二，价格机制通过影响供求双方的背景环境因素，进而间接影响供求双方做出新的动态决策的过程，最终形成新的动态均衡。旅游供求规律是市场自发力量调节供求矛盾、实现供求均衡的，具体表现概括如下。

　　（1）旅游供求的静态平衡仅仅是一种理论上的阐述，在现实生活中并不存在　旅游市场的供求均衡表现为不同形式的动态均衡，并受多种因素的影响，这种均衡也是不稳定的。

（2）在旅游市场中，旅游产品的均衡价格和均衡产量是由旅游需求和旅游供给双方共同决定的　当旅游需求等于旅游供给时，旅游市场的需求就达到了均衡，此时相对应的旅游产品的价格和产量即为均衡价格和均衡产量。

（3）旅游市场上的旅游需求量和旅游供给量受旅游产品的价格影响和决定　当旅游产品价格提高时，旅游需求会相应减少而旅游供给会增加，于是旅游市场陷入供过于求的格局；当旅游产品价格下降时，旅游需求会相应增加而旅游供给会减少，于是旅游市场陷入供不应求的格局。

（4）旅游需求的变动会引起旅游产品的均衡价格和均衡产量同时按同方向变动　这是指在旅游供给水平不变时，旅游需求的增加会引起旅游产品的均衡价格和均衡产量同时增加；反之亦然。

（5）旅游供给的变动会引起旅游产品的均衡价格反方向变动，而旅游产品均衡产量同方向变动　这是指在旅游需求水平不变时，旅游供给的增加，会引起旅游产品的均衡价格下降和均衡产量增加；反之亦然。

（6）旅游需求或旅游供给同时增加或同时减少，会引起旅游产品的均衡产量同方向变动，但旅游产品的均衡价格或均衡数量的变动则存在着提高、下降或不变3种可能性，但均衡价格与均衡数量对应起来变化组合的可能性就很多了，即均衡点可能发生的变化轨迹或为发散的发散模型，或为收敛的蛛网模型。

三、旅游供求均衡的调控

通常情况下，旅游供求均衡主要是指量的均衡，市场自发力量对旅游供求矛盾调节的规律也是首先落脚于对供求数量的调整，但由于影响旅游供求数量变化的因素较多，因而旅游供求除了量的均衡，还应在供求的质方面也要相互适应，即表现在旅游供求构成、供求季节和地区不平衡的协调等方面。那么，若想进一步依赖市场"这只无形的手"进行质量方面的供求矛盾的调节就需要耗费更长的时间周期，搞不好还会在长周期内引发市场失灵的状况；这就不如介入政府"这只有形的手"进行及时、科学的宏观调控，尽量避免市场失灵引发经济危机的可能性，当然政府力量介入过度或者不规范的介入市场经济也可能会导致政府失灵的恶劣状况。但总体而言，旅游供求均衡与一般产品的供求均衡相比，具有均衡的相对性、不均衡的绝对性、供求均衡的随机性等特点，从而要求政府加强宏观调控，从旅游业的长远发展来确立调控目标，采用一定的调控方式，有效地实现旅游供求均衡的调控目标。从实践来看，旅游供求均衡的调控有多种方式，主要有规划调整和过程调控两种方式。

1．旅游供求均衡的规划调整

旅游供求均衡的规划调整，是一种通过调节旅游供给来实现旅游供求均衡的调控方式，是一种前馈控制，需要具有一定的前瞻性。旅游规划是对旅游目的地范围内旅游业未来发展的指导性计划，其内容包括：旅游需求预测、旅游资源开发、供给规模确定、旅游区建设、旅游接待设施供给、相关旅游基础设施发展计划、人员培训和行业规范管理等方面。旅游业是一个综合性很强的部门，它的运行和发展需要社会各个部门的支持。为保证旅游经济活动的健康发展，需要旅游目的地政府对该地旅游景区、景点以及所有其他旅游相关设施的开发与管理做出统筹部署，在市场调查和旅游需求预测的基础上，加强旅游资源的开发、旅游设施的建设，丰富、提高和完善传统的旅游产品，规划适应市场需求的新产品，合理安排旅游业相关产业的发展规模与发展速度，使所有这些安排既适应旅游发展的总体需要，又能与该地的社会经济发展规划相协调。总体而言，旅游规划为旅游供给的发展提出目标限定和范围，是主要通过调节旅游供给来实现供求平衡的长期性调节手段。因此，对旅游供给和旅游需求有着较持久的控制作用。在制定旅游供给规划的时候，要遵循社会主义市场经济规律和国家的方针政策，从社会主义现代化建设的总目标出发，使旅游供给的发展规模和发展速度既适应社会主义发展速度的需要，又符合国家或本地区的经济实力。

2. 旅游供求均衡的过程调控

旅游供求均衡的过程调控，是根据旅游市场中旅游供给和旅游需求的变化来调控旅游供求均衡的调控方式，其包括宏观层面的财政税收政策调控和微观层面的价格政策、营销手段调控。

（1）财政税收政策　财政税收政策是许多旅游目的地国家调节旅游供求关系、实现旅游目的地旅游经济发展的重要手段。调节旅游供求的税收政策涉及两个方面：一是针对旅游企业的税收政策；二是针对旅游者的税收政策。例如，当旅游产品供不应求、旅游供给短缺的情况下，通过旅游企业实行减免税的政策，可以降低生产成本，增加企业利润，吸引多方投资，推动旅游企业扩大再生产，进而刺激旅游供给量的增加；在一些旅游刚刚起步的发展中国家，政府对旅游业实行财政支持，加大旅游基础设施投资力度和对旅游企业的财政补贴，以迅速增加旅游供给。并且旅游目的地国家或地区针对旅游发展在地区上存在的差异，在政策上给予倾斜，投资上有重点、有层次，促进旅游业全面发展。反之，当旅游产品供大于求、旅游供给过剩的情况下，通过向旅游者减免税以增加旅游需求，使旅游供求达到平衡。

（2）价格政策　在价值规律自发作用的基础上，针对不同形式的供求矛盾，旅游目的地政府可以采取不同的价格策略，如地区差价、季节差价、质量差价、优惠价、上下限价等，以达到调节供求矛盾的目的。这包括宏观调控和微观调控两个方面。在宏观层次，国家可以根据旅游经济发展的目标和旅游供求平衡的现实状况，通过政策调整对旅游供求进行引导或限制，促成旅游供求的平衡。在微观层次，对旅游供求平衡的调控，主要通过市场机制来进行。当旅游市场上出现供过于求的情况时，旅游产品的价值就难以实现，价格不得不下降，生产旅游产品的资金就可能发生转移，从而使旅游供给减少；而当市场上出现供不应求时，旅游产品就走销，价格上扬，资金就可能由其他行业流入旅游业中，从而使旅游供给量扩大。为了提高旅游供给随旅游需求而动态平衡的主动性，就要增加旅游供给能力的储备，根据旅游需求发展的趋势，适时扩大旅游供给。

（3）营销手段　旅游供给具有地域固定性，旅游产品又属于服务型产品，知名度和市场扩大必须依赖企业及相关部门广泛的宣传和促销，借助信息系统将旅游信息传递给旅游者，同时接受市场信息反馈，据此进行营销组合，使旅游产品在种类、质量和档次上尽可能与旅游需求相适应。旅游营销具有见效快、较为直观、易于运用的特点，只要选准目标市场，促销措施到位，短期内便会激发旅游需求。因此，各旅游目的国或地区的政府宜经常采用市场开发、宣传招揽、产品渗透等营销策略，使旅游供求很快得到缓解，这也成为旅游目的地国家或地区最为重视、运用最为广泛、而且最为直接的一种调节手段。

本 章 小 结

与一般商品相比，旅游需求与旅游供给非常复杂。本章在分析旅游供求的特点、旅游供求影响因素的基础上，重点关注旅游需求规律、旅游供给规律以及旅游供求综合规律，并且讨论了旅游供求弹性及其弹性系数对于旅游需求者和旅游供给商的实际意义；而后，本章还进一步深入研究了旅游需求与旅游供给的矛盾形成机理，旅游供求矛盾运动过程，以及旅游供求的均衡调节问题。

思考与练习

一、名词解释

旅游需求　旅游需求规律　需求弹性　旅游供给规律　供给弹性　旅游供求平衡

二、填空题

（1）旅游供求平衡主要依靠_____和_____的作用来实现。

（2）在短期内，旅游供给弹性_____，而长期的旅游供给弹性_____。

（3）在其他因素不变的情况下，旅游需求量与价格成_____相关。

三、选择题

（1）下列 Edp 相对较大的是（ ）产品。

    A．会议旅游   B．商务旅游   C．公务旅游   D．观光旅游

（2）在 $Edp>1$ 时，经营者应采取的措施是（ ）。

    A．降价   B．提价   C．维持原价   D．难以确定

（3）下列属于辅助旅游供给的是（ ）。

    A．旅游资源   B．旅游设施   C．旅游交通   D．公用设施

（4）下列叙述正确的有（ ）。

    A．可自由支配收入与旅游需求成正相关变化

    B．价格与旅游需求成正相关变化

    C．闲暇时间与旅游需求成正相关变化

    D．价格与旅游供给量成正相关变化

四、计算题

（1）某旅游产品需求价格弹性系数为-1.5，当价格为 10 元时，需求量为 4 000，出于竞争目的，将价格下调到 8 元。试问此时销售额如何变化？变化多少？

（2）某旅游产品在价格为 50 元时，需求量为 5 000，当价格上升为 70 元时，需求量为 4 000，试计算该旅游产品的需求价格弹性系数，并说明提价是否合理。

五、简答题

（1）旅游需求有哪些特点？

（2）分析说明旅游需求的规律。

（3）旅游供给的影响因素有哪些？

（4）分析说明旅游供给的规律。

（5）如何调节旅游供求之间的矛盾？

六、案例分析

2009 年国庆"黄金周"江苏省旅游市场需求升温

2009 年国庆，是我国实施"黄金周"旅游假期调休制度以及调整公共假期时间以来，历史上假期最长的"十一黄金周"，因为恰逢建国 60 周年和中秋佳节的双节合并，正是秋高气爽、舒适怡人、喜庆祥和的旅游佳季。市场监测显示：江苏省各地市民出游兴致较高，国庆黄金周旅游市场价格上涨、需求升温。

1. 从旅游价格来看旅游供求市场的特点

由于旅游旺季机票、住宿等成本性支出费用的刚性上升，江苏省国庆"黄金周"旅游价格呈季节性上涨态势。主要特点有 3 个方面：①价格普遍上调。苏州、盐城市均反映，各旅行社开辟的旅游线路价格比平时上涨 2～3 成。②长线游受宠，价格涨幅最为显著。近年来表现平淡的中长线游，在 8 天长假中受宠，价格上涨最为明显。苏州市反映，长线报游人数同比增加 10% 左右，价格比平时上涨 30%～50%。其中，青岛—海南线最热门，5 天双飞常规线（纯玩）出游价格从平时的 2 200 元涨至 3 000 元，上涨 36.4%；住宿餐饮档次较高的由 2 800 元涨至 3 800 元，上涨 35.7%。常州市反映，云南、四川线路价格涨幅最高达 40%～50%，一般线路涨幅 20%～30%。其中，成都九寨沟、黄龙、峨眉、乐山四飞六日国庆游报价 5 990 元，比平时上涨 23.5%，比去年同期上涨 25.31%。镇江市反映，海南双飞（纯玩），平时价格在 2 500 元/人左右，目前价格 4 500 元/人，涨幅高达 80%。③价格的时段性波动特征明显。常州市反映，国庆期间，1～3 日价格上涨幅度最大，4～7 日涨幅回落。盐城市反映，10 月 5 日将成为价格的分水岭，随着机票、酒店价格的回落，国庆假日后期旅游价格预计会逐步回落至平时的正常水平。

2. 从市场供需来看旅游供求市场的特点

（1）供需两旺　镇江市各大旅行社一致认为，2009 年"十一"旅游市场将会十分火爆，纷纷推出六十大庆游、中秋团圆游、蜜月游、自驾自助游等主题游。盐城市反映，相比去年而言，市民报名出游的时间整整提前了半个月。各大旅行社均碰到大量不询价的市民，"价钱不谈，给我名额"，要求先签合同后补差价。常州市反映，咨询电话异常火爆，不少出境游线路提前收团，国内游也同步升温，张家界线路 9 月 17 日已全部订满，有些线路 10 月 20 日后才会有位置。

（2）金融危机和甲型流感对旅游市场的影响依然存在　虽然在此期间旅游市场比平时普遍升温，但是部分地区反映，与往年相比，"十一黄金周"旅游市场的回暖程度低于预期。在金融危机、甲型流感等因素的综合影响下，常州市跟团出游人数同比下降。苏州市反映，长线价格虽然比平时上涨了约 30%～50%，但低于往年 50% 以上的涨幅水平。

（资料来源：http://www.jiangsu.gov.cn/，稿源：江苏省物价局）

思考：请根据旅游供求规律，谈谈你对 2009 年国庆"黄金周"江苏省旅游市场变化及波动的看法。

评析：旅游供求市场的变化受很多因素的影响，闲暇时间因素是一个非常明显的影响因素，在该因素的影响下，价格的变化非常明显，供求市场的变化也非常明显；此外旅游供求市场的变化也会受到其他因素的影响，如金融危机和甲型流感因素等，但这些影响因素的作用力度明显小于闲暇时间的影响力度。

旅 游 价 格

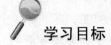

学习目标

1. 了解旅游价格的概念和基本类型。
2. 熟悉旅游定价的影响因素。
3. 掌握基本的旅游产品定价方法和策略。
4. 了解旅游价格管理和监督检查的内容。

　　旅游价格是旅游经济运行的一个重要调节器，它既是调节旅游供求矛盾的一个重要经济机制，也是旅游宏观调控的一个重要手段。对旅游企业而言，旅游产品的价格制定得是否合理，往往直接关系到这种旅游产品在市场竞争中的地位。因此，旅游企业在经营中必须全面考虑价格这个因素，选择适当的定价策略和方法，并使之与其他营销决策相配合，为企业赢得竞争优势。在市场经济体制中，企业是市场经济的主体，旅游价格制定的主体是旅游企业。但是，由于市场经济客观上存在市场失效或市场失灵的状况，为了促进旅游市场机制的正常运转，维护竞争的正常进行；防止旅游价格大起大落；保护旅游者的切身利益，国家必须对市场价格实施一定的政策干预，对旅游价格进行有效的管理和监督检查，以保证旅游业持续、健康地发展。

第一节　旅游价格的概念与特点

一、旅游价格的概念

　　在现代市场经济条件下，旅游者要进行旅游活动，满足其食、住、行、游、购、娱等方面的要求，必须购买各种各样的旅游产品，必须按一定价格支付相应数量的货币。从旅游者的角度出发，旅游价格是旅游者为满足其旅游活动的需要而购买旅游产品所支付的货币量。从旅游经营者的角度出发，旅游价格是旅游经营者向旅游者提供旅游产品的收费标准。

对旅游价格概念的理解需要注意以下几方面。

旅游价格是指旅游产品的价格，而旅游产品是一种特殊形式的产品，它既不完全是劳动的产物，也不完全是自然物；既不完全是有形物品，也不完全是无形物品。它是一个综合性的概念，是凭借一定的自然物，由许多物品和服务组合形成的。

旅游价格是旅游产品价值的货币表现，旅游产品的特殊性决定了旅游产品价值计量的复杂性。在旅游活动中，旅游者可以根据各自的需要，按不同的价格水平，购买不同形式的旅游产品，但无论旅游者购买的是单价形式的旅游产品，还是包价形式的旅游产品，旅游价格总是旅游产品价值的货币表现。

在国际旅游市场上，旅游价格一般是指旅游产品基本部分的价格，主要包括旅游目的地向旅游者提供的住宿、饮食、交通、游览和娱乐活动等方面的价格。

就旅游价格的本质而言，旅游价格是旅游产品价值的货币表现。产品的价值量是制定价格的基础，价格形成如果离开了价值这个基础，也就失去了理论依据。旅游产品价值的大小是由生产旅游产品的社会必要劳动时间决定的，即社会平均劳动熟练程度和劳动强度下生产和提供旅游产品所需要的劳动时间。

二、旅游价格的特点

由于旅游产品不同于一般产品，其特殊性决定了旅游价格具有不同于一般产品价格的特点，主要表现在以下几方面。

1．综合性与协调性

旅游产品的综合性决定了旅游价格的综合性。旅游产品要满足旅游者食、住、行、游、购、娱等多方面的需求，旅游价格必然是旅游活动中食、住、行、游、购、娱等价格的综合表现，或者是这些单个要素价格的总体显示。同时，由于旅游产品的供给方分属于不同行业与部门，因而必须经过科学的协调，使之相互补充、有机搭配，因此旅游价格又具有协调性，以协调各有关部门的产品综合地提供给旅游者。

2．垄断性与市场性

旅游产品的基础是旅游资源，而独特个性是旅游资源开发建设的核心，这就决定了旅游价格具有一定的垄断性，它表现为一方面在特定时间和特定空间范围内旅游产品的价格远远高于其价值，高于凝结于其中的社会必要劳动时间。另一方面，旅游产品又必须接受旅游者的检验，随着旅游者的需求程度及其满足旅游者需求条件的改变，旅游产品的垄断价格又必须作出相应的调整，从而使旅游价格具有市场性，即随着市场供求变化而变化。

3．高弹性与高附加值性

由于旅游需求受到诸多不可预测因素的影响，因此旅游者的旅游需求及旅游动机是千变万化的。相反的，旅游供给却又相对地稳定，于是这种供求之间的矛盾造成了相同旅游产品在不同的时间里价格差异较大，从而使旅游价格具有较高的弹性。从某种程度上讲，旅游活动就是旅游者获得一次独特心理感受的过程，在不同档次的旅游环境中，相同的旅游产品给旅游者的感受差异会很大。旅游产品的档次越高、服务越好，旅游者愿意支付的旅游价格也会越高，其中便蕴涵了较高的附加值。

4．一次性与多次性相统一

旅游产品中，餐厅的食品、旅游纪念品等商品，是使用权与所有权都出售，其价格是一次性的。此外，诸如旅游景点、旅游交通和客房等均只出售使用权而不出售所有权，从而造成不同时间的价格有所不同，因而又存在多次性价格。因此，旅游产品价格实质上是一次性与多次性相统一的价格。

第二节 旅游价格的分类

旅游产品是一个综合性的概念，包括食、住、行、游、购、娱等诸多方面的内容，是各种有形产品与无形服务组合起来而形成的一次旅游活动所需要的全部内容。在旅游活动中，由于旅游消费者各自不同的需要，购买的方式也有差异，从而使得旅游产品的内容多样，表现出来的价格也随之而异。因而，旅游价格也往往是一个复合型的价格，表现出多种不同的类型。

一、国际旅游价格和国内旅游价格

按旅游的范围不同划分，旅游价格可分为国际旅游价格和国内旅游价格。

1．国际旅游价格

国际旅游价格包括出境旅游价格和入境旅游价格。国际旅游价格中统包价由以下部分组成。

（1）国际交通费 其费用大小由客源国与目的地国之间的距离和旅游者乘坐的交通工具决定，以各国航空公司、远洋船运公司、铁路公司公布的价格为依据。

（2）接待国向旅游者提供的旅游产品基本部分的价格 它具体包括旅游者在旅游目的地的交通费、住宿费、餐饮费、参观游览费、文娱活动费、翻译导游费等，其价格高低取决于逗留时间、旅行等级和旅游活动内容等。

（3）旅行社的管理费用和盈利 旅行社的管理费用包括旅行社为维持业务活动必须支付的房租、水电费、广告宣传费、设备维修费、雇员的工资等。旅行社的盈利包括向政府缴纳的税金、旅行社的自留利润及贷款利息等。

2．国内旅游价格

国内旅游价格是旅游者在本国国内旅游的价格。除交通费不是国际交通费，而是一国范围内的交通费之外，其构成与国际旅游价格大致相同。

二、基本旅游价格和非基本旅游价格

按旅游产品满足旅游者的需求不同划分，旅游价格可分为基本旅游价格和非基本旅游价格。

1．基本旅游价格

基本旅游价格是旅游活动中必不可少的旅游需求部分的价格，包括食宿价格、交通价格、游览价格等。这些旅游产品在旅游活动中无论缺少哪些方面的内容，都将直接影响整

个活动的正常进行，是任何一个旅游者不可缺少的消费内容。

2．非基本旅游价格

非基本旅游价格是指旅游活动中对每个旅游者来说可发生也可不发生的旅游产品价格，如纪念品价格、通信服务价格、医疗服务价格、娱乐服务价格等。这些产品可能是旅游者的随机需要，也可能是特殊需要。非基本旅游价格具有较高的弹性。

基本旅游价格是满足旅游者基本需求部分的价格，基本旅游价格不合理，旅游者的基本需求得不到合理地满足，旅游活动要么无法进行，要么留下遗憾，从而直接影响到旅游客源的多少。因此，合理地确定基本旅游价格十分重要。大量非基本旅游价格是在旅游者基本需求获得满足的基础上产生的，从而有利于刺激旅游者的进一步需求，影响旅游者的旅游消费结构，从而增加旅游目的地的收入。这就要求旅游经营者在制定非基本旅游价格时，必须充分考虑基本旅游需求的独特个性，并按照其功能特性，制定合理的价格。

三、包价、部分包价和单项价格

按旅游者购买旅游产品的方式不同划分，旅游价格可分为包价、部分包价和单项价格。

1．包价

旅游包价也叫统包价格，是指旅游者按一次性购买方式所购买的旅游产品的价格总和，也就是旅行社为满足旅游者的需要所提供的旅游产品基本部分和旅行社服务费的价格。它由3部分组成：①旅游出发地与旅游目的地之间的往返交通费；②旅游目的地向旅游者提供的旅游产品的价格；③旅行社的管理费用和盈利。

2．单项价格

单项价格是旅游者按零星购买方式所购买的旅游产品的价格，即在一定时期内不同旅游经营者所规定的各种单项旅游产品的价格，如客房价格、餐饮价格、交通价格、门票价格等。

3．部分包价

部分包价是介于包价与单项价格之间的旅游价格，是指旅游者一次性购买部分旅游产品的组合，同时又以零星购买方式购买另外的单项旅游产品，如参加某次运动会、某项球赛、某种娱乐的价格，或以某个特殊地方为目标的参观游览所提供特殊产品和服务的价格。随着旅游客源由团队向散客方向的发展，部分包价和单项价格将逐渐增多。

四、同一型旅游价格和背离型旅游价格

按旅游产品价格形成与价值的关系不同划分，旅游价格可分为同一型旅游价格和背离型旅游价格。

1．同一型旅游价格

同一型旅游价格是指以价值为基础来确定的旅游产品价格，如餐饮价格、住宿价格、交通价格、日用生活品价格等。这类旅游产品与国民经济的其他相关行业、部门的产品具有明显的替代性，因而它必须按照社会平均利润率，以该旅游产品的实际价值为基础来定价，价格与产品价值差距不大。

2．背离型旅游价格

背离型旅游价格是指价格与价值背离较大的旅游产品价格，如旅游购物品中的古董古玩、名人字画的价格，具有地域或民族特色的工艺品、旅游纪念品的价格，名人住过的旅游景点的价格等。这类旅游产品在特定的时间和空间内往往由于具有独占性或稀缺性而采用与其实际价值不符的价格（一般为高背离形式），其价格也可以视作垄断价格，价格制定不受成本高低的影响，而主要取决于市场的供求状况，其变动幅度较大。

五、现实旅游价格、预期旅游价格和心理旅游价格

按旅游消费者的消费心理不同划分，旅游价格可分为现实旅游价格、预期旅游价格和心理旅游价格。

1．现实旅游价格

现实旅游价格又称旅游市场交易价格，它是指旅游者在购买旅游产品时实际支付的价格。即在一定的条件下，旅游者购买旅游产品时愿意支付而且旅游经营者也愿意出售的旅游价格。

2．预期旅游价格

预期旅游价格是指旅游者对未来旅游市场供求变化所预期的、与旅游经营者现实所报出的价格不相一致的旅游价格。由于旅游市场的季节性变化和区域不同，因此旅游价格也往往在不同时间或不同的旅游目的地存在着差异性。正是这种差异性导致了旅游者产生预期价格的心理，成为旅游产品购买活动中讨价还价的重要依据。·

3．心理旅游价格

心理旅游价格是指旅游者在旅游活动中对"旅游价格是否与旅游产品价值相符"的心理上的主观价格。由于在销售的过程中旅游产品实体和旅游价格是分离的，旅游者只能凭借想象来认识旅游产品的价值。因此，在旅游活动中，就难免把实际感受和所想象的进行对比，以衡量旅游产品价格是否与价值相一致，从而构成心理旅游价格。

六、批发价、零售价、门市价、成本价、季节价及优惠价

从旅游经营者角度划分，旅游价格可以分为批发价、零售价、门市价、成本价、季节价及优惠价等。

1．批发价

旅游产品的生产者或经营者为达到多销售、快销售的目的，而实行批发价。在旅游经济活动中，批发商主要负责推出旅游产品，如设计和编排旅游线路。

2．零售价

与批发价相对应的是零售价。在旅游经济活动中，旅游零售商从批发商中购进旅游产品，再将旅游产品销售给旅游者。在这个过程当中，旅游零售商需要消耗一定的劳动，支出一定的费用，获得一定的利润，缴纳一定的税金，这些都必须计算到旅游产品的零售价中。由此，旅游零售价要高于批发价。

3．门市价

在不同的地段进行旅游产品销售而形成不同的门市价。繁华地段和冷清地段，旅游热

点地区和冷点地区，房屋的租金以及各种劳动消耗都不同。这种不同体现在门市上就形成不同的门市价格，也可以称为地区价。比如，同是名贵药材——冬虫夏草，在出产地的价格远远低于销售地的价格。

4. 成本价

成本是生产单位产品所需费用的总和。旅游产品的生产成本包括 3 个部分：①提供旅游服务所凭借的旅游接待设施设备、交通运输工具、建筑物以及各种原材料、燃料、能源的成本；②旅游企业从业人员的工资，是活劳动的耗费部分；③旅游企业的经营管理费用。但是，即使是同类型旅游产品，由于生产企业各自不同的原因，它们所生产产品的个别劳动耗费以及劳动生产率是不一样的，导致旅游产品价格有高有低，在市场上，必然表现为不同的价格。

5. 季节价

旅游产品受季节影响大，主要与旅游者在不同季节的消费有关。世界上不同的国家和地区，其气候条件和自然条件有很大差异，因而形成不同时间的旅游旺季、淡季。在旺季，旅游产品必然大幅涨价；在淡季，旅游产品又会大幅降价。

6. 优惠价

优惠价是指旅游产品在明码公布的价格基础上，给予产品购买者一定比例折扣和优惠的价格。旅游优惠价主要有以下几种形式：开业初的优惠、现金优惠、同业优惠、老客户优惠以及销量优惠等。

第三节　影响旅游价格的因素

一、旅游产品定价目标

旅游产品的定价目标是旅游企业营销目标的基础，是旅游企业选择定价方法和制定价格策略的依据，具体说来，定价有以下几种目标。

1. 利润导向目标

利润导向目标是旅游产品定价的目标之一，它具体可以分解为以下几种形式。

（1）投资收益定价目标　旅游企业在一定时间内使旅游产品的价格有利于企业获取预期的投资报酬率。采用此定价目标，一般运用投资收益曲线进行分析。总收益曲线的斜率，也就是将达到预期投资报酬率所应制定的价格。

（2）短期最大利润定价目标　旅游企业通过制定较高价格，在较短时期内使企业利润最大化。这种定价目标适用于旅游产品处于绝对有利地位的某一特定阶段，以及生命周期较短、价格需求弹性较大的产品，同时要求旅游企业具备较强的实力与应变能力。但是短期最大利润毕竟是一项短期行为，影响企业的长期发展，随着消费者的抵抗、竞争者的涌入、替代产品的出现，旅游产品的高价最终要降至正常水平。

（3）长期利润定价目标　旅游企业着眼于长期总利润水平的逐步提高来确定旅游产品的销售价格。在这种情况下，旅游企业一般在补偿正常社会平均成本基础上，加上适度利润或社会平均利润作为产品销售价格，以减少风险和获取合理利润。此外，还可能通过制定使旅游企业短期利润受到损失的价格，扩大产品的市场占有率和市场地位，以获取长期稳定的经济效益。

2. 销售导向目标

销售导向目标是指制定旅游产品价格的主要目的是为巩固和提高市场占有率，维持和扩大旅游产品的市场销售量。采用这种定价目标的旅游企业一般规模较大、实力较强，它们为扩大生产规模、降低单位产品成本，以及巩固其市场地位，往往在单位旅游产品上给予旅游者更多的优惠，以争取与吸引旅游者。销售导向目标下所制定的价格，低于利润最大化目标下的价格，但操作得当，可以使旅游企业的旅游产品达到某一特定的预期市场占有率，从而为旅游企业提供长期较大利润的可能性。

3. 竞争导向目标

竞争导向目标是指旅游企业在分析自身旅游产品的竞争能力和竞争地位的基础上，以对付竞争对手和保护自身作为制定价格的目标。竞争是市场经济的基本特征，因此竞争导向目标也是旅游企业经常采用的定价目标。对于实力较弱的中小旅游企业，采用竞争导向目标定价容易招致实力雄厚的竞争对手的强力反抗；但实力雄厚的旅游企业，采用此种定价目标则容易以低价阻止竞争对手进入市场或迫使较小企业减少市场份额甚至退出市场。

4. 社会责任导向目标

社会责任导向目标是指以社会责任为着眼点制定旅游产品价格，而将利润目标列于相对次要位置，强调社会效率最大化的目标。目前，世界各国倡导对与环境保护关系密切的某些旅游产品采用此种导向目标的定价方法。例如，关于生态旅游产品的定价，国际惯例是根据旅游环境的承载能力来限制游客规模和确定旅游产品的价格，主要目的不是营利性的，而是关注旅游生态环境的持续健康发展。

二、影响旅游价格的制定因素

1. 旅游价格的制定机理

（1）旅游产品的价值决定供给价格　价格是价值的货币表现形式，价值的大小取决于社会必要劳动时间。这一理论也适用于旅游产品，即旅游产品的价格是由其价值决定的，是由生产旅游产品的社会必要劳动时间决定的。社会必要劳动时间不同，商品的价值不同，其价格也有所差异。合理的价格反映旅游资源对旅游者的吸引程度，体现旅游设施的数量和质量，也体现着服务人员所提供的服务水平的高低。

旅游供给价格是旅游价格的下限，低于这一界限，旅游经营者所付出的社会劳动就得不到补偿，旅游产品的再生产就难以继续。

（2）旅游产品供求关系决定需求价格　尽管价格形成的基础是价值，但是价格作为交换范畴又离不开市场因素的影响而受供求关系的制约。供求与价格两者相互作用，供求关系影响着价格的高低波动，而价格的高低波动又调节着供求关系。

需求价格是指在一定时期内旅游者对一定量的旅游产品所愿意和能够支付的价格，它表现为旅游者的需求程度和支付能力。在产品价值一定的情况下，旅游产品供求关系的变化是影响旅游价格的最重要的因素。通常情况下，当旅游产品供不应求时，需求价格会上升；当旅游产品供过于求时，需求价格会下跌。

旅游需求价格是旅游价格的上限，超过上限即超过旅游者的意愿和支付能力，旅游者的旅游活动就不能实现或者减少，再有特色的旅游产品，再有吸引力的旅游资源都会成为空谈。

（3）旅游市场竞争决定市场成交价格 旅游产品的供给者之间、需求者之间、供给与需求之间的竞争决定市场成交价格。

1）旅游供给者之间的竞争影响旅游产品的市场价格。同种旅游产品的众多供给者为了尽快将产品销售出去而展开了激烈的价格竞争。例如，某个供给者要价较高，其他供给者则以较低的价格销售，迫使要价高的供给者不得不降价，使得该种旅游产品在较低的价位成交。

2）旅游需求者之间的竞争影响旅游产品的市场价格。当某种旅游产品较为紧俏时，一些旅游需求者不惜高价予以购买，那些只愿出低价的需求者则会落空，不得不提高购买价格，使得该种旅游产品在较高的价位成交。

3）旅游供给者与旅游需求者之间的竞争影响旅游产品的市场价格。供给者期盼高价销售，需求者渴望低价购买，双方为此展开竞争，竞争中哪一方的力量较大，旅游产品就会以倾斜于哪一方的价位成交。

（4）经济政策调节旅游产品市场成交价格 在市场经济中，市场作为配置社会资源的机制本身也会有内在缺陷，"市场失灵"或"市场失效"是经常发生的，客观上要求政府的经济政策调控市场。

特别是当前我国市场体系还不健全，旅游市场还有诸多的问题，价格机制还不能充分发挥作用，在这样的情况下，政府经济政策对旅游价格的影响尤为重要。从我国旅游经济发展实际看，经济政策对旅游价格的调节主要包括以下方面。

1）政府通过对旅游企业的审批年检，调节一个国家或地区的旅游企业数，从而影响旅游产品的供给，调节旅游价格。

2）政府通过对旅游市场价格的调控，减少和避免旅游价格的信号失真，使旅游价格趋于合理。

3）政府通过旅游经济发展政策，直接和间接地影响旅游业的投资和旅游需求，进而影响旅游价格的变化。

4）国民经济的发展状况决定通货膨胀的高低和汇率的变动，从而影响旅游价格的变化。

2. 影响旅游价格的其他因素

旅游价格的制定除受价值量、供求关系、竞争状况的因素影响外，还受许多其他因素的影响。

（1）汇率变动 汇率是指国际间货币比价的变动状况，入境旅游是外国旅游者流入旅游目的地消费旅游产品的"出口贸易"，因而汇率变动对旅游产品价格的变动有着显著的影响。汇率变动的影响主要通过旅游产品的报价形式反映出来。若目的地国以本国货币对外报价，当该国的货币贬值幅度大于国际旅游价格提升幅度时，那么用外币换算的旅游实际收入呈现下降趋势，这样对于外国旅游者有利，必然引起前往该目的地国旅游者人数的增加。

（2）通货膨胀 通货膨胀是指在流通领域中的货币供应量超过了货币需求而引起的货币贬值、物价上涨等现象。旅游目的地的通货膨胀会带来旅游企业旅游产品的生产与经营成本费用上涨，而且由于市场上单位货币的购买力下降，旅游企业必须提高旅游产品的价格，并使价格的提升幅度大于通货膨胀率，才能保证减少亏损。由于通货膨胀导致某地区旅游产品的价格的大幅度上升，客观上会损害消费者的利益，破坏旅游地的形象。

（3）政府的经济政策 旅游目的地国家为了对市场进行宏观调控，实施其经济发展战略，必然要制定宏观经济政策，其中包括价格政策。在我国，国家制定了相应政策，对旅游产品的价格，如景点门票、火车票、飞机票价格进行干预，目的是维护市场秩序、保护消费者利益，保证旅游企业经营活动的顺利进行。因此国家的价格政策对旅游产品的价格起着重要的作用。

（4）旅游企业营销目标 旅游企业营销目标的实现与旅游产品的价格紧密相关。旅游营销目标主要有利润导向目标、销售导向目标、竞争导向目标、社会责任导向目标4种类型。其实，在现实操作中，旅游企业在市场营销中总是根据不断变化的市场需求和自身实力状况，调整自己的营销目标和产品的价格。若旅游企业追求短期收回投资成本，往往制定较高的产品价格，以便在短期内获取利润。如果旅游企业追求长期利润最大化，则应制定企业可以接受的最低价，以排挤竞争对手，提高产品的市场占有率，争取在较长时期有更大的发展。

（5）社会心理因素 社会心理因素是人们对客观存在的社会现实的主观感受和心理反应。当消费者的社会心理表现为外部消费活动时，便促进人的消费行为。这种行为在一定程度上是旅游经济活动和旅游消费者行为的调节器，也影响旅游产品价格的形成与变动。特别是在市场经济条件下，消费者的社会心理因素对市场价格的调整、涨跌等起着明显的影响和牵制作用。对旅游产品的价格起较强影响的心理因素有以下3种。

1）价格预期心理。它是指在经济运行过程中，消费者群体或消费者个人对未来一定时期内价格水平变动趋势和变动幅度的一种心理估测。这种主观推测如果形成一种旅游消费者群的价格预期心理趋势，那将会较大地影响旅游市场中旅游价格和预期价格的变动水平。

2）价格观望心理。这是价格预期心理的又一种表现形式，一般产生于市场行为比较活跃时期，它是指旅游者对价格水平变动趋势和变动量的观察等待，以期达到自己希望达到的水平后，才采取消费行动，从而取得较为理想的对比效益。

3）价格攀比心理。它是指不同旅游者之间的攀比和旅游生产经营者之间的攀比。旅游者之间的攀比心理会导致盲目争购，超前消费乃至诱发和加重消费膨胀态势，成为推动价格上涨的重要因素。而旅游生产经营者之间出现的价格攀比会直接导致价格的盲目跌涨，进而冲击旅游者在正常时期的消费心理判断能力，使旅游市场出现不应有的盲目波动。

三、旅游价格的制定原则

1. 按质论价，优质优价

旅游产品质量的高低以旅游消费者的感受为标准，即以旅游消费者的满意程度来衡量旅游产品的质量。由于旅游产品的效用大量体现在旅游服务上，必须通过热情周到的服务使旅游消费者得到满意的享受。因此，合理的旅游价格也就是与服务水平相吻合的价格，由此可见，旅游产品的价格并非越低越好，旅游消费者也并非在任何情况下都不愿出高价，关键是要尊重旅游消费者的利益，高价制定后，必须提供与高价位相吻合的、高质量的旅游产品。

2. 适应市场需求

旅游产品定价要适应国际、国内各地区同类旅游产品的行情与动向，并结合自身产品的特色与条件，制定出在国际、国内市场上具有吸引力与竞争力的旅游产品价格。一般说来，在制定旅游价格时，供小于求的旅游产品的价格可以定高一些；供大于求的旅游产品的价格可以定低一些，薄利多销，以提高竞争优势。

3．稳定性与灵活性相结合

旅游产品价格应保持相对的稳定性。旅游产品的需求弹性较大，因而旅游市场对旅游产品价格的变化相当敏感。如果同一旅游产品的价格波动频繁，会给潜在旅游消费者带来心理上的不稳定感觉，可能会挫伤旅游消费者的购买积极性，同时也会给旅游经营者的形象带来不良影响。因此，旅游价格不宜变化太频繁。

但是，旅游价格的稳定性并不意味着价格就此固定不变。由于旅游产品具有季节性、不可储存性等特征，就决定了旅游价格必须随市场需求的变化有升有降，旅游企业应制定灵活的旅游差价和优惠价来提高旅游价格的竞争力。

4．合理安排比价

旅游产品的比价是指不同旅游产品价格的比较关系，其形成的基础是不同旅游产品的价值量的比例。旅游是一项综合性消费活动，旅游者的消费量是按一定的比例分别花在食、住、行、游、购、娱等方面。制定旅游产品的价格，必须合理安排旅游产品各活动项目之间的价值比例关系，否则就会造成消费比例不协调，影响旅游产品的质量，也影响旅游产品的销售。

旅游产品的比价大致可以分为两类：①具有互补关系的旅游产品之间的比价关系，如旅游产品中食、住、行、游、购、娱之间的比价关系，这类产品比价合理化的前提是各类互补旅游产品之间质量、档次、数量、比例上的相互对应和一致；②具有替代关系的旅游产品之间的比价关系，如一般旅馆、商务旅馆、汽车旅馆、度假村、农舍式旅馆等之间的比价关系，安排这类旅游产品的比价，要在遵循价值决定价格的基础上，着重考虑旅游市场的供求与产品的特色。

第四节　旅游定价的方法和策略

一、旅游价格的制定方法

旅游企业在特定的定价目标指导下，根据企业的生产经营成本，面临的市场需求和竞争状况，制定旅游产品价格。旅游产品定价方法选择得正确与否，直接关系着旅游定价目标能否顺利地实现，关系着旅游业的经济效益能否有效地提高。一般而言，旅游定价方法主要有以下3大类。

1．成本导向定价法

成本导向定价法是以旅游产品的成本为基础的定价方法。该方法一般并不考虑市场需求方面的因素，旅游企业在成本基础之上，再根据盈利目标便可确定出合理的价格。旅游企业成本是其在经营过程中所耗费的各种支出，就企业而言，这种支出必须通过营业收入的实现来得到补偿，否则旅游企业的再生产经营活动就无法进行。所以在定价时，成本是价格的最低界限，价格如果长期低于成本，企业就会持续亏损，面临生存危机，最终会被市场淘汰。因此，成本导向定价法是旅游企业生存所必需的，是市场经济发展的客观要求。但此种方法只考虑了产品的成本，反映了以产定销的经营思想，没有考虑旅游需求、市场竞争及市场其他环境因素的变化，因而灵活性差，不利于旅游企业获取最佳利润。成本导向定价法较适合于旅游市场还处于卖方市场或市场经营环境比较稳定的情况，具体又有以下几种方法。

（1）成本加成定价法　这种方法是在计算旅游产品单位平均成本的基础上加上相应利润来制定产品的价格。其计算公式为

$$旅游产品价格=单位平均成本×（1+成本利润率）$$

例 4-1：某饭店的一道菜品，其成本为 20 元，饭店确定的成本利润率为 30%，则：

$$菜品销售价格=20×（1+30%）=26（元）$$

成本加成定价法是以旅游产品价值为基础制定价格，在需求和竞争状况相对稳定的市场环境下，可以保证企业获得适量的利润。其优点是计算简便、易于掌握、利于核算，同行业之间可以比较，在市场上易于树立公平交易的形象。但其缺点也很明显，由于只考虑成本和预期利润，不考虑市场需求与竞争状况，制定的价格可能远远高于或远远低于目标市场的现行价格或者旅游者所愿意接受的价格，因而缺少现实意义，尤其在市场环境以及成本变动幅度较大的情况下适用更难。

（2）目标收益定价法　此种方法是根据旅游企业的总成本投入与估测的总销量，确定一个预期目标收益作为定价的基础。它首先要求估算出旅游产品的总成本，估计计划期内的销售总额，然后确定预期达到的目标利润，从而制定出旅游产品的销售价格。其计算公式为

$$旅游产品价格=\frac{（总成本+目标利润）}{预期总销量}$$

目标收益法是饭店常用的定价方法。饭店业中经常使用的定价方法还有千分之一法，它是目标收益定价法的特殊形式和具体应用，主要用来制定饭店的客房价格。其计算公式为

$$平均每间客房的售价=建造成本总额/客房间数×1/1\,000$$

例 4-2：某饭店总造价为 6 000 万元，有客房 200 间，则

$$每间客房的价格=\frac{60\,000\,000}{200}×\frac{1}{1000}=300（元）$$

该种定价方法的优点是既考虑了长远发展，又保证了经营的稳定。其缺点是根据预定产品销售量来推算旅游产品价格，从而忽视了价格对销售量的直接影响，无法保证其确定性。只有经营垄断性产品或具有很高市场占有率的旅游企业，才有可能依靠其垄断力量按目标收益率进行定价。运用这种方法定价时，应尽可能同时估算出不同价格水平下的可能销售数量，充分考虑产品价格与需求量之间的制约关系，以保证定价的科学性。

（3）保本定价法　这种方法又叫盈亏平衡定价法。该定价法是指旅游企业在既定的固定成本、平均变动成本和旅游产品估计销售量的条件下，实现销售收入与总成本相等时的旅游价格，也就是旅游企业不赔不赚时的产品价格。其计算公式为

$$单位产品价格=单位产品变动成本+固定成本总额/估计销售量$$

例 4-3：某饭店有餐座 200 个，餐厅每天应摊销的固定费用为 1 800 元，每餐座平均消耗原材料 20 元，预计餐座销售率为 60%，该饭店的营业税率为 5%，试确定餐厅每餐座的

保本销售价格。

根据计算公式可得出：

$$每餐座的保本价格=(\frac{1\ 800}{200×60\%}+20)÷(1-5\%)=36.84（元）$$

保本定价法是企业对各种定价方案进行比较选择的参考标准，以其他方案制定出来的价格如果高于保本价格，企业就能够盈利；反之，则亏损。

2. 需求导向定价法

需求导向定价法是指根据旅游者的需求强度、需求特点以及对旅游产品价值的认识和理解程度来制定旅游价格的方法。

需求强度大时旅游产品定高价，需求强度小时旅游产品定低价。由于旅游需求的大小是一国旅游业发展的前提条件，如果没有客源，没有需求，旅游业就无法生存和发展，因此，旅游定价必须关注旅游需求。同时，旅游者愿意支付的价格高低不仅取决于旅游产品本身的效用，而且取决于旅游者对旅游产品的主观感受和评价。所以，分析旅游者对旅游产品价值的认识和理解程度，把握旅游需求强度，并据此制定旅游价格就显得尤为重要。

需求导向定价法反映了旅游需求，有利于旅游企业适应不同市场需求，获取更大的利润，而且可以使旅游企业分散风险，均衡收入，防止因某一市场需求剧烈波动或竞争失败而带来过多的损失。但由于此种定价方法与成本没有必然联系，供不应求时，旅游产品价高利多；供过于求时，旅游产品价低利微，甚至亏损。因此，旅游企业应考虑不同供求状况下利润的合理分配。常用的需求导向定价法主要有以下几种。

（1）区分需求定价法 区分需求定价法又称差别定价法，是指在旅游产品成本相同或差别不大的情况下，根据旅游者对同一旅游产品的需求程度和对产品价值的认识，在基本价格的基础上制定差别价格。差别定价法并不是基于成本的变化，而是基于不同的旅游者在不同的时间和空间以及对服务的需求偏好和强度有所不同，分别定价，一般有以下几种。以旅游者为基础的差别定价，以时间为基础的差别定价，以空间位置为基础的差别定价，以服务为基础的差别定价。

1）以旅游者为基础的差别定价是指针对不同的旅游者制定不同的价格。例如儿童价与成人价的差别，国内旅游者与国外旅游者的价格差别，团体旅游者与散客旅游者的价格差别等。

2）以时间为基础的差别定价是指依据时间的不同制定的旅游产品价格。由于时间的不同，同一旅游产品的价格也会出现不同的变化。例如淡旺季明显的旅游景点，景点门票在淡季可以定得低一些，在旺季则可以定得高一些。

3）以空间位置为基础的差别定价是指根据旅游者对不同空间位置的旅游产品需求差异而制定的不同价格。虽然成本和效用相同，但由于周围环境和气氛不同产生了不同的吸引力，旅游者的价值理解也不同，从而可以制定不同的价格。例如坐落在不同街区的同级酒店，价格不一定相同；同样的餐饮食品在一般餐厅与在宾馆餐厅的价格不同；剧院及运动场的座位位置不同，价格也有较大差异。

4）以服务为基础的差别定价是指针对不同的服务形式而实行的不同价格。例如，对同样的餐食，由于提供的用餐服务不同，在餐厅用餐或送到客房用餐，价格是不同的。

针对以上这些对同一类旅游产品有差异的需求强度制定相应的产品价格，灵活多变的定价方法体现了市场营销行为的本质特征。需要指出的是，实施区分需求定价法应该注意以下几个问题：①价格的平均水平不应低于运用成本加成定价法制定的价格水平；②旅游产品需求市场必须能够被细分，并且在不同的细分市场上能反映出不同的需求强度；③分割市场和控制市场的费用不能超过区分需求定价法所能增加的营业收入；④区分需求定价法应满足旅游者的需求，不致引起旅游目标市场的反感。

（2）理解价值定价法　理解价值定价法是指根据旅游者对旅游产品价值的理解和认识程度来制定价格的方法。旅游者对每一种旅游产品都会有一种认识或评价，当旅游企业制定的价格与旅游者对该产品价值的理解和认识相一致时，旅游者就能够接受这一价格。例如，就追求声望、地位的旅游者而言，那些高档、豪华的旅游产品即使价格高一些，他们也是愿意接受的。因此旅游企业应当准确地测定该产品在旅游者心目中的价值水平，并以此为依据确定产品的价格。如果该价格既能适应市场的需求，又能为旅游企业带来利润，而企业也有满足市场需求的能力，那么此价格就是合理的价格。

采用理解价值定价法的关键是要对旅游者所理解的价值做出正确的判断。如果对旅游者所理解的价值估计过高，会使制定的价格偏高，影响销售量的扩大；如果估计过低，又会使制定的价格偏低，影响销售利润。所以，旅游企业必须对目标市场进行深入、细致的调查研究，并且配合宣传促销活动的进行，充分了解旅游产品的档次、质量及特色等在旅游者心目中所树立的形象，并根据旅游者对产品形象及价值的理解来制定价格。

3. 竞争导向定价法

竞争导向定价法是指旅游企业在市场竞争中为求得生存和发展，依据市场上竞争对手的价格来制定自身产品价格的方法。以竞争为中心的定价方法，将着眼点放在竞争对手的旅游产品价格上，而不考虑成本与需求，其价格的变化取决于竞争对手的旅游产品价格是否变化。如果竞争对手的旅游产品价格没有变动，即使本企业旅游产品成本和需求已发生变化，其旅游产品价格也仍然保持不变；反之，如果竞争对手的旅游产品价格发生变化，尽管本企业旅游产品成本及需求没有变化，也要随着竞争对手的调价来调整自己的产品价格。值得注意的是，尽管此种定价方法考虑了旅游市场竞争激烈的现实，便于与同行业其他企业的协调，但却忽视了旅游产品成本和市场需求因素，因此有可能使成本耗费高的企业亏损，也不利于制定适合旅游者需求的价格。

在竞争激烈的旅游行业中，旅游企业的定价往往不得不以应付竞争为目标，竞争现实要求各旅游企业必须制定同样或近似的价格。如果其中一个企业比其他企业的定价高，那么就有可能在激烈的竞争中失去一部分市场；反之，如果该企业将旅游产品价格降低到竞争对手的价格以下，就必须以更多的销售量来弥补由于降价而减少的利润。如果发生一家旅游企业率先降价，然后其他企业尾随降价的情况，那么该企业就会很快失去价格优势。所以，只有具有明显成本优势的旅游企业才敢率先降价，否则由此引发的价格大战将对各方产生极为不利的影响。常见的竞争导向定价法主要有以下几种。

（1）同行比较定价法　同行比较定价法是指以同行业的平均价格水平或核心企业的价格为标准来制定旅游价格的方法。此种定价方法使得本企业价格与同行业的价格保持一致，在和谐的气氛中促进企业与行业共同发展，同时还能保证企业获得适当的收益，这种方法还使旅游企业之间的竞争避开了价格之争，而集中在企业信誉、业务水平的竞争上。当本企业旅游产品的质量、销售服务水平、信誉与其他同行企业相比有较大差异时，其定价可在比较基础上加减一个差异额。这种定价方法有两种形式：随行就市定价法与追随核心企业定价法。

1）随行就市定价法是指各旅游企业根据市场上同类产品的平均价格水平或习惯价格水平，来相应地制定企业旅游产品价格的方法。该种定价方法认为市场通行的价格反映了行业的集体智慧，适用于成本难以精确估测，竞争对手的价格变动难以预测的旅游企业，是一种风险较小、比较稳妥的定价方法。

2）追随核心企业定价法是以同行业中占有较大市场份额或处于垄断地位的旅游企业的旅游产品价格为标准，其他企业为了应付竞争追随核心企业价格之后，确定自己旅游产品价格的一种方法。这是一种以避免竞争为主的定价方法。

（2）排他性定价法　排他性定价法是指以较低的旅游价格排挤竞争对手，争夺市场占有率的定价方法。与同行比较定价法相比，这是一种具有进攻性的定价方法，具体又有相对低价法和绝对低价法两种。

1）相对低价法是指对某些质量好的名牌旅游产品，适当降低价格，缩小名牌旅游产品与一般旅游产品的价格差异，以促使某些低质的同类旅游产品降低价格，直到这些旅游企业因无利可图而退出市场。

2）绝对低价法是指旅游企业产品价格绝对低于其他企业同种旅游产品价格，以争取更广泛的旅游者，排挤竞争对手，还可使一些参与竞争的企业望而生畏，放弃参与竞争。

（3）率先定价法　率先定价法是指旅游企业根据市场竞争态势，率先制定出符合市场行情的旅游价格，以吸引旅游者而争取主动权的定价方法。在激烈的市场竞争中，旅游企业谁先提出具有竞争性的价格，谁就拥有了占领市场的有利武器，也就拥有了竞争取胜的条件。

（4）边际贡献定价法　边际贡献定价法是指保证旅游产品的边际贡献大于零的定价方法，即旅游产品的单价大于单位变动成本的定价方法。

边际贡献是指每增加单位销售量所得到的收入超过增加的成本的部分，即旅游产品的单价减去单位变动成本的余额，这个余额部分就是对旅游企业"固定成本和利润"的贡献。旅游产品价格大于变动成本的部分首先用于补偿固定成本，旅游产品的价格和变动成本的差额越大，固定成本得到补偿的部分就越多，也就是边际贡献越大。旅游产品不可储存，在竞争激烈、产品供过于求，或在旅游淡季、产品相对过剩的情况下，为了维持简单再生产、减少亏损，可以实行这种定价方法，只要所定的产品价格高于变动成本，旅游企业就可以获得对固定成本的边际贡献。例如，旅游旺季一间双人客房按正常价格出售，增加一张床位的价格即可按边际贡献方法定价。另一种情况是，旅游淡季时旅游产品供过于求，旅游企业低价销售产品没有盈利，但不销售则亏得更多。假设一间客房房价成本价为 120 元/天，其成本构成中固定成本 80 元，变动成本 40 元，如不得已销售价降为 100 元/天，卖则亏 20 元/天，不卖则亏 80 元/天，所以只要售价不低于40 元/天，就可以售出。

边际贡献定价法用变动成本作为定价基础，价格水平要比正常定价低得多，从而增强了旅游企业产品的价格竞争能力。旅游企业在旅游淡季时，或者拟用低价开拓市场时，或者为了反击竞争对手和保护市场份额，通常采用这种定价方法。当然这种方法也有局限之处：①边际成本定价仅以可变动成本作为定价依据，不计固定成本，因此不可能长期使用；②边际成本定价如果定价过低，则可能被视为不正当竞争，从而前功尽弃。

二、旅游价格策略

在确定了基本定价的方法后，旅游企业在实际具体定价过程中，还必须运用一定的策略与技巧，灵活地运用价格手段，以实现旅游企业的营销目标。

旅游价格策略是指旅游企业贯彻定价目标和进行价格决策的具体措施。常见的旅游价格策略有以下几类。

1. 旅游产品不同生命周期阶段上的定价策略

旅游产品在不同的生命周期阶段上，具有不同的市场特征和产品特征，旅游产品定价也应有不同的策略。

（1）推出期的定价策略　旅游产品从开发论证完毕到投入市场的初始阶段，称为推出期。这一阶段旅游产品本身还不完善，销售额低，单位成本高，市场上旅游消费者少，主要是革新者和冒险者，旅游企业的竞争对手少，在特定空间内唯我独尊。在这一阶段，旅游定价常用策略有低价占领策略和高价定价策略两种。

1）低价占领策略，即以相对低廉的价格，力求在较短的时间内让更多的旅游者接受旅游新产品，从而获得尽可能大的市场占有率的定价策略。这种定价策略有利于尽快打开销路，缩短推出期，争取旅游产品迅速成熟完善；同时，还可以阻止竞争者进入市场参与竞争。但这种定价策略不利于尽快收回投资，影响后期进一步降价销售。

2）高价定价策略，又称为取脂定价策略或撇油定价策略，它是指把旅游新产品的价格定得很高，以便在短期内获取厚利的定价策略。这种定价策略如果成功，可以迅速收回投资，也为后期降价竞争创造了条件。但这种策略的风险较大，如果旅游消费者不接受高价，则因销售量少而难于尽快收回投资。这种定价策略比较适合于旅游产品特色明显且其他旅游企业在短期内难于仿制或开发的旅游产品。

（2）成长期的定价策略　旅游产品在成长期销售量迅速增加，单位产品成本明显下降，旅游消费者增多，旅游企业利润逐渐增大，市场上同类型产品开始出现并有增多的趋势。这一阶段旅游定价可选择的策略有稳定价格策略和渗透定价策略两种。

1）稳定价格策略，即保持旅游价格相对稳定，把着力点放在旅游促销上，通过强有力的促销组织较多的客源，完成较多的销售量，从而实现利润最大化。

2）渗透定价策略是指在消费者增多的情况下，以较低的价格迅速渗透扩展市场，从而较大地提高市场占有率。

（3）成熟期的定价策略　这一阶段旅游需求从迅速增长转入缓慢增长，达到高峰后缓慢下降，旅游产品趋于成熟，成本降到最低点，旅游者对旅游产品及其价格有了比较充分的了解。这一阶段常常选择竞争定价策略，即用绝对低价或相对低价的方法来抵制竞争对手。采用绝对低价策略时，要把握好降价的条件、时机和降价幅度；采用相对低价策略时，要辅之以旅游服务质量的提高。

（4）衰退期的定价策略　当旅游需求从缓慢下降转向加速下降，旅游产品成本又有上升趋势时，旅游产品进入衰退期。这时的定价策略有驱逐价格策略和维持价格策略两种。

1）驱逐价格策略，即以尽可能低的价格，将竞争者挤出市场，争取旅游者的策略。此时的旅游价格甚至可以低到仅比变动成本略高的程度，因为此时旅游企业的固定成本已经收回，高于变动成本的余额便是对企业的贡献。也就是说，驱逐价格策略的低价以变动成本为最低界限。

2）维持价格策略，即维持原来的价格，开拓新的旅游资源和旅游市场来维持销售量的策略。这样做既可使旅游产品在旅游者心目中原有的印象不致急剧变化，又可使企业继续有一定的经济收益。

2. 心理定价策略

心理定价策略就是以旅游者的消费心理作为旅游企业定价的依据，制定合乎旅游者消费心理的价格来刺激他们购买旅游产品的积极性，从而引导消费的策略。

（1）尾数定价策略　尾数定价策略就是利用一般顾客喜欢价格便宜，对价格比较敏感的心理来定价，以达到稳定与扩大产品销售量，增加收入的目的。比如，客人一般感觉两位数的价格比三位数的价格便宜很多，在制定价格时，可以定 100 元的，不妨定价为 98元。当然，对于档次较高的旅游企业一般没有必要采用这种策略。

（2）整数定价策略　整数定价策略是指旅游企业给产品定价时采用凑零为整的办法，制定整数价格。一般旅游者对于旅游消费品的购买，属于不懂行的购买。比如，旅游者在旅游活动中就餐时，对旅游地餐饮产品的制作过程、烹调技艺、原料情况、何种配料等都是不了解的。旅游者又有"一分价钱一分货"的价值观念，为了让旅游者对自己的选择放心，除了提高售时服务，让旅游者试用、品尝等促销方式以外，明码实价，将价格合理地调整到代表产品价值效用数附近的整数上面，旅游者选购起来容易比较，可以放心地购买。

（3）声望价格策略　声望价格策略是旅游企业对一些在旅游者心目中有良好声誉的产品制定一个远高于其成本的价格的策略。旅游者常常把客房价格看做是客房质量的反映，甚至有的旅游者把购买高价客房作为显示自己身份和地位的手段。比如，旅游企业中的豪华套房、总统套房就应该采用声望价格策略。一个旅游企业拥有高价格的客房，与旅游企业的形象也有很紧密的联系。但必须注意的是，采用声望价格策略，必须要有高质量的产品和完美的服务作为保障。

（4）招徕价格策略　招徕价格策略是旅游企业在某一个很短的时期内将少数几种产品的价格降到很低，甚至低于成本，以吸引旅游者的注意，招徕旅游者消费的策略。例如，饭店的餐饮部每天推出一款特价菜就是这种策略的运用。一般旅游者在受到这种招徕价产品的吸引后来到旅游企业消费，通常不会只消费这一种产品，往往会购买其他的产品和服务，旅游企业可以通过其他产品和服务的销售获得利润。

旅游企业在运用这种策略时必须注意 3 个方面：①采用招徕价的产品必须要能够真正引起旅游者的兴趣，使旅游者产生购买动机和购买行为；②降价的产品品种和数量要适当；③采用招徕价的产品质量要有保证。

3. 折扣价格策略

折扣价格策略是指旅游企业为了扩大市场占有率，在保持基本定价不变的基础上，采用的折扣价或让价的方式，将一部分利润转让给中间商或旅游者，鼓励中间商积极推销和旅游者大量购买，以达到争取客源、扩大销售的目的。通过这种策略的实施，可以促使旅游者改变购买时间、地点、数量，并及时付款。

（1）数量折扣　这是旅游企业对那些大量购买旅游产品的顾客给予一定减价的做法。

为鼓励旅游者增加购买数量，或者为了和一些单位及较大的客户建立长期的关系，旅游企业会根据顾客的购买数量给予一定的折扣。一般购买数量越大，折扣越大。

（2）现金折扣 这是旅游企业对在约定付款期内提前付款或以现金交易的顾客，给予原定价格一定折扣的方法。采用现金折扣的主要目的是鼓励顾客提前付款，加速旅游企业资金周转，减少信用成本和呆账、坏账。

旅游企业在运用现金折扣时，必须要确定一个合理的折扣率。通常应该是在通过折扣方式使旅游企业现金周转加快所增加的盈利和银行贷款利率之间，找到一个合理的折扣水平；另外，旅游企业还应该有对逾期未付款的客户采取相应的对策。

（3）季节折扣 这是旅游企业在淡季时给予顾客的优惠。由于旅游产品具有不可储存性，实地旅游产品的生产和消费在时间上会发生分离。旅游产品在旺季时往往供不应求，在淡季时往往客源不足，使旅游企业的接待能力闲置。为了平衡淡旺季的差异和调节供求关系，刺激淡季消费，旅游企业在淡季时通常会调低价格。当然，淡季价格的折扣幅度应该不能低于产品和服务的成本。

（4）同业折扣和佣金 同业折扣又叫功能折扣，它是旅游企业对旅游批发商和零售商的折扣。例如，加强与旅行社的合作是旅游企业营销工作的重要内容，旅游企业除了给予旅行社优惠的价格外，还会给予他们一定的折扣和佣金。例如，美国凯悦饭店公司就规定旅行社为宾客每预定24间客房，凯悦公司就免费向旅行社提供一间客房。我国目前通行的做法是"十六免一"。

三、旅游企业价格策略运用技巧

旅游企业价格策略必须要通过灵活运用才能真正吸引顾客，达到促进销售，提高利润的目的。

1．标价的技巧

在价格制定后，对产品标价好像是顺理成章的事，在现实中，不恰当的标价会使顾客感到价格不合理，但对标价方法稍微作一些改进，可能会对产品的销售带来意想不到的效果。

（1）尽可能采用小的单位标价 旅游企业中有些产品是既可以批量销售，也可以分零销售，在标价时，尽可能采用分零销售的单位产品的标价，这样可以使顾客感觉比较便宜。例如某些价格昂贵的贵重产品，价格为6 000元/千克，如果标价为"6 000元/千克"，顾客往往会认为价格太高；如果将价格标价为"6元/克"，此时顾客就不会觉得太贵，顾客购买的可能性就会提高。

（2）差别标价 可以采用不同重量或不同包装的产品，在标价时，可以利用不同单位，或采用同一单位但不同重量或不同容量来进行差别标价。比如，150克一袋的腰果，标价为每袋8.5元，而200克一袋的腰果，标价为每袋10元。顾客难以在较短的时间内计算出哪种更为划算，只能根据自己的判断和需要量来购买，往往150克的可能卖得更多。采用这种方法，既可以使旅游企业增加利润，又不至于引起顾客的反感，还会使顾客感到比较方便。

2．价格解释技巧

在旅游企业的营销活动中，常常会有顾客对旅游企业的产品和服务的价格有不同的评价，同样的产品，有的顾客认为价格合理，有的顾客认为便宜，而有的顾客会认为太贵，他们会与旅游企业讨价还价。因此，在遇到顾客认为价格较贵这些问题时，如何向顾客解释，就要运用一定的技巧。

（1）转移法　转移法就是将顾客的注意力转移到相对价格上来。营销人员不要直接和顾客谈论产品价格的高低的问题，而是向顾客强调旅游产品和服务的效用和质量，将顾客的注意力转移到对旅游企业的设施、装潢、服务的高质量上面来，从而淡化顾客对价格的注意力。

（2）价格分解法　价格作为敏感性因素，营销人员在推销时要将价格进行分解。例如，某类房间的价格是 480 元，报价时可将 80 元免费餐分解出来，告诉客人房价实际是 400 元；假如房费内包含免费洗衣或免费健身等其他免费项目，同样也可以分解出来。

（3）比较法　通过价格、质量功能等方面的比较，向顾客证明本旅游企业的产品和服务的价格是合理的。既可以将本旅游企业的价格与同行业其他价格较高的旅游企业相比较，也可以选价格类似，但产品和服务质量较低的其他旅游企业进行比较。

3. 价格"显低"的技巧

在旅游企业的营销中，淡化和转移顾客的注意力，实际上就是对产品价格"显低"。具体方式如下。

1）以优良的服务态度，热情的语言，善良、迷人的微笑，友好的待客作风，转移顾客对价格的注意力，使产品的价格"显低"。

2）通过提供特色的产品和服务，使顾客享受到在其他旅游企业不能享受到的利益，使产品的价格"显低"。

3）向顾客提供安全保证和降价优惠，使顾客产生安全感和信任感，从而"显低"产品价格。

4）运用心理价格策略制定产品和服务的价格，使顾客得到心理上的满足，感到物有所值，从而"显低"产品价格。

5）通过提供一定的售后服务，或在顾客消费时，给予顾客以一定的小利小惠。比如，在顾客餐后赠送水果，或者饮料，或者小纪念品等，从而"显低"产品价格。

4. 价格促销技巧

价格促销技巧是指旅游企业将产品价格和促销手段有效地结合起来促进销售的艺术。其主要表现在人员推销的语言方式、广告宣传的内容以及公共关系宣传中对价格的评价上。

（1）比较促销法　当旅游企业的供给价格与客人的需求价格产生不符时，营销员不妨采用"比较优势"来化解客人的价格异议，即以自己产品的长处去与同类产品的短处相比，使本店产品的优势更加突出。

（2）效用促销法　它是指将产品价格与效用联系在一起进行促销宣传。例如，一位营销员遇到一位因价高而犹豫不决的客人时，可以这样讲："此房间床垫、枕头具有保健功能，让您在充分休息的同时，还起到预防疾病的作用"。强调"客人受益"，强化了客人对产品价值的理解程度，从而提高其愿意支付的价格限度。

（3）数字心理促销法　利用文化中一些有特殊含义的数字或者是所谓的吉祥数字，作为产品的价格。价格本身是数字的组合，不同的数字组合使顾客产生的心理反应是不一样的。比如"168"，在中国的发音的谐音是"一路发"；"188"发音的谐音是"要发发"；"998"

的谐音是"久久发"等。这样定价，既能够增加利润，又显示出旅游企业对顾客的祝福，符合中国的传统文化习惯。

第五节 旅游价格的管理与监督

市场机制是资源有效配置的基本机制之一。但是旅游业是具有典型的外部性特征的行业，外部性独立于市场机制之外，不通过市场的价格机制反映出来，市场机制无法惩罚有市场缺陷的旅游企业。这样，就需要政府发挥"有形之手"的作用，采取有效的措施，从经济、行政和社会等诸多方面着手，削弱旅游业中的外部性。

政府行为在旅游市场发展的不同阶段，工作重点不同。从旅游市场的发展阶段看，政府的作用经历了3个阶段。

第一阶段：开拓者——在旅游发展初期，负责投资于基础设施，以拟订旅游业发展战略和规划为工作重心。

第二阶段：规范者——在旅游逐步兴起乃至蓬勃发展时期，政府主要进行立法和规范工作，保证企业良性发展。

第三阶段：协调者——在旅游逐步走向成熟时，用各种方法鼓励企业发展，保护消费者利益，工作重心是协调各方面的关系。

无论是旅游产业在市场化过程中遇到的问题，还是政府主导型战略在推行中出现的误区，都与政府行为是否合理密切相关。市场缺陷要靠合理的政府干预来弥补，而政府主导型战略的实施，更要以合理的政府行为为前提。价格管理是政府行为的重要组成部分。可以说，当今的世界上，几乎没有一个国家不对市场价格实施一定的干预政策，只是干预程度、干预形式不同而已。

一、旅游价格管理的作用

1. 维护竞争的正常进行

市场发育的一个重要标志是：产品价格的自由程度。但是多数旅游资源和旅游产品作为"公共物品"，具有非排他性和非竞争性，外部性的存在导致了旅游市场机制失灵。所以只有在政府合理有效的干预下，市场机制才能正常运转，竞争才能有效充分展开。因此，国家必须采取有效的管理措施，对市场价格的运用实施一定程度的干预，以保证市场体制的正常运转，维护市场竞争的正常进行。

2. 保持旅游业稳定发展

价格是市场机制的核心，在市场经济条件下，价格的起伏涨落是由市场供求关系所决定的。但是完全依靠市场价格的波动来调节经济活动具有很大的盲目性，在很多情况下不一定反映市场供求的真实状况。旅游业是一个十分敏感的行业，由于某种原因而导致市场上的供求关系发生急剧变化的现象会经常发生，从而造成市场上价格的大起大落，这对于社会经济正常运行和旅游业的稳定发展都是极其不利的。因此，政府对旅游市场价格进行有效的管理，给予正确的引导，是完全必要的。

3．保护广大消费者的利益

由于在旅游经济中，市场主体（旅游企业）并不完全承担他们引发的外部不经济后果，有些企业反而可以从中获利，如果没有政府干预，在激烈的市场竞争中，一些旅游企业往往采取一些不正常的手段牟取暴利，如价格欺骗、宰客和垄断现象，为了维护旅游者的利益，政府有关部门必须对旅游价格进行有效的管理和监督。

二、旅游价格管理的形式

我国政府对旅游市场价格的管理主要有以下 3 种形式。

1．市场调节价

市场调节价是指由旅游经营者自主制定，通过市场竞争形成的价格。对市场调节价的理解应当把握下述几点。

（1）市场调节价是由市场独立主体即旅游经营者制定的　这种独立主体就是市场经济条件下自负盈亏、自主经营的旅游经营者，他们依据生产经营成本和市场供求状况等决定自己经营商品的价格。

（2）市场调节价是由旅游经营者在经营过程中自主制定的价格　所谓自主表现在：①市场调节价，它是旅游经营者按照自己的意志制定和调整的价格；②旅游经营者在制定价格时，主要依据生产经营成本和市场供求状况来决定价格的高低，旅游经营者的定价权力不受任何单位和个人的干涉。

（3）市场调节价是一种竞争性的价格　旅游经营者具有自主的定价权，只是市场调节价发挥作用的必要条件，而不是充分条件。让市场调节价发挥合理配置资源的作用还要求旅游经营者之间有充分的竞争关系。因为旅游经营者有了自主权后，就要寻找一种对自己有利的经营条件，旅游经营者之间将会产生排他性。如果没有竞争，旅游经营者的定价自主权就可能变成垄断权。

（4）市场调节价又是旅游经营者依法制定的价格　旅游经营者虽然是自主制定价格，不受任何单位和个人干涉，但旅游经营者必须是在遵守国家的法律、法规、规章和有关政策的前提下，自主制定价格，不能实施任何违法行为。

2．政府指导价

政府指导价是指由政府价格主管部门或者其他有关部门，按照定价权限和范围规定基准价及其浮动幅度，指导旅游经营者制定的价格。对政府指导价的理解应当把握好以下几点。

（1）政府指导价的定价主体是双重的，即由政府和旅游经营者共同制定价格，其中第一主体是政府，第二主体是旅游产品的生产经营者。

（2）第一定价主体即政府必须按照规定的定价权限和范围，先制定一个基准价及其浮动幅度。

（3）政府指导价格是两个定价主体结合的产物。政府制定一个基准价及其浮动幅度后，旅游经营者可以在这一基准价及其浮动幅度的范围内自主制定价格。

3．政府定价

政府定价是指由政府价格主管部门或者其他有关部门，按照定价权限和范围制定的价格。对政府定价的理解应当把握好下述几点。

（1）定价主体是政府，是单一主体而不是双重主体。

（2）政府定价必须按规定的定价权限和范围进行。

（3）政府对商品和服务直接制定价格，有很大的强制性和相对的稳定性。

一般说来，只有垄断性的、资源稀缺需要保护的、关系社会稳定和公益性行业的价格才需要保留政府定价。上述 3 种价格形式，从国外立法来看，发达的国家一般也都采取这 3 种价格管理形式。

三、政府价格控制的影响

政府价格控制主要有两种方式，即最高限价和最低限价。

1. 最高限价对供求均衡的影响

最高限价对旅游供求均衡的影响要视最高限价与市场均衡价格的关系而定，如果最高限价高于市场均衡价格，则限价对旅游供求的均衡没有影响，生产者剩余和消费者剩余仍可以达到最大；如果最高限价低于市场均衡价格，则限价将导致短缺，从长期看，限价将导致严重的短缺，但是由于旅游需求和旅游供给在短期内较为缺乏弹性，所以此时最高限价所导致的短缺程度将小于限价的长期影响。

2. 最低限价对旅游供求的影响

在我国旅游经济实践中，比较突出的价格控制主要来自于最低限价。

同理，如果政府制定的最低限价高于市场均衡价格，则最低限价不会对总剩余产生影响；如果最低限价低于市场均衡价格，则也将造成短缺。而且同样无法达到总剩余最大化。

3. 最低限价的可行性分析

政府之所以出现有关最低限价的政策或规定，是因为供给市场出现的削价竞争。但是在建立社会主义市场经济体制的宏观导向下，这种出于对削价竞争的遏制的最低限价值得用经济学的基本理论进行深入思考。

（1）制定最低限价的理论基础是要使价格维持在社会平均成本之上，而经济实践告诉我们，市场中的企业各有差别，要想计算出社会平均成本显然是非常困难的，如果无法知道真正的平均成本就来制定最低限价显然是不严谨的，而且即便真能够计算出社会平均成本，以该价格规定市场最低售价则必将起到保护落后、限制先进的作用。因为即便有旅游企业（如饭店）因为自身的成本控制、管理能力、市场能力等方面的优势可以使自身成本低于市场上劣势企业，但由于最低限价限制了优势企业通过价格来体现成本优势，从而无法以这种优势将劣势企业淘汰出局，市场配置资源的效率机制无法发挥作用。

（2）价格竞争是很正常的市场调节供求的配置机制，是对重复建设的自我调整，尽管有学者提出供给"优生比优育更重要"，但关键是究竟哪个是多余的供给而哪个又是必要的供给？如果由政府来判断的话，显然存在出现"寻租"的内在激励，低资源配置效率的潜在可能性也发生了。判断是否多余应该由市场来决定，而这种自我调整的重要方式就是价格竞争。即便是出现了全行业亏损，也总会有些企业生存得比较好，而这些过得比较好的往往是综合素质比较高的企业，也正是这些企业真正构成了目的地旅游经济的基础，这些企业的脱颖而出将对目的地的旅游竞争力产生积极的影响。

（3）由于最低限价出台的经济背景是市场竞争非常激烈，但恰恰是在这种激烈的市场竞争下，旅游企业只要稍微低于政府规定的最低限价就可能显著地改变其市场份额，因此对这种最低限价执行情况的监督非常困难，监督成本可能也会比较高。

（4）政府没有必要对最低价格进行限制，因为最低价格对政府所得税收入可能有影响，但同时可能增加营业税等税收收入。降价对利润的影响是不确定的，对政府的总收益的影响也可能是不确定的。

4．政府治理削价竞争的重点

（1）加大对通过价格竞争导致的垄断的规制。

（2）将解决削价竞争尤其是恶性价格竞争问题的切入点放在产权基础的深入改革上，让旅游企业真正成为理性的市场主体。

四、旅游价格监督检查

旅游价格的监督检查是指县以上各级人民政府价格主管部门及受其委托的组织对相对管理人在执行价格法律、法规、规章和政策时进行的监督检查活动。

1．价格监督检查的主要内容

（1）宣传国家价格法律和政策，保证其贯彻实行。

（2）监督中央和地方各项价格调控措施的贯彻落实，确保价格改革和管理任务的实施。

（3）建立完善的价格监督检查网络，有效地规范价格行为。

（4）加强领导，改进工作，搞好队伍建设。

2．价格监督检查的组织形式

（1）国家监督　国家监督是指各级政府的物价检查机构对价格的监督检查，这是价格监督的主要形式。我国从 1983 年开始建立各级省、市、县物价检查所，它们是物价监督检查的行政执法机关。

（2）社会监督　社会监督是指消费者组织、职工价格监督组织、居民或村民委员会等组织以及消费者、新闻单位等对价格行为进行监督检查。

（3）企业内部监督　企业价格管理机构或人员对本企业实行价格法规政策的情况进行监督。

本 章 小 结

旅游价格是旅游产品价值的货币表现形式。它是旅游产品价值、旅游市场的供求和一个国家或地区的币值三者变化的综合反映。在市场经济中，旅游价格是旅游消费者和旅游经营者之间交换活动能够顺利进行的前提条件。本章分析了旅游价格的概念、特点；在此基础上，对旅游价格进行了分类；研究了旅游定价问题，分析了影响旅游价格的诸多因素，阐述了旅游价格的制定目标和原则；结合旅游业实际，对旅游价格的制定方法和策略进行了探讨；最后对旅游价格管理的作用、形式和监督进行了论述。

思考与练习

一、名词解释

旅游价格　基本旅游价格　成本导向定价法　需求导向定价法　竞争导向定价法
旅游价格策略　心理定价策略　折扣价格策略

二、填空题

1. 按满足旅游者的不同需求，旅游产品价格可分为＿＿＿＿＿＿＿＿和＿＿＿＿＿＿＿＿＿。

2. 基本旅游价格包括：食宿价格、＿＿＿＿＿＿＿＿、游览价格等。

3. 旅游产品的价值决定＿＿＿＿＿＿＿；＿＿＿＿＿＿＿＿＿＿决定需求价格；＿＿＿＿＿＿＿＿决定市场成交价格。

4. 常用的需求导向定价方法有两种，即＿＿＿＿＿＿＿＿＿＿和＿＿＿＿＿＿＿＿＿＿。

5. 旅游产品在推出期的常用定价策略有＿＿＿＿＿＿＿＿＿＿和＿＿＿＿＿＿＿＿两种。

6. 旅游产品在成长期的常用定价策略有＿＿＿＿＿＿＿＿＿＿和＿＿＿＿＿＿＿＿两种。

7. 折扣价格策略包括：＿＿＿＿＿＿＿、＿＿＿＿＿＿＿＿＿＿、＿＿＿＿＿＿＿、同业折扣和佣金。

8. 我国政府对旅游市场价格的管理主要有 3 种形式，即＿＿＿＿＿＿＿、＿＿＿＿＿＿＿＿＿＿＿、＿＿＿＿＿＿＿。

9. 政府价格控制主要有两种方式，即＿＿＿＿＿＿＿＿＿＿和＿＿＿＿＿＿＿＿＿＿＿。

10. 价格监督检查的组织形式有＿＿＿＿＿＿＿＿＿、＿＿＿＿＿＿＿＿＿和企业内部监督。

三、简答题

1. 旅游价格的特点是什么？

2. 从不同的角度划分，旅游价格有哪些分类方法？

3. 简述旅游价格的制定机理。

4. 分析影响旅游价格的因素。

5. 旅游价格的定价目标和制定原则有哪些？

6. 客房、餐饮的定价方法主要有哪几种？

四、论述题

1. 举例说明旅游产品不同生命周期阶段上的定价策略。

2. 在旅游企业的营销活动中，如何正确运用价格解释技巧。

五、案例分析

上海迪士尼门票应走平民路线

从目前已有迪士尼乐园的票价来看，规模越大的迪士尼乐园总门票价格越高。据此推测，上海迪士尼的单日门票价格应该不会低于 350 元。但由于上海迪士尼的规划和细节均未公布，包括年票等在内的各种价格还存在较大变数。

随着上海迪士尼乐园项目的尘埃落定，门票问题又浮出水面，由于门票价格高低直接涉及国内潜在消费者的切身利益，所以，这则消息刚一出现，立即成为社会各界普通关注的话题。不过，上海迪士尼乐园工程还处于初级规划阶段，门票价格多是猜测，有说初步定价 300 元的，也有说票价不会低于 350 元，甚至业内人士预测说票价可能接近 400 元。

就目前全球 5 个国家建立的迪士尼乐园门票价格来看，美国加州迪士尼乐园门票价格折算约 413 港元，佛罗里达州迪士尼乐园门票价格约 466 港元，东京迪士尼乐园门票价格约 385 港元，巴黎迪士尼乐园门票价格约 381 港元，中国香港迪士尼乐园门票价格最低，为 295 港元。这意味着，倘若上海迪士尼乐园票价，果真像人们预测和猜测的那样，定在 300 元以上，就是在沿袭全球迪士尼乐园一直倡导并执行的高消费路线。

《香港商报》此前曾以《香港尴尬上海可为鉴》为题报道说，香港迪士尼"旺丁不旺财"的尴尬值得上海方面好好研究。报道引述香港中文大学财务系副教授苏伟文的话说，美国迪士尼公司所收取的高额特许费被当作经营性开支，正是香港迪士尼项目亏损的根本原因。首先，游客在香港迪士尼的消费中门票仅占 50%，另一半是用于购买纪念品和餐饮，门票占总收入比例大大低于其他迪士尼乐园。根据过去与迪士尼公司的协议，特区政府能分成的是基于门票收益部分。在扣除迪士尼公司的特许费后，香港迪士尼连年赤字，更无从谈给股东分红。其次，迪士尼公司其他的附属经营项目，如迪士尼酒店、收费的迪士尼频道等当时作为一揽子项目引进，而这部分利润也与特区政府无关。

苏伟文认为，香港过去从香港迪士尼乐园项目上"无钱可赚"的尴尬值得上海引以为戒。上海引进迪士尼项目的时候，要看大局，也要追求细节，避免陷入香港迪士尼的困局。

因此，上海迪士尼乐园在票价上，一定要走平民化路线，最起码票价不应超过香港，最好低于 295 港元，这不仅能吸引平民百姓来愉悦地消费，更重要的是，既能符合我国国情，也能有避免重蹈香港迪士尼乐园的覆辙。

（资料来源：http://focus.cnhubei.com/columns/columns4/200911/t856625.shtml，

作者：吴睿鸫，稿源：荆楚网，有改编）

思考： 根据影响旅游产品定价的因素及旅游产品生命周期理论，结合中国国情，你认为上海迪士尼乐园应该采用什么样的定价策略？

评析： 在现有国情下，上海迪士尼乐园应主动放下身段，放弃高消费路线，因地制宜地走平民化消费路线，原因如下。

首先，符合国内民众的消费现实。纵观世界上已建立的 5 个迪士尼乐园的城市选址，几乎是清一色经济较为发达的地区，与中国相比，那里的市民有相对较高的收入、时尚而且前卫的消费习惯。在中国，过高的门票价格，只会让大部分消费者望而却步，没有能力消费得起。

其次，既然上海迪士尼是一个政府投资项目，在某种程度上讲，也算是个准公共产品。作为当地的民众，甚至全国其他地方的消费者，有权利要求这个项目的投资回报。而投资回报的最佳方式，莫过于对这个深受小朋友喜爱的政府投资项目让利，实施低票价策略。如果实施平民化的低票价路线，不仅能减轻公众的经济负担，更为重要的是，能增加游玩者数量，实现旅游收入总量的增长，最终实现多赢。

旅游消费及旅游者效用

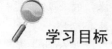
学习目标

1. 了解旅游消费结构的划分及影响因素，价格和收入变化对旅游者均衡的影响。
2. 熟悉旅游消费的含义、性质及特点。
3. 掌握旅游者均衡的条件及能够用序数效用论及基数效用论对旅游消费行为进行分析。

第一节　旅游消费及其性质与特点

一、旅游消费的含义

旅游消费是指人们通过购买旅游产品来满足个人发展和享受需要的行为和活动。对旅游消费的界定，可从狭义和广义两个角度来进行。狭义的旅游消费是指普通的消费者转化为旅游者的过程中发生的各种消费，包括旅游者在旅游的过程中发生的食、住、行、游、购、娱等各项消费。广义上的旅游消费是指为旅游活动的发生和发展而引致的所有消费，广义的旅游消费不仅包括旅游过程中的消费，而且包括旅游前消费和旅游后消费。比如，因为旅游而购买的照相机、摄像机的花费，旅游结束后的冲洗旅游照片的花费等。

二、旅游消费的性质

消费是人类通过消费品满足自身欲望的一种经济行为。从性质上来说，旅游消费属于个人消费范畴，其主要目的是为了满足人们精神享乐和发展的一种高层次的需要。旅游消费的性质具体表现在以下 3 个方面。

1. 旅游消费属于个人消费的范畴

个人消费是为了满足个人生活需要而消费各种物质产品和精神产品，是人们生存和发展的必要条件。旅游消费是旅游者通过消费旅游产品来满足个人需要的消费行为。旅游者是否消费旅游产品，消费什么类型、层次的旅游产品取决于旅游者个人的消费能力、消费习惯、消费意识及消费倾向等因素。随着社会经济的不断发展，旅游已日益成为人们生活中不可缺少的重要组成部分，旅游消费在人们的总消费中也占据了越来越大的比例。

2. 旅游消费属于精神性消费

消费从形态上来说有物质性的消费和精神性的消费，在旅游消费过程中，虽然也有物质产品的消费，如日用品、餐饮产品的消费，纪念品的购买等，但总体上来说旅游者在旅游过程中所消费的大部分产品都属于精神性的。

3. 旅游消费属于高层次消费

个人消费包括满足基本生存需要的消费和满足发展需要的消费两个方面。基本生存需要的消费是维持个人和家庭最低生活需要的生活资料和劳务的消费，是保证劳动力再生产所必需的最低限度的消费；发展需要的消费则是为了提高文化素质、陶冶情操，发展劳动者的智力体力，从而达到劳动力内涵扩大再生产的目的。显然，旅游消费是为了满足人们的基本生存需要之外的较高层次的需要，属于满足发展需要的消费。

三、旅游消费的特点

1. 旅游消费的综合性

由于旅游活动的异地性特点，旅游者只有移动到旅游目的地才能进行旅游活动，这样也就使旅游者的消费发生了整体的移动，包括旅游者的日常基本消费及旅游方面的消费，所以旅游消费具有综合性的特点。我们可以把这种综合性的旅游消费划分成以下几个主要的方面：①旅游吸引物的消费，这方面的消费是旅游的主要目的，虽然旅游者在这方面的消费支出占整个旅游消费支出的比重不大，但这种消费却是其他消费的引子；②对旅游交通、住宿设施、餐饮设施及其他支撑旅游活动正常进行的相关设施的消费，虽然这部分消费不是旅游者出游的目的，但是却会影响旅游行程的顺利与否，影响旅游者的满意度；③购物消费，这方面的消费一方面可以增加目的地的旅游经济效益，而且也会影响旅游者的满意度。

2. 旅游消费的高弹性

旅游消费是在人们基本生存需要得到满足后，而产生的一种较高层次的消费需要。一般来说，人们对于满足生存需要的产品的需求弹性较小，而对于满足发展需要的产品的需求弹性较大，旅游消费总体上来说属于需求弹性较大的消费。产品本身的质量、价格，旅游者的收入水平，客源地及旅游地的社会经济发展水平、风俗习惯，国际政治经济形势，旅游者的年龄、性别、职业、受教育程度、宗教信仰，以及旅游地其他有关的旅游供给方面的因素都直接或间接地影响着旅游消费的数量和质量。

3. 旅游消费的劳务性

旅游消费是一种以劳务为主的消费，这里的劳务即服务。马克思曾指出："服务这个名词，一般地说，不过是指这种劳动所提供的特殊使用价值，但是，这种劳动的特殊使用价值在这里取得了'服务'这个特殊的名称，是因为劳动不是作为物，而是作为活动提供服务的。"⊖由此可见，服务也是产品的一种形式。在旅游活动过程中，旅游者首先会满

⊖《马克思恩格斯全集》第26卷1，第435页。

足基本的生理需求，也就要消费一定数量的物质产品，但总体上，服务消费占主导地位，服务消费贯穿于旅游消费的始终。旅游服务消费主要包括交通消费、导游消费、住宿消费、餐饮消费、文化娱乐消费等。

4. 旅游消费的不可重复性

旅游产品与其他物质产品不同，其使用价值对旅游产品的购买者来说在时间上具有暂时性。这就是说，某个旅游者只在他购买该次旅游产品的时间范围内，他才对该产品具有使用权，而不像其他产品，旅游者在购买后即对其拥有所有权，可以重复使用。一旦旅游活动结束，该旅游者也就失去了对该旅游产品的使用权。对于旅游产品中的服务部分而言，其时间性更强。由此可见，旅游产品的不可储存性和不可转移性决定了旅游消费的不可重复性。

第二节　旅游消费结构

一、旅游消费结构概述

1. 旅游消费结构的概念

旅游消费结构是指旅游者在旅游过程中所消费的各种旅游产品的数量比例关系。旅游消费结构不仅反映了各类旅游产品在旅游消费中所占比例的状况，而且还反映了旅游消费的基本特征，以及旅游消费的水平和质量。

2. 旅游消费结构的划分

旅游消费结构可以从不同的角度进行划分。

（1）按旅游消费内容的重要性划分，旅游消费结构可以分为基本旅游消费和非基本旅游消费

1）基本旅游消费是指旅游过程中所必不可少的那部分消费。它主要包括交通、饮食、住宿、游览4部分。基本旅游消费在每次旅游活动中都会发生，属于经常性的消费，具有相对的稳定性。

2）非基本旅游消费是指并非旅游过程中必不可少的那部分消费。除了基本旅游消费之外的其他消费都属于非基本旅游消费。它主要包括娱乐消费和购物消费。非基本旅游消费并非每次旅游活动都会发生，消费倾向主要取决于旅游者的消费偏好，具有一定的变动性和非稳定性。

（2）按消费形态的不同划分，旅游消费结构可以分为实物消费和劳务消费

1）实物消费是指旅游者在旅游过程中所消费的有形的物质性的产品，如餐饮产品、日用品、旅游纪念品等。

2）劳务消费是指旅游者在旅游过程中所消费的劳务性的产品。劳务消费一般具有无形性和享受性；如酒店服务、导游服务、交通服务及餐饮服务等。

（3）按旅游者的消费内容来划分，旅游消费结构可分为食、住、行、游、购、娱6个部分　这是旅游经济研究中普遍采用的分类方法，也是研究消费结构合理性的主要比较标准。通过分析这6个部分的消费占整个旅游消费的比重，对于客源国家和地

区来说，可以看到本国或本地区旅游者的消费水平及消费倾向；对于目的地国家或地区来说，可以看到一个国家或地区旅游业发展的深度和广度，也可以找出旅游业发展的薄弱环节。

（4）按满足人们消费需求的不同层次划分，旅游消费结构可以分为生存资料消费、享受资料消费和发展资料消费　生存资料消费是满足旅游者在游览过程中基本生理需要的消费，包括旅游者在旅游过程中的食、住、行等方面的消费，也是旅游活动中必不可少的基本旅游消费。享受资料消费是指满足旅游者在旅游过程中对游览、观赏、娱乐等精神享受的消费，是旅游活动的主要内容，也是旅游消费的主体部分。发展资料消费则是满足旅游者在旅游过程中对求知、科考等有关增长知识和促进智力发展的消费，属于高层次旅游消费。在旅游过程中，这3种消费很难严格区分，往往相互交错。一般来说，在满足旅游者生理需要消费的同时又有享受或发展性消费，而生存性消费又是享受和发展性消费的基础和前提。例如，旅游者在消费饭店产品时，既满足了生理需要同时也满足了享受和发展需要。

3. 影响旅游消费结构的因素

可以从两个方面来看影响旅游者消费结构的因素：①旅游者方面的因素；②目的地方面的因素。

（1）旅游者方面的因素

1）旅游者的收入水平。旅游消费是满足人们高层次需求的消费。但有旅游需求未必会变成旅游消费，旅游消费要成为现实，旅游者需要具备很多条件，其中收入是最基本的条件，只有当人们有一定数量的可自由支配的收入时，旅游需求才可能变为现实的旅游消费。旅游收入的高低同时也影响着旅游者在旅游过程中的消费结构，可自由支配的收入水平越高，旅游消费中的非基本旅游消费占的比例越高，反之，基本旅游消费占的比例越高。

2）旅游者的人口统计特征。旅游者的人口统计特征包括性别、年龄、职业、受教育程度、消费心理、消费习惯等，这些因素会对旅游消费的倾向性产生很大的影响，因而影响着旅游消费结构。一般来说，青年游客以游览性消费为主，而在住宿、饮食方面的消费相对较低；老年游客对住宿、餐饮和交通产品的质量要求较高；女性游客在购物方面的消费比较高。

3）旅游的组织方式。按组织方式可以把旅游活动划分为团体旅游和散客旅游。由于旅游者的消费会受到特定购买环境的影响，团体旅游者相对于散客旅游者可能更容易受旅游团其他成员消费行为的影响而产生冲动消费。

（2）旅游目的地方面的因素

1）旅游业发展的水平。一个国家或地区旅游产业是否成熟，旅游产业结构是否完善，直接决定着旅游产品结构和旅游消费结构，旅游产品单一、档次低，必然导致旅游消费水平低，消费结构不合理，也不能满足旅游者的消费需求，所以合理的旅游产业结构和旅游产品结构是旅游消费结构优化和合理化的供给保证。

2）旅游目的地的类型。不同类型的旅游目的地，旅游者的消费结构往往不同。度假型的旅游目的地，旅游者的住宿和娱乐消费比例会高一些，而观光型的旅游目的地，旅游者的交通和游览消费会高一些。

3）旅游产品的质量。高质量的旅游产品往往会吸引旅游消费，而低质量的旅游产品则会导致消费转移，旅游者愿意购买合格的高质量的旅游产品，如果旅游产品组成部分中有一部分质量不好，旅游者就会改变其消费倾向，所以旅游产品的质量是旅游消费结构变化的一个重要因素。

二、我国国内旅游消费及构成

随着我国社会经济的发展，国内居民收入水平的提高，国内旅游业迅猛发展，已经成为国民经济新的增长点，尤其在促进不发达地区脱贫致富方面具有重大意义。从历年国内旅游消费统计看，我国国内旅游人数及消费总额，除个别年份外逐年递增，旅游人数从1994年的5.24亿人次增加到2007年的16.1亿人次；旅游总花费从1994年的1 023.51亿元增加到2007年的7 770.6亿元。同时，也应该看到国内旅游消费水平仍然比较低，2007年人均消费仅仅为482.6元。另外城乡差别仍然很大，见表5-1。2007年，城镇居民国内旅游总花费5 550.4亿元，人均花费906.9元；而农村居民国内旅游总花费2 220.2亿元，人均花费只有222.5元。由此可见，我国城镇居民是国内旅游的主体，出游率高，消费水平高；农村居民国内旅游的市场潜力巨大，尤其是消费水平提高的潜力较大，随着经济的发展和人民收入水平的提高和闲暇时间的增加，再加上消费观念的转变，我国国内旅游将会有较快的发展。

表 5-1　我国 1994～2007 年国内旅游情况统计

年　份	旅游人数/亿人次		旅游总花费/亿元	
	城镇居民	农村居民	城镇居民	农村居民
1994	2.05	3.19	848.21	175.3
1995	2.46	3.83	1 140.1	235.6
1996	2.56	3.83	1 368.36	270.02
1997	2.59	3.85	1 515.1	560.87
1998	2.5	4.45	1 515.1	876.05
1999	2.84	4.35	1 748.23	1 083.69
2000	3.29	4.15	2 235.3	940.28
2001	3.75	4.09	2 651.7	870.7
2002	3.85	4.93	2 848.09	1 030.27
2003	3.51	5.19	2 404.08	1 038.19
2004	4.59	6.43	3 359	1 351.7
2005	4.96	7.16	3 656.1	1 629.7
2006	5.76	8.18	4 414.74	1 815
2007	6.12	9.98	5 550.4	2 220.2

资料来源：《中国贸易外经统计年鉴》

第三节　旅游者效用的边际分析

建立在效用论基础之上的消费者行为理论是微观经济学的重要理论核心之一。消费者行为是指人们为了满足自己的欲望而利用商品效用的一种经济行为。由于资源的"稀缺性"和人类欲望的"无限性"这样一对矛盾的存在，人们就有必要研究如何在"稀缺"条件下进行决策以实现自身效用的最大化。我们可以把微观经济学的效用理论应用到旅游消费行为分析上，用以研究旅游者效用的最大化问题。旅游者效用最大化就是研究旅游者在旅游产品价格和旅游者的时间和收入一定时，如何把有限的收入和时间分配在各种旅游产品和其他产品消费上，以实现其效用的最大化。

消费者在消费商品时所感受到的满足，被称为该商品的效用。满足程度的高低决定了效用的大小。旅游者在旅游市场当中是作为旅游产品的需求一方而存在的，而旅游者之所以对旅游产品有需求，是因为旅游产品可以给旅游者带来某种满足。一种旅游产品对旅游者是否有效用或效用的大小不仅取决于该旅游产品本身所具有的满足旅游者某种欲望的能力，还取决于旅游者对这种旅游产品的欲望或需要程度。所以，效用在很大程度上是旅游者对旅游产品的主观心理评价。因为不同的旅游者对同一种旅游产品的效用评价是不一样的，即使是同一个旅游者，在不同的情况下对同种旅游产品的效用评价也会不一样。

对于效用如何度量的问题，经济学家上先后提出了"基数效用"和"序数效用"的概念。并在此基础上形成了分析消费者行为的两种方法：基数效用论者的边际效用分析方法和序数效用论者的无差异曲线分析方法。他们用不同的方法对消费者的行为进行分析，进而推导消费者的需求曲线，来揭示或证明消费者的需求规律。如果在所消费的产品中有旅游产品的存在，那么普通的消费者的消费行为就转变为旅游者的消费行为。首先我们来看建立在基数效用论基础上的旅游者效用的边际分析。

一、基数效用论者的基本观点

基数效用论者在对消费者的购买行为进行分析的时候提出以下基本观点。

（1）消费者消费商品时可以获得某一种满足，这种满足的程度可以用一个单位（尤特尔）来进行计量，可以用基数来表示，并且可以加总求和 例如，吃一顿午餐可以获得 5 个尤特尔，看一场球赛可以获得 10 个尤特尔，所以如果消费这两种商品总共可以获得 15 个尤特尔。

（2）提出边际效用递减规律 边际效用递减规律是指在一定时间内，在其他商品的消费数量保持不变的条件下，随着消费者对某种商品消费数量的增加，消费者从连续增加的每单位该商品的消费中所获得的效用增量，即边际效用是递减的。边际效用递减规律是人的主观心理规律。

（3）关于货币的效用 基数效用论者认为货币和商品一样，也具有效用，也会给人们带来一定程度的满足，所以普通商品的边际效用递减规律对于货币也同样适用。例如，100元对于富人和穷人的效用是不一样的，穷人对它的效用评价会大于富人对它的效用评价。但在分析消费者用货币去购买普通商品时，基数效用论者假定货币的效用或边际效用是固定不变的。单位货币的效用通常用 λ 来表示。

二、旅游者消费均衡

旅游者消费均衡是指旅游者对商品的购买量处于稳定的状态。如果旅游者在某种情况下不再调整对商品的购买量，也就实现了旅游者的消费均衡。根据经济学的基本假设前提，旅游者是理性的，其行为目的是要追求自身利益最大化的。所以，旅游者消费均衡是研究旅游者如何把有限的收入分配到各种商品的购买中，以获得最大的满足。当旅游者用既定的收入购买商品进行消费时，获得了最大的效用，就不会再调整各种商品的购买数量，旅游者也就实现了消费均衡；如果没有获得最大的效用，就必然会调整各种商品的购买数量，旅游者也就没有达到消费均衡。所以旅游者消费均衡主要研究的是旅游者在既定的收入下，实现净效用最大化的均衡条件。

1. 旅游者购买一种商品时的均衡条件

我们首先分析，如果旅游者用全部收入只购买一种旅游产品 X，那么，当 X 的购买量满足什么条件的时候，旅游者才能实现自身利益的最大化。

（1）总效用与边际效用及其关系　总效用是指旅游者在一定时期内从一定数量旅游产品的消费中所得到的效用量的总和。边际效用是指旅游者在一定时间内增加一单位旅游产品的消费所得到的效用增量。我们可以设定一个总效用函数，用公式表示为

$$TU = U(X) \tag{5-1}$$

式中　TU——总效用；

　　　X——旅游产品的消费量。

相应的边际效用函数为

$$MU = \frac{\Delta TU}{\Delta X} \tag{5-2}$$

当商品的增加量趋于无穷小，即 $\Delta X \to 0$ 时，有：

$$MU = \lim_{\Delta X \to 0} \frac{\Delta TU}{\Delta X} = \frac{\mathrm{d}TU}{\mathrm{d}X} = U^{'}(X) \tag{5-3}$$

从式 5-3 可以看出，边际效用是总效用的绝对变化率，它的几何含义是总效用曲线上切线的斜率。当 $MU>0$ 时，意味着总效用函数（式 5-1）为增函数，在这种情况下，总效用曲线是随着 X 的增加而上升的；当 $MU<0$ 时，意味着总效用函数（式 5-1）为减函数，在这种情况下，总效用曲线是随着 X 的增加而下降的；当 $MU=0$ 时，意味着总效用达到最大值。这种关系见图 5-1。

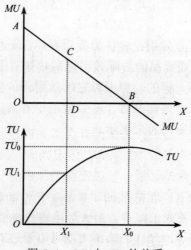

图 5-1　MU 与 TU 的关系

图 5-1 中，MU 线是向右下方倾斜的，它反映了边际效用递减规律。当 X 的消费量小于 X_0 时，由于 $MU>0$ 且是递减的，所以，TU 线随着消费量的增加是以递减的速度上升的；当 X 的消费量大于 X_0 时，由于 $MU<0$，所以 TU 线随着消费量的增加是下降的；当 X 的消费量等于 X_0 时，由于 $MU=0$，所以 TU 达到最大值。

（2）旅游者购买一种旅游产品时的均衡条件　旅游者购买旅游产品时可以获得一定量旅游产品的效用，但同时也必须为此付出货币，失去货币的效用。因此旅游者所追求的是净效用，即：

净效用或净福利=所得旅游产品的效用-所失货币的效用

用 W 表示净效用，所得旅游产品的效用为 $TU=U(X)$。若 X 的价格为 P，则所失货币的效用为 λP_X，即：

$$W=U(X)-\lambda P_X \tag{5-4}$$

旅游者的目标为最大化净效用。

由式 5-4 对 X 求导可得：

$$\frac{\mathrm{d}W}{\mathrm{d}X}=\frac{\mathrm{d}TU}{\mathrm{d}X}-\lambda P$$

当 $\dfrac{\mathrm{d}W}{\mathrm{d}X}=\dfrac{\mathrm{d}TU}{\mathrm{d}X}-\lambda P=0$ 时，即：

$$MU=\lambda P$$

又

$$\frac{\mathrm{d}^2W}{\mathrm{d}X^2}=\frac{\mathrm{d}MU}{\mathrm{d}X}<0$$

所以，当 X 的购买量满足 $MU=\lambda P$ 时，能够获得最大的净效用。

综上分析，旅游者用收入购买一种旅游产品时的均衡条件为

$$MU=\lambda P \tag{5-5}$$

只有当旅游者从最后一单位旅游产品的消费中所获得的效用等于为此所支付的货币的效用的时候，旅游者才能实现净效用的最大化，实现旅游者的消费均衡。否则，旅游者就不能实现净效用的最大化，理性的旅游者就会调整对该旅游产品的购买量。

当 $MU>\lambda P$ 时，意味旅游者从最后一单位旅游产品中所获得的效用大于为此所支付的货币的效用。显然在这种情况下，理性的旅游者会增加该旅游产品的购买量，来提高净效用水平。而随着该旅游产品购买量的增加，MU 是递减的，所以两端趋于相等。

当 $MU<\lambda P$ 时，意味旅游者从最后一单位旅游产品中所获得的效用小于为此所支付的货币的效用。显然在这种情况下，理性的旅游者会减少对该旅游产品的购买量，来提高净效用水平。而随着旅游产品购买量的减少，MU 是递增的，所以两端也要趋于相等。

所以只要式 5-5 两端不相等，理性的旅游者就可以通过对旅游产品购买量的调整来提高净效用水平，而随着净效用水平的提高，会使式 5-5 两端趋于相等。

2. 旅游者以既定的收入购买两种商品时的均衡条件

如果旅游者用既定的收入 M 购买两种商品 X、Y（其中至少有一种商品是旅游产品），其价格分别为 P_X、P_Y，在这种情况下，旅游者应该购买多少 X、Y 才能实现自身利益的最大化？该问题的数学分析如下：

旅游者的目标函数为

$$\text{Max}: \quad TU = U(X, Y) \tag{5-6}$$

面临的预算约束条件为

$$M = XP_x + YP_Y \tag{5-7}$$

这是一个求条件极值的问题，可以构造拉格朗日函数求解。构造的拉格朗日函数为

$$L(X, Y, \lambda) = U(X, Y) + \lambda(M - XP_X - YP_Y) \tag{5-8}$$

就式 5-8 对 X、Y、λ 三个变量分别求偏导数并令偏导数值等于零，得到：

$$\frac{\partial L}{\partial X} = \frac{\partial U}{\partial X} - \lambda P_X = 0 \tag{5-9}$$

$$\frac{\partial L}{\partial Y} = \frac{\partial U}{\partial Y} - \lambda P_Y = 0 \tag{5-10}$$

$$\frac{\partial L}{\partial \lambda} = M - XP_X - YP_Y = 0 \tag{5-11}$$

整理式 5-9、式 5-10 和式 5-11，得到：

$$\begin{cases} \dfrac{MU_X}{P_X} = \dfrac{MU_Y}{P_Y} = \lambda \\ M = XP_X + YP_Y \end{cases} \tag{5-12}$$

式 5-12 为旅游者用既定的收入购买两种商品的均衡条件。

在式 5-12 中的 λ 为货币的边际效用，即

$$\lambda = \frac{dU}{dM}$$

均衡条件 $\dfrac{MU_X}{P_X} = \dfrac{MU_Y}{P_Y} = \lambda$ 表示，旅游者用一单位的货币不论购买 X 商品还是购买 Y 商品，所得到的边际效用都必须等于该单位货币的边际效用时，才能实现自身的效用最大化。

因为，如果在某一组 (X, Y) 之下，$\dfrac{MU_X}{P_X} > \dfrac{MU_Y}{P_Y}$，在这种情况下意味着增加一单位货币购买 X 所引起的效用增加量大于减少一单位货币购买 Y 所引起的效用的减少量。所以，理性的旅游者就会增加 X 的购买量，减少 Y 的购买量。这种调整可以在所花费的收入不变的情况下提高总效用水平。但在边际效用递减规律的作用下，X 增加使得 MU_X 减少，Y 减

少使得 MU_Y 增加，最终使两边趋于相等，而使旅游者消费达到均衡。

同理，如果在某一组（X，Y）之下，$\dfrac{MU_X}{P_X} < \dfrac{MU_Y}{P_Y}$，在这种情况下意味着增加一单位货币购买 Y 所引起的效用增加量大于减少一单位货币购买 X 所引起的效用的减少量。所以，理性的旅游者就会增加 Y 的购买量，减少 X 的购买量。这种调整可以在所花费的收入不变的情况下提高总效用水平。在边际效用递减规律的作用下，Y 增加使得 MU_Y 减少，X 减少使得 MU_X 增加，最终使两边趋于相等，而使旅游者消费达到均衡。

3．旅游者以既定的收入购买 n 种商品时的均衡条件

如果旅游者用既定的收入 M 购买 n 种商品 X_1，X_2，$\cdots$，X_n（其中至少有一种商品是旅游产品），它们的价格既定，分别为 P_1，P_2，$\cdots P_n$。在这种情况下，旅游者实现效用最大化的均衡条件为

$$\begin{cases} \dfrac{MU_1}{P_1} = \dfrac{MU_2}{P_2} = \cdots = \dfrac{MU_n}{P_n} = \lambda \\ M = X_1 P_1 + X_2 P_2 + \cdots + X_n P_n \end{cases} \tag{5-13}$$

该式表示，只有在旅游者用一单位的货币不论购买哪一种商品所得的边际效用必须等于该单位货币的边际效用时，才能实现自身的效用最大化。

第四节　旅游者效用的无差异曲线分析

无差异曲线分析法是建立在序数效用论基础上的消费者行为理论。我们应用该理论来分析旅游者的消费行为。

一、序数效用

序数效用论认为，效用是一种心理现象，无法度量，只能根据旅游者对商品或商品组合的偏好程度排列出第一、第二……的顺序或等级。所以效用的大小与偏好程度排列的顺序有关。偏好在序数效用论当中非常重要，序数效用论者关于偏好提出以下几种假定。

1．完备性

完备性是指对于任何两个商品或商品组合 a、b，消费者总是能够而且也只能做出以下 3 种判断中的一种：①$a>b$，即对 a 的偏好大于对 b 的偏好；②$a<b$，即对 a 的偏好小于对 b 的偏好；③$a=b$，即对 a 的偏好等于对 b 的偏好。如果旅游者对两个商品组合的偏好是相同的，则称这两个商品组合对旅游者来说是无差异的。它们能给旅游者带来同等的效用水平。偏好的完备性是说旅游者总是可以把自己的偏好评价准确地表达出来。

2．传递性

传递性是指对于任何 3 个商品或商品组合 a、b、c，如果旅游者已经做出判断：$a>b$ 且 $b>c$，那么旅游者必须做出 $a>c$ 的判断。偏好的传递性保证了旅游者的偏好是一致的。

3．非饱和性

非饱和性是指如果旅游者对每一商品的消费都处于饱和以前的状态，并且两个商品组合的区别仅仅在于其中一种商品数量的不同，那么旅游者总是偏好于含这种商品数量较多的那个商品组合。或者说，较多数量的商品组合能给旅游者带来更高的效用水平。

二、旅游者消费均衡的分析

应用序数效用论对旅游者均衡的分析所使用的分析工具是无差异曲线和预算约束线。

1．无差异曲线及其特点

为了简化分析，假定旅游者只消费两种商品（其中至少有一种商品是旅游产品）。

无差异曲线是表示能给旅游者带来同等效用水平或满足程度的两种商品不同数量组合的轨迹。无差异曲线又称为等效用线。下面用表 5-2 和图 5-2 来说明无差异曲线及其特点。

假定与无差异曲线相对应的效用函数为：$U_1=U(X, Y)$，X、Y 分别为旅游者购买两种商品的数量，U_1 只表示某一个效用水平。

表 5-2 是某旅游者消费商品 X 和商品 Y 获得同等效用水平的 4 种消费组合表。A 组合、B 组合、C 组合和 D 组合给旅游者带来的效用水平都是 U_1 的效用水平。把这 4 个商品组合绘制在图 5-2 中，就得到一条无差异曲线 U_1。

表 5-2　给旅游者带来同等效用水平的各种消费组合表

商品组合	A	B	C	D
X	1	2	3	4
Y	8	4	2.5	1

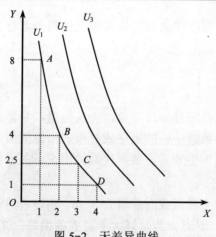

图 5-2　无差异曲线

无差异曲线通常具有以下几个特征。

（1）无差异曲线是连续的，在一个坐标平面内可以做出无数条无差异曲线，离原点越近的无差异曲线代表的效用水平越低；离原点越远的无差异曲线代表的效用水平越高。在图 5-2 中，U_3 的效用水平大于 U_2 的效用水平，U_2 的效用水平大于 U_1 的效用水平。

（2）在同一个坐标平面上的任意两条无差异曲线都不会相交。

（3）无差异曲线是向右下方倾斜，并且是凸向原点的。这就是说，无差异曲线的斜率的绝对值是递减的。这一特征在图 5-2 中表现得很明显。无差异曲线具有凸向原点的特征取决于商品的边际替代递减规律。

2. 预算约束线及其变动

（1）预算约束线 预算约束线又称作预算线或消费可能性边界，是指在收入和商品价格既定的条件下，旅游者所能购买到的两种商品各种最大数量组合的轨迹。

预算线是根据预算方程绘制出来的，那么预算方程如何设定呢？

无差异曲线只描述了不同的商品组合所能给旅游者带来的效用水平，而旅游者所能购买的商品数量要受到自己的收入水平和市场上商品价格的限制，这就是预算约束。

假定旅游者的收入水平为 M，市场上两种商品 X、Y 的价格分别为 P_X、P_Y，且旅游者用全部的收入购买 X 商品和 Y 商品。则旅游者所能购买到的商品组合必须满足下式的要求。

$$M = XP_X + YP_Y \qquad （5\text{-}14）$$

或

$$Y = -\frac{P_X}{P_Y}X + \frac{M}{P_X} \qquad （5\text{-}15）$$

式 5-14 和式 5-15 被称为该旅游者的预算约束方程，它们表示旅游者用于购买 X 商品和 Y 商品的支出之和必须等于既定的收入 M。根据预算方程可以绘制出预算约束线见图 5-3。

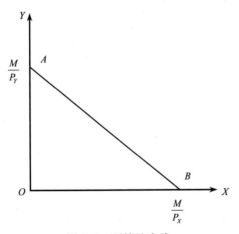

图 5-3 预算约束线

在图 5-3 中，预算约束线上 X 轴上的截距为 $\frac{M}{P_X}$，它表示旅游者用全部的收入所能购买到的 X 商品的最大数量；预算约束线上 Y 轴上的截距为 $\frac{M}{P_Y}$，它表示旅游者用全部的收入所能购买到的 Y 商品的最大数量；若旅游者用全部的收入同时购买 X 商品和 Y 商品，那么，所能购买到的两种商品最大数量的组合只能在预算约束线 AB 上。预算约束线的斜率

的绝对值为 $\dfrac{P_X}{P_Y}$，它表示由市场所决定的 X 商品与 Y 商品的相对价格。

从图 5-3 中我们可以看到，预算约束线 AB 把整个坐标平面划分为预算约束线以外、预算约束线上和预算约束线以内的三个区域。预算约束线以外和以内的区域中的各种组合，要么是旅游者利用全部收入都不可能购买到的商品组合；要么是旅游者的全部收入在购买该商品组合以后还有剩余。只有预算约束线 AB 上的任何一点，才是旅游者把全部预算刚好花完所能购买的商品组合点。所以，我们最终要讨论的能够使旅游者所能购买到的最优的商品组合只能出现在预算约束线上。

（2）预算线的变动　由以上分析可知，当旅游者的收入和两种商品的价格既定时，我们可以得到既定的预算约束线。只要旅游者的收入 M、两种商品的价格 P_X 和 P_Y 这 3 个变量有一个变量发生变化，就会使原有的预算约束线发生变动。

预算约束线的变动可以分为以下 3 种情况。

1）预算线的平移。引起预算线平移的原因有两种。第一种是若两种商品的价格不变，旅游者的收入发生变化；第二种是旅游者的收入不变，而两种商品的价格同比例、同方向变化。这两种情况都会引起预算线的截距发生变化，而预算约束线的斜率不变，所以会引起相应的预算约束线的位置发生平移，见图 5-4a。

2）预算线的转动。这种情况主要是由于旅游者的收入与 Y 商品的价格不变，而 X 商品的价格发生变化时，会引起预算约束线的横截距和斜率发生变化，而预算约束线的纵截距不变，见图 5-4b：当 X 商品的价格 P_X 下降时会引起预算约束线由 A_0B_0 围绕着 A_0 点向右转动，如转动到 A_0B_1。当 X 商品的价格 P_X 上升时会引起预算约束线由 A_0B_0 围绕着 A_0 点向左转动，如转动到 A_0B_2。

同样的道理，在图 5-4c 中，若旅游者的收入与 X 商品的价格不变，当 Y 商品的价格下降时会引起预算约束线由 A_0B_0 围绕着 B_0 点向右转动，如转动到 A_1B_0。当 Y 商品的价格上升时会引起预算约束线由 A_0B_0 围绕着 B_0 点向左转动，如转动到 A_2B_0。

3）若旅游者的收入和两种商品的价格都以同比例、同方向变化时，预算约束线的斜率和截距都不会发生改变，这时预算约束线的位置不发生变化。

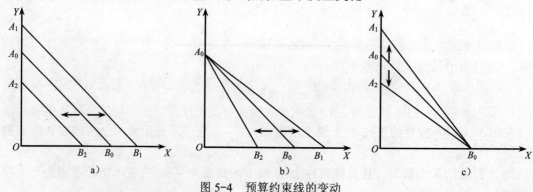

图 5-4　预算约束线的变动

3．无时间约束的旅游者消费均衡

应用序数效用论来分析旅游者的消费均衡，即分析理性的旅游者如何把既定的收入分配到两种商品 X 和 Y 的购买中以实现自身效用的最大化。只有在无差异曲线和预算约束线的切点上，才能使旅游者实现自身效用的最大化。在这个切点上才能使旅游者在收入和两种商品的价格既定的情况下，实现自身效用的最大化，此时，旅游者不再调整这两种商品的购买量，即实现了消费均衡，见图5-5。

若旅游者的收入和两种商品的价格是既定的，可以得到既定的预算约束线 AB。我们又可以以不同的无差异曲线来代表不同的效用水平。而众多的无差异曲线与既定的预算约束线的位置关系是相离、相切或相交。假定有无差异曲线 U_2 与预算约束线相切于 E 点，则 E 点所对应的商品组合对于旅游者来说是最优的消费组合，它能使旅游者在收入 M 和两种商品的价格既定的情况下，实现自身效用的最大化。这是因为，在无差异曲线 U_3 上的各种商品组合（如 F 组合）的效用水平虽然大于无差异曲线 U_2 的效用水平，但它在预算约束线 AB 以外，表示旅游者在既定的收入条件下是无法实现的。又如，无差异曲线 U_1 上的 C 商品组合和 D 商品组合虽然在预算约束线 AB 上，是旅游者在既定收入下能够实现的，但其效用水平是小于 U_2 的效用水平，它们不能使旅游者在收入 M 和两种商品的价格既定的情况下，实现自身效用的最大化，所以它们不是最优的商品组合。而预算约束线以内的商品组合如 G 组合意味着旅游者的收入没有花完，也是不符合条件的。所以只有 E 商品组合点才是最优的商品组合，是旅游者的均衡点。

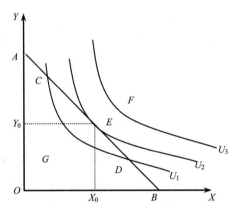

图5-5　无时间约束的旅游者消费均衡

假定与无差异曲线相对应的效用函数为：$U_1 = U(X, Y)$，X、Y 分别为购买两种商品的数量，U_1 只表示某一个效用水平。

在均衡点 E 上，AB 线既是预算约束线，又是无差异曲线的切线。若把 AB 线看成是预算约束线，由其斜率的绝对值为 $\dfrac{P_X}{P_Y}$，若把 AB 线看成是无差异曲线的切线，则其斜率的绝对值为 MRS_{XY}。因此，在均衡点 E 上有

$$MRS_{XY} = \frac{P_X}{P_Y} \qquad (5\text{-}16)$$

式5-16就是旅游者效用最大化的均衡条件。它表示在一定的预算约束下，为了得到最大的满足程度，旅游者应当选择使得两种商品的边际替代率等于这两种商品的价格之比的

商品组合来消费。又因为，MRS_{XY}代表了旅游者对这两种商品效用的主观心理评价，而$\dfrac{P_X}{P_Y}$代表整个市场对这两种商品的客观评价。所以说，只有在旅游者对这两种商品的主观评价与市场的客观评价相一致的时候，旅游者才能在一定的预算约束之下实现最大的效用。否则，旅游者就会对两种商品的购买数量进行调整。

又由于，$MRS_{XY} = \dfrac{MU_X}{MU_Y}$，所以，式 5-16 也可以表示为

$$\frac{MU_X}{MU_Y} = \frac{P_X}{P_Y} \tag{5-17}$$

或

$$\frac{MU_X}{P_X} = \frac{MU_Y}{P_Y} \tag{5-18}$$

式 5-17 与式 5-18 也是旅游者的均衡条件，这一均衡条件显然与基数效用论者的均衡条件式 5-12 是一样的。

4. 有时间约束下旅游者消费均衡

前面我们介绍的旅游者的消费均衡是不考虑时间约束的，而时间是旅游者外出旅游的一个非常重要的约束条件。在没有时间约束时，旅游者消费均衡点是无差异曲线和预算约束线的切点，即图 5-6 中的 E 点。如果我们假设图 5-6 中的 Y 是旅游产品，单位时间的旅游产品的价格是 P_Y. 那么旅游者用全部收入出去旅游的时间是 $\dfrac{M}{P_Y}$，即 Y_0。如果旅游者的闲暇时间大于 Y_0，比如是 Y_1，则旅游者的消费均衡点不变，仍然是在 E 点。但如果旅游者的闲暇时间小于 Y_0，比如是 Y_2，此时旅游者的消费均衡点就有 E 点转变为 D 点。图 5-6 清晰地反映了时间对于旅游消费的决定性影响，在存在时间约束的条件下，即使旅游者的收入水平很高，按照预算可以达到很高的消费效用水平，由于时间的限制只能选择一个效用水平相对比较低的消费组合来消费。另一方面，我们也可以在不改变旅游者收入的情况下，通过闲暇时间制度的改革可以有效地扩大旅游消费。

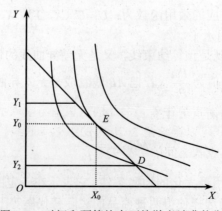

图 5-6 时间和预算约束下旅游者消费均衡

第五节　收入变化和价格变化对旅游者消费均衡的影响

前面旅游者消费均衡的分析是在假定旅游者的收入与商品的市场价格不变的条件下进行，下面将先后考察旅游者收入变化和商品的市场价格变化对旅游者消费均衡的影响，并在此基础上分别推导出旅游者的恩格尔曲线与需求曲线。

一、收入变化

在其他条件不变而仅有旅游者的收入水平发生变化时，会使旅游者效用最大化的均衡点的位置发生移动，并由此可以得到收入—消费曲线。收入—消费曲线是在旅游者的偏好和商品的价格不变的条件下，旅游者的收入水平的变动所引起的旅游者消费均衡点运动的轨迹。以图 5-7a 为例，来具体说明收入—消费曲线的形成。

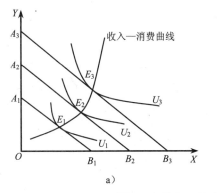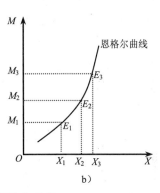

图 5-7　收入—消费曲线与恩格尔曲线

在图 5-7a 中，随着收入水平的不断提高，预算约束线由 A_1B_1 移动到 A_2B_2，再移动到 A_3B_3，于是，形成了 3 个不同收入水平下的旅游者效用最大化的均衡点 E_1、E_2、E_3。如果收入水平的变化是连续的，则可以得到无数个这样的均衡点的轨迹，这便是图 5-7a 中的收入—消费曲线。

图 5-7a 中的收入—消费曲线表示：如果旅游者的收入水平为 M_1 时，相应的预算约束线为 A_1B_1，此时旅游者在 E_1 点达到消费均衡，旅游者对 X 商品的最佳购买量为 X_1；如果旅游者的收入水平为 M_2 时，相应的预算约束线为 A_2B_2，此时旅游者在 E_2 点达到消费均衡，旅游者对 X 商品的最佳购买量为 X_2；如果旅游者的收入水平为 M_3 时，相应的预算约束线为 A_3B_3，此时旅游者在 E_3 点达到消费均衡，旅游者对 X 商品的最佳购买量为 X_3。所以，收入—消费曲线同时也反映了旅游者对 X 商品的购买量与收入水平的对应关系。于是，根据图 5-7a 的收入—消费曲线可以得到图 5-7b 中的恩格尔曲线。恩格尔曲线就是反映旅游者对某种商品的购买量与其收入之间的对应关系。

在图 5-7b 中的 E_1 点与图 5-7a 中的 E_1 点是对应的，它表示当旅游者的收入水平为 M_1 时，旅游者对 X 商品的最佳购买量为 X_1；图 5-7b 中的 E_2 点与图 5-7a 中的 E_2 点是对应的，它表示当旅游者的收入水平为 M_2 时，旅游者对 X 商品的最佳购买量为 X_2；图 5-7b 中的 E_3 点与图 5-7a 中的 E_3 点是对应的，它表示当旅游者的收入水平为 M_3 时，旅游者对 X 商

品的最佳购买量为 X_3。与恩格尔曲线对应的函数关系为 $X_d=f(M)$，其中，M 为收入水平，X_d 为旅游者对 X 商品的需求量或购买量。

既然恩格尔曲线是由收入—消费曲线推导出来的，所以恩格尔曲线的变化特征取决于收入—消费曲线的变化特征。在图 5-7 中，收入—消费曲线是向右上方倾斜的，所以，恩格尔曲线也是向右上方倾斜的，它表示旅游者对 X 商品的购买量与收入水平是同方向变化的。在这种情况下意味着 X 商品对于旅游者来说是一种正常商品。

当然，随着旅游者收入水平的不断提高，某种商品对于旅游者来说可能由正常商品转变为低档商品。比如国内旅游产品，在旅游者收入水平比较低时，国内旅游产品对旅游者来说是一种正常商品，会随着旅游者收入的增加，购买量也不断增加，但当旅游者的收入达到相当高的水平时，旅游者则会减少国内旅游产品的购买，而更多地购买国际旅游产品，此时的收入—消费曲线和恩格尔曲线会呈现向后弯曲的特征，见图 5-8。

在图 5-8 中，当旅游者的收入水平小于 M_2 时，X 为正常旅游产品，旅游者对 X 的购买量与收入 M 呈同方向变动关系，此时的恩格尔曲线是向右上方倾斜的。当旅游者的收入水平大于 M_2 时，X 为低档旅游产品，旅游者对 X 的购买量与收入 M 呈反方向变动关系，此时的恩格尔曲线是左上方倾斜的。

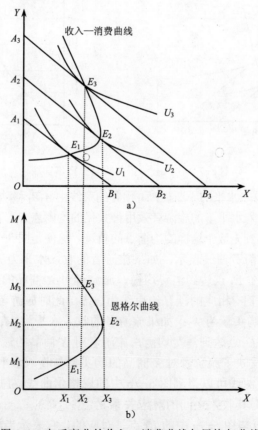

图 5-8 向后弯曲的收入—消费曲线与恩格尔曲线

另外，恩格尔曲线不同的变化特征也表示了旅游者对某种商品需求收入弹性值的不同，当 $E_m>1$ 时，那么这种旅游产品为奢侈品或高档品，其对应的恩格尔曲线见图 5-9a；当

$0<E_m<1$ 时，那么这种旅游产品为必需品，其对应的恩格尔曲线见图 5-9b；当 $E_m<0$ 时，那么这种旅游产品为低档商品，其对应的恩格尔曲线见图 5-9c；当 $E_m=1$ 时，其对应的恩格尔曲线见图 5-9d；当 $E_m=0$ 时，其对应的恩格尔曲线见图 5-9e；当 $E_m=\infty$ 时，其对应的恩格尔曲线见图 5-9f。

由此，我们可以通过观察恩格尔曲线的不同变化特征来判断旅游产品在旅游者整个消费中的地位，如果旅游者对某种旅游产品的恩格尔曲线是图 5-9a，那么这种旅游产品对该旅游者来说则是一种奢侈品；如果旅游者对某种旅游产品的恩格尔曲线是图 5-9b，那么这种旅游产品对该旅游者来说则是一种必需品，说明该旅游者已经把旅游作为生活中必不可少的组成部分了。

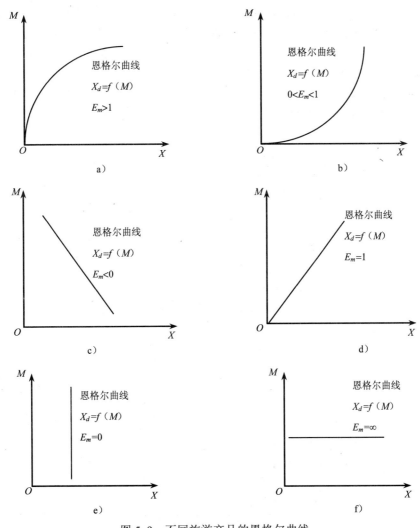

图 5-9　不同旅游产品的恩格尔曲线

二、商品价格变化

在其他条件不变而仅有一种商品的价格发生变化时，会使旅游者效用最大化的均衡点的位置发生移动，并由此可以得到价格—消费曲线。价格—消费曲线是在旅游者的偏好、收入水平和其他商品的价格不变的条件下，一种商品价格的变动所引起的旅游者消费均衡点运动的轨迹。以图 5-10a 为例，来具体说明价格—消费曲线的形成。

在图 5-10a 中，如果旅游者的收入水平和 Y 商品的价格不变时，当 X 商品的初始价格为 P_1 时，相应的预算约束线为 AB_1，此时旅游者的消费均衡点为 E_1，对 X 商品的最佳购买量为 X_1；当 X 商品的价格由 P_1 下降到 P_2 时，相应的预算约束线为 AB_2，此时旅游者的消费均衡点为 E_2，对 X 商品的最佳购买量为 X_2；如果 X 商品的价格继续下降到 P_3，相应的预算约束线为 AB_3，此时旅游者的消费均衡点为 E_3，对 X 商品的最佳购买量为 X_3。这里 E_1、E_2、E_3 点的连线就是价格—消费曲线。它反映了当 X 商品价格变化时旅游者消费均衡点运动的轨迹。

根据图 5-10a 的价格—消费曲线可以得到图 5-10b 中的需求曲线。图 5-10b 中的 E_1、E_2、E_3 与图 5-10a 中的 E_1、E_2、E_3 是一一对应的，它们的连线反映了在其他条件不变的情况下，旅游者对 X 商品的购买量也就是需求量对其价格的对应关系。由于需求曲线是由价格—消费曲线推导出来的，所以，价格—消费曲线的变化特征决定了需求曲线的变化特征。这里需要指出的是，由于当 X 商品的价格变化时，旅游者沿着价格—消费曲线进行各种商品购买量的调整是可以实现效用水平的最大化的，这就意味着旅游者沿着需求曲线根据价格的变化来调整对 X 商品的需求量也是可以实现效用水平的最大化的。

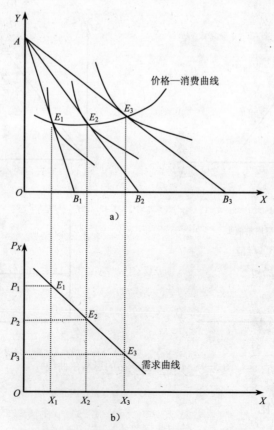

图 5-10　价格—消费曲线与需求曲线

本 章 小 结

　　本章讲述了旅游消费的含义、性质及特点，明确了旅游消费是指人们通过购买旅游产品来满足个人发展和享受需要的行为和活动,并且把旅游消费划分为广义和狭义两个层次；同时对旅游消费的性质和特点进行了分析，指出旅游消费属于个人消费、精神性消费及高层次消费的性质和综合性、高弹性、劳务性及不可重复性的特点。本章对旅游消费结构的分类、影响因素进行了阐述，提出按照不同的划分标准可以划分出不同的旅游消费结构；指出影响旅游消费结构的因素有旅游者方面和旅游目的地方面两大因素。其中旅游者方面的因素包括：旅游者的收入水平、旅游者的人口统计特征及旅游的组织方式；旅游目的地方面的因素包括：旅游业发展的水平、旅游目的地的类型及旅游产品的质量。本章用基数效用论和序数效用论分析了旅游消费行为，指出"只有在旅游者对这两种商品的主观评价与市场的客观评价相一致的时候，旅游者才能在一定的预算约束之下实现最大的效用。否则，旅游者就会对两种商品的购买数量进行调整。"这一旅游者消费均衡的条件。并进一步分析了收入和价格变化对旅游者消费均衡的影响。

思考与练习

一、名词解释

旅游消费　　旅游消费结构　　旅游者消费均衡　　无差异曲线　　预算约束线

二、选择题

1. 旅游消费按消费内容不同可以划分为（　　）。

　　A. 基本旅游消费和非基本旅游消费　　　B. 享受资料和发展资料

　　C. 散客旅游消费和团体旅游消费　　　　D. 探亲访友和商务旅游消费

2. 无差异曲线和预算约束线的切点是（　　）。

　　A. 消费均衡点　　B. 平均效用最大点　C. 总效用最大点　D. 边际效用最大点

三、简答题

1. 怎样理解旅游消费的含义及性质？

2. 旅游消费具有哪些特点？

3. 怎样划分旅游消费结构？

四、论述题

1. 分析时间和预算约束下的旅游者消费均衡。

2. 分析收入和商品价格变化对旅游者消费均衡的影响。

五、计算题

1. 某旅游者到海南旅游，该旅游者可支配的旅游消费支出为 900 元，该旅游者打算在海南逗留几天和购买一部分旅游纪念品。

根据调查并收集资料。已知该旅游者拟购买的旅游纪念品价格为 20 元，每日旅游基本花费为 150 元，该旅游者结合自己的旅游偏好提出了几种与其效用相同的旅游消费组，见表 5-3。

表 5-3 旅游者预期满足程度相同的各种旅游产品组合

组　　合	A	B	C	D
旅游天数/天	5	4	3	2
旅游纪念品/单位	9	15	20	35

那么他如何在购买旅游纪念品和逗留天数之间选择使他感到最大满足的旅游产品组合呢？

2. 消费 X、Y 两种旅游产品的旅游者的效用函数为 $U=X^2Y^2$，两种旅游产品的价格分别为 $P_X=400$，$P_Y=200$，旅游者的收入为 $M=3\,000$，求该旅游者对两种旅游产品 X 和 Y 的需求量。

六、案例分析

旅游发展关键在于产品开发

2005 年 11 月 1 日，中国旅游投资高层论坛在宁波开幕，该论坛就中国旅游业可持续发展、利用民间资本发展旅游和大力发展红色旅游等论题进行了讨论。北京大学中国区域研究中心主任、博士生导师杨开忠认为：

发展是一个满足人的需要的过程。作为人类社会发展的一个方面，旅游发展就是一个以旅游者为导向开发旅游产品，从而比竞争对手更有效地满足旅游者需要的过程。换句话说，旅游发展其实就是一个以旅游者为导向、以比竞争对手更有效为标准的旅游产品的开发、包装和行销的过程，旅游产品在旅游发展中占据了极为重要的位置。

旅游产品是给旅游者带来效用的东西。效用是受消费者心理和行为影响的。在同样的环境下，不同旅游者从旅游过程中得到的效用是不尽相同的。这就意味着，旅游者的旅游行为即旅游活动是旅游产品不可分割的组成部分，完整的旅游产品应该等于旅游环境与旅游活动的综合。因此，旅游发展的关键不仅在于旅游环境，也在于旅游活动。而且，由于环境是支撑活动的，旅游活动在旅游发展中处于中心地位。换句话说，旅游产品是以环境为基础、以活动为中心的。这要求旅游发展管理不仅要重视建筑设计、景观设计与规划、空间设计与规划手段的运用，也要积极吸收和运用心理的、行为的、社会学的理论和方法，从旅游者的心理诉求出发，积极策划、开发、包装和行销各种旅游活动。

（资料来源：http://www.cnnb.com.cn/gb/node2/channel/node13890/node14005/userobject7ai1238187.html）

思考：我国旅游业进一步发展和提高旅游者旅游消费效用之间存在怎样的关系？

评析：为了实现我国旅游业的更快发展，应当重点加强旅游活动开发。旅游活动的开发和经营需要深刻而敏锐地把握旅游者心理与行为特点和变化，想办法提高旅游者的旅游消费效用水平，这就需要对地方的民俗文化具有深入的理解，没有充分的信息与丰富的知识是很难胜任的。因此，要高度重视旅游活动的开发和对旅游经营人才的培养，而且尤其要注意现场服务人员的语言能力、社交能力、沟通技术的提升。

第六章

旅游企业成本与收益分析

学习目标

1. 掌握旅游企业成本的相关概念。
2. 了解旅游成本曲线及其规律。
3. 理解旅游企业各种成本之间的关系。
4. 掌握旅游企业利润最大化的条件。

第一节　旅游企业成本的概念

一、企业成本

企业无论是从事物质产品生产，还是提供服务，都必须投入一定的生产要素（土地、劳动力、资本及企业家才能），其所耗费各种生产要素的货币支出称之为企业成本。

例如，钢铁企业生产钢铁需要购置建设厂房，需要购买铁矿石作为原材料，需要支付炼钢工人的工资，需要投入大量的运转资金，投资者需要获得正常利润，这些都可以算做企业的成本。

企业成本是企业进行经济决策需要考虑的重要因素，企业要取得最大化利润，就必须进行成本与收益的分析。

企业成本的大小取决于两个因素：各种生产要素的价格 P 与产量 Q。

4 种生产要素的价格分别为：地租、工资、利率和正常利润。土地的价格为地租，劳动的价格为工资，资本的价格为利率，企业家才能的价格为正常利润。

产量 Q 则决定了各种生产要素的使用量，Q 越大，则各种生产要素的消耗量越大，总成本越高。

二、旅游企业成本

旅游企业成本是指旅游企业在一定时期内为本企业经营发展而投入的人力、物力、财力，即旅游企业在生产旅游产品时所耗费的各种生产要素的费用总和。

1．短期成本与长期成本

西方经济学上的短期、长期是相对而言的。短期和长期并不是以日历时期的绝对长度来划分的。

短期是指这个期间时间很短，以致在诸种投入要素中至少有一种或若干种投入要素的数量固定不变。例如，对一家已经建成的旅游饭店来说，在短期内，无论接待宾客量如何变化，客房住宿设施不大可能变化，可变的只是投入的劳动力和一次性用品的数量。

长期是指这个期间时间很长，以致所有的投入要素的数量都是可变的。例如，一家已经建成的旅游饭店，规划 30 年以后的接待量和成本，在这 30 年内，饭店可以通过技术改造和扩建，使各种投入要素的投入量都发生所需要的变化。在这种各种投入要素的投入量都是可变的情况下，企业有可能在种种产量水平上选择最优的投入组合。

简单来说，如果所有投入要素都可变，就是长期；至少有一种要素不可变，就是短期。为了简化研究，经济学教科书一般都介绍有两种投入要素的生产，即资本和劳动。如果两种要素的数量都可变，就是长期生产过程，所对应的成本就是长期成本；如果资本数量不可变，只有劳动的数量可变（之所以不是反过来，是因为在现实中，劳动的数量比资本的数量更容易变化），就是短期生产，所对应的成本就是短期成本。

当然，短期成本与长期成本只是理论上的一种抽象。对于不同的行业，长期和短期的具体时间段的长短是不一样的。比如对于餐饮企业来说，一两年就算长期了，但对于住宿企业来说，可能 5 年还是短期。

2．固定成本与可变成本

在短期内，由于旅游企业投入的某些生产要素是固定的，而另外一些生产要素则随着企业的产量的变化而发生变化，因此，可以将旅游企业的成本分为固定成本和可变成本。

固定成本又称为不变成本，是指在短期内，随着产量变化不随之发生变化的生产要素支出。它包括旅游企业用于建造、购置或租赁建筑物、旅游设施、办公用品、交通工具等所花费的那一部分生产成本。随着旅游企业生产经营活动的进行，这部分成本的价值逐渐转移到产品中去，随着产品的销售，转移的这部分价值得到实现并以折旧费的形式存留下来。

可变成本也称为变动成本，是指在短期内，随着产量变化而发生相应变化的生产要素支出。它包括旅游企业用来购置原材料、燃料、配料、辅助材料、劳动力的生产成本及其用于经营管理的那一部分生产成本。这部分成本的价值在生产经营活动中一次转移到产品中去，随着产品的销售全部实现并以货币的形式收回。

各旅游企业固定成本与可变成本在总成本中所占的比重不同，其价格策略也有所不同。当总成本相等时，由于旅游酒店和旅游景区的经营活动主要依靠建筑物和

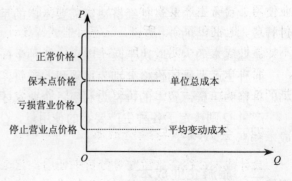

图 6-1　旅游价格与成本图

各类设施等，因而其固定成本在总成本中所占比重较大，变动成本所占比重较小，因此，其停止营业点较低。而旅行社、餐馆和旅游商店的固定成本较少，可变成本在总成本所占的比重较大，因此，其停止营业点较高，见图 6-1。

（1）当销售价格高于单位总成本（固定成本加变动成本），称为正常价格。

（2）当销售价格等于单位总成本时，称为保本点价格。

（3）当销售价格高于平均变动成本时，虽然处于亏损状态，但旅游经营者还可以继续经营，以便收回一部分已经支出的固定成本，称为亏损营业价格。

（4）当销售价格等于平均变动成本时，这时边际利润为零，饭店经营者必须停止经营，称为客房停止营业点价格。

三、显性成本与隐性成本

1．显性成本

显性成本是指旅游企业会计账目上作为成本项目记入账上的各种支出费用，是旅游企业购买或租用生产要素的实际支出。因为这些成本实际支出并在账目上一目了然，所以称为显性成本。

显性成本包括旅游企业支付给员工的工资，购买原材料所支出的资金，租借土地、厂房的租金，银行贷款的利息等。例如，某饭店雇佣了一定数量的服务人员，从银行取得了一定数量的贷款，并租了一定数量的土地，为此，这个饭店就需要向服务人员支付工资，向银行支付利息，向土地出租者支付地租，这些支出便构成了该饭店的显性成本。

2．隐性成本

隐性成本是指旅游企业自己拥有的而且被用于该企业生产过程的那些生产要素的总价格。这种费用本来应该支付，但并没有实际支出，因此也就不反映在账目上。这种实际存在而并没有反映在账目上的支出费用就称为隐性成本。

隐性成本包括自有资金的利息、使用自有资源（自有原材料、自有地、厂房）、经营者自身管理才能的报酬工资 3 部分。例如，为了进行生产，一家饭店除了雇佣一定数量的服务人员、从银行取得一定金额的贷款和租用一定数量的土地之外（这些均属于显性成本支出），还动用了一部分自己的资金和建筑物，并亲自管理企业。既然从银行贷款需付利息，租用了他人的厂房需付房租，聘用他人来管理企业需付薪金，那么，同样道理，当旅游企业使用了自有生产要素时，也应该得到报酬。所不同的是，现在旅游企业是自己向自己支付利息、地租和薪金。所以，这笔价值就应该计入成本之中。由于这笔成本没有实际支出，不如显性成本那么明显，所以被称为隐性成本。

简单来说，显性成本是旅游企业购买所需投入物的实际支出，隐性成本是旅游企业在生产过程或经营活动中所使用的自己所拥有的投入物的价值。

四、会计成本与经济成本

会计成本往往在旅游财务分析中使用，它是旅游企业在生产经营过程中按照市场价格直接支付的一切费用，是已经发生的成本，这些成本会在会计账目中反映出来。会计成本是显性成本，它可以用货币计量，是可以在会计的账目上反映出来的。

　　经济成本是显性成本与隐性成本二者之和。因而经济成本是一个比会计成本含义更广泛、内容更丰富的概念。可以毫不夸张地说，经济成本几乎涉及了旅游企业所有的经营内容和领域。经济成本是旅游企业运作过程中的全部成本，有些经济成本项目我们没有认识到，也有些经济成本项目我们虽然也知道它的存在，但却没有把其当做独立的成本项目来进行分析，如组织成本、机会成本、自有资金利息、自有厂房租金等。

　　既然经济成本比会计成本含义更广泛、内容更丰富，因此我们在进行决策时必须既要考虑到会计成本，更要考虑到经济成本。只有在显性成本和隐性成本的管理上都取得了成本优势，旅游企业才能在总成本上取得优势，才能在激烈竞争中独占鳌头。

五、机会成本

　　西方经济学研究的是一个经济社会如何对稀缺的经济资源进行合理配置的问题。从经济学中资源稀缺性这一前提出发，当一个社会或一个企业用一定的经济资源生产一定数量的一种或几种产品时，这些经济资源就不能同时被用在其他的生产用途上。这就是说，这个社会或这个企业所获得的一定数量的产品收入，是以放弃用同样的经济资源来生产其他产品时所能获得的收入作为代价的。由此便产生了机会成本的概念。

　　例如，你有一天的空闲时间（有限的资源），可用于去郊外爬山或读一本书，为了得到爬一次山的享受就必须放弃读一本书的乐趣。那么爬山的机会成本为放弃读一本书所能获得的乐趣及知识。

　　一家饭店的建筑面积是稀缺的，在这个前提下，增加豪华套间的供给量，就必然会减少其他套间的供给量。如果一家饭店只有套间和标准间，它的房只能在生产套间和标准间之间进行选择，那么，一旦某一间房间用做了套间，就必然丧失了标准间的潜在收益，这部分潜在收益就是改造这间房间作为套间的机会成本。

　　综上所述，机会成本是指生产要素用于某种特定的用途时，所放弃的在其他用途中所能得到的最大收益。

　　我们在理解机会成本这一概念时要注意 3 个问题。

　　第一，机会成本是作出一种选择时所放弃的其他若干种可能的选择中最好的一种。例如，某旅行社在旅游旺季时，只剩下一位导游可以带团，这时，有 3 个旅游团队都想参加这家旅行社的旅游行程：第一个旅游团队是从外地到本地来需要地接社；第二个是一个本地想出国旅游的出境团；第三个是本地往外省旅游的团队。接受第一个团可以赚取 2 000 元，接受第二个团可以赚取 10 000 元，接受第三个团可以获利 5 000 元。假如选择了接受出境团的业务，此时所放弃的选择有地接团、外省游两种，这两种中最好的一种业务是外省团，所以此时的机会成本是 5 000 元。如果选择出境团的业务后由于出现意外，只赚取了 3 000 元，那就相当于选择出境团这个业务失去了赚取 5 000 元的机会，本来可以赚取 5 000 元，却只赚取了 3 000 元，相当于亏了 2 000 元。因此，机会成本只是观念上的成本，并没有实际支出。

　　第二，机会成本不同于实际成本，它不是作出某项决策时实际支付的费用或损失，而是一种观念上的成本或损失。例如上例中，选择了出境团这项业务时的机会成本是外省团能赚取的利润，也就是 5 000 元。但是这不是说为了获利 10 000 元必须支出 5 000 元，或实际损失了 5 000 元，这 5 000 元仅仅是观念上的损失。

第三，机会成本并不全是由个人选择所引起的，其他人的选择也可能会带来机会成本，你的选择也会给其他人带来机会成本。例如，当你在夜晚享受寂静的夜晚引吭高歌时，你所放弃的享受宁静就是唱歌的机会成本，这时，你还会使别人得不到宁静。别人放弃宁静唱歌就是别人给你带来的机会成本。当然，我们一般在从个人的角度作出某项投资或其他决策时，所考虑的主要是自己的机会成本。

机会成本并不是旅游企业生产活动中的实际货币支出，而只是一种观念上的成本或者损失。但对旅游企业经营与决策是十分重要的。经济学分析中，通常运用机会成本来判断一种生产资源的使用是否合理，即如果它的实际收益大于或者等于机会成本时，就表明资源的配置达到最优化的状态。

任何稀缺的资源的使用，不论在实际中是否为之而支付代价，总会形成"机会成本"，即为了这种使用所牺牲掉的其他使用能够带来的益处。通过对相同的经济资源在不同的生产用途中所得到的不同收入的比较，将使得经济资源从所得收入相对低的生产用途上转移到所得收入相对高的生产用途上，或者说使得经济资源从生产效率低的用途上转移到生产效率高的用途上，否则便是一种浪费。

在我们作出任何决策时，都要使收益大于或至少等于机会成本。如果机会成本大于收益，则这项决策从经济的观点来看就是不合理的。这就是说，在作出某项决策时，不能只考虑实际获利的大小，还要考虑机会成本，这样，才能使投资最优化。

六、沉没成本

在经济学和商业决策过程中常常需要用到"沉没成本"的概念。假如一笔已经支出的开支，如时间、金钱、精力等，无论做出何种选择都不能收回，这种支出的成本就叫沉没成本。

例如，某游客买了一张景区门票，已经付了票款且假设不能退票。此时进与不进景区都是一样，这笔票款都收不回来，门票的价钱可以当做沉没成本。假如买票后听其他游客都说不值得看，完全是浪费时间，此时有两种可能的情况：觉得既然花了钱，那就忍受进去游览；不进去游览，而去做别的更重要的事情。

实际上，两种情况下票款均已支出，无论游客是否进去参观，票款都不能收回，所以不应该考虑票款这件事情。这名游客当前的决定应该是把票款抛诸脑后，不是考虑他为购买门票付了多少钱，而只是考虑如何度过剩下的时间：进景区参观糟糕的景点还是去做其他的事。

当然有时候沉没成本只是价格的一部分。例如，某旅行社买了一辆中巴，用了一段时间觉得没什么用处，但这辆中巴还可以当做二手车卖出去，此时原价和这辆中巴的二手价的中间差价就是沉没成本。沉没成本随时间延长而改变，因为折旧，留着那辆中巴时间越长，一般来说它的卖出价会越低，因此，沉没成本会随时间增长而增加。

大多数经济学家们认为，如果消费是理性的，做决策时仅需要考虑可变成本，而不用考虑沉没成本。

七、边际成本

边际分析法在经济学中运用极为广泛，边际这个概念和边际分析法的提出被认为是经济学方法的一次革命。在经济学中，边际分析法的提出为我们正确作出决策提供了一个有用的工具。

说起"边际"这个词，很多人觉得有点神秘。实际上，人们在作大多数决策时会有意无意地考虑到边际的替换，经济学家却把这个问题提了出来。正如机会成本和沉没成本一样，边际分析是使经济学家得以有系统地考虑各种可代替选择的成本的关键性概念之一。

假如某位游客正在考虑周末去滑雪，他有三天的假期，交通费 200 元，旅馆房间一晚 100 元，滑雪票一天 85 元，食品的价格和在家时一样，其他的消费他都不感兴趣。他现在要决定是去两天还是三天。如何比较呢？第三天的边际成本：房间费加滑雪票为 185 元，交通费不增加，餐饮费用即使回家也要支出，因此不予考虑。他需要把边际成本 185 元和因多玩一天所增加的快乐加以比较。

"边际"这个词可以理解为"增加的"的意思，"边际量"也就是"增量"的意思。边际成本是指企业增加一单位的产量所增加的成本。

例如，从甲地开往乙地的长途车即将出发。无论哪个公司的车，票价均为 50 元。一个匆匆赶来的乘客见一家国营公司的车上尚有空位，讨价还价欲以 40 元上车，被拒绝了。他又找到下一辆也有空位的私人公司的长途车，售票员二话没说，收了 30 元允许他上车了。哪家公司的行为更理性呢？乍一看，私人汽车公司允许这名乘客用 30 元享受 50 元的运输服务，当然亏了。但如果用边际分析法分析，私人公司的确比国营公司显得高明。

当考虑是否让这名乘客以 30 元的票价上车时，实际上应该考虑的是边际成本和边际收益的大小。边际成本是增加一名乘客（自变量）所增加的收入（因变量）。在我们这个例子中，增加这一名乘客，所需磨损的汽车、汽油费、工作人员工资和过路费等都无需增加太多，对汽车来说多拉一个人少拉一个人都差不多，假设这些值 5 元，边际成本也就是 5 元。边际收益是增加一名乘客（自变量）所增加的收入（因变量）30 元。

在根据边际分析法作出决策时，就是要对比边际成本与边际收益。如果边际收益大于边际成本，即增加这一名乘客所增加的收入大于所增加的成本，让这名乘客上车就是合适的，这是理性决策。如果边际收益小于边际成本，让这名乘客上车就要亏损，是非理性决策。

在上例中，私人公司的售票员让这名乘客上车是理性的，边际收益比边际成本高出 25 元，实际上是有利可图的。无论那名售票员是否懂得边际的概念与边际分析法，他实际上是按边际收益大于边际成本这一原则作出决策的。

八、社会成本

社会成本是从社会角度来看待的旅游成本。旅游企业的社会成本是旅游企业经营过程中给整个社会带来的各种不利影响。旅游企业社会成本涉及范围较广，既有对旅游生态环境的影响，也有由此带来的文化、道德方面的冲击，还可能带来对原有社会经济结构不利的影响。

绝大多数旅游景区的经营者主要关心的是短期的经济效益，而旅游区内的空气、森林、河流、大地等大部分资源都是具有公有性质的环境财富，旅游经营者的经营活动将导致这些资源的不断耗竭与生态环境的恶化。例如，漂流活动的开展使下游河流水质下降，垃圾污染、噪声污染极大地影响了当地居民的身体健康。

旅游业会带来社会冲击。大量的旅游者涌入后，势必与当地居民争夺有限的生活空间，致使交通、商店、公共娱乐场所变得拥挤不堪，给当地居民的工作和生活带来诸多的不便。在物质供应一定的情况下，会加剧旅游地物质供应紧张，推动物价上涨，使当地居民产生一些厌恶情绪。

旅游还会对旅游区原住民的文化道德产生一些不良影响，马西森（Mathieson）和沃尔（Wall）在 1982 年的研究表明，旅游活动的开展使犯罪率增加，特别是偷盗现象增加。闲逸、奢侈品消费、时髦的穿着都使旅游地的原住民心驰神往，使他们无心日常劳作。旅游地居民为便于交流而学习旅游者的语言，使当地方言因旅游而被腐蚀。很多旅游地的原有艺术品失去其传统的手工艺艺术形式，退化为能批量生产的简单的工艺品。

由上可以看出，旅游企业的社会成本虽然没有显现为直接的货币支出，却确实存在。

第二节　旅游成本曲线

一、旅游成本函数

旅游成本是生产旅游产品过程中所使用的各种生产要素的货币支出，它的大小取决于两个因素：产量及各生产要素的价格。

用 C 表示成本，P 表示投入的生产要素的价格，Q 表示产量，则成本可以表示为

$$C=f(Q,P)$$

按照西方经济学的研究，在短期内，生产者可以调整的生产要素有两种，一是劳动投入量 L，二是资本投入量 K，而在更短期内，资本投入量是固定的，此时产量 Q 由生产函数决定，即：

$$Q=f(L,\overline{K})$$

在短期内，各种生产要素的价格是一定的，则成本函数为

$$C=f(L,\overline{K})$$

从旅游成本函数中可以看出，成本既是产量的函数，又是生产要素投入量的函数。在生产过程中，旅游企业要增加产量就必须增加生产要素投入量，成本就要增加。

例如，餐饮企业要增加产量，就必须增加餐厅和厨房面积，增加炉灶，增加原材料，增加员工，增加桌椅等。这些都会使餐饮企业成本增加。

二、旅游短期成本曲线

西方经济学中所说的短期是指旅游企业不能根据它所要达到的产量来调整其全部生产要素的时期，具体来说，在短期内，它只能调整投入的原材料以及工人数量，而不能调整建筑物、设备、技术等要素。

1．短期成本

短期总成本是短期内生产一定产品所需要的成本总和，简称为 STC。由于短期内生产要素的投入可分为固定投入和变动投入，相应地，短期总成本分为固定成本和可变成本两部分。这两种成本对业务量变动呈现出不同的特征。

（1）固定成本是企业购买固定生产要素的费用　由于固定生产要素的数量在短期内不随产量的变动而变动，因此固定成本总额不变。

（2）可变成本是企业用于购买可变生产要素的费用　由于可变生产要素的数量随着产量的变动而变动，是产量的函数，因此可变成本总额随着产量的增加而增加。

用 TFC 和 TVC 分别代表固定成本和可变成本总额，则短期总成本又可表示为

$$STC=TFC+TVC$$

2．短期成本曲线

短期总成本（STC）、固定成本（TFC）、可变成本（TVC）的曲线见图 6-2。

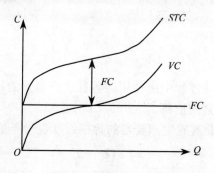

图 6-2　短期成本曲线

图 6-2 表达的短期成本规律主要有以下几点。

（1）固定成本与业务量的变化无关　在规模允许的范围内，当业务量发生变动时，固定成本总额不变。即使业务量为零，固定成本也存在，表现为在纵轴上的截距。

（2）可变成本与业务量呈正相关关系　当业务量为零时，可变成本总额为零。当业务量发生变动时，可变成本总额随着产量的变动而变动，变动关系为正相关。

（3）短期总成本是固定成本和可变成本之和　短期总成本在纵轴上有一截距，长期总成本曲线的斜率与短期可变成本曲线的斜率相同，即短期总成本的变动规律与可变成本的变动规律相同。短期总成本曲线与可变成本曲线间的距离等于固定成本。

三、旅游长期成本曲线

由于旅游企业的经营在一般情况下都属于持续经营，因此，在分析了短期成本之后，还要对长期成本的变动规律进行研究。对长期成本的分析，也像短期成本分析一样，需要对长期中的总成本、平均成本及其相互关系进行分析。

1．长期总成本

长期总成本用 LTC 表示。在长期，旅游企业可以对全部生产要素的投入量进行调整，改变企业的生产规模。

旅游企业在作这种调整时，总是在一定的产量水平上选择最优的生产规模进行生产。长期总成本就是企业长期内在各种产量水平上通过改变生产规模所能达到的最低总成本。

与长期总成本对应的是长期总成本函数，用公式表示为

$$LTC=f（Q）$$

2．长期总成本曲线

根据上面对长期总成本的规定，可以通过短期总成本曲线推导出长期总成本曲线，见图6-3。

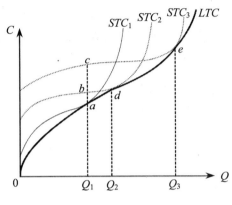

图6-3　长期总成本曲线

如图所示，假定企业有 3 条短期成本曲线 STC_1、STC_2 和 STC_3 分别代表不同的生产规模，3 条短期总成本曲线在纵轴上都有一个截距，由于短期总成本的纵向截距表示相应的总固定成本（TFC）的数量，而总固定成本的大小（如建筑物、设备等）往往表示规模的大小，固定成本越大，则规模越大。因此，STC_1 表示生产规模最小，STC_3 表示生产规模最大。

假如企业的产量为 Q_1，此时，收益是固定的，而企业要使利润最大化，就只能是尽量降低成本。那么，企业应该如何选择生产要素的投入以使总成本最低呢？从图上来看，当产量为 Q_1 时，可以选择的生产曲线有 3 条，而每一条曲线上产量为 Q_1 时的成本是不同的，a 点的成本最低，c 点的成本最高。毫无疑问，企业会选择在 a 点进行生产。

同理，企业会选择在 d 点生产 Q_2 的产量，在 e 点生产 Q_3 的产量。

假定有无数条短期总成本曲线，企业可以在任何一个产量水平上，找到相应的最优生产规模的点，把总成本降到最低水平，这些点的轨迹就形成了长期总成本 LTC 曲线。很显然，长期总成本曲线就是无数条短期总成本曲线的包络线。长期总成本曲线表示出长期总成本是旅游企业在每一产量水平上由最优生产规模所带来的最小生产总成本。

从图6-3 中可以看出，总成本曲线所表达的长期成本具有以下变化规律。

（1）产量为零时，总成本为零。

（2）随着产量增加，总成本增加。

（3）在开始时，由于产量低，投入的生产要素没有被充分利用，成本增加的速度大于产量增加的速度。

（4）当产量增加到一定程度后，生产要素被充分利用形成规模经济效益，这时成本增加的速度小于产量增加的速度。

（5）随着产量进一步增加，生产规模更加扩大，规模收益递减规律发生作用，又引起成本的增加速度大于产量的增加速度。

第三节　旅游企业各种成本之间的关系

在这一节中，我们只分析各种短期成本之间的相互关系。

一、平均总成本（SAC）、平均固定成本（AFC）、平均可变成本（AVC）

平均固定成本的计算公式为

$$AFC = \frac{TFC}{Q}$$

平均可变成本的计算公式为

$$AVC = \frac{TVC}{Q}$$

平均总成本的计算公式为

$$SAC = \frac{STC}{Q} = \frac{TFC + TVC}{Q} = AFC + AVC$$

从上述公式可以看出，平均固定成本随着产量的增加而减少，这是因为固定成本总量不变，产量增加，分摊到每一单位上的固定成本也就减少了。它变动的规律是起初减少的幅度很大，以后减少的幅度越来越小。

平均可变成本变动的规律是，起初随着产量的增加，生产要素的效率逐渐得到发挥，因此平均可变成本减少；但产量增加到一定程度后，平均可变成本由于边际收益递减规律而增加。

短期平均成本的变动规律是由平均固定成本与平均可变成本决定的。当产量增加时，平均固定成本迅速下降，加之平均可变成本也在下降，因此短期平均成本迅速下降。以后，随着平均固定成本越来越小，它在平均成本中也越来越不重要，这时平均成本随平均可变成本的变动而变动，即随产量的增加而下降，产量增加到一定程度之后，又随着产量的增加而增加。

平均固定成本、平均可变成本与短期平均成本的变动规律和关系，可以用图 6-4 来说明。

在图 6-4 中，AFC 为平均固定成本曲线，它起先比较陡峭，说明在产量开始增加时，它下降的幅度很大，以后越来越平坦，说明随着产量的增加，它下降的幅度越来越小。AVC 为平均可变成本曲线，它起先下降而后上升，成 "U" 形，表明随着产量增加先下降而后上升的变动规律。SAC 为短期平均曲线，它也是先下降而后

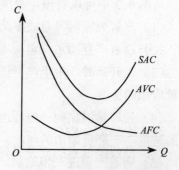

图 6-4　平均成本变动规律

上升的 "U" 形曲线。表明随着产量增加先下降而后上升的变动规律，但它开始时比平均

可变成本曲线陡峭，说明下降的幅度比平均可变成本大，以后的形状与平均可变成本曲线基本相同，说明变动规律类似平均可变成本。

二、边际成本、平均成本、平均可变成本

短期边际成本，即增加一单位产品产量所增加的成本。短期边际成本的变动取决于可变成本，因为所增加的成本只是可变成本。

它的变动规律是：开始时，边际成本随产量的增加而减少，当产量增加到一定程度时，边际成本就随产量的增加而增加。因此，短期边际成本曲线 SMC 见图 6-5，是一条先下降而后上升的"U"形曲线。

可以用图 6-5 来说明短期边际成本、短期平均成本与短期平均可变成本之间的关系。

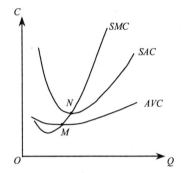

图 6-5 边际成本与平均成本的关系

1. 短期边际成本与平均成本的关系

从图 6-5 中可以看出，短期边际成本曲线 SMC 与短期平均成本曲线 SAC 相交于 SAC 的最低点 N。在 N 点上，$SMC = SAC$，即短期边际成本等于短期平均成本。

在 N 点左边，SAC 在 SMC 之上，SAC 一直递减，$SMC < SAC$，即短期边际成本小于短期平均成本。

在 N 点右边，SAC 在 SMC 之下，SAC 一直递增，$SMC > SAC$，即短期边际成本大于短期平均成本。

我们可以用数学方法证明这一结论。

SAC 曲线最低点的必要条件为

$$\frac{\mathrm{d}(SAC)}{\mathrm{d}Q} = 0$$

$$\frac{\mathrm{d}}{\mathrm{d}Q}(\frac{STC}{Q}) = 0$$

$$\frac{1}{Q^2}[Q\frac{\mathrm{d}(STC)}{\mathrm{d}Q} - STC\frac{\mathrm{d}Q}{\mathrm{d}Q}] = 0$$

由于 $Q^2 \neq 0$，所以 $Q\dfrac{\mathrm{d}(STC)}{\mathrm{d}Q} - STC\dfrac{\mathrm{d}Q}{\mathrm{d}Q} = 0$

$$\frac{\mathrm{d}(STC)}{\mathrm{d}Q} = \frac{STC}{Q}$$

也就是 $SMC = SAC$

SAC 曲线最低点的充分条件是：当产量 Q 小于对应于 SAC 最小点的 Q 的产量时，

$$\frac{\mathrm{d}(SAC)}{\mathrm{d}Q} < 0$$

而且当产量 Q 大于对应于 SAC 最小点的 Q 的产量时，$\dfrac{\mathrm{d}\,(SAC)}{\mathrm{d}Q} > 0$

因此，当产量 Q 小于对应于 SAC 最小点的 Q 的产量时，$SMC < SAC$；当产量 Q 大于对应于 SAC 最小点的 Q 的产量时，$SMC > SAC$。

由此，SMC 必然与 SAC 相交于 SAC 的最低点。

在 N 点，由于在完全竞争市场上，商品的价格 $P = SMC$，因此 $P = SMC = SAC$，两边乘以产量 Q 以后，可以得到 $PQ = SACQ$，即 $TR=TC$，总收益与总成本相等，因此，N 点又被称为收支平衡点。

2. 短期边际成本与平均可变成本的关系

类似于短期边际成本与平均成本的关系，短期边际成本曲线 SMC 与平均可变成本曲线 AVC 相交于 AVC 的最低点 M。在 M 点上，$SMC = AVC$，即短期边际成本等于平均可变成本。

在 M 点左边，AVC 在 SMC 之上，AVC 一直递减，$SMC < AVC$，即短期边际成本小于平均可变成本。

在 M 点右边，AVC 在 SMC 之下，AVC 一直递增，$SMC > AVC$，即短期边际成本大于平均可变成本。

在 M 点，$P = SMC = SAC$，可以得到 $PQ = AVCQ$，即 $TR = TVC$，此时，总收益与可变成本相等，固定成本则完全不能弥补回来，因此，M 点又被称为停止营业点。

第四节　旅游企业收益与利润最大化分析

任何企业进行生产经营的最终目的是实现利润最大化。要得到利润最大化，必须满足一定的条件，这就要在对成本分析之后，再进行收益分析。

一、旅游企业收益的概念

旅游企业收益就是旅游企业的销售收入。

收益可以分为总收益（TR）、平均收益（AR）和边际收益（MR）。

总收益是指旅游企业按一定价格出售一定量产品时所获得的全部收入。以 P 表示既定的市场价格，以 Q 表示销售总量，总收益的定义公式为

$$TR = PQ$$

平均收益是指旅游企业在平均每一单位产品销售上所获得的收入。平均收益的定义公式为

$$AR = \frac{TR}{Q}$$

边际收益是指旅游企业增加一单位产品销售所获得的总收入的增量。边际收益的定义公式为

$$MR = \frac{\Delta TR}{\Delta Q}$$

在理解收益的概念时要注意这样几个问题。

第一，正如我们再三强调的，收益并不等于利润，不是出售产品所赚的钱，而是出售产品所得到的钱。所得到的钱中，既有用于购买各种生产要素而支出的成本费用，也有除去成本费用后所余下的利润。还要再强调的是，用于企业家才能的成本费用就是正常利润。而按经济学家的分析，正常利润是成本的一种。

第二，收益与产量的关系。收益是产量与价格的乘积。在完全竞争市场上，市场上的价格是趋于一致的，与企业自身的生产是无关的，所以，如果不考虑价格的因素，收益就是产量。

第三，在不同的市场结构中，收益变动的规律并不完全相同，边际收益曲线与平均收益曲线的形状也并不相同。

二、旅游企业利润

1．经济利润与会计利润

企业的经济利润是指企业的总收益和总成本之间的差额，简称企业的利润（也被称为超额利润，企业追求的最大利润就是企业的经济利润）。

经济利润=总收益–机会成本=总收益–（显性成本+正常利润）

会计利润=总收益–会计成本

会计利润也就是账面利润，是企业在损益表中披露的利润。它是指企业在一定会计期间的经营成果，是企业将总收益减去根据会计准则和会计制度确认的所有显性成本或者会计成本以后的余额。

2．正常利润与超额利润

利润在经济学上可以分为正常利润和超额利润。

正常利润又被称为企业家才能的报酬，可以被定义为：在完全竞争的长期环境中，企业所得到的利润。

正常利润就是吸引企业家在生产中承担风险而不至于流失的报酬，其数值大小等于企业家人才的机会成本。

需要注意的是正常利润的两个条件：完全竞争和长期。在短期当中，实际的利润既可以高于也可以低于正常利润。前者获得超额利润，后者则遭受了亏损。由于没有企业进入和退出的竞争，这两种情况都可能出现。但在长期当中，由于有进入和退出的竞争，这两种情况均不可能出现。总而言之，在一个完全竞争的长期环境中，只有正常利润存在。非正常利润则产生于短期或者垄断的情况。

由于正常利润是承担风险的报酬，不同行业风险是不一样的，如某些产品样式或工艺技术频繁变化的行业，获得正常利润的不确定性可能更大一些，在这些行业中的正常利润也要稍高一些。

超额利润又称为经济利润，是总收益与总成本之差。我们平常所说的旅游企业追求利润最大化，说的就是经济利润。

超额利润=总收益-总成本

用公式表示为

$$\pi = TR - TC$$

三、旅游企业实现利润最大化的条件

旅游企业进行生产经营的目的是为了追求最大化的利润，那么，旅游企业实现利润最大化的均衡条件是什么呢？

我们利用图 6-6 来寻找旅游企业实现最大利润的均衡点。

图 6-6 中，有某完全竞争旅游企业的一条短期生产的边际成本 SMC 曲线和一条由既定价格水平 P_a 出发的水平的需求曲线 d，这两条线相交于 E 点，E 点就是旅游企业实现最大利润的生产均衡点。相应的产量 Q^* 就是旅游企业实现最大利润时的均衡产量。

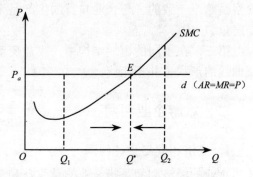

图 6-6　旅游企业利润最大化

具体地看，当产量小于均衡产量 Q^*，如为 Q_1 时，此时，旅游企业的边际收益大于边际成本，即 $MR > SMC$，这表明旅游企业增加一单位产量所带来总收益的增加量大于所付出的总成本的增加量，也就是说，旅游企业此时增加产量是有利的，增加产量可以使利润得到增加。所以，如图 6-6 中指向右方的箭头所示往右移，只要 $MR > SMC$，旅游企业就会增加产量。最后，$MR > SMC$ 的状况会逐步变化成 $MR = SMC$ 的状况。

相反，当产量大于均衡产量 Q^*，如为 Q_2 时，旅游企业的边际收益小于边际成本，即有 $MR < SMC$。这表明旅游企业增加一单位产量所带来的总收益的增加量小于所付出的总成本的增加量，也就是说，旅游企业增加产量是不利的，会使利润减少。所以，如图 6-6 中指向左方的箭头所示，只要 $MR < SMC$，旅游企业就会减少产量。同时，随着产量的减少，旅游企业的边际收益仍保持不变，而旅游企业的边际成本 SMC 是逐步下降的，最后 $MR < SMC$ 的状况会逐步变成 $MR = SMC$。

由此可见，不管是增加产量，还是减少产量，企业都是寻找能够带来最大利润的均衡产量，这个产量就是使得 $MR = SMC$ 的产量，因为经济学研究的通常是短期，$MR = SMC$ 也通常写为 $MR = MC$。

所以，边际收益等于边际成本，也就是 $MR = MC$ 是企业实现利润最大化的均衡条件。实际上，利润最大化的均衡条件也可以通过数学方法证明。

企业的利润公式为

$$\pi(Q) = TR(Q) - TC(Q)$$

要使利润 π 最大，则必须满足：

$$\frac{d\pi(Q)}{dQ} = 0$$

因此：$\dfrac{dTR(Q)}{dQ} - \dfrac{dTC(Q)}{dQ} = 0$

即：$MR = MC$

因此，任何旅游企业都应该根据 $MR = MC$ 的原则来确定其最优的产量，以实现最大利润。

当然，在 $MR = MC$ 时，并非企业一定能获得利润。如果在 $MR = MC$ 时，企业能获得利润，则一定是最大利润。如果在 $MR = MC$ 时企业亏损，则一定是亏损最小的状况。

四、旅游企业收益的评价指标

我国旅游企业经济利润的评价指标主要包括：销售利润率、总资本报酬率、资本收益率、资本保值增值率、资产负债率、流动比率、应收账款率、应收账款周转率、存货周转率、社会贡献率和社会积累率等。

1. 销售利润率

该指标反映了一定时期内产品销售收入与产品销售利润之间的比率关系。

$$销售利润率 = \frac{利润额}{销售额} \times 100\%$$

2. 总资本报酬率

该指标反映了旅游企业全部资本获利的能力。

$$总资本报酬率 = \frac{利润额}{全部资本额} \times 100\%$$

3. 资本收益率

该指标反映了旅游企业所费资本获利的能力。

$$资本收益率 = \frac{利润额}{所费资本额} \times 100\%$$

4. 资本保值增值率

该指标反映了旅游企业资本保持和扩张的能力。

$$资本保值增值率 = \frac{期末所有者权益总额}{期初所有者权益总额} \times 100\%$$

5．资产负债率

该指标反映了旅游企业的负债程度。

$$资产负债率 = \frac{负债总额}{资产总额} \times 100\%$$

6．流动比率

该指标反映了旅游企业偿付即期债务的能力。

$$流动比率 = \frac{流动资产}{流动负债} \times 100\%$$

7．应收账款率

该指标反映了旅游企业应收款占企业总收入的比重。

$$应收账款率 = \frac{平均应收账款额}{收入总额} \times 100\%$$

8．应收账款周转率

在确定应收账款率指标的具体数值时，应结合应收账款周转率和应收账款平均回收期两个指标加以分析。

$$应收账款周转率 = \frac{收入总额}{平均应收账款额} \times 100\%$$

$$应收账款平均回收期 = \frac{365}{应收账款周转率}$$

或   应收账款平均回收期 = 365 × 应收账款率

应收账款周转率越高，应收账款平均回收期越短；旅游企业的经营状况越好，坏账机会越少。

9．存货周转率

该指标反映了一定时期内旅游企业存量资金的周转次数。

$$存货周转率 = \frac{产品销售额}{平均存货额} \times 100\%$$

10．社会贡献率

该指标反映了旅游企业为社会创造价值的能力。

$$社会贡献率=\frac{社会贡献额}{资产总额}\times100\%$$

社会贡献额包括旅游企业工资总额、各种福利性支出、利息支出、各项税收和净利润等。

11. 社会积累率

该指标反映了旅游企业向国家上缴税收的能力。

$$社会积累率=\frac{各项税收额}{资产总额}\times100\%$$

五、旅游企业利润的分析

1. 盈亏平衡点的分析

盈亏平衡点的分析又称量本利分析，它阐明了企业成本、利润与业务量之间的相互关系，可以为企业经营决策提供极有价值的数量依据。

在进行量本利分析时，首先要明确盈亏平衡点的概念，然后要将成本划分为固定成本和变动成本。盈亏平衡点又叫保本点，是指企业销售收入等于固定成本与变动成本之和时的销售额。固定成本是指成本总额不随业务量的增减而相应变动的成本，如建筑物、设施、设备等。变动成本是指成本总额随业务量的增减而按一定比例相应变动的成本，如原材料、燃料、配料等。

盈亏平衡分析法的计算公式为

$$QE=\frac{FC}{P-VC}$$

式中　　QE——保本点销售量；

　　　　FC——固定成本总额；

　　　　VC——单位变动成本；

　　　　P——单位产品价格。

例题1：某饭店有客房100间，每天摊销的固定成本总额为5 000元，每间客房的变动成本为50元，每间客房的价格为150元，按公式计算：

饭店达到保本点的月销售量为

$$QE=\frac{FC}{P-VC}=\frac{5\ 000}{150-50}=50（间）$$

饭店达到保本点的日销售额为

$$P\cdot QE=150\times50=7\ 500（元）$$

饭店达到保本点的开房率为

$$饭店开房率=\frac{50}{100}\times100\%=50\%$$

以上计算表明，当该饭店的开房率为 50%时，日销售额等于每天的固定成本总额与变动成本总额之和，该饭店达到了保本点，如果开房率高于 50%，该饭店就能盈利，如果开房率低于 50%，该饭店则会亏损。

2．目标利润的分析

企业在进行投资或生产经营活动之前，必须掌握可能发生的劳动耗费和物质耗费，并确定相应的目标利润。

在成本和价格不变的情况下，销售量就成为影响企业利润的决定因素，旅游企业可以根据以下公式计算出达到目标利润时的最低销售量。

$$Q = \frac{FC + P_f}{P(1 - T_s) - VC}$$

式中　Q——销售量；

FC——固定成本总额；

P_f——目标利润；

P——单位价格；

T_s——营业税率；

VC——单位变动成本。

例题 2: 某旅游饭店有客房 150 间，每间房价 100 元，每天摊销的固定成本总额为 2 500 元，每间客房每天的变动成本为 15 元，营业税率为 5%，该饭店客房的年目标利润为 200 万元，一年按 360 天计算，若要达到此目标利润，求每天的客房销售量、销售额和平均出租率各是多少？

解：每天的客房销售量 $= \dfrac{(2\,500 \times 360) + 2\,000\,000}{100(1 - 5\%) - 15} \div 360$

$= \dfrac{2\,900\,000}{80} \div 360$

≈ 101（间）

每天的客房销售额 $= 101 \times 100 = 10\,100$（元）

每天的客房平均出租率 $= \dfrac{101}{150} \times 100\% \approx 66.7\%$

当销售量不变时，如果固定成本增加，利润额就会减少，如果价格不变，单位变动成本提高，也会使利润额减少。在成本不变的情况下，价格的变动会导致利润的变化，提高价格则利润额增多；反之则减少。

六、提高旅游企业利润的途径

利润的计算公式为

利润=收益-成本

旅游企业的利润主要受成本和收益两大因素的影响。因此，要提高旅游企业的经济效益，就必须努力提高旅游企业的销售收益，尽量降低旅游企业的经营成本。

1．提高旅游企业的收益

要提高旅游企业的收益，必须做好以下 3 个方面的工作。

（1）大力开发适销对路的旅游产品　旅游企业应根据旅游者的需求类型和需求层次，及时开发、生产相适应的旅游产品。同时，旅游企业应该加强市场营销，将旅游产品的有关信息及时传递到目标市场，使广大潜在的消费者转化为实际的消费者。

（2）不断提高旅游产品的质量　与一般商品不同，旅游产品具有生产和消费同一性的特点。旅游者在消费前无法对产品质量进行判断，在消费后对产品质量的评估已无法逆转，存在着比一般商品更大的"购买风险"。一旦出现产品质量问题，必然造成难以挽回的不良影响。因此，旅游企业要不断提高产品质量，树立良好的产品形象和企业形象，这也是扩大产品销售量的关键措施之一。

（3）适应市场变化，提供多元化的项目和服务　随着旅游活动的发展，旅游者的消费需求日趋多样化，除观光、游览等传统活动外，融休闲、娱乐、探险、求知为一体的旅游活动越来越受到旅游者的青睐。对此，旅游企业应当积极开发、组织综合性的旅游活动，提供多种多样的旅游项目和旅游服务。

2．降低企业的经营成本

旅游企业的类型不同，成本结构也不相同。旅游饭店、旅游景点和娱乐场所具有高固定成本、低变动成本的特点，旅行社、餐厅和其他服务性企业的变动成本则占有较大的比重。要降低旅游企业的经营成本，必须建立、完善企业的经营管理制度和内部监控机制，对成本开支的范围和标准实行严格控制，将经营成本与部门或个人的物质利益挂钩，使各个工作环节都能做到互相监督和自我监督，尽量减少不必要的开支和浪费。对于固定成本较大的旅游企业来说，主要通过增加销售量，提高设备使用率，减少单位产品固定成本占用率等方法来降低经营成本。对于变动成本较多的旅游企业来说，主要通过提高工作效率，实行严格的成本控制，减少变动成本的耗费等方法来降低经营成本。

本 章 小 结

本章讲述了旅游成本的相关概念，并引入了西方经济学中的关于成本方面的新的概念：机会成本、沉没成本、显性成本、隐性成本、边际成本等，这些新的概念的掌握对于熟悉并掌握西方经济学的思考方法非常重要。本章对旅游企业成本所包含的内容及社会成本进行了介绍，分析了旅游成本的函数及曲线，以及成本变化的相关规律；介绍了旅游企业的收益及利润最大化的条件。通过对这些理论知识的学习，可以对旅游企业生产活动有系统的认识，增强对旅游企业的管理的信心。

思考与练习

一、名词解释

成本 固定成本 变动成本 机会成本 沉没成本 边际成本 利润

二、选择题

1. 旅游企业主没开企业之前的工作收入属于旅游企业的（　　）。

　　A．沉没成本　　　B．隐性成本　　　C．机会成本　　　D．边际成本

2. 旅游企业利润最大化的条件是（　　）。

　　A．$TC=TR$　　　B．$MC=MR$　　　C．$MC<MR$　　　D．$TC<TR$

3. 随业务量的增减而发生相应变化的成本是（　　）。

　　A．可控成本　　　B．不可控成本　　　C．固定成本　　　D．可变成本

三、简答题

1. 运用机会成本、沉没成本，解释你日常生活中的一些事情。

2. 如何理解利润最大化原则？旅游企业如何根据这一原则来确定产量？

四、计算题

1. 某饭店有客房 150 间，每间房价为 240 元，固定成本总额为 40 000 000 元，单位可变成本为 40 元，求销售量达到多少才能实现盈亏平衡？

2. 某饭店西餐厅有餐位 200 个，每天应该摊销的固定成本为 1 500 元，每个餐位的平均价格为 25 元，原材料消耗占销售价格的 40%，如果不考虑营业税，试计算：该餐厅保本经营时的销售量是多少？保本时的销售额是多少？

五、案例分析

门庭冷落的旅游景区为什么不停业

人们经常会看到一些旅游景区，如一些主题园区、游乐场，门庭冷落，几乎不见游人踪影，但仍然在营业。这时游客进入景区的门票价格相当低，甚至低于成本。

（资料来源：改编自《旅游经济学》，作者：李辉作，电子工业出版社，2009.）

思考：这些景区为什么在价格低于成本时仍然坚持营业？

评析：实际上，旅游景区经营的成本包括固定成本与可变成本。

景区用于景区建设、设备维护支出是固定成本，这种成本在景区的经营总成本中占到了相当大的部分。固定成本已经支出无法收回，也称为沉没成本。在考虑是否继续营业时，聪明的经营者会将沉没成本抛之脑后，不予考虑。

景区在营业中所支出的各种费用是可变成本，如水电费、电话费、服务员的工资等。如果不营业，这些成本就不存在，营业量增加，这种成本就增加。景区的可变成本是相当低的。

假设景区的平均总成本是每位游客 25 元，其中固定成本为 20 元，可变成本为 5 元。当每场门票的价格为 25 元以上时，收益大于总成本，经营当然有利。当价格等于 25 元时，收益等于成本，这时称为收支平衡点，仍然可以经营。当价格低于 25 元时，收益低于成本，

按常规看，景区应该停止营业。但是大家注意，当我们知道景区的总成本中绝大部分都是沉没成本时，决策就不同了。

现在假设景区在游人萧条时，景区市场上的均衡价格是 10 元，此时是否应该停止经营呢?可变成本为 5 元，当价格为 10 元，在弥补可变成本 5 元之后，仍可剩下 5 元，这 5 元可用于弥补固定成本。固定成本 15 元是无论是否经营都是要支出的，能弥补 5 元，当然比起一点也弥补不了要好。因此，这时仍然应该坚持营业，这时考虑的不是利润最大化而是亏损最小化。当价格下降到 5 元时，经营收益正好弥补可变成本，如果不经营的话，这笔成本就不用支出，经营与不经营就没有区别了。

门庭冷落的旅游景区仍在营业，说明这时价格仍高于平均可变成本。这就是景区仍然不停业的原因。还有其他很多旅游企业都是固定成本高而可变成本低，如旅游交通、旅游饭店、游乐场所、娱乐场所等。所以现实中这些行业的价格可以降得非常低，在生意萧条时仍然可以坚持营业。

第七章

旅游投资与决策

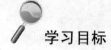

学习目标

1. 了解旅游投资、旅游投资项目、旅游投资项目可行性研究、旅游投资决策等有关概念及特点。
2. 熟悉旅游投资项目可行性研究的类型、内容、原则及其必要性。
3. 掌握旅游投资决策的主要方法。
4. 掌握旅游投资风险的分析测定方法。

旅游投资是旅游经济活动的基本内容，是一个国家或地区旅游经济发展必不可少的前提条件，也是旅游业实现扩大再生产的物质基础。在旅游开发建设中，许多旅游项目投资失败，其原因除了经营管理上的不善外，关键是对旅游投资缺乏科学的分析和评价。因此，旅游投资主体必须重视对旅游投资的分析和研究，应用各种科学方法对旅游投资项目进行分析和评价，并对投资的风险状况作出合理预测，为旅游投资决策提供可靠的科学依据。

第一节　旅游投资的含义与特点

一、旅游投资的含义

投资一词有双重含义：一是指特定的经济活动，即为了将来获得收益或避免风险而进行的资金投放活动；二是指投放的资金，即为了保证项目投产和生产经营活动的正常进行而投入的活劳动和物化劳动价值的总和，主要由固定资产投资和流动资产投资两部分构成。在实际生活中，投资的上述两种含义都被人们广泛应用。

旅游投资是指旅游目的地政府或企业在一定时期内，根据旅游市场需求及其发展趋势，为获得收益而将一定数量的资金投入到某一旅游项目的开发建设之中，以促进旅游业发展的经济活动。这一含义表明了旅游投资主体、旅游投资目的、旅游投资方式和旅游投资行为过程的内容及其内在联系。旅游投资主体有多层次和多种类型，一般为直接从事旅游投资的各级政府、企业、事业单位、金融机构、其他经济实体和社会团体、个人及外国投资者；旅游投资目的是获得预期效益，包括经济效益和社会效益等；旅游投资方式可以是直接投资，也可以是间接投资，另外还有其他投资方式，如风险投资等；旅游投资行为过程，即旅游投资的实施、使用、回收等经济行为。

二、旅游投资的类型

旅游投资是直接服务于旅游经济发展的，任何旅游投资都有一定的目的性，而不同的旅游投资目的就形成不同的旅游投资内容和特点，并形成不同的投资形式和类型。根据旅游投资的内容和特点，旅游投资主要有以下形式和分类。

1．按旅游投资时间划分

从总体上看，旅游投资具有周期较长的特点，但根据旅游投资的内容不同，其投资回收周期也不同，因此一般可将旅游投资划分为长期投资和短期投资。

（1）长期旅游投资　长期旅游投资通常是指需经过一年以上时间才能回收的投资，大多数是用于固定资产的投资。例如，对旅游饭店等建筑设施和设备的投资，旅游交通道路和运输工具等基础设施的投资，旅游景区景点开发和建设、旅游娱乐项目等固定资产的投资，也包括对旅游无形资产、长期有价证券等方面的投资。长期旅游投资的风险性一般大于短期旅游投资，但其投资收益通常高于短期旅游投资收益。

（2）短期旅游投资　短期旅游投资一般是指在一年内即可收回的投资，主要用于日常旅游经营活动必需的流动资产方面的投资。例如购买原材料、低值易耗品、必需的仓库存货，代垫的客户短期资金，短期有价证券的投资等。短期旅游投资由于可以尽快收回并能够随时变现，因此一般投资风险性较小，但投资收益也较低。

2．按旅游投资项目划分

根据旅游业发展的需要和旅游产业的特点，按照对旅游项目的开发程度和建设情况，可以将旅游投资形式分为以下几种。

（1）新建旅游项目投资　它是指旅游目的地国家或地区为了满足旅游者及旅游市场多样化的需求，对以前尚未开发过而现在新开发的旅游项目的投资。例如，开发建设新的旅游景区、景点；新建宾馆饭店、旅游餐厅、娱乐设施等。

（2）改造旅游项目投资　它是指在原有旅游产品规模上，对不适应旅游业发展需要的部分设施设备进行改造或增建的旅游投资项目。例如，对旅游饭店的客房、餐厅进行重新装修、装饰；对旅行社的预订计算机系统进行更新和提高；增添商务、汇兑、保健等旅游服务；增加部分旅游娱乐设施设备等。其目的是提高旅游接待设施设备的档次和旅游服务水准，从而提高旅游产品的综合质量。

（3）维护旅游项目投资　它是指对原有旅游产品进行恢复、保护的旅游投资项目。例如，对旅游景区景点的恢复和保护；对旅游饭店客房、餐厅及旅游娱乐设施的维修保养；对旅游导游及其他旅游服务人员的培训提高。其目的是保持一定的旅游经营规模和服务水平，保持旅游目的地国家和地区的旅游经济效益。

3．按旅游投资主体划分

旅游产业的综合性特点决定了旅游投资主体的多样性，既有国家、集体和个人投资，又有国内和国外投资等，概括起来不论哪种主体的旅游投资，都可以划分为独立投资、合作投资和股份投资几种旅游项目投资形式。

（1）独立投资　它是指由一个投资主体负责对某一旅游项目进行的投资，这个旅游投资主体可以是国家，也可以是个人或集体。独立投资的优点是对投资目的和决策容易形成统一的意见，有利于进行决策和加强工程建设的管理；缺点是资金筹措难度较大，旅游投资风险也由一个投资主体承担。

（2）合作投资　它是指由多个投资主体共同对某一旅游项目进行的投资，可以是多个企业联合投资，也可以是企业和个人合作投资。合作投资的优点是可以集合众多投资主体的资金和经验，提高投资资金筹集的能力，减少旅游投资的风险性；缺点是对各投资主体的协调性工作增加，决策的难度加大，时间花费较多，有时甚至难于形成统一的意见。

（3）股份投资　它是指按照现代公司产权制度而进行的旅游投资，即由多个投资主体自愿投资而组成旅游股份公司，按照公司制度进行经营和管理。旅游股份公司还可以根据国家规定，按照一定的要求和程序通过证券市场筹集资金，以投入旅游开发和建设。股份投资可以形成有限责任公司和股份有限公司两种公司类型。有限责任公司的优点是：设立程序简便；便于股东对公司的监控；公司秘密不易泄漏；股权集中，有利于增强股东的责任心。有限责任公司的缺点是：只有发起人集资方式筹集资金，且人数有限，不利于资本大量集中；股东股权的转让受到严格的限制，资本流动性差，不利于用股权转让的方式规避风险。股份有限公司的优点是：可迅速聚集大量资本，可广泛聚集社会闲散资金形成资本，有利于公司的成长；有利于分散投资者的风险；有利于接受社会监督。股份有限公司的缺点是：设立的程序严格、复杂；公司抗风险能力较差，大多数股东缺乏责任感；大股东持有较多股权，不利于小股东的利益；公司的商业秘密容易暴露。

4．按投资对象的存在形态划分

按投资对象的存在形态划分，旅游投资分为实体投资与金融投资。

（1）实体投资　实体投资是指旅游企业购买实质形态的资产的投资。在这里实质形态的资产不仅包括具有物质形态的资产，而且包括各种无形资产。因为无形资产尽管没有实物形态，但企业投资无形资产是为了直接从事生产经营活动或劳务活动，谋求投资收益。

（2）金融投资　金融投资是指旅游企业购买各种金融资产的投资。在这里金融资产仅是一种权益，不具备实物形态。金融资产的直接表现形式是金融工具，它是资金缺乏部门向资金盈余部门融通资金时，或者发行者向投资者筹措资金时，依一定格式形成的书面文件。金融工具的种类繁多，如商业银行活期存款、大额定期存款单、公司债券、国债或公债券、股票、保险单及期货合约等。

实体投资与金融投资相比较，在投资收益上，实体投资一般只能获得投资利润，而金融投资不仅可以获得投资利润，还可以获得资本利得，即金融工具的卖价与买价之差。在投资的风险上，实体投资一般只遇到所生产的产品或提供的劳务在市场上不能实现的风险，而金融投资不仅会遇到接受投资企业所生产的产品或提供的劳务在市场上不能实现的风险，还会遇到金融市场风险。通常影响金融市场的因素不仅多而且变动比较频繁，金融工具的价格对这些因素的变动反应也十分敏感，所以，金融市场风险比实物商品风险要大得多。总之，实体投资风险相对较小，投资收益也相对较低；金融投资风险相对较大，投资收益也相对较高。因而旅游企业在进行投资时，必须以此为基础进行合理搭配。

此外，在投资分类中，也可按其与旅游企业生产经营的关系，把投资分为直接投资和间接投资两类。直接投资是把资金投放于生产经营（或服务）性资产，以便获取利润的投资；间接投资是把资金投放于证券等金融资产，以便取得投资利润和资本利得的投资。这种分类与实体投资和金融投资内涵一致，只是角度不同。

5．按投资方向划分

按投资方向划分，旅游投资分为对内投资和对外投资。

（1）对内投资　　对内投资是把资金投在旅游企业内部，购置各种生产经营用或服务用资产的投资。

（2）对外投资　　对外投资是指旅游企业以现金、实物资产、无形资产等方式或者以购买股票、债券等有价证券方式向其他单位的投资。企业金融投资一定是对外投资。从理论上讲，对内投资的风险要低于对外投资，对外投资的收益要高于对内投资。否则，企业无须作出对外投资的决策。

6．按投资项目之间相互关系划分

按投资项目之间相互关系划分，旅游投资分为独立投资、互斥投资和互补投资。

（1）独立投资　　独立投资也称非相关性投资，是指可以不管任何其他投资是否得到采纳和实施，都不受到显著影响的投资。

（2）互斥投资　　互斥投资也称互不相容性投资，是指采纳或放弃其一投资，都会显著影响其他投资的投资。

（3）互补投资　　互补投资是指可同时进行、相互配套的投资。

7．按投资时间顺序划分

按投资时间顺序划分，旅游投资分为先决投资和后决投资。

（1）先决投资　　先决投资是指只有先进行该项目投资，才能使其后或同时进行的一起或多起投资得以实现收益的投资。

（2）后决投资　　后决投资是指只有在别的相关投资被实施后，本投资才能得以实现收益的投资。

一般来说，先决投资的风险收益主要由其自身的风险收益决定，而后决投资的风险收益不仅取决于自身的风险收益，而且取决于先决投资的风险收益。

三、旅游投资的特点

旅游投资作为旅游经济的重要内容和国民经济的组成部分，不同于一般工农业投资和服务业投资，它是一个涉及面广且内容丰富的投资领域，具有一般项目投资的客观规律性，又具有与一般项目投资的不同特点。概括起来旅游投资的特点主要有以下几点。

1．旅游投资的广泛性和复杂性

旅游业是一个涉及食、住、行、游、购、娱等多方面的综合性产业，因此旅游投资具有广泛性和复杂性的突出特点。

旅游投资内容涉及旅游景区景点、旅游饭店、旅游餐饮、旅游娱乐、旅游交通建设等各方面，不同方面的旅游投资内容和要求又各有差别，决定了旅游投资内容的广泛性和复杂性。旅游投资活动涉及建设用地计划、物质资源供应、劳动力使用、资金筹集和占用等，其投资规模和结构不仅要与整个旅游经济发展规模和结构相适应，而且还要与国民经济发展水平和比例关系相协调平衡，这样才能充分发挥旅游投资对旅游经济和社会经济发展的促进作用。

2. 投资目的的收益性

旅游投资目的的多样性决定了投资收益的多重性。旅游投资是营利性投资，决定了其投资目的具有获利性。凡投资项目的预期获利越高，人们投资的积极性就越大；预期获利越小，投资的积极性越小。倘若预期投资无利可图，则人们会选择让钱闲置于手。投资者能否获利，取决于其对投资市场未来态势的预测水平。

3. 投资实施的程序性、连续性和波动性

旅游投资是国民投资的一部分，其投资过程必须严格按照国民经济投资的程序进行。同时，由于旅游投资内容和投资来源的复杂性，又决定了其投资过程的特殊性。旅游投资过程通常要经过以下基本程序：旅游投资项目的规划和设计，旅游投资项目的计划与决策，旅游投资资金的筹措与供应，旅游投资项目的工程建设招标、投标和委托，旅游投资项目工程建设、旅游投资管理（包括项目组织、工程建设全过程的管理和监督等）。

旅游投资的实施，客观上是一个不间断的过程，具有连续性。从事直接投资，在决策立项之后，投资项目一旦被批准动工建设，就必须不断投入资金和其他资源，以保证连续施工和均衡施工的需要。投资实施的连续性遭到破坏和中断，不仅不能按期形成新增固定资产，为社会增加财产和积累，而且已投入的大量资金被占用和停滞，不能周转，扩大了投资支出，失去了资金的时间价值；对于已建造起来的半截工程和已到货的设备，如果保养维护不妥，会造成严重的损失浪费。

在旅游投资活动中，客观要求投资实施要连续进行，但是，现实中投资过程还存在波动性。通常在一个投资项目的一个投资周期中，实施期的投资支出要比决策期多；建设施工阶段的投资支出要比建设准备阶段大；到了建筑施工中期，设备大多到货，投资达到最高峰。这一特点要求规划好项目进度和投资分布，尤其是安排大中型投资项目时，应力求做到均衡实现投资，错开投资高峰期。否则，到了一定年度，过多的项目同时处于投资高峰期，资金和投资品如果都满足不了需要，那时无论是采取对投资项目平均分配缺额资源或实施清理性整顿，停、缓建一批在建项目，都会导致投资连续性的破坏与中断，损害投资事业，造成损失浪费。

4. 旅游投资的长期性

旅游投资项目不同于工农业投资项目的最大特点是：大多数旅游投资项目必须在大部分完成投资建设后才能提供消费，这就决定了旅游投资建设的周期很长。尤其是旅游投资大多数形成固定资产，而大量旅游固定资产具有规模大、地点固定且不可分割的特点，使旅游投资不仅周期长、投入大，而且在相当一段时间内不能创造出任何经济成果，这就要求加强对旅游投资的决策和投资周期的管理。

5. 旅游投资的风险性

旅游投资的复杂性和长期性决定了旅游投资存在着一定的风险性。通常，旅游投资决

策是在目前旅游经济发展的基础上，依赖已有的各种信息、数据和经验做出决策的，而实际情况是复杂多变的，再加上旅游投资周期较长，往往使旅游投资的主观决策与投资实际情况存在一定的差距，不能达到预期的投资效果，有时甚至无法收回投资，从而导致旅游投资的风险性。为了减少旅游投资的风险性，一方面要加强旅游投资的可行性研究，进行细致的投资预测和分析，尤其是对旅游投资的前景预测和环境变化分析，尽可能减少旅游投资未来收益的不确定性，提高预测的准确性和决策的科学性；另一方面，要加强旅游投资的科学管理，建立健全投资体制和管理运行机制，减少和避免旅游投资的失误，降低旅游投资的风险性，提高旅游投资的经济效果和综合效益。

四、旅游投资的基本原则

旅游投资对投资的资本保值和增值具有重大影响，优化旅游项目投资决策必须遵循一定的原则。

1. 利益兼顾的原则

企业作为整个国民经济的细胞，企业的持续发展是一国经济持续发展的前提。而从经济的角度来说，任何经营行为都具有外部性，外部性具有正、负两方面的效应。从正的效应来说，如增加旅游业投资、带动相关产业的繁荣等；从负的效应来说，如污染、生态破坏、非理性竞争等。因此企业在作出投资决策时，应注重外部性的研究，注重企业利益服从社会利益，局部利益服从全局利益，眼前利益服从长远利益。

2. 兼顾外延和内涵两种扩大再生产方式的原则

外延扩大再生产是指增加人力、设备的投入，新增生产能力以扩大生产规模；内涵扩大再生产是指挖掘企业自身现有的生产能力，在不增加人力、物力、财力投入的情况下，提高生产能力和效益水平。外延扩大再生产主要以扩建和新上项目为主，内涵扩大再生产主要以技术改造和更新来完成。在我国当前资金紧张的情况下，旅游投资主体应注重内部挖潜，苦练内功，以效益促发展，以效益求生存，注重内部扩大再生产。

3. 结构优化和配套的原则

任何生产能力的正常发挥，必然要求劳动资料、劳动对象和劳动的有机结合及相互适应。如果技术水平极高，而工作的生产素质和技能达不到要求，生产肯定是不能正常进行的。在客观上就要求旅游资本的投入必须在三者之间合理分配。如果结构失衡，必然会影响效益的发挥。

4. 适应多样化经营的原则

按照投资组合理论，多样化投资可以分散和降低经营风险，从而稳定收益水平。然而如果把旅游资本作为一种新资源来看待，旅游资本的增值又会受到规模经济效应的约束。在一定时期内旅游投资（或经营）企业所能筹集和运用的资本是有限的，这就决定了旅游投资（或经营）企业的投资应以一业为主，在满足基本经营的资本需求之后，在资本充裕的条件下再注重多样化经营，以降低风险。此外，多样化经营会要求更高的管理水平和运筹能力与之相适应，在旅游投资（或经营）企业的管理水平未提高到一定程度时，盲目多样化经营不仅不会得到分散风险的效果，反而会影响企业的正常经营和获利。

5．以人为本的原则

人是各生产要素中最活跃和能动的因素，只有注重人才的投资和储备，才能使旅游企业的资本增值有充分的保障。这就要求旅游企业在投资过程中，不仅要注重生产性的投资，更应注重对人的教育、培训，提高员工素质，激励员工的创造性和积极性。时刻以人为本是投资中应注重的一个重要原则。

第二节　旅游投资项目与可行性研究

一、旅游投资项目

旅游投资项目按照广义上的理解，就是指在某一地点，通过投入一定力量的人力、物力、财力和技术，在预定的时间和空间内，为完成一项或一组开发目标（包括产品开发）来达到预期的效益目标（包括经济效益、社会效益）而进行的投资建设（包括固定资产在内）活动。

旅游投资项目相对于工业、农业、能源、地产、商业等项目有很大的区别，主要表现在旅游投资项目平均规模较小、投资前景好、收益时间长、行业进入门槛低等特点。

作为旅游投资的客体或投资对象，旅游投资项目是投资项目的一种特殊形式，也是一项复杂的、具有相当规模和价值的、有明确目标的一次性任务或工作。它主要包括景区项目、饭店宾馆项目、旅游产品开发项目、旅游交通项目、旅游教育项目、游乐项目及其他项目等。

二、旅游投资项目可行性研究

1．旅游投资项目可行性研究的必要性

旅游投资项目可行性研究是一门综合运用多种学科知识，寻求使旅游投资项目达到最好经济效益的研究方法。它的任务是以市场为前提，以技术为手段，以经济效益为最终目标，对拟建的旅游投资项目，在投资前期全面系统地论证该项目的必要性、可能性、有效性和合理性，作出对项目可行或不可行的评价。

旅游投资项目可行性研究的必要性主要体现在以下几个方面。

（1）为投资开发者提供决策的依据　任何投资项目都包括 3 个主要阶段：投资前期阶段、投资建设阶段和经营阶段。旅游投资也不例外。投资的目的不仅是为了在未来期间内收回成本，而且是为在连续生产或经营中能产生更大的效益。因此，旅游投资主体必须对市场，包括竞争者市场进行研究分析；对投资的地址和区域特点进行分析；对生产经营过程的原材料、燃料、动力、设备、劳动力等资源渠道和价格等进行分析；对旅游建设项目总成本进行估算；对生产经营成本与收益进行分析，以确定旅游建设项目在技术上是否先进可行，开发上是否可能，经济上是否合理，从而为投资开发者提供决策的依据。

（2）为企业筹集资金提供重要的依据　旅游投资项目大多属于资金密集型项目，特别是建设初期往往需要投入大量的资金。对于旅游项目开发单位而言，除自筹资金和少量预

算内资金外，大部分需要向金融市场融资，其中主要渠道就是向银行贷款。作为商业银行，为了保证或提高贷款质量，确保资金的按期收回，银行往往要实行贷前调查，并对旅游投资项目的可行性进行审查。因此，可行性研究报告可为银行或资金借贷机构贷款决策提供参考依据，也为通过其他方式筹集旅游项目资金提供依据。

（3）为项目的基本建设提供重要的依据　可行性研究报告比较详尽地提出了拟建旅游项目的规划方案、建设规模、主要设施和设备等，据此可以编制设计文件及进行建设工程。而且，它可以为环保部门和向项目上级管理部门提供对该项目进行进一步审查和评估的依据。

2．旅游投资项目可行性研究的基本原则

旅游投资项目可行性研究，是对拟建的旅游投资项目进行科学分析，并论证其在技术上、开发上和经济上是否可行的重要基础工作，因此，在对旅游项目进行可行性分析论证时，必须始终坚持以下基本原则。

（1）目的性原则　旅游投资项目不同于其他投资项目，由于各个旅游投资项目的背景情况千差万别，旅游投资的目的也不一样，因此可行性研究就没有千篇一律的模式，而必须根据旅游投资项目的具体要求进行研究。这就要求在实际工作中，可行性研究人员必须根据旅游市场需求和旅游投资者的投资目的和具体要求，合理地确定旅游投资规模、进行项目开发规划和设计、编制财务计划等。

（2）客观性原则　旅游投资项目可行性研究是供旅游投资者和有关部门决策时的重要参考依据，因而可行性研究报告中论据必须客观充分，论证过程必须全面，并明确提出研究的结论和建议，为旅游投资者提供充分的决策依据，以便旅游投资者和其他决策者进行正确合理的投资方案选择，提高对旅游投资项目科学决策的能力和水平。

（3）科学性原则　在旅游投资项目可行性研究中，为了保证可行性研究的科学、可靠，应该把定量研究方法和定性分析方法相结合，通过科学的方法和准确可靠的定量计算，使所得数据和结果能有力地支持定性分析的结论，从而使旅游投资项目可行性研究更具科学性、准确性和可操作性。

（4）公正性原则　旅游投资项目可行性研究是一项重要的工作，因而必须坚持实事求是和公正性原则。如果研究人员经过研究认为某一旅游投资项目无法取得预期的效益和目标，就应本着实事求是的态度，毫不迟疑地向投资者报告，而不应该牵强附会地作出一个并不可行的可行性报告，从而导致旅游投资项目实施后带来巨大损失。如果研究人员认为项目经过重新设计或调整后还可建设，也需要提出修改的建议和方案，并进行再次评价。

3．旅游投资项目可行性研究的内容

为了保证旅游投资可行性研究的准确性和可操作性，必须对旅游投资进行全面的分析和研究。通常，旅游投资可行性研究的规范性内容主要有以下几方面。

（1）旅游市场需求调查和预测　旅游市场需求是一切旅游经济活动的起点，因此对旅游投资进行可行性研究时，首先就要进行旅游市场需求调查和预测，即调查旅游者的消费特点，预测国内外旅游市场的需求变化和趋势，并以此为基础估计旅游投资项目投入后市场发展的前景，从而确定旅游投资项目的建设规模、建设质量、建设规格及相应的服务方式和服务水平等。

（2）旅游投资项目的选址方案　对于旅游投资项目的选址，必须对本地区或邻近地区

旅游市场特点和经济情况进行分析，对旅游投资项目的地理位置、地形、地质、水文条件及当地或邻近地区的相关情况进行分析，确定合适的旅游投资项目的选址方案，并为交通运输及供水、供电、供气、供热等市政公用设施条件进行设计提供依据，以确保旅游投资项目的可行性。

（3）旅游投资项目工程方案研究　旅游投资项目工程方案研究主要是研究旅游投资项目的工期安排、进展速度、建设内容、建设标准和要求、建设目标及主要设施布局，以及主要设备的选型及所能达到的技术经济指标等，并确定旅游投资项目所提供的旅游产品或服务的规格和要求等。

（4）主要原材料、燃料及动力供应　这部分主要研究旅游投资项目建成后，有关原材料、动力、燃料及低值易耗品的供应渠道、供应价格、使用情况和维修条件等情况，以保证旅游投资项目建成后能够正常运转，确保能够正常提供旅游产品和服务。

（5）劳动力的需求和供应　这部分主要研究旅游投资项目建设完成后的劳动力使用、来源、培训补充计划以及人员组织结构等方案，包括高中级管理人员和中初级服务人员的数量与结构等，以确保旅游投资项目建成后人力资源得到充分利用和正常补充。

（6）投资额及资金筹措　这部分主要研究为保证旅游投资项目顺利完成所必需的投资总额、外汇数额、投资结构，以及固定资产和流动资金的需要量、资金来源结构、资金筹措方式及资金成本等，以便从资金上保证旅游投资项目建设的顺利进行。

（7）综合效益分析和评价　这部分主要从经济效益、社会效益和环境效益3方面研究旅游投资项目建成后的经济回报，以及对周围环境和社区所带来的影响和作用等，对可能产生的不良影响要做出预测性分析，并采取相应措施，尽力减少和避免其不利影响，确保旅游投资项目在获得较佳经济效益的同时也能带来较好的社会效益和环境效益。

4. 旅游投资项目可行性研究的种类

旅游投资可行性研究是指对拟建的旅游投资项目进行技术经济论证和方案比较，为旅游投资者的决策提供依据。可行性研究是投资前期的重要工作，对项目成功与否影响重大。国外投资者都十分重视可行性研究。

从旅游投资项目的实际出发，按照现行基本建设的要求，旅游投资项目可行性研究又可分为投资机会研究、初步可行性研究和详细可行性研究3种类型。

（1）投资机会研究　投资机会研究是指在某一个旅游地区或企业内，在利用现有旅游资源的基础上所进行的寻找有利的投资机会的研究。其主要目的是对旅游投资项目提出建议，旅游投资项目建议书就是在投资机会研究的基础上形成的。投资机会研究通常比较粗略，主要是对旅游投资项目的效益可行性进行一些估计，并非进行详细的计算。但是，这种研究是必要的，因为每个项目都需要确定是否有必要进一步获取建设的详细资料。通常，投资机会的研究对总投资估算的误差一般要求控制在30%以内，所需时间为1～2个月，花钱也不多，一般占总投资的0.2%～1.0%。

（2）初步可行性研究　初步可行性研究是在投资机会研究的基础上，对拟建的旅游投资项目的可行性所进行的进一步研究。它主要是针对那些比较复杂的旅游投资项目而进行的，因为这类旅游投资项目仅凭投资机会研究还不能决定取舍，必须进一步进行可行性分析。初步可行性研究要解决的主要问题是：①进一步论证投资机会是否有可能；②进一步研究拟建的旅游投资项目建设可行性中某些关键性问题，如旅游市场分析，项目建设选址等；③分析是否有必要开展详细可行性研究。对旅游投资项目初步可行性研究的准确性，即对投资估算的误差一般要求控制在 20%以内，所需时间约为 3～4 个月，研究费用占总投资的 0.25%～1.25%。

（3）详细可行性研究　详细可行性研究是在上级主管部门批准旅游投资项目立项后，对旅游投资项目所进行的全面的技术经济论证，它需要进行多种投资方案的比较。旅游投资项目越大，其研究内容就越复杂。详细可行性研究是确定旅游投资项目是否可行的最终依据，也是向有关管理部门和银行提供进一步审查和进行资金借贷的依据。

详细可行性研究报告是投资者作出投资决策的主要依据，它必须全面研究并回答 6 个方面的问题，即说明 6 个"W"。

Why——说明投资的目的，即为什么要投资建设这个项目。

What——说明投资的对象，什么样的项目，准备选择怎样的设施，什么样的技术，有多大的接待服务能力，经济上的盈利性如何等。

Where——说明投资地点，项目建在何处，当地的自然条件和社会经济条件如何，对项目地址要进行多方案比较，选取其中最优者。

When——说明何时开始投资，何时建成运营，何时收回投资。

Who——说明由谁来承担施工和作业管理。

Which——说明采取何种方法筹措资金，进行工程建设和作业管理。

总之，详细可行性研究的任务是拟订详细的建设方案，进行深入的技术经济分析论证。对详细可行性研究的投资估算误差要求在 10%以内，所需的时间和经费根据项目的大小及复杂程度有所不同，少则几个月，多则几年，经费占项目总投资的 0.2%～3%。

第三节　旅游投资决策的类型与方法

一、旅游投资决策的含义及类型

1．旅游投资决策的含义

决策是指人们为实现预期目标，采取一定的科学理论、方法和手段，对若干可行性的行动方案进行研究论证，从中选出最优方案的过程。决策贯穿于人类社会经济活动的各个方面，大至国家大政方针的决策，小至个人生活、工作的决策，尤其是经济部门和企业，在经济活动中更是面临大量的决策问题。

旅游业是一个经济文化产业，没有旅游投资和科学决策，就没有旅游项目的建设和旅游业的可持续发展。因此，旅游投资决策是为达到一定旅游投资目标，而对有关旅游投资项目在资金投入上的多个方案比较中，选择和确定一个最优方案的过程。

旅游投资决策具有以下特点：①决策必须要有明确的目标；②决策必须有两个或两个以上可供选择的可行性方案；③选择方案遵循的原则为"满意"或"合理"；④决策要通过科学的分析、评价进行选优。

2．旅游投资决策的类型

（1）按旅游投资主体和目的分类　按旅游投资主体和目的分类，一般可把旅游投资决策分为政府性投资决策和企业性投资决策两种类型。

1）政府性投资决策。政府对旅游业的投资，主要是改善旅游环境，为旅游业发展创造良好的条件。因此，政府性投资决策是紧紧围绕发展当地名牌旅游产品，促进旅游业发展，并使当地经济效益、社会效益、生态环境效益都得到综合性改善和提高而进行的。例如，改善和提高交通运输条件，为旅游者进入创造便捷的通达条件；开设免税商场和旅游购物中心，方便旅游者购物，同时增加旅游目的地外汇收入；建设旅游院校或培训设施，以培养和训练旅游业发展所需要的各类人才等。

2）企业性投资决策。旅游企业是旅游经济的基本单位，其投资的主要目的是为了获取超过投资成本的利润，并努力使利润最大化。因此，旅游企业的投资决策大多数是为获取经济和财务收益的决策，如对旅游饭店、旅游餐馆、旅游购物商店的投资建设等。由于企业性投资决策比较注重经济效益，因而在评价企业性投资决策方案时，要重视对其社会效益和生态环境效益进行评价。

（2）按旅游决策条件分类　按旅游决策条件分类，一般可将旅游投资决策分为确定型决策、风险型决策和非确定型决策3种类型。

1）确定型决策。确定型决策是指旅游投资决策的条件和影响因素均处于确定情况下的决策。例如，某旅游企业有一笔资金，可以用来购买利率为8%的5年期的国债，也可以用来购买某公司利率为6%的3年期的企业债券。这两种投资的预期收益都是确定的，而且不存在多少风险，但是二者利率不同，还本付息期也不一样。因而旅游企业可根据自己的经营战略和目标，从中进行比较选择最优的方案，这就是旅游投资的确定型决策。

2）非确定型决策。非确定型决策是指旅游投资决策的条件和影响因素处于完全不确定情况下的决策。由于决策条件和因素既不确定，也不能估计，所以只能在投资决策时先做出各种可行方案，然后对各种方案按照一定的原则进行比较，从中选择最优方案。非确定型决策的原则很多，一般有乐观决策原则、悲观决策原则、折中决策原则等。在旅游投资决策中，可根据投资目的和决策条件进行合理地选择。

3）风险型决策。风险型决策是指旅游投资决策的条件和影响因素不仅不确定，而且决策失误会给企业和投资者带来风险和损失的决策，又称统计型决策或随机型决策。但是，决策人员可以对不同方案在不同条件及影响因素作用下的损益值进行计算，并对各种条件及影响因素作用的概率进行估计，从而为旅游投资决策提供比较和决策的依据。因此，风险型决策的关键是计算损益值和估计影响因素作用的概率。

3．旅游投资决策方向选择

在旅游企业的投资决策中，根据企业发展的需要，其投资决策方向又具体分为以下几种不同情况。

（1）扩大经营规模　它是指扩大现有旅游企业的生产经营规模，如增建客房、餐厅、娱乐设施等，以提高经济效益。

（2）更新改造　它主要是指对饭店的客房、餐厅进行重新装修、装饰，对饭店的预订计算机系统进行更新等，以提高设施设备的档次，从而提高综合服务质量。

（3）开发旅游新产品　它是指以满足旅游者多样化的需求，如建设旅游景区、景点，新建饭店、餐厅、娱乐设施等，或对传统产品进行挖掘改造，使它成为优质产品。

二、旅游投资决策程序

科学的决策必须遵循科学的决策程序。旅游投资决策程序是指对旅游投资项目进行科学决策的主要工作环节，即符合旅游投资决策规律性的规范性程序。根据对旅游投资决策实践经验的总结，科学的旅游投资决策程序一般包括以下 5 个步骤。

1．确定旅游投资的目标

任何旅游投资都有明确的目标，这是进行旅游投资决策的重要前提条件。

（1）必须对投资条件和环境进行调查和分析　调查和分析包括旅游投资项目的资源要素条件、生产经营环境、旅游市场竞争状况和发展趋势，明确拟投资项目的优劣势、发展机遇和现实条件等。

（2）对旅游投资项目进行初步的机会研究　它是指明确旅游投资的预期目标和重点，并且根据旅游市场需求预测，制定旅游投资的定性目标和定量目标，确定旅游投资项目的评价和考核的预期指标体系。

2．提出旅游投资项目建议书

按照对旅游投资条件和环境的调查和分析，在投资机会研究的基础上提出旅游投资项目建议书。项目建议书又称为可行性研究，是向旅游目的地政府的有关部门进行投资建设立项的重要依据，其内容一般应包括拟投资项目的名称、地点、时间、主要内容、投资主体和资金投入，以及对拟建项目的必要性和可行性的初步设想等。

3．进行旅游投资项目可行性研究

旅游投资项目建议书经政府有关部门初步评估和批准后，即可由旅游投资项目建设或主管单位委托具有旅游规划和可行性研究资质的规划和咨询机构，进行旅游投资项目的规划和设计，并在此基础上进行投资项目的可行性研究，编制旅游投资项目可行性研究报告。同时，对涉及旅游投资项目的有关政策和规定进行咨询，并获得相应的批准手续等。

4．对旅游投资项目进行评审

由旅游投资项目审批决策部门组织或授权有关机构和专家，对项目主管单位提交的旅游投资项目规划设计和可行性研究进行评估论证和审查，确定旅游投资项目是否可行，并根据可行性研究提出的多种方案而确定旅游投资项目建设的最佳方案，然后提出旅游投资项目的评审意见和建议。

5．旅游投资项目建设的审批

旅游投资项目审批是指决策部门根据评审意见，对投资项目评估报告及相关必需的要件进行审核，明确投资项目可行且相关要件都已经齐备，即可批准旅游投资项目进行建设。

三、旅游投资决策的主要方法

在现实旅游经济活动中，由于旅游投资的复杂性、长期性和风险性，使旅游投资决策形成了各种各样的类型和方法。尤其是旅游投资的条件和环境是不断变化的，因此就必须了解和掌握在不同的条件和环境下，各种旅游投资决策的方法和特点，以便更正确地做好旅游投资决策。

1. 确定型旅游投资决策的方法

确定型决策是指自然状态的发生为已知的情况下进行的决策。应用确定型决策方法需具备 3 个条件：①可供选择的行动方案有若干个；②未来的经济事件的自然状态是完全确定的；③每个方案的结果是唯一的，并可计量。在满足这 3 个条件的情况下，进行方案的对比，可以直观地得出优化的决策结论。

例 7-1： 计划投资建设某个旅游项目，经过市场调查和可行性研究后提出 3 个备选方案，即新建、扩建和改建方案，现在需要对该旅游项目的建设方案进行决策，选择出最佳方案。有关的资料数据见表 7-1。

表 7-1 方案收益比较表 （单位：万元）

方案 自然状况	第 I 方案（新建）	第 II 方案（扩建）	第 III 方案（改建）
需求量较大时	3 100	2 000	1 400
需求量一般时	1 700	2 600	2 000
需求量较小时	1 100	1 400	1 900

通过对以上数据的分析，可以了解三种方案在不同市场条件下的获利水平，进而作出如下决策：

1）当需求量较大时，由于 3 100>2 000>1 400，第 I 方案的获利水平最高，因而决策者应该选择新建方案。

2）当需求量一般时，由于 2 600>2 000>1 700，第 II 方案的获利水平最高，因而决策者应该选择扩建方案。

3）当需求量较小时，由于 1 900>1 400>1 100，第 III 方案的获利水平最高，因而决策者应该选择改建方案。

可见，确定型决策是通过一定的量化分析，从各类方案中选择出最好的方案，这种决策的结果比较准确和肯定，决策者只需从多种方案中选出最优的一个，决策过程简单明了。

2. 非确定型旅游投资决策的方法

非确定型决策是指事先不能肯定自然状态是否发生（既可能发生，也可能不发生），而且对各自然状态可能发生的概率也无法加以预测的情况下进行的决策。这种情况下的决策，由于信息不完全，所以带有很大的主观随意性。因此，决策者对方案选择的偏好，会对决策结果有较大的影响。常用的决策方法有等概率法、小中取大法、大中取大法和大中取小法等。

例 7-2： 投资某项目，该项目建成后，其产品的市场需求量出现较大、一般和较小 3 种情况，由于缺乏详细、准确的资料，对各种情况出现的概率无法估计，在对拟建项目进行可行性研究后，提出了 3 种可供选择的方案。各方案的收益情况见表 7-2。

表 7-2　方案收益比较表　　　　　　　　　　　（单位：万元）

方案　　　　　　自然状况	第Ⅰ方案（新建）	第Ⅱ方案（扩建）	第Ⅲ方案（改建）
需求量较大时	6 200	7 600	5 000
需求量一般时	4 000	4 700	2 000
需求量较小时	-2 000	-5 600	1 400

（1）等概率法　假定各自然状态以相等的机会发展，求出各方案的期望值，期望值较大者即为最优方案。

第Ⅰ方案期望值为：1/3×（6 200+4 000-2 000）=2 733（万元）

第Ⅱ方案期望值为：1/3×（7 600+4 700-5 600）=2 233（万元）

第Ⅲ方案期望值为：1/3×（5 000+2 000+1 400）=2 800（万元）

从计算结果得知，采用第Ⅲ方案最好，决策者应该对项目进行改建，其产品在不同的市场需求状态下可以取得较大的收益。

由于等概率法要求一定的假定条件下，由此会对计算结果的准确性产生较大的影响，决策者最好结合其他方法全面分析后再做出最终抉择。

（2）小中取大法（悲观决策法）　决策者在进行旅游投资决策时，面对不确定的决策条件和环境而十分谨慎小心，宁愿选择比较稳妥的旅游投资方案，从而在对最低投资收益比较中选择最好的投资收益的旅游投资决策方案。其具体方法是首先计算各个旅游投资方案在自然状态下的最小收益值，然后再比较所有收益值最小的方案，并从中选择收益值最大的方案作为最佳旅游投资方案，所以称为小中取大决策方法。由于这种决策方法的特点是当决策者面临的客观条件不明时，唯恐决策错误造成重大的经济损失，所以在处理问题时就比较小心谨慎，总是从最坏的结果着想，从那些最坏的结果中，选取其中最好的结果，因此又称为悲观决策法。

从表 7-2 可以看出，当市场需求量较小时，3 个方案的收益值分别为-2 000 万元、-5 600万元和 1 400 万元，第Ⅲ方案的收益值最大，决策者应当选择第Ⅲ方案（改建）作为最优方案。

（3）大中取大法（乐观决策法）　决策者在进行旅游投资决策时，尽管面对不确定的决策条件和环境，但仍然不放弃任何一个可能获取最大利益的机会，通过比较而选择最大利益的旅游投资决策方案。其具体方法是首先计算各个旅游投资方案在自然状态下的最大收益值，然后再比较所有收益值最大的方案，并从中选择收益值最大的方案作为最佳旅游投资方案，由于其是在最大收益值中比较选择收益值最大的方案，所以称为大中取大决策方法。大中取大决策法的特点是决策者在进行决策时，即使情况不明，但仍不放弃任何一个可能获得最大利益的机会，它充满着乐观冒险的精神，要去争取大中之大的利益，因此又称为乐观决策法。

从表 7-2 可以得知，当市场需求量最大时，3 种方案的收益值分别为 6 200 万元、7 600万元和 5 000 万元，第Ⅱ方案的值最大，决策者应当选择第Ⅱ方案（扩建）作为最优方案。

（4）大中取小法（后悔值决策法）　决策者在进行旅游投资决策时，鉴于难以掌握不确定的决策条件和环境，选择在自然状态下损益后悔值（损失值）最小的方案为旅游投资决策方案。其具体方法是首先计算各旅游投资方案的损益后悔值，即用各方案的最大损益值减去其他方案的损益值，得到各方案的损益后悔值，然后对各方案的最大损益后悔值进行比较，选择其中损益后悔值最小的方案为最佳旅游投资方案。

根据表 7-2 的数据，各方案的损失值如下：

当需求量较大时：

第 I 方案的损失值为：7 600–6 200=1 400（万元）

第 II 方案的损失值为：7 600–7 600=0

第 III 方案的损失值为：7 600–5 000=2 600（万元）

当需求量一般时：

第 I 方案的损失值为：4 700–4 000=700（万元）

第 II 方案的损失值为：4 700–4 700=0

第 III 方案的损失值为：4 700–2 000=2 700（万元）

当需求量较小时：

第 I 方案的损失值为：1 400–（–2 000）=3 400（万元）

第 II 方案的损失值为：1 400–（–5 600）=7 000（万元）

第 III 方案的损失值为：1 400–1 400=0

列表显示如下（见表 7-3）。

表 7-3　各方案损失比较表　　　　　　　　　　（单位：万元）

方案 自然状况	第 I 方案（新建）	第 II 方案（扩建）	第 III 方案（改建）
需求量较大时	1 400	0	2 600
需求量一般时	700	0	2 700
需求量较小时	3 400	7 000	0
损失值中的最大值	3 400	7 000	2 700

经过计算可以得知，在最大损失值中的最小值是 2 700 万元，因而选择第III方案即改建方案为最优方案。

3. 风险型旅游投资决策的方法

风险型决策是指可靠程度难以把握，带有风险因素的决策，也称统计型决策或随机型决策。它需具备以下几个决策要素：①决策者试图达到一个明确的决策目标；②决策者具有可供选择的两个以上的可行方案；③有两个以上不确定的决策条件及影响因素；④不同方案在不同条件及因素作用下的损益值可计算出来；⑤决策者可以对各种条件及因素作用的概率进行估计。这类决策一旦失误，会给企业和投资者带来损失。

在风险型决策情况下，决策的方法根据决策问题的复杂程度可选用期望值法和决策树法。

（1）期望值法　用期望值法进行决策，首先以损益期望值表为基础，计算出每个方案的损益期望值。由概率论可知，期望值表示的是随机变量取值的"平均数"。因此，如果决策目标是收益最大，则选择期望值最大的投资方案；如果决策目标是成本最小，则选择期望值最小的投资方案作为最优方案。

例 7-3　某旅游开发公司为提高企业经济效益和开发利用当地旅游资源，拟投资建设一个新的旅游景区，经可行性论证提出大面积开发建设和小面积开发建设两个投资方案。大面积开发需一次投资 4 550 万元，小面积开发需一次投资 2 800 万元。设两个投资方案的建设经营期限均为 6 年。根据市场预测，客源地旅游需求量较高和较低的概率分别为 0.7 和 0.3，年平均经营收益见表 7-4。该公司应如何作出决策？

表 7-4　损益期望值计算表　　　　　　　　　（单位：万元）

自然状况 年平均经营收益 投资方案	需求量较高	需求量较低	收益期望值
大面积开发	1 500	−200	1 390
小面积开发	800	100	740

计算各方案的期望收益值：

大面积开发方案期望值=1 500×0.7×6+（−200）×0.3×6−4 550=1 390（万元）

小面积开发方案期望值=800×0.7×6+100×0.3×6−2 800=740（万元）

所以应选择大面积开发投资方案为最优方案。

（2）决策树法　风险型决策问题中，以损益表为基础的期望值法，对解决比较简单的决策问题具有简便有效的优点。但是，对比较复杂的决策问题，则需要运用决策树法。决策树法不仅可以解决单级决策问题，而且可以解决损益表难以适应的多级决策问题，是风险型决策问题中常用的方法。

决策树法是把各种可供选择的投资方案和可能出现的自然状态、可能性的大小及产生的后果简明地绘制在线条像树干分枝的图形上，以便于研究分析，见图 7-1。

图中"□"表示决策点，从它引出的分枝叫做方案分枝，每条分枝代表一个方案。"○"表示方案节点，其上方的数字表示该方案的损益期望值。从方案节点引出的分枝叫做概率分枝，每条分枝上注明相应自然状态发生的概率。"△"表示结果点，在其右侧注明每个投资方案在相应自然状态下的损益值。

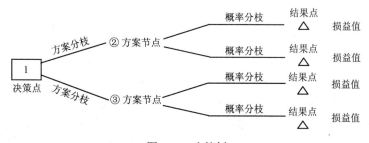

图 7-1　决策树

在绘制决策树时，其顺序是由左向右绘制，各节点的顺序号按从左向右、从上向下的次序标注。运用决策树方法进行决策，是从右向左逐步后退进行分析。首先根据结果点的损益值和相应概率分枝的概率，计算出期望值的大小。然后，根据各投资方案的期望值大小来选择最优方案。

例 7-4　假设对例 7-3 中的决策问题，将建设经营期分为前 2 年和后 4 年两期进行考虑。根据该地区旅游市场的调查预测，前 2 年旅游需求量较高的概率为 0.7。如果前 2 年市场需求量较高，则后 4 年旅游需求量较高的概率为 0.9；如果前 2 年旅游需求量较低，则后 4 年的需求量肯定低。试问在这种情况下哪个方案投资效益较好?

根据以上情况画决策树,见图 7-2。

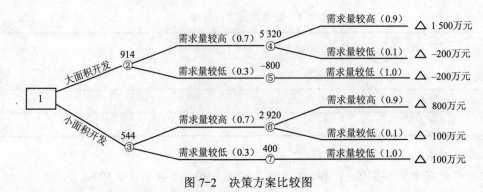

图 7-2   决策方案比较图

计算各点损益期望值,并标在图中相应的节点上。

点④1 500×0.9×4+(-200)×0.1×4=5 320(万元)

点⑤(-200)×1.0×4=-800(万元)

点⑥800×0.9×4+100×0.1×4=2 920(万元)

点⑦100×1.0×4=400(万元)

点②[1 500×0.7×2+(-200)×0.3×2] + [5 320×0.7+(-800)×0.3] -4 550=914(万元)

点③[800×0.7×2+100×0.3×2] + [2 920×0.7+400×0.3] -2 800=544(万元)

比较点②和点③的期望值,大面积开发建设方案仍为最优方案。

第四节   旅游投资风险分析

一、旅游投资风险

投资风险是指资金投放出去后,其实际投资收益与预期投资收益存在的差异,实际投资收益具有不确定性。旅游投资决策所涉及的不少方面都具有长期性和变动性,不仅旅游工程的建设和运行时所需的原材料、燃料、动力、价格等都会发生变化,而且社会、政治、经济和自然等方面的变化也会对旅游业产生影响,这些难以预知的变化因素决定了旅游企业投资效益的不确定性。在一般情况下,旅游投资风险有以下 3 种。

(1)市场风险(系统风险)   它是指由影响旅游投资项目的所有市场因素引起的风险。这种风险是客观存在的,是旅游投资无法回避的风险,也是所有旅游投资项目共同面临的风险,如物价上涨、经济不景气和高利率等。

(2)企业风险(非系统风险)   它是指由于企业对旅游投资项目经营不善,或者经营管理不当等因素所引起的风险。对这类风险可以通过改善经营和加强管理等方式来抵消或减少,也可以通过多元化投资来分散。

(3)财务风险   它主要是指由于举债而给旅游投资项目建设带来的风险。投资风险一般是难以避免的,但可以在深入分析投资风险的基础上采取相应措施,尽可能减少风险,提高投资的安全性，最大限度地实现预期收益。

二、预期收益率

对于投资者来说，一般是投资风险越大，期望的投资收益率越高。无论是谁，在进行投资决策时，首先都要考虑最低收益率标准，国外一般以国家债券确定，国内目前往往以银行利率确定。这个最低收益率标准，普遍认为是无风险收益率，可作为未来收益的最低基准线，在此基础上再附加一个超额收益率就构成企业投资的预期收益率。超额收益率则是根据投资者所冒风险大小来确定的。所以，人们也将投资者甘冒风险所取得的这一部分超额价值称为风险价值。

三、旅游投资风险分析

投资者投资的风险价值是由其投资的风险程度决定的。因此，投资者要了解投资价值，首先就要对投资风险度进行预测。由于风险是因为决策实施的结果存在各种可能性而派生的，所以预测风险度时，就要把各种可能都考虑进去，其办法就是利用概率论原理来测定投资方案的风险。将各种可能出现的结果称为随机变量 X_i；用概率 P_i 表示随机变量 X_i 出现的机会，P_i 取值范围在 0～1 之间；各种随机变量的概率之和为 1，即：

$$\sum_{i=1}^{n} P_i = 1$$

综合每种方案实施可能出现的多种结果，求其平均期望值 $\overline{E}$ 为

$$\overline{E} = \sum_{i=1}^{n} X_i P_i$$

测量风险度的大小，通常用各种可能结果值与平均期望之间的标准差 δ 来测定。其公式为

$$\delta = \sqrt{\sum_{i=1}^{n} (X_i - \overline{E})^2 P_i}$$

例 7-5： 某旅游饭店计划对餐厅进行改造，现有两个方案可供选择，两个方案的投资都是 250 万元，预测投资的年利润率及可能实现的概率见表 7-5，试对两方案进行投资风险分析并进行方案选择。

表 7-5　两个可供选择的方案　　　　　　　　　（单位：万元）

市场情况	甲方案		乙方案	
	利润	概率	利润	概率
较好	40	0.3	50	0.3
一般	30	0.5	35	0.5
较差	20	0.2	0	0.2

计算各方案的平均期望值及标准差：

$$\overline{E}_{甲} = 40 \times 0.3 + 30 \times 0.5 + 20 \times 0.2 = 31（万元）$$

$$\overline{E}_{乙} = 50 \times 0.3 + 35 \times 0.5 + 0 \times 0.2 = 32.5（万元）$$

$$\delta_{甲} = \sqrt{(40-31)^2 \times 0.3 + (30-31)^2 \times 0.5 + (20-31)^2 \times 0.2} = 7（万元）$$

$$\delta_{乙} = \sqrt{(50-32.5)^2 \times 0.3 + (35-32.5)^2 \times 0.5 + (0-32.5)^2 \times 0.2} = 17.5（万元）$$

甲方案的标准差比乙方案的标准差小，说明甲方案实施后各种可能出现的结果之间相差小，如果不考虑两方案平均期望值的差异，自然可以认为甲方案风险小。但是，由于乙方案的平均期望值高于甲方案，所以仅凭标准差来认定风险度的大小是不够的，还应当计算其标准差系数，使用标准差系数来衡量风险度大小。

标准差系数又称为标准离差率 δ'，其计算公式为

$$\delta' = \frac{\delta}{E} \times 100\%$$

所以，甲方案：$\delta'_{甲} = \dfrac{7}{31} \times 100\% \approx 22.58\%$

乙方案：$\delta'_{乙} = \dfrac{17.5}{32.5} \times 100\% \approx 53.85\%$

因为 $\delta'_{甲} < \delta'_{乙}$，说明甲方案风险小。

由于 $\delta' = \dfrac{\delta}{E} \times 100\%$，所以当 $\overline{E}_{甲}$ 等于 $\overline{E}_{乙}$ 时，可用标准差来比较不同方案的风险大小。

标准离差率计算出来后，就可计算风险率了。风险率是标准离差率与风险价值系数的乘积，风险价值系数一般由投资者主观决定。风险率计算公式为

$$R = \delta'F$$

式中 R——风险率；

F——风险价值系数。

如例 7-5 中该饭店最高决策者确定风险价值系数 F=10%，则两个方案的风险率 R 分别为

$$R_{甲} = 22.58\% \times 10\% \approx 2.26\%$$

$$R_{乙} = 53.85\% \times 10\% \approx 5.39\%$$

四、风险点的确定

投资者投资时，期望得到无风险收益率再加一个超额收益率，而这个收益率应大于或等于风险率，投资才有价值。通常，将无风险收益率与风险率之和称为风险点收益率，与之对应的点称为风险点。用公式表示为

$$风险点收益率=无风险收益率+风险率$$

设风险点收益率为 Z，无风险收益率为 J，则

$$Z=J+R$$

投资者期望得到一个超过风险点的收益率，否则，这项投资是不合算的。

所以，考虑投资风险，选择投资方案时，就要选择平均期望收益率 $\overline{E}_e$ 大于或等于风险点收益率 Z 的方案。如例 7-5 方案的平均期望收益率 $\overline{E}_e$ 为

$$\overline{E}_{e甲}=\frac{31}{250}\times100\%=12.4\%$$

$$\overline{E}_{e乙}=\frac{32.5}{250}\times100\%=13\%$$

若以银行利率为无风险收益率，假定银行利率为 10%，则两方案的风险点收益率为

$$Z_甲=10\%+2.26\%=12.26\%$$

$$Z_乙=10\%+5.39\%=15.39\%$$

因为 $\overline{E}_{e甲}>Z_甲$，已过风险点，说明甲方案具有投资价值。

因为 $\overline{E}_{e乙}<Z_乙$，没过风险点，说明乙方案不具有投资价值。

五、投资风险对策

由于风险产生的原因是多方面的，因此面对风险的对策也应多种多样。归纳起来主要有以下几种。

1. 寻求良好的投资环境

良好的投资环境是减少企业投资风险，达到预期投资目标的保证。企业在运行投资时要认真研究国内外政治经济形势，明确国家的产业发展政策及动态，了解经济周期、货币政策的实施及企业利润水平的变动等，以寻求最佳投资环境。

2. 掌握准确的投资效益信息

因为旅游投资决策方案的结果总是不确定的，因而企业要对风险作出正确的评判，并力求使这种风险减小到最低程度。企业要获得预期效益，关键在于是否掌握充分准确的投资效益信息。影响投资效益的因素是多方面的，反映投资效益信息的指标也是多方面的。企业主要应掌握客源市场的发展趋势、需求结构变化趋势、市场占有率、价格变动、价格变动率、投资对象的资金利润率和营业利润率等的现状及变动趋势。

3. 实行投资多样化战略

通过组合投资，使投资多样化，即发展多种经营，不要把鸡蛋放在一个篮子里，以分散和减少投资风险。

4. 重视员工培训，提高管理水平

做好经营管理人员的培训，提高管理水平，可以抵消或减少由于企业经营不善、管理不当等一系列与企业直接有关的意外事故所引起的风险。

本 章 小 结

　　旅游投资作为社会经济活动的重要领域，是国民经济的重要组成部分。本章阐述了旅游投资的含义、分类、特点和基本原则；指出了旅游投资项目可行性研究的必要性、内容和要求；在阐述旅游投资项目决策的程序基础上，介绍了确定性旅游投资决策、非确定性旅游投资决策和风险型旅游投资决策的方法；最后结合案例，对旅游投资风险的测定进行了分析和论述。

思考与练习

一、名词解释

旅游投资　旅游投资项目　旅游投资机会　旅游投资决策　旅游投资风险

二、填空题

　　1. 按投资对象的存在形态可将旅游投资分为＿＿＿＿＿＿与＿＿＿＿＿。

　　2. 旅游投资项目可行性研究又可分为＿＿＿＿＿＿、＿＿＿＿＿＿和详细可行性研究 3 种类型。

　　3. 通常，投资机会的研究对总投资估算的误差一般要求控制在＿＿＿以内。

　　4. 详细可行性研究的投资估算误差要求在＿＿＿以内。

　　5. 按旅游决策条件分类，一般可将旅游投资决策分为＿＿＿＿、风险型决策和＿＿＿＿＿决策 3 种类型。

　　6. 在风险型决策情况下，决策的方法根据决策问题的复杂程度可选用＿＿＿＿法和＿＿＿＿法。

三、简答题

　　1. 简述旅游投资的特点及基本原则。

　　2. 旅游投资有哪些分类？

　　3. 为什么要进行旅游投资项目的可行性研究？

　　4. 简述旅游投资项目可行性研究的内容及类型。

四、论述题

　　1. 试述旅游投资决策的主要方法。

　　2. 如何测定旅游投资风险？

五、计算分析题

　　1. 根据如下资料（表 7-6），完成以下问题。

表 7-6　投资方案比较表

投 资 方 案	投资/万元	年 收 益		使用期/年	损益期望值
		销路好（0.7）	销路差（0.3）		
新建生产（A_1）	220	80	-30	10	
改建生产（A_2）	80	40	10	10	

（1）计算并完善上表。

（2）试用决策树法为该企业做出最佳选择。

2．某旅游开发公司计划在外地投资建设一个旅游度假村。因缺乏当地有关资料，公司对客源地旅游需求量只能估计为较高、一般、较低、很低 4 种情况，对每种情况发生的概率无法预测。为了开发建设，公司提出了独资建设、与当地有关部门集资建设、与外商合作建设 3 个方案，并估算出每个方案建成后 3 年内的损益值（见表 7-7），请用悲观决策法、乐观决策法和后悔值决策法 3 种不同的方法，为决策者提出不同情况下的最优建设方案。

表 7-7　投资方案及其损益值表　　　　　　　　　（单位：万元）

状态 方案	较　　高	一　　般	较　　低	很　　低
独资	800	350	-300	-700
集资	350	220	50	-100
合作	400	250	90	-50

六、案例分析

当前我国旅游投资总体形势判断及主要问题

1．旅游投资的宏观趋势与特点

当前，我国旅游业正成为资本投资关注的新宠领域，对旅游业投资的步伐加快，同时旅游投资的宏观趋势和特点也日益显现其特征，主要表现为以下几点。

（1）跨区域旅游投资趋势明显　在资本必然流向高回报地域的特征下，我国的旅游投资呈现出跨地域流动特征。除外资、我国港澳台资本投资大陆之外，东部省份资本投资西部旅游项目，省内发达区域或大企业投资欠发达、待开发区域旅游项目，成为普遍现象。

（2）跨行业投资旅游业成为普遍现象　近年来，一些企业集团在我国经济快速发展中，获得了更大的利润，实力增长迅速，积累资本充足，寻找新的扩展领域，选择投资旅游业的态势非常普遍。尤其是电力、电信、石油、水利等国有企业集团和以煤炭、服装、电器、零售等为主业的企业集团，投资旅游业如火如荼。

（3）跨区域大项目集中连片投资开发趋势明显　大型企业集团的出现，给旅游投资的格局带来很大变化，大规模成片开发成为一种趋势。这类投资一般都具有投资区域较广、投资额度较大、产业链延长的特点。

（4）旅游新业态成为旅游投资热点　目前，旅游城市住宿设施和旅游景区项目，仍是我国旅游投资的两大重点。随着旅游业新型需求的产生，一些投资主体已经把眼光放远，开始注重旅游新业态。在我国，海洋旅游、航空旅游、温泉度假、高山滑雪、高尔夫、温泉康体、邮轮游艇、自驾车等深度体验享乐式为主要内容的新领域投入，对分时度假、旅游房地产营销、住宿市场预订网络、野外营地、旅游房车、专用服装等旅游设施设备或装备为主要内容的生产，都成为新的投资领域，并具有相当可观的成长空间。

（5）旅游投资交流平台日益增多　随着旅游投资规模的扩大，旅游投资主体和项目方对接、洽谈的机会也越来越多，各类交易会、博览会、洽谈会、展销会、庆典活动增多，而且大多数都把旅游投资作为重点洽谈内容。

2．未来中国旅游投资趋势

从现在开始到 2015 年，旅游投资前景广阔，投资增幅会持续增长，投资水平会不断提高。这主要有以下几个方面原因的支撑。

（1）旅游市场将从以入境旅游为主导、国内旅游为基础，扩展到入境、国内、出境 3 大市场共同发展。

（2）旅游产品将从以观光旅游为主，发展到观光旅游和休闲度假旅游共同发展的格局。乡村旅游、红色旅游、生态旅游、文化旅游、会展旅游、商务旅游、科技旅游、海洋旅游等新产品将快速发展。

（3）自驾车旅游、游船游艇、房车营地、网络旅游、旅游俱乐部、旅游传媒等旅游新业态将大量出现。

（4）世界旅游组织预测，到 2015 年中国将成为世界上第一大入境旅游接待国和第四大出境旅游客源国。届时，预计我国入境过夜旅游人数可达 1 亿人次，国内旅游人数可达 28 亿人次左右，出境旅游人数可达 1 亿人次左右，游客市场总量可达 30 亿人次左右。

3．中国旅游投资存在的主要问题

（1）投资环境有待改善　营造投资环境是宏观经济层面的重要问题，在部分招商引资地区，存在着不注重营造政策环境、服务环境、安商环境等问题。

（2）旅游投资融资能力不强　在资本市场投资竞争激烈的情况下，旅游业的融资能力显得不足，直接影响了投资与发展后劲。

（3）对旅游投资项目缺少规划　由于投资商对市场的认识不够深入，对区域性旅游产品和功能布局定位不够准确，导致项目的规划不够系统和全面，往往以"模仿"为主，缺乏创新。

（4）旅游投资开发建设水平较低　一方面，是土地、人力、资金等要素的整合不够，粗放型投入、狭窄型经营明显；另一方面，开发产品组合不够。有的企业现在仍然集中关注旅游住宿的市场规模，关注景区门票的增长，忽略度假、休闲等新领域新业态的扩展，尤其是忽略投资产品的综合性，度假休闲观光产品的综合性不强，产业链条过短。

（5）人才储备、旅游投资供给不足　旅游投资是近年出现的新领域，不仅要求有胆有识的企业家，同时需要有既熟悉旅游经济规律又具有投资专业知识和实践经验的人才，但很多投资者从根本上认为旅游行业门槛低，忽略了旅游业固有的经济规律，从而忽视旅游投资人才的培养和储备。这将对项目开发水平、未来发展能力都有影响。

（资料来源：国家旅游局规划发展与财务司，《中国旅游报》，2007 年 12 月 5 日，有改编）

思考：

（1）分析我国近年来旅游投资持续快速增长的原因及特点。

（2）现阶段我国旅游投资存在哪些问题？如何解决这些问题？

评析：

（1）目前我国旅游业在产业规模、产业素质、产业形象、产业发展预期等方面，都有较大提升，也越来越为中外投资者所关注。各类社会资本，投入到旅游业的份额呈加快趋势。这些资金的快速注入，为旅游业的持续发展提供了强大的发展动力。

主要体现在：一是社会资本高度关注旅游业发展。目前，无论是国际跨国公司、国内国有企业集团、民营企业还是专业投资和金融机构，都普遍把中国旅游业作为现实或未来的投资领域。二是旅游业在资本市场上占有一席之地。很多上市公司股东、经营者、专业资本操作机构（如各类证券商），都把旅游业作为一个专门领域，定期进行分析和评估，把旅游业纳入投资视野。三是成为政府投资的重点导向产业。在储备发展项目、对外招商引资过程中，各地政府越来越多地把各类旅游项目作为一个重点，对外进行推介招商。四是在投资拉动功能中占有重要位置。据不完全统计，我国旅游业吸引投资量，多年保持12%以上的增长率。

（2）由于旅游业总体发展速度快，各类原有业态吸纳资金能力很不均衡。旅游业与其他行业不断融合，旅游新业态也迅速涌现。各地招商和投资主体投入热情持续高涨，导致现阶段旅游投资存在着一些需要研究解决的问题。另外在现实情况下，旅游投资必然会遇到新旧体制碰撞、供给与需求矛盾、投资软硬环境建设等一系列问题。

旅 游 市 场

学习目标

1. 了解旅游市场的功能，中国旅游市场的发展趋势，旅游市场细分的意义及原则，寡头垄断旅游市场均衡。

2. 熟悉旅游市场形成的条件及特点，旅游市场细分的意义及类型，完全竞争、完全垄断旅游市场均衡。

3. 掌握旅游市场、旅游市场细分的含义，旅游市场细分的原则，垄断竞争旅游市场的短期均衡和长期均衡。

第一节　旅游市场概述

一、旅游市场的概念

市场是生产力发展到一定阶段的产物，与商品生产和商品交换紧密联系在一起，属于商品经济的范畴。随着人类社会的发展和社会分工的出现，商品经济不断发展，客观上要求进行商品交换，商品交换需要一定的场所，此时市场就应运而生了。正如列宁指出的："哪里有社会分工和商品生产，哪里就有市场"，"商品经济出现时，国内市场就出现了，因为市场是由这种经济的发展造成的。"市场是一个历史范畴，其范围、规模、形式、内涵等是随着社会经济的发展而不断变化的。最早的市场是一个用于商品交换的"场所"。例如，北方的"赶集"，南方的"赶场"等都属于此类。在商品经济发展的过程中，几乎所有有形和无形的、物质和非物质的产品都进入了交换领域，人们对市场的理解也发生了相应的变化。市场的内涵也更为丰富和复杂，市场不仅指商品交换的场所，而且指各种交换关系的总和。

早期的旅游活动仅仅是一种自发的非商品经济活动，随着生产力的发展和社会分工的深化，商品经济迅速发展，旅游产品也就逐渐变成商品并进入市场进行交换。而随着旅游产品生产和交换的发展，旅游市场也随之产生和扩大，并在旅游经济运行的过程中发挥着重要的功能。要认识旅游市场必须首先了解旅游市场广义和狭义的概念。

1．狭义的旅游市场

狭义的旅游市场，我们可以理解为旅游产品交换的场所，但从现实的角度，通常理解为：在一定时间、一定地点和条件下对旅游产品有需求且具有支付能力的消费者群体，也就是通常所说的旅游客源市场和旅游需求市场。所以旅游市场通常被称为旅游客源市场。

从需求方面来看，市场的形成必须具备消费者、购买力、购买愿望和购买权利4个基本要素。对于旅游市场而言，4个要素同样是缺一不可的。所以从需求方面来看，旅游市场的4个要素是旅游者、旅游购买力、旅游购买欲望和旅游权利。

旅游者是旅游产品的消费者也是旅游市场的主体，旅游市场规模大小主要取决于该市场上旅游者数量的多少。通常，在旅游支付能力相同的情况下，旅游者的形成同一个国家或地区的人口因素密切相关，如果一个国家或地区总人口多，则产生的旅游者就多，需要旅游产品的基数就大；反之，如果一个国家或地区总人口少，则产生的旅游者也少，需要旅游产品的基数就小。因此，一个国家或地区的总人口数决定了旅游者的数量，而旅游者数量的多少又反映了旅游市场规模的大小。

旅游购买力是人们购买旅游产品的能力，取决于人们可自由支配收入水平的高低以及闲暇时间的多少。旅游市场规模大小不仅取决于旅游者人数，而且还取决于旅游者的旅游购买力。决定旅游购买力的一个基本要素是个人的收入水平，通常我们把个人收入划分为：总收入、可支配收入和可自由支配收入3个层次。决定旅游购买力高低的实际上是可自由支配的收入水平的高低。一般而言，可自由支配的收入水平越高，购买旅游产品的能力越强；另一个基本要素是闲暇时间，人们的闲暇时间可以划分为：每日闲暇、每周闲暇、公共假日和带薪假期，除了每日闲暇之外，其他都可以用于旅游活动。闲暇时间越多，旅游购买力也越强。

旅游购买欲望是人们购买旅游产品的主观动机和愿望。它是由旅游者的生理和心理需求引起的，是使旅游者潜在购买力变成现实购买力的首要条件，是构成旅游市场的基本要素。旅游需求的多样性决定了旅游动机的多样性，在具体的旅游经济活动中，旅游产品的供给者要了解旅游者的旅游动机，并针对不同的动机提供不同的旅游服务，从而满足旅游者的多样化的旅游需求。

旅游权利又称为旅游购买权利，是人们购买旅游产品的权利。有无旅游权利和旅游权利的大小也是形成旅游市场的重要因素。尤其是国际旅游市场，旅游权利主要取决于政府政策，尤其是外交政策。

在旅游市场中，以上4个要素缺一不可，人们通常用以下等式来反映旅游市场与4个要素之间的关系：

$$旅游市场=旅游者×旅游购买力×旅游购买欲望×旅游权利$$

2．广义的旅游市场

广义的旅游市场，一般是指在旅游产品交换过程中所反映的有关旅游者与旅游经营者之间的各种经济行为和经济关系的总和。

广义的旅游市场要求：①必须有旅游市场交换的主体双方，即旅游者和旅游经营者；②必须具有供旅游市场交换的对象，即旅游产品；③必须有旅游产品交换的手段和媒介，如货币、广告、信息等。旅游者和旅游经营者之间就是通过市场交换连接起来的，而旅游市场上的各种行为和现象，就反映着双方之间的经济行为和经济关系。随着旅游经济的发展，旅游市场规模的不断扩大，以及计算机网络技术的应用，旅游者和旅游经营者之间的交换行为和交换关系也日益密切和复杂，从而共同构成了广义的旅游市场。

二、旅游市场形成的条件

旅游市场是旅游需求市场和旅游供给市场的总和，反映着政府之间、政府与旅游经营者之间、旅游经营者之间、旅游经营者与旅游者之间错综复杂的经济关系。旅游市场的形成和发展是这些关系协调发展的必然产物。

1．旅游目的地旅游吸引物状况

旅游吸引物是旅游市场形成的首要条件。旅游吸引物的品质及吸引力的大小直接决定了旅游市场的规模。凡是世界著名风景名胜区和历史遗址所在地区，必定会形成发达的旅游市场。比如，世界四大古都埃及开罗、希腊雅典、意大利罗马、中国西安，世界音乐之都奥地利维也纳，世界花园国家瑞士等都形成了重要的国际旅游市场。

2．旅游供求市场的经济发展水平和前景

旅游市场形成与经济兴衰是同步的。首先，从全世界的旅游客源市场分布格局来看，全世界主要的客源市场国家和地区都是发达国家和地区。经济发展水平和国民人均收入水平与旅游客源市场格局是相一致的，并且这种客源市场结构具有一定的稳定性。经济的发展是旅游市场形成的主要条件，凡是经济发达和经济前景看好的国家和地区都是旅游市场发展最好和最快的。其次，从全世界旅游接待国家和地区的格局来看，发达国家和地区仍然是旅游供给能力最强的国家和地区，所以旅游供给能力的高低同样取决于一个国家和地区的经济发展水平。第二次世界大战以后，欧美地区是世界上经济发展最快的地区，从而也使这些国家一直是国际旅游市场的主体，既是世界上最大的旅游客源市场，又是世界上最大的旅游供给市场，并一直保持着世界旅游强国的地位。随着世界经济格局的变化，世界旅游市场的分布也会发生一定的改变。比如，近些年来，东亚、太平洋地区的旅游市场崛起，就与欧美发达国家的经济波动及东亚、太平洋地区的经济充满活力息息相关。

3．旅游供求市场的人文地缘关系

许多地域接壤、相互毗邻的国家或者地区之间都有着不可阻隔的政治、经济、历史、文化、通婚等密切交往，形成比较大规模的、长期稳定的人员旅行往来。其中比较典型的是欧洲国家间、欧美之间、欧洲与前殖民地国家间、英联邦国家间，以及我国的华侨、海外华人以及港澳台同胞与大陆之间。他们中每年都有大量探亲观光、寻根祭祖、旧地重游的人员流动，占相关各国每年入境旅游者总数的60%以上，形成世界人数最多的国际旅游客源市场。

4．旅游目的地的市场开发水平

旅游供给市场从形成到成熟，必须经过适应需求、引导需求、刺激需求和创造需求不同层次的实践过程。许多国家在很短的时间内就在竞争激烈的世界旅游市场中成为旅游强国，依靠的是不断提高旅游服务质量，加速更新和开发旅游产品，增加旅游产品的销售渠道，增强旅游产品促销力度，提供并创造能够满足旅游者各种需求的旅游服务产品，从而使自己的国家迅速形成具有竞争力的旅游市场，并跻身于世界旅游强国的行列，如新加坡、泰国、澳大利亚等。

5. 政府发挥的积极作用

政府的旅游政策也是影响旅游市场的一个重要因素。积极的旅游政策，如简化旅游者的出入境手续等，将鼓励和引导旅游经营者采取各种措施满足旅游市场的需求，促进旅游市场的发育和形成；相反，则会抑制客源的增长，阻碍旅游市场的发展。同时，政府也可以在维护稳定的政治环境，提高国民素质，对旅游市场有效的宏观调控和宣传促销，重视旅游人才培养，推进旅游设施建设，促进科学技术成果在旅游市场建设中的运用等方面发挥作用，直接影响旅游市场的形成和发展。

三、旅游市场的功能

旅游市场是旅游经济发展的必然产物，是旅游业赖以生存和发展的基本条件和载体，对旅游经济活动的有效运行起着十分重要的作用，发挥着重要功能。

1. 旅游产品交换功能

旅游市场是连接旅游产品供给者和需求者的纽带，承担着旅游产品交换和价值实现的任务。各种旅游产品只有通过旅游市场才能销售给旅游者，旅游者的旅游需求只有通过旅游市场才能满足。通常，旅游市场上总是存在着许多不同的旅游产品供给者和需求者，旅游产品供给者通过市场销售自己的旅游产品，而旅游产品的需求者则通过市场选择并购买自己感兴趣的旅游产品。旅游市场把旅游供给和旅游需求衔接起来，旅游经营者通过市场实现了旅游产品的价值，获得了利润；旅游者通过市场获得了旅游产品的使用价值，满足了旅游需求。

2. 旅游经济调节功能

旅游市场也是调节旅游经济活动和旅游供求平衡的重要杠杆。它主要表现在以下3个方面。

（1）调节旅游供求关系 在旅游市场上，当旅游供求双方出现矛盾时，就会引起旅游市场竞争加剧和价格波动，影响到旅游经济活动的顺利进行。于是就需要通过市场机制和价格机制的作用，来调节旅游产品的生产和消费，使旅游供求重新趋于平衡。

（2）调节旅游经营者的行为 通过旅游市场检验旅游经营者的服务水平，改善和提高旅游企业的服务质量和经营水平，提高旅游企业和整个旅游业的经济效益。

（3）调节旅游资源的合理配置 资源配置是指在社会经济活动中，把社会经济资源进行有效分配，以充分利用稀缺资源生产出更多、更好的产品，因此，通过旅游市场的资源配置功能，可以促进整个旅游经济中的食、住、行、游、购、娱按比例协调发展，实现社会经济资源的优化配置，并通过市场机制使旅游企业按照市场供求状况，及时调整自己经营的旅游产品结构、投资结构，以适应旅游者需求和旅游市场的变化，不断提高旅游经济效益，实现旅游资源要素的优化配置。

3. 旅游信息反馈功能

在市场经济条件下，旅游供求的平衡离不开充分的旅游信息，即有关旅游市场供求动态变化的信息。一方面，旅游企业通过市场将旅游产品信息传递给旅游者，以引导和调节旅游需求的变化；另一方面，旅游企业又根据市场反馈的旅游需求信息和市场供求动态变化，及时调整旅游供给，组织生产适销对路的旅游产品。因此，旅游市场通过信息反馈功能，成为旅游经济活动的"晴雨表"，综合地反映旅游市场供求变化和旅游经济的发展状况。

四、旅游市场的特点

旅游市场同一般商品市场、服务市场和生产要素市场相比，具有不同于其他市场的多样性、季节性、波动性和全球性的特点。

1. 多样性

旅游市场的主体是旅游者和旅游经营者，旅游者的需求和旅游经营者的供给是多种多样的，从而形成的旅游市场也具有多样性的典型特征。旅游市场的多样性主要表现在 3 个方面：①旅游产品种类的多样性，不同国家、不同地区的自然和人文旅游资源的不同，必然形成不同的旅游产品，从而使旅游者的旅游经历的感受也不同；②旅游者购买形式的多样性，如全包价旅游、半包价旅游、小包价旅游、零包价旅游以及单项服务委托等；③交换关系的多样性，即旅游者和旅游经营者之间所交换的可以是单项旅游产品，也可以是线路旅游产品，还可以是以旅游目的地为主的综合性的旅游产品。总之，旅游市场的多样性不仅反映了旅游市场发展变化的特点，而且在很大程度上决定着旅游经营的多样性。

2. 季节性

由于旅游目的地国家或地区自然条件、气候条件的差异和旅游者闲暇时间分布的不均衡，造成旅游市场具有突出的季节性特点。例如，某些旅游资源尤其是自然旅游资源，其吸引力本身就具有很强的季节性，相应的旅游市场也具有很强的季节性。利用公共假日和带薪假期出游的旅游者，由于公共假日和带薪假期的时间性，也会使相应的旅游市场淡旺季非常明显；某些旅游目的地直接受气候影响，也具有明显的季节差异性，如海滨旅游、漂流旅游等。因此，旅游目的地国家或地区应根据旅游市场淡旺季的不同作出合理安排，一方面要合理组织好旺季旅游市场供给，尽量减少或消除旺季带来的拥挤现象及各种不良影响；另一方面，努力开发淡季旅游市场，把大量的潜在的旅游需求转化为现实的旅游需求，使旅游市场向淡旺季均衡化方面发展。

3. 波动性

旅游活动作为人们的一种高层次需求，对于各种政治、经济、社会环境的变化具有较强的敏感性，而影响旅游需求的因素又是多种多样的，从而使旅游市场变化具有较强的波动性，任何一个因素的变化都可能引起旅游市场的波动性变化。虽然从整个世界来看，旅游市场规模一直保持着持续的增长态势。但从旅游市场发展的某个时期和某一个具体的旅游市场来看，其发展是不稳定的。某一突发事件或者重大活动都会在一段时间改变旅游客源的流向，从而使旅游市场呈现出较大的波动性。例如，美国"9·11"事件一度使北美出游旅游者大幅度减少，而"非典"则严重打击了亚洲旅游业的发展。

4. 全球性

自第二次世界大战以来，随着生产力水平的提高、交通条件的改善和社会经济的发展，使国际旅游市场经历了一个由洲内向洲际发展的过程，使旅游活动由一个国家扩展到多个国家和地区，使区域性旅游市场发展成为世界性旅游市场，促进了全球旅游市场的形成。而旅游市场的全球性，又使人们可以以较少的时间、较少的支出获得更大程度的旅游需求的满足,从而使旅游者的足迹遍布世界各个地区和大部分国家,促进了各国旅游业的发展,丰富了人们的旅游活动。

五、中国旅游市场的发展趋势

1. 市场需求呈不断扩大趋势

随着国民收入的增加和人民生活水平的提高,越来越多的中国人加入到了旅游活动中。国内旅游蓬勃发展,势头喜人;出境旅游已发展起来,并取得一定成效;入境旅游在竞争激烈的条件下也出现了稳中有升的势头。目前,旅游消费群体正在形成并不断扩大,构成了一个庞大的旅游需求和消费市场。

2. 规范旅游市场秩序的进程加快

随着社会主义市场经济体质的建立和完善,旅游市场体系也在逐步完善,全国各地旅游行业和管理部门,针对旅游市场中某些不合理、不规范的行为,正加大力度进行整治,切实加强规范化管理。

3. 市场需求呈现多样化、多层次性和多变性

由于旅游者的社会经历、经济收入、个人兴趣爱好、受教育程度、职业、性别等的不同,旅游者往往表现出不同的旅游需求,中国幅员辽阔、山川秀丽,二十几年前,许多地区就已经着手开发各类旅游资源和旅游产品,使得我国旅游资源和旅游产品不断丰富。同时,旅游产品的替代效应又极强,对旅游者来说,就增加了许多的可选择性。并且市场需求会随着旅游者需求的变化而变化,从而呈现出多样化、多层次性和多变性。

4. 旅游市场的东西部差异在日益缩小

过去,由于历史、地理、自然、交通、政策等诸多方面因素的影响,中国旅游市场在发达程度方面存在着较大的差异性,沿海优于内地,东部优于西部,国内外旅游者感兴趣的主要是那些早已名闻天下的旅游景区和景点。随着科学技术在旅游业中的运用,信息传递的加快使人们想进一步了解那些不为人知而又富有新奇感的新景点;交通运输的现代化缩短了旅游的空间距离并节约了旅游的时间;观念的变化使越来越多的旅游者去寻找从未开垦的神秘世界。与此同时,内地、西部那些不发达地区对旅游业的重视、对旅游投入的加大又使其与发达地区在硬件方面的差距不断缩小。这样,旅游市场的地区差异正在逐渐缩小。

5. 旅游市场竞争呈现多角化

过去,中国旅游市场的竞争基本是同行业中企业之间的竞争,由于当时饭店、旅行社的数量和服务项目供不应求,这种竞争在一定程度上还带有垄断竞争的性质。然而,随着旅游业在各地的兴起,各类旅游饭店拔地而起,旅行社如雨后春笋般出现,使得竞争加剧。而目前的竞争又表现为多方位和多角化竞争,不仅有来自行业内部的竞争,还有各行各业办旅游所带来的竞争,有来自潜在竞争者的竞争,也有替代产品的竞争等多个方面。这是中国旅游市场呈现出的一个新情况,这表明旅游市场竞争日益复杂化、多角化,要求企业从长期性和战略性来考虑企业营销战略。

6. 旅游市场格局出现新的变化

从国际旅游业来看,市场格局出现了以下新的变化。

（1）20 世纪 90 年代以来，亚洲市场发展强劲　我国入境客源市场快速增长，来华客源增长幅度较高的主要客源国大多都在亚洲。以 2009 年为例，当年亚洲来华旅游人数为 1 377.93 万人次，其中日本来华旅游人数 331.75 万人次；韩国来华旅游人数 319.75 万人次，是我国第一和第二大客源国。

（2）市场结构发生变化

1）散客迅速增长，团队比重大幅度下降。

2）中年旅游者日趋增加，而老年旅游者日趋减少。

（3）客源流向发生变化　随着国际旅游市场逐步趋于成熟，交通及接待条件不断改善，产品的弹性和替代性增强，旅游者的选择性进一步增强，分布也日益广泛，近几年来，主要旅游城市的客源出现较大范围的下降与减速，与此同时，又有一批新兴的旅游城市和地区出现客源较大幅度增长。

（4）旅游方式发生变化　旅游者在华停留天数趋减，经停城市数趋减，旅行的随意性增强。

第二节　旅游市场细分

在世界旅游市场中，任何一个旅游产品的供给者，都没有足够的实力占领全球旅游市场，满足所有旅游者的需要，因而必须对旅游市场进行分类，以确定各个国家、各个地区或各个企业的目标客源市场，并针对目标客源市场采取适当的旅游市场开发策略。

旅游市场细分是由美国市场学家温德尔·斯密在 20 世纪 50 年代中期提出的。旅游市场的细分是指旅游经营者根据旅游消费者群之间的不同特征，把旅游市场划分成若干个分市场，从中选择自己目标市场的方法。

一、旅游市场细分的意义

进行旅游市场细分有助于旅游企业制定正确的生产经营和产品营销策略，促进旅游企业和旅游业的发展。具体而言主要表现在以下几个方面。

（1）有助于旅游企业制定正确的生产经营和营销计划，合理确定企业的市场定位。

（2）有助于旅游企业发现新的市场机会，制定新的计划，拓宽业务领域。

（3）旅游企业通过有针对性的市场分析并实施相应的营销计划，满足更多的消费需求，达到扩大市场占有率的目的。

（4）通过市场细分，旅游企业可以选择适合本企业发展的市场并集中力量占有或开拓该市场，从而达到提高经济效益的目的。

二、旅游市场细分的基本原则

（1）可衡量性　旅游市场细分的标准和细分后的市场必须是可以衡量的。因此进行市场细分之前，旅游企业必须明确提出细分标准和依据。

（2）可占领性　首先经过细分后的旅游市场是值得旅游企业去占领的；其次细分后的旅游市场是企业能够占领的。

（3）经济性　旅游企业在细分后的市场上经营发展，必须具有良好的经济效益。细分市场必须是稳定的，而且其市场规模能够满足企业的现实需要和今后发展，市场秩序必须是良好的。

三、市场细分的类型

按照不同的标准可以把旅游市场划分成不同的类型。

1．按地域划分旅游市场

按地域划分旅游市场，是以现有及潜在的客源发生地为出发点，根据对旅游者来源地区或国家的分析而划分旅游市场。世界旅游组织根据世界各地旅游发展情况和客源集中程度，将世界旅游市场划分为欧洲、美洲、东亚太地区、非洲、中东和南亚6大区域。

2．按是否跨越国境划分旅游市场

按是否跨越国境一般把旅游市场划分为国内旅游市场和国际旅游市场。国内旅游市场是指一个国家国境内部的旅游市场，主要是指本国居民在本国境内的旅游。国际旅游市场是指旅游活动超出国境范围的市场，主要是指一个国家接待境外旅游者到本国境内旅游或组织本国居民到境外旅游，据此国际旅游市场又进一步划分为入境旅游市场和出境旅游市场。

3．按组织形式划分旅游市场

根据旅游的组织形式，可将旅游市场划分为团体旅游市场和散客旅游市场。团体旅游是指人数在15人以上的旅游团，其旅游方式以包价为主，包价的内容通常包括旅游产品的基本部分。散客旅游主要是指个人、家庭及15人以下的自行结伴的旅游活动。散客旅游者可以按照自己的意向自由安排旅游活动内容，也可以委托旅行社购买单项旅游产品或部分包价旅游产品。

4．按消费水平划分旅游市场

根据旅游者的消费水平，一般可以把旅游市场划分为：豪华旅游市场、标准旅游市场和经济旅游市场。通常，豪华旅游市场的主体是社会的上层阶层，他们一般不关注旅游产品价格，只关注旅游产品的质量。标准旅游市场的主体是大量的中产阶层，他们既注重旅游价格又注重旅游活动的内容和质量。经济旅游市场的主体是那些收入水平较低的社会阶层，他们更多的是关注旅游产品的价格。

5．按旅游目的和内容划分旅游市场

按旅游目的和内容，可以将旅游市场划分为：观光旅游、文化旅游、商务旅游、会议旅游、宗教旅游、探险旅游以及各种专项旅游市场。

第三节　旅游市场竞争

在这一节我们主要运用西方经济学的消费者与市场理论来分析旅游市场。消费者与市场理论主要是分析消费者在不同市场状态之下是如何实现自身利润最大化的，以及在消费者和生产者经济行为的共同作用下，不同类型市场的价格和产量的决定。

由于在不同的市场状态下，旅游经营者对产品价格的影响力是不一样的，这种影响力的不同直接影响旅游经营者的收益状况，以及实现均衡以后的利润状况。所以，对旅游经营者经济行为的分析，需要在不同的市场状态下进行分析。

我们根据市场竞争程度的强弱将所有的旅游市场简单地分为 4 种类型：完全竞争旅游市场、完全垄断旅游市场、垄断竞争旅游市场和寡头垄断旅游市场。而影响市场竞争程度的具体因素主要有以下 4 个方面：①市场上旅游者的数量；②不同旅游经营者所生产的产品的差别程度；③旅游经营者对市场价格的影响力；④旅游经营者进入或退出行业的难易程度。

一、完全竞争旅游市场的均衡分析

1. 完全竞争旅游市场的条件

完全竞争旅游市场是一种竞争不受任何阻碍和干扰的市场结构。在这个市场上只有竞争，没有垄断。要成为完全竞争旅游市场必须具备以下 4 个条件。

（1）旅游市场上有众多的买者和卖者　众多的含义是指市场当中有众多的旅游者和旅游经营者，单个的旅游者和旅游经营者各自所占的市场份额很小，他们各自的市场份额对于整个市场的总购买量或总销售量来说是微不足道的。

（2）旅游行业中的所有旅游经营者生产的是同质的旅游产品，产品之间是完全无差别的，彼此之间都是完全的替代品　这里的产品同质不仅是指产品之间的质量完全一样，还包括产品的商标、销售条件、售后服务等都是完全相同的。

（3）旅游经营者进入或退出这个市场是完全自由的　进出完全自由是指旅游经营者进出这一市场不存在任何法律、社会、资金等方面的障碍，所有的生产要素都可以自由的流动。

（4）完全信息　完全信息是指旅游市场中的每一个买者和卖者都掌握与自己的经济决策有关的商品和市场的全部信息。

显然，理论分析上所假设的完全竞争旅游市场的条件是很严格的，在现实的旅游经济中，完全竞争旅游市场是不存在的，它只是一种理想状态。但传统的西方经济学认为，完全竞争旅游市场是一个最理想的市场状态，其经济效率是最高的。所以，完全竞争旅游市场可以作为评价现实当中所存在的其他旅游市场状态效率状况的标准。

2. 整个完全竞争旅游行业所面临的需求曲线和单个完全竞争旅游经营者所面临的需求曲线

整个完全竞争旅游行业所面临的需求曲线与单个完全竞争旅游经营者所面临的需求曲

线是不同的。由于整个旅游行业所面临的需求量就是整个市场上所有旅游者的需求总量，所以整个旅游行业所面临的需求曲线也就是旅游市场的需求曲线，整个完全竞争旅游行业所面临的需求曲线见图 8-1。

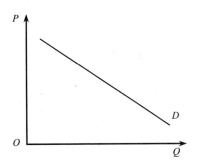

图 8-1　整个完全竞争旅游行业所面临的需求曲线

图 8-1 中，用纵轴表示旅游产品的价格，横轴表示旅游者对旅游产品的需求量。图中的 D 线为整个完全竞争旅游行业所面临的需求曲线，它是向右下方倾斜的。

整个旅游市场当中所有旅游者对行业中单个旅游经营者所生产的商品的需求量称为单个旅游经营者所面临的需求量，相应的需求曲线为单个旅游经营者所面临的需求曲线。在完全竞争的市场状态下，单个完全竞争旅游经营者所面临的需求曲线是一条由既定的市场均衡价格水平出发的水平线，见图 8-2。

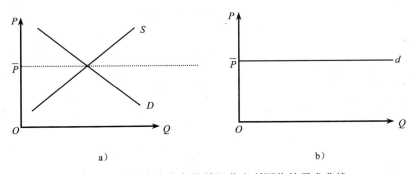

图 8-2　单个完全竞争旅游经营者所面临的需求曲线

在图 8-2a 中，D 线为整个完全竞争旅游市场的需求曲线，S 线为整个完全竞争旅游市场的供给曲线。由这两条线决定了完全竞争旅游市场中的均衡价格水平为 $\overline{P}$。由既定的均衡价格水平 $\overline{P}$ 所出发的水平线，即图 8-2b 中的水平线 d，为单个完全竞争旅游经营者所面临的需求曲线。

3. 完全竞争旅游经营者的收益状况

由于在完全竞争旅游市场当中，单个旅游经营者只能被动地接受产品的市场价格，这个价格不会随着单个完全竞争旅游经营者销售量的变化而变化，所以，完全竞争旅游经营者的收益状况就是价格不变时的收益状况。其平均收益线与边际收益线见图 8-3，其与单个完全竞争旅游经营者所面临的需求曲线完全相同。

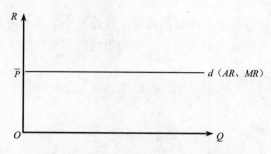

图 8-3 完全竞争旅游经营者的收益状况

4．完全竞争旅游经营者的成本状况

完全竞争旅游经营者的成本状况见图 8-4。

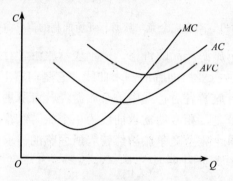

图 8-4 完全竞争旅游经营者的成本状况

在图 8-4 中，分别用 AVC、AC、MC 代表完全竞争旅游经营者的平均可变成本线、平均成本线、边际成本线。它们代表旅游经营者在一个既定的生产规模下的成本状况。

由于本章只是在不同的产品市场状态下分析旅游经营者的均衡问题，而要素市场都假定是完全竞争的，所以，图 8-4 所表示的成本状况对于完全垄断旅游经营者、垄断竞争旅游经营者和寡头垄断旅游经营者也是适用的。

5．完全竞争旅游经营者的短期均衡

我们将成本与收益问题结合在一起来分析完全竞争旅游经营者在短期当中是如何确定自己的最优的产量的。在这里短期有两种含义：①单个完全竞争旅游经营者的生产规模是既定的，旅游经营者只能通过产量的调整来实现利润最大化；②完全竞争行业中旅游经营者的数目也是既定的，所以，整个市场产品的供给状况是既定的。在市场需求不变的情况下，产品的价格是既定的。这就意味着单个完全竞争旅游经营者在短期当中，只能在既定的产品价格和生产规模下，通过产量的调整使 MC=MR，来实现利润最大化。

在完全竞争的市场状态下，市场价格对于单个完全竞争旅游经营者来说是既定的，单个旅游经营者的生产规模也是既定的，既定的市场价格决定了旅游经营者的收益状况，既定的生产规模决定了旅游经营者的成本状况。所以，短期当中，即使完全竞争旅游经营者通过产量的调整实现了均衡，其盈亏状况也分为以下 5 种情况。

（1）平均收益大于平均成本，即 AR>AC，旅游经营者是盈利的，见图 8-5。

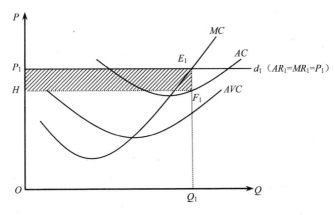

图 8-5 完全竞争旅游经营者的短期均衡（一）

图 8-5 表示，当旅游产品的市场价格为 P_1 时，旅游经营者所面临的需求曲线为 d_1，平均收益和边际收益都为 P_1，此时，理性的旅游经营者必然根据 $MC=MR$ 的原则，在 E_1 点实现均衡，将最优产量确定在 Q_1 上。在这种情况下，旅游经营者所获得的平均收益大于平均成本，总收益大于总成本，旅游经营者是盈利的。旅游经营者不仅可以获得全部的正常利润，而且还可以获得一部分经济利润。总收益为矩形 $P_1E_1Q_1O$ 的面积，总成本为矩形 HF_1Q_1O 的面积，经济利润总额为矩形 $P_1E_1F_1H$ 的面积。

（2）平均收益等于平均成本，即 $AR=AC$，旅游经营者是盈亏平衡的，见图 8-6。

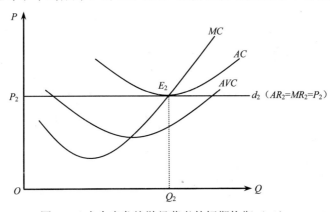

图 8-6 完全竞争旅游经营者的短期均衡（二）

图 8-6 表示，当产品的市场价格为 P_2 时，旅游经营者所面临的需求曲线为 d_2，平均收益和边际收益都为 P_2，此时，理性的旅游经营者必然根据 $MC=MR$ 的原则，在 E_2 点实现均衡，将最优产量确定在 Q_2 上。在这种情况下，完全竞争旅游经营者的平均成本和平均收益是相等的。旅游经营者的总收益与总成本都是矩形 $P_2E_2Q_2O$ 的面积，经济利润为 0，只获得全部的正常利润，没有经济利润也没有亏损。这时，完全竞争旅游经营者是盈亏平衡。平均成本的最低点 E_2 被称为盈亏平衡点或收支相抵点，E_2 点所对应的价格被称为盈亏平衡价格。

（3）平均收益小于平均成本，但仍大于平均可变成本，即 $AVC < AR < AC$，旅游经营者是亏损的，但继续生产，见图 8-7。

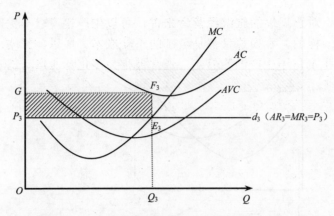

图 8-7　完全竞争旅游经营者的短期均衡（三）

图 8-7 表示，当产品的市场价格为 P_3 时，旅游经营者所面临的需求曲线为 d_3，平均收益和边际收益都为 P_3，此时，理性的旅游经营者必然根据 $MC=MR$ 的原则，在 E_3 点实现均衡，将最优产量确定在 Q_3 上。在这种情况下，旅游经营者所获得的平均收益小于平均成本，总收益小于总成本，旅游经营者是亏损的，其不仅不能获得经济利润，而且连正常利润也不能全部得到。旅游经营者的总收益为矩形 $P_3E_3Q_3O$ 的面积，总成本为矩形 GF_3Q_3O 的面积，亏损总额为矩形 $GF_3E_3P_3$ 的面积。此时，理性的旅游经营者虽然是亏损的，但仍会继续生产。因为，只有生产，旅游经营者才能在用全部收益弥补全部可变成本之后，还能弥补短期内总是存在的不变成本的一部分。所以，在这种情况下，对于理性的旅游经营者来说，生产要比不生产更有利。

（4）平均收益等于平均可变成本，即 $AR=AVC$，旅游经营者是亏损的，处于生产与不生产的临界点，见图 8-8。

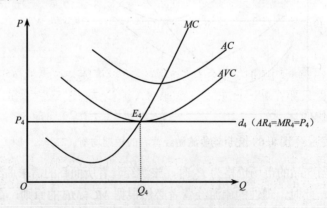

图 8-8　完全竞争旅游经营者的短期均衡（四）

图 8-8 表示，当产品的市场价格为 P_4 时，旅游经营者所面临的需求曲线为 d_4，平均收益和边际收益都为 P_4，此时，理性的旅游经营者必然根据 $MC=MR$ 的原则，在 E_4 点实现均衡，将最优产量确定在 Q_4 上。在这种情况下，完全竞争旅游经营者的平均收益和平均可变成本是相等的。旅游经营者的总收益与总可变成本都是矩形 $P_4E_4Q_4O$ 的面积。在这种情况下，完全竞争旅游经营者是亏损的，并且旅游经营者所获得的总收益只能弥补

全部的可变成本。对于理性的旅游经营者来讲，可以生产也可以不生产。因为，生产与不生产的结果是一样的，亏损总量都是全部的不变成本。所以，平均可变成本的最低点 E_4 是旅游经营者生产与不生产的临界点，通常被称为停止营业点。E_4 点所对应的价格被称为停止营业价格。

（5）平均收益小于平均可变成本，即 $AR < AVC$，旅游经营者是亏损的，停止生产，见图 8-9。

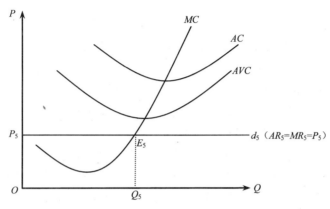

图 8-9 完全竞争旅游经营者的短期均衡（五）

图 8-9 表示，当产品的市场价格为 P_5 时，旅游经营者所面临的需求曲线为 d_5，平均收益和边际收益都为 P_5，此时，理性的旅游经营者根据 $MC=MR$ 的原则，在 E_5 点实现均衡，将最优产量确定在 Q_5 上。此时，平均收益低于平均可变成本，意味着如果旅游经营者继续生产的话，不仅不变成本无法弥补，可变成本也无法全部弥补。在这种情况下，理性的旅游经营者必然停止生产，因为，对于旅游经营者来说，生产的时候比不生产的时候亏损的更多。

综上所述，完全竞争旅游经营者短期均衡的条件是：

$$MR = SMC$$

式中　$MR=AR=P$。在短期均衡时，完全竞争旅游经营者可能是盈利的，可能是盈亏平衡的，也可能是亏损的。但只要在某一产量下 $MC=MR$，无论是盈利还是亏损，这一产量对旅游经营者来说都是最优的。

6. 完全竞争旅游经营者的长期均衡

在长期生产过程当中，所有生产要素的投入量是可以改变的，即旅游经营者的生产规模和行业内旅游经营者的数量都是可以改变的。旅游经营者数目的变化会引起整个市场产品供给的变化，在市场需求不变的情况下，必然引起市场价格的变化。所以单个完全竞争旅游经营者在长期当中，要在不同的市场价格下，根据 $MR=LMC$ 的利润最大化原则，通过对产量和生产规模的同时调整来实现其利润的最大化。

先分析完全竞争行业内旅游经营者数量的变化对单个完全竞争旅游经营者长期均衡的影响。

在长期当中，如果完全竞争行业内的单个旅游经营者可以获得一定量经济利润的话，就会吸引其他行业的厂商加入到该行业中来。随着新厂商的加入，行业内厂商的数量就会越来越多，从而引起整个行业的供给增加，进而导致旅游产品的市场价格下降。旅游产品的市场价格要一直下降到使单个旅游经营者的经济利润完全消失为止。相反，如果完全竞争行业内的单个旅游经营者是亏损的，则行业内原有经营者中的一部分就会自动从该行业退出。随着原有经营者的退出，行业内旅游经营者的数量会越来越少，从而引起整个行业的供给减少，进而导致旅游产品的市场价格上升。旅游产品的市场价格要一直上升到使单个旅游经营者的亏损完全消失为止。因此，完全竞争行业内旅游经营者数量调整的最终结果是使行业内所有的旅游经营者都处于既无利润又无亏损的状态。只有在这种情况下，行业内旅游经营者的进入或退出就停止了，行业内旅游经营者的数量就稳定了下来，于是完全竞争旅游经营者便处于一种长期均衡状态。

我们再将单个完全竞争旅游经营者对生产规模的调整与行业内旅游经营者数量的调整这两个因素结合在一起，分析完全竞争旅游经营者的长期均衡的实现过程。前面已经指出，长期内旅游产品的市场价格会随着行业内旅游经营者数量的变化所引起的行业供给的变化而变化。进一步地，在旅游经营者的经营活动中，在每一个变化了的价格水平下，单个完全竞争旅游经营者都会将生产规模调整到能够与满足 $MR=LMC$ 的均衡条件的产量相适应的最优规模。在这样一个不断调整的过程中，单个旅游经营者最后必然将经营规模调整到与利润为 0 的长期均衡所要求的产量相适应的最优经营规模。

二、完全垄断旅游市场的均衡分析

1. 完全垄断旅游市场的条件

完全垄断旅游市场是另外一种极端的市场状态。在这种市场当中只有垄断，没有竞争。要成为完全垄断旅游市场必须具备以下 3 个条件。

（1）市场当中旅游经营者的数量是唯一的，即只有唯一的一家旅游经营者提供市场所需要的产品。

（2）该旅游经营者所生产的产品没有任何相近替代品。

（3）市场上也没有任何潜在的进入者，即其他任何经营者进入该行业是极为困难或根本就不可能。

在这样的旅游市场中，排除了任何的竞争因素，独家垄断旅游经营者控制了整个行业的生产和销售。所以垄断旅游经营者可以控制和操纵旅游产品的市场价格。

旅游市场形成完全垄断的原因主要有以下几种：

1）资源的独占，即独家旅游经营者控制了生产某种商品的全部资源或基本资源的供给。这种对生产资源的独占，排除了其他旅游经营者生产同种旅游产品的可能性。

2）专利的保护，即独家旅游经营者拥有生产某种旅游产品的专利权。这便使得独家旅游经营者可以在一定的时期内垄断该旅游产品的生产。

3）政府的特许，即政府往往在某些行业实行垄断政策，如铁路运输部门、景区等。于是独家旅游经营者就成了这个行业的完全垄断者。

4）自然垄断，自然垄断行业是指这些行业的生产只有达到相当大的规模以后，才可能盈利，这就可能会使某个旅游经营者凭着雄厚的经济实力和其他优势，首先进入该行业，成为完全的垄断者。

如同完全竞争市场一样，完全垄断市场的条件也是十分严格的。在现实的经济生活中，完全垄断市场也几乎是不存在的。完全竞争市场的经济效率被认为是最高的，从而完全竞争市场模型通常被用来作为判断其他类型市场的经济效率的高低的标准，而完全垄断市场就是从经济效率最低的角度来提供这一标准。

2．完全垄断旅游经营者所面临的需求曲线和收益曲线

由于行业中只有一个旅游经营者，所以完全垄断旅游经营者所面临的需求曲线也就是整个市场的需求曲线，它是向右下方倾斜的。完全垄断旅游经营者可以通过销售量的减少来提高市场价格，也可以通过销售量的增加来降低市场价格。在这种情况下，完全垄断旅游经营者的收益状况就是价格可变时的收益状况。完全垄断旅游经营者所面临的需求曲线和收益曲线见图8-10。

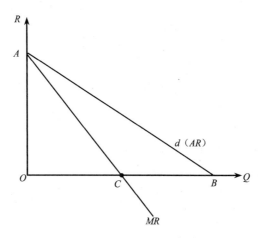

图 8-10　完全垄断旅游经营者所面临的需求曲线和收益曲线

图8-10 中的线段 AB 是完全垄断旅游经营者所面临的需求曲线 d，也就是市场的需求曲线，同时它也是完全垄断旅游经营者的平均收益线 AR，相应的边际收益线为 MR。

这里需要指出的是，以上对完全垄断旅游经营者的需求曲线和收益线所作的分析，对于垄断竞争旅游经营者和寡头垄断旅游经营者也同样适用。

3．完全垄断旅游经营者的短期均衡

完全垄断旅游经营者为实现自身利润的最大化，也必须按照 MC=MR 的原则来确定自己的最优产量。在短期当中，由于完全垄断旅游经营者无法改变不变要素的投入量，只能在既定的生产规模下通过对产量和价格的同时调整，来实现 MC=MR 的利润最大化的原则。由于，旅游经营者在短期当中无法改变自己的生产规模，而这个既定的生产规模所造成的成本状况对于完全垄断旅游经营者来讲是既定的。完全垄断旅游经营者虽然能够通过产量的调整来影响产品的市场价格，但完全垄断旅游经营者无法影响市场的需求状况，即完全垄断旅游经营者所面临的需求曲线的位置是既定的，这个既定的需求状况决定了完全垄断旅游经营者的收益状况。由于这两个方面的因素，导致了完全垄断旅游经营者在短期当中，即使通过产量和价格的同时调整，将产量确定在最优的产量水平之下，完全垄断旅游经营者可能是盈利的，也可能是亏损的，具体的盈亏状况也分为以

下 5 种情况。

（1）平均收益大于平均成本，即 $AR>AC$，完全垄断旅游经营者是盈利的，见图 8-11。

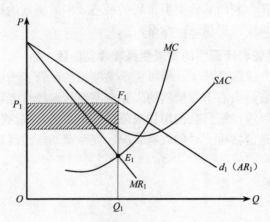

图 8-11　完全垄断旅游经营者的短期均衡（一）

图 8-11 表示，当完全垄断旅游经营者所面临的需求曲线为 d_1 时，平均收益线 AR_1 与短期平均成本线 SAC 是相交的，相应的边际收益线为 MR_1。此时，旅游经营者根据 $MC=MR$ 的原则，在 E_1 点实现均衡，将最优产量确定在 Q_1 上，产品的市场价格为 P_1。在这种情况下，旅游经营者所获得的平均收益大于平均成本，总收益大于总成本，旅游经营者是盈利的。经济利润总额为阴影部分的矩形面积。

（2）平均收益等于平均成本，即 $AR=AC$，完全垄断旅游经营者是盈亏平衡的，见图 8-12。

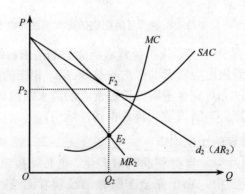

图 8-12　完全垄断旅游经营者的短期均衡（二）

图 8-12 表示，当完全垄断旅游经营者所面临的需求曲线为 d_2 时，平均收益线 AR_2 与短期平均成本线 SAC 在 F_2 点相切，相应的边际收益线为 MR_2。此时，旅游经营者根据 $MC=MR$ 的原则，在 E_2 点实现均衡，将最优产量确定在 Q_2 上，产品的市场价格为 P_2。在这种情况下，旅游经营者所获得的平均收益等于平均成本，总收益等于总成本，旅游经营者是盈亏平衡的。

（3）平均收益小于平均成本，但仍大于平均可变成本，即 $AVC<AR<AC$，完全垄断的旅游经营者是亏损的，但继续生产，见图 8-13。

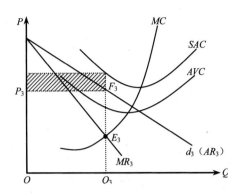

图 8-13　完全垄断旅游经营者的短期均衡（三）

图 8-13 表示，当完全垄断旅游经营者所面临的需求曲线为 d_3 时，平均收益线 AR_3 与短期平均成本线 SAC 是相离的，相应的边际收益线为 MR_3。此时，旅游经营者根据 $MC=MR$ 的原则，在 E_3 点实现均衡，将最优产量确定在 Q_3 上，旅游产品的市场价格为 P_3。在这种情况下，旅游经营者所获得的平均收益小于平均成本，总收益低于总成本，旅游经营者是亏损的。

（4）平均收益等于平均可变成本，即 $AR=AVC$，完全垄断旅游经营者是亏损的，处于生产与不生产的临界点，见图 8-14。

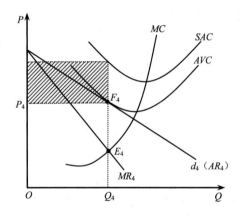

图 8-14　完全垄断旅游经营者的短期均衡（四）

图 8-14 表示，当完全垄断旅游经营者所面临的需求曲线为 d_4 时，平均收益线 AR_4 与平均可变成本线 AVC 在 F_4 点相切，相应的边际收益线为 MR_4。此时，旅游经营者根据 $MR=MR$ 的原则，在 E_4 点实现均衡，将最优产量确定在 Q_4 上，旅游产品的市场价格为 P_4。在这种情况下，旅游经营者所获得的平均收益等于平均可变成本，总收益等于总可变成本，生产与不生产对于完全垄断旅游经营者来说都是一样的，亏损总额为图中的阴影部分的矩形的面积。所以，完全垄断旅游经营者处于生产与不生产的临界点。

（5）平均收益小于平均可变成本，即 $AR<AVC$，完全垄断旅游经营者是亏损的，停止生产，见图 8-15。

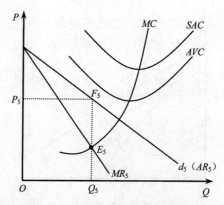

图 8-15　完全垄断旅游经营者的短期均衡（五）

图 8-15 表示，当完全垄断旅游经营者所面临的需求曲线为 d_5 时，平均收益线 AR_5 与平均可变成本线 AVC 是相离的，相应的边际收益线为 MR_5。此时，如果旅游经营者根据 $MC=MR$ 的原则，在 E_5 点实现均衡，将最优产量确定在 Q_5 上，旅游产品的市场价格为 P_5。在这种情况下，旅游经营者所获得的平均收益低于平均可变成本，总收益低于总可变成本，所以，理性的完全垄断旅游经营者必然是不生产的。

综上所述，完全垄断旅游经营者的短期均衡条件为 $MC=MR$。在短期均衡状态下，完全垄断旅游经营者可能是盈利的也可能是亏损的。

4．完全垄断旅游经营者的长期均衡

完全垄断旅游经营者在长期内可以调整所有生产要素的投入量即生产规模，从而实现最大的利润。完全垄断旅游市场排除了其他经营者加入的可能性，因此，与完全竞争旅游经营者不同，如果完全垄断旅游经营者在短期内可以获得利润，那么，他的利润在长期内不会因为新经营者的加入而消失，完全垄断旅游经营者在长期内是可以保持利润的。

完全垄断旅游经营者在长期内对生产规模的调整一般可以有以下 3 种可能的结果。

（1）完全垄断旅游经营者在短期内是亏损的，而且在长期中又不存在一个可以使他获得利润、至少获得全部正常利润、亏损为零的生产规模。于是，该旅游经营者就会退出该行业的生产。

（2）完全垄断旅游经营者在短期内是亏损的，但在长期中通过对生产规模的调整，选择最优的生产规模进行生产，摆脱了亏损的状况，甚至可以获得利润。

（3）完全垄断旅游经营者在短期内利用既定的生产规模进行生产已获得利润，而在长期中，通过对生产规模的调整，可以获得更大的利润。

由此可见，完全垄断旅游经营者之所以在长期内可以获得更大的利润，其原因在于长期内旅游经营者可以通过生产规模的调整来降低自己的生产成本，另外，这一市场对于其他经营者来讲是完全封闭的，其他经营者不可能进入这一个市场来瓜分完全垄断旅游经营者的利润。

5．价格歧视

价格歧视是指完全垄断旅游经营者为了获得尽可能多的经济利润，而凭借自己的垄断地位，所采取的一些特殊定价行为。价格歧视可分为以下 3 种。

（1）一级价格歧视　一级价格歧视是指垄断者对每一单位产品都按旅游者所愿意支付的最高价格而定价的定价行为。一级价格歧视见图8-16。

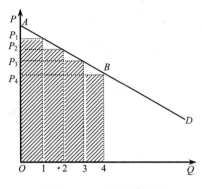

图 8-16　一级价格歧视

在图 8-16 中，D 曲线为完全垄断旅游经营者所面临的旅游者的需求曲线。一级价格歧视是指，当完全垄断旅游经营者销售第一单位的旅游产品时，旅游者所愿意支付的最高价格为 P_1，于是完全垄断旅游经营者就按 P_1 的价格销售第一单位的旅游产品。当完全垄断旅游经营者销售第二单位的旅游产品时，旅游者所愿意支付的最高价格为 P_2，于是完全垄断旅游经营者就按 P_2 的价格销售第二单位的旅游产品。按照同样的方法，完全垄断旅游经营者按照 P_3 的价格销售第三单位的旅游产品，按照 P_4 的价格销售第四单位的旅游产品。如果旅游者购买 4 单位旅游产品时，所愿意支付的最高的总价格为 $P_1+P_2+P_3+P_4$。如果旅游产品是可以无限细分的话，旅游者所愿意支付的最高的总价格是梯形 $AB4O$ 的面积。那么，完全垄断旅游经营者就按照这个最高的总价格来销售这 4 单位的旅游产品。显然，如果完全垄断旅游经营者对旅游者实行一级价格歧视时，旅游者所愿意支付的最高的总价格与实际支付的总价格是一样的。在这种情况下，旅游者剩余为零。因此，在一级价格歧视之下，完全垄断旅游经营者完全剥夺了旅游者剩余。

（2）二级价格歧视　二级价格歧视是指完全垄断旅游经营者根据旅游者的不同购买数量段而制定不同价格的定价行为，即实行阶梯式的定价方法。二级价格歧视见图8-17。

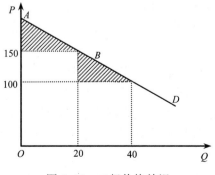

图 8-17　二级价格歧视

假如图 8-17 中的 D 线为旅游者对旅行社某种旅游产品的需求曲线。如果旅行社规定，若一个旅游团人数小于 20 人时，每人需要支付的价格为 150 元，而如果人数超过 20 人时，每人需要支付的价格为 100 元。这种定价方法就是二级价格歧视。现在，如果一个旅游团的人数是 40 人，就需要支付 5 000 元的旅游费。显然，如果完全垄断旅游经营者对旅游者实行二级价格歧视时，是部分地剥夺了旅游者剩余。在上例中如果一个旅游团的人数是 40 人时，旅游者剩余为两个阴影部分三角形的面积。

（3）三级价格歧视 三级价格歧视是指完全垄断旅游经营者对具有不同需求价格弹性的旅游者制定不同价格的定价行为。三级价格歧视的定价原则为：对需求价格弹性较大的旅游者索取低价；而对需求价格弹性较小的旅游者索取高价。这是因为，完全垄断旅游经营者对需求价格弹性较大的旅游者索取低价时，会大幅增加其销售量，从而可以通过销售量的大幅增加而获得更高的利润。而对需求价格弹性较小的旅游者索取高价时，并不会引起其销售量的大幅减少，从而可以通过价格的上升而获得更高的利润。

三、垄断竞争旅游市场的均衡分析

完全竞争旅游市场和完全垄断旅游市场是理论分析中的两种极端的市场状态。在现实经济生活中，通常存在的是垄断竞争旅游市场和寡头垄断旅游市场，这两个旅游市场当中都是既有竞争又有垄断的，只不过在垄断竞争旅游市场当中，旅游经营者之间主要是进行竞争，各自的垄断势力较弱。而在寡头垄断旅游市场当中，单个旅游经营者的垄断势力较强。本节主要分析垄断竞争市场状态下的旅游经营者行为。

1. 垄断竞争旅游市场的条件

垄断竞争旅游市场是一种既有垄断又有竞争的市场结构。但在这一个市场当中，单个旅游经营者虽然具有一定的垄断势力，但垄断势力较弱，旅游经营者之间主要是竞争关系。垄断竞争旅游市场的条件主要有以下 3 点。

（1）市场上有较多的买者和卖者，单个旅游经营者各自所占的市场份额相对较小。这就导致单个旅游经营者对整个市场虽然有一定的影响力，可以通过自己销售量的改变来影响旅游产品的价格，但这种影响力是相对较小的。

（2）市场上不同的旅游经营者所生产的是有差别的同种产品，不同旅游经营者所生产的旅游产品彼此之间都是非常近似的替代品。产品差别可以表现在质量、商标、售后服务等方面。旅游产品有了差别就意味着旅游经营者可以凭借自己产品的特色而对部分旅游者形成垄断，差别越大，垄断的程度也就越高。但在这一个市场当中，旅游产品之间虽然具有差别，但还是属于同一种产品，产品彼此之间是非常近似的替代品，也就意味着旅游经营者之间又要展开激烈的竞争，以尽量扩大自己的市场份额。

（3）市场当中单个旅游经营者的生产规模相对较小，进出市场相对比较容易。

2. 垄断竞争旅游经营者所面临的需求曲线和收益曲线

在垄断竞争旅游市场当中，由于不同旅游经营者所生产的产品是有差别的，单个旅游经营者具有了一定的垄断能力。因此，单个的垄断竞争旅游经营者可以通过改变自己有差别产品的销售量来影响市场价格，即：通过增加产品的销售量来降低产品的价格，或通过减少产品的销售来提高产品的价格。所以，单个垄断竞争旅游经营者所面临的需求曲线是向右下方倾斜的。在这种情况下，单个垄断竞争旅游经营者的收益状况也就是价格可变时的收益状况。

我们可以通过图 8-18 来比较单个完全竞争旅游经营者、完全垄断旅游经营者和单个垄断竞争旅游经营者所面临的需求曲线。

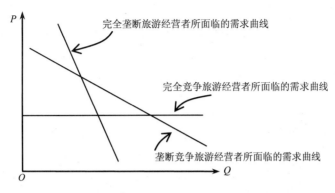

图 8-18　三种旅游经营者所面临的需求曲线

由于旅游产品需求价格弹性的大小取决于该产品的可替代性。如果一种旅游产品的替代品很多或可替代程度越高，则该产品的需求价格弹性就越大；相反，如果一种旅游产品的替代品很少或可替代程度越低，则该产品的需求价格弹性就越小。在完全竞争旅游市场当中，由于不同旅游经营者所生产的旅游产品是同质的，彼此之间是完全替代的，所以，完全竞争旅游经营者所生产的旅游产品是具有完全弹性的，单个完全竞争旅游经营者所面临的需求是一条水平线。而在完全垄断旅游市场当中，旅游经营者所生产的旅游产品没有任何的替代品，所以，完全垄断旅游经营者所生产的旅游产品是最缺乏弹性的，完全垄断旅游经营者所面临的需求曲线是陡峭的。在垄断竞争旅游市场当中，不同旅游经营者所生产的旅游产品之间是非常近似的替代品，所以，垄断竞争旅游经营者所生产的旅游产品是较富有弹性的，因此，单个垄断竞争旅游经营者所面临的需求曲线是比较平坦的。

3. 垄断竞争旅游经营者的短期均衡

在短期当中，由于垄断竞争旅游经营者的生产规模是既定的，这个既定的生产规模决定了垄断竞争旅游经营者在短期当中的成本状况是既定的，由此可以得到既定位置的 SAC 线、$SAVC$ 线和 MC 线。另外，在短期当中，垄断竞争行业内部旅游经营者的数量也是既定的，不存在旅游经营者数量变化的问题，所以，单个垄断竞争旅游经营者所面临的需求曲线的位置也是既定的，由此可以得到垄断竞争旅游经营者的既定位置的 AR 线和 MR 线。这两个方面的因素结合在一起，决定了垄断竞争旅游经营者在短期当中，只能在既定的生产规模和需求状况之下，通过产量和价格的同时调整来实现 $MC=MR$ 的均衡条件，并且在均衡状态下，垄断竞争旅游经营者可能盈利、盈亏平衡、在亏损状态下继续生产，也可能处于生产与不生产的临界点，甚至不生产。这几种情况与完全垄断旅游经营者的短期均衡是相似的，所不同的是垄断竞争旅游经营者所面临的需求曲线比完全垄断旅游经营者所面临的需求曲线平坦一些。

4. 垄断竞争旅游经营者的长期均衡

在长期当中，一方面，垄断竞争旅游经营者的生产规模是可以改变的，因此，垄断竞争旅游经营者在长期当中就可以通过对生产规模的调整，在任何一个产量水平之下选择最优的生产规模进行生产来实现其利润的最大化；另一方面，垄断竞争行业内旅游经营者的数量也是可以改变的，而旅游经营者数目的变化又会引起单个垄断竞争旅游经营者所面临的需求曲线位置的变化。比如，如果垄断竞争旅游经营者在长期当中是盈利的，这就会导致行业内部旅游经营者数量增加，进而导致单个垄断竞争旅游经营者的市场份额减少，相应地垄断竞争旅游经营者所面临的需求曲线就会向左下方移动；相反，如果垄断竞争旅游经营者在长期当中是亏损的，这就会导致行业内部旅游经营者的数量减少，进而导致单个垄断竞争旅游经营者的市场份额增加，相应地垄断竞争旅游经营者所面临的需求曲线就会向右上方移动。结合这两个方面的因素，垄断竞争旅游经营者在长期当中，要在不同的市场需求状况之下，根据 $MR=LMC$ 的利润最大化原则，通过对产量、价格和生产规模的同时调整来实现其利润的最大化。

四、寡头垄断旅游市场的均衡分析

寡头垄断旅游市场也是现实经济生活中普遍存在的，在这一个市场当中也是既有竞争又有垄断的，只不过在寡头垄断市场旅游当中，单个旅游经营者的垄断势力较强。

寡头垄断旅游市场是指少数几家旅游经营者控制整个市场的旅游产品的生产和销售的一种市场状态。

形成寡头垄断旅游市场的主要原因有：某些旅游产品的生产必须在相当大的生产规模上进行才能达到最好的经济效益；行业中几家旅游经营者对生产所需的基本生产资料的供给的控制；政府的扶植与支持等。由此可见，寡头垄断旅游市场的成因与完全垄断旅游市场的成因是很相似的，只是在程度上有所差别而已。寡头垄断旅游市场是比较接近完全垄断旅游市场的一种市场状态。

寡头行业可按不同方式分类。根据旅游产品的特征，可以分为纯粹寡头行业和差别寡头行业两类。在纯粹寡头行业中，旅游经营者生产的旅游产品没有差别。在差别寡头行业中，旅游经营者生产的旅游产品是有差别的。此外，寡头行业还可按旅游经营者的行动方式，分为有勾结行为的和独立行动的不同类型。

寡头垄断旅游经营者的价格和产量的决定是一个很复杂的问题。其主要原因在于：在寡头垄断旅游市场上，每个旅游经营者的产量都在全行业的总产量中占有很大的比重，从而每个旅游经营者的产量和价格的变动都会对其他竞争对手乃至整个行业的产量和价格产生很大的影响。正因为如此，每个寡头垄断旅游经营者在采取某项行动之前，必须首先要推测或掌握自己这一行动对其他旅游经营者的影响，以及其他旅游经营者可能作出的反应，然后，才能在考虑到这些反应方式的前提下采取最有利的行动。所以，每个寡头垄断旅游经营者的利润都要受到行业中所有旅游经营者的决策的相互作用的影响。寡头垄断旅游经营者们的行为之间这种相互影响的复杂关系，使得寡头垄断理论复杂化。一般说来，不知道竞争对手的反应方式，就无法建立寡头垄断旅游经营者的模型。或者说，有多少关于竞争对手的反应方式的假定，就有多少寡头垄断旅游经营者的模型，就可以得到多少不同的结果。因此，在经济学中，还没有一个寡头垄断市场模型，可以对寡头垄断旅游市场的价格和产量的决定作出一般的理论总结。除此之外，由于寡头垄断旅游经营者的千变万化的实际行为远远超过理论分析的假设条件所涉及的范围，所以，一些有关寡头垄断旅游经营者的理论分析往往缺乏实际的意义。

本 章 小 结

　　旅游市场是指在旅游产品交换过程中所反映的有关旅游者与旅游经营者之间各种经济
行为和经济关系的总和。本章阐述了旅游市场的含义、形成的条件，并在此基础上明确了
旅游市场的功能及特点；同时阐述了旅游市场细分的含义、意义、细分的原则及细分的类
型；并重点运用经济学的市场理论分析了完全竞争、完全垄断、垄断竞争市场状态下的旅
游市场均衡。

思考与练习

一、名词解释

旅游市场　旅游市场细分　价格歧视　完全竞争旅游市场　垄断竞争旅游市场

二、选择题

1. 根据（　　）可以把旅游市场划分为团体旅游市场和散客旅游市场。

　　A．地域　　　　　　B．消费水平　　　　　C．组织形式　　　　　D．目的和内容

2. 在完全竞争的旅游市场上，旅游经营者的短期均衡条件是（　　）。

　　A．$P=AR$　　　　B．$P=MR$　　　　C．$P=MC$　　　　D．$P=AC$

三、简答题

（1）怎样理解旅游市场的含义？

（2）旅游市场的特点是什么？

（3）旅游市场细分的类型有哪些？

（4）旅游市场竞争分为哪几种类型？

四、论述题

（1）论述旅游市场细分的方法。

（2）分析完全竞争、完全垄断、垄断竞争市场状态下的旅游市场均衡。

五、案例分析

机票上的价格歧视

　　在广州，能够很容易以 750 元左右的价格买到从广州到济南的经济舱飞机票。但是，
在济南，只能买到 1420 元的从济南到广州的经济舱飞机票，乘的是同一航空公司的飞机，
甚至是同一架飞机、同样的机组，时间里程也一样，价格居然相差如此悬殊。

　　在发达的资本主义国家，这种事也是常有的。以美国为例，航空公司之间经常发生价
格大战，优惠票价常常只是正常票价的 1/3 甚至 1/4。然而，即使是价格大战，航空公司也
不愿意让出公差的旅客从价格大战中得到便宜。但是，当旅客去买飞机票的时候，他脸上
并没有贴着是出公差还是私人旅行的标记，那么航空公司如何区分乘客和分割市场呢？原
来，购买优惠票总是有一些条件，如规定要在两星期以前订票，又规定必须在目的地度过

一个甚至两个周末等。老板派你出公差，往往都比较急，很少有在两个星期以前就计划好了的旅行，这就避免了一部分出公差的旅客取得优惠。最厉害的是一定要在目的地度过周末的条件。老板派你出公差，当然要让你住较好的旅馆，还要付给你出差补助。度过一个周末，至少多住两天，两个周末更不得了。这笔开支肯定比享受优惠票价所能节省下来的钱多得多，更何况，度完周末才回来，你在公司上班的日子又少了好几天，精明的老板才不会为了那点眼前的优惠，而贪小便宜、吃大亏。就这样，在条件面前人人平等，这些优惠条件就把出公差者排除得八九不离十了。

（资料来源：《21世纪经济报道》2001年6月25日、7月2日、7月9日，王则柯和冷振兴的文章）

思考：什么是价格歧视？价格歧视是否合理？为什么？

评析：实行"价格歧视"的目的是为了获得较多的利润。如果按较高的价格能把商品卖出去，生产者就可以获得较高的利润。因此，生产者将尽量把商品价格卖得高一些。但是，如果把商品价格定得太高，又会使许多支付能力较低的消费者消费不起，从而导致生产者利润总额的减少。生产者既想以较高的价格赚得富人的钱，又想以较低的价格把穷人的钱也赚过来，这样就出现了"价格歧视"。航空公司以正常机票价向公差人士提供服务，同时用低得多的机票价格刺激那些"可去可不去"的旅客也花钱进入旅游市场，这就是"价格歧视"现象共同的经济学理论。

第 九 章

旅游市场失灵与规制

学习目标

1. 了解旅游市场失灵的相关概念。
2. 熟悉旅游市场失灵的几种情形，尤其是外部性、公共物品以及信息不完全。
3. 掌握旅游市场失灵的解决办法。
4. 了解旅游规制的几种手段。

由于西方经济学家们假定的完全竞争旅游市场的一系列理想条件并不完全符合现实经济情况，"看不见的手"并不一定在任何情况下都有效，并不一定总是会使整个旅游经济达到均衡，帕累托最优状态通常难以实现。市场机制在很多情况下并不能促进资源的有效配置，这种情况被称之为"市场失灵"。

在现实旅游经济中，"市场失灵"的现象有很多。例如"负团费"现象，景区破坏性开发，景区旁边排污河无人治理，景区外道路无人修建等。此类依靠旅游市场自身解决不了的问题在旅游市场中是普遍存在的，此时，只有政府对旅游经济活动施加某种程度的干预，才能使旅游经济活动更有效率。

导致旅游市场失灵的原因主要有：垄断、旅游的外部性、公共物品及信息不完全与不对称。

第一节 垄 断

一、旅游行业的垄断现象

在旅游行业的"食、住、行、游、娱、购"6 大要素中，各要素所处的市场的垄断程度有所不同。

餐饮行业基本上属于完全竞争市场。但是，由于地理位置及知名度的不同，垄断现象也是存在的。例如在景区内的几家餐饮企业，依靠位置形成了寡头垄断，甚至是完全垄断。

　　住宿行业与餐饮行业非常类似，也基本上属于完全竞争市场，但是，也因为地理位置及知名度的不同，也有垄断现象的存在。例如景区内只有几家宾馆，就形成了寡头垄断。

　　旅游交通行业的垄断程度比较高。铁路交通被认为是典型的自然垄断行业，民航业以其特殊性质在我国历史上维持了相当长时间的独家专营局面，由此也形成了自然垄断。公路交通、水路交通、特种交通等均由于线路的专营，从而导致了垄断或寡头垄断。

　　旅游景点的垄断现象也是存在的。在特定地域市场内，某种独特类型的旅游景点数量是有限的，甚至是独一无二的，也就形成了寡头垄断甚至是完全垄断。而且，由于景点对于旅游者的旅游活动是不可或缺的，因此也加剧了其垄断程度。旅游景点的独特性越强，其垄断性也越强。

　　旅游娱乐业与旅游购物的垄断程度较小。虽然在某些景区内的娱乐企业数量不多，形成了寡头垄断，但是由于娱乐对大部分旅游者来说是可有可无的，因此也削弱了其垄断程度。而旅游景区内购物企业一般数量较多，再加之其销售的商品对旅游者来说并非必需品，也减弱了垄断程度。

　　旅行社行业的垄断性比较弱。由于开办旅行社的门槛较低，在目前没有行政力量干预的市场环境下，旅行社行业处于完全竞争的环境下。虽然在某些小城市只有少数几家甚至只有一家旅行社，但是游客可以到附近城市的旅行社购买旅游产品。目前出现了一种现象，某一家旅行社与某些旅游景区签订合作合同，游客只能购买这家旅行社的旅游产品才能到该景区旅游，这就增强了旅行社的垄断性。

二、垄断的不良后果

1. 不公平

　　垄断使得资源未达到最优配置，损失了社会福利，导致了机会的不公平和收入的不公平。机会的不公平是指垄断限制了其他人的进入。收入的不公平是指垄断者通过制定较高的垄断价格获得垄断利润。

2. 低效率

　　垄断还导致低效率。首先，存在垄断利润本身就意味着低效率。因为有垄断利润存在，说明在这个行业里，资源太少，产量太小，很多投资者因垄断无法进入这个行业进行生产。如果取消垄断，则会有更多的旅游企业参与竞争，旅游产品的价格就会下降，产量也会增加，垄断利润就会消失。其次，垄断利润的存在，也造成垄断企业的不思进取。

　　由于资源配置的稀缺性和规模收益递增规律的作用，市场往往由一个或者几个厂商垄断，在这种情况下，垄断导致了较高的价格和较低的产量，从而使得消费者剩余减少而生产者剩余增加，资源的配置难以达到帕累托最优的状态。

3. 寻租现象

　　为寻求垄断或者保住垄断利益还会导致寻租行为的产生。垄断企业或企业中某些掌权者利用手中的权力捞取好处，得到项目、特许权或其他稀缺的经济资源，被称为寻租。寻租往往使政府的决策或运作受利益集团或个人的摆布。这些行为有的是非法的，有的是合法不合理的，往往成为腐败和社会不公之源。

　　寻租会间接造成经济资源配置的扭曲，阻止了更有效的生产方式的实施。寻租直接浪费了经济资源，它是利用时间、精力和金钱去游说的结果，这对寻租者来说可能更有效率，但对社会来说没有效率而言。

寻租还会导致其他层次的寻租活动或"避租"活动。

第二节　旅游的外部性

一、外部性的定义

外部性是指没有在市场交易中反映出来的一个经济主体对其他经济主体的外在影响。当一项经济活动存在这种外部性时，边际私人产值不等于边际社会产值，资源配置便会发生扭曲，背离帕累托最优状态。

萨缪尔森认为："当生产或消费对其他人产生附带的成本或效益时，外部经济效果便产生了；也就是说，成本或收益附加于他人身上，而产生这种影响的人并没有因此而付出代价或获得报酬；更为确切地说，外部经济效果是一个经济主体的行为对另一个经济主体的福利所产生的效果，而这种效果并没有从货币或市场交易中反映出来。"

从定义中可以得到以下理解：

1）外部性是一种人为的活动。

2）外部性应该是在某项活动的主要目的以外派生出来的影响。

3）外部性包括对生态环境等与社会福利有关的一切生物或非生物的影响。

二、外部性的类别

1．正外部性与负外部性

根据外部性的影响，外部性可分正外部性与负外部性。

正外部性是指一个经济主体的经济活动，导致其他经济主体获得额外利益或外部收益，使边际社会产值大于边际私人产值。

例如，当一家旅行社经过市场调研，设计、试验之后推出一条新的旅游线路，吸引了大批量的游客，这时其他旅行社便会纷纷效仿推出该路线，从而分散了客源，减少了本应属于第一家旅行社的收益。产生这个问题根本原因在于旅游线路具有正外部性。

负外部性是指一个经济主体的经济活动，导致其他经济主体蒙受额外损失或外在成本。例如，某家旅游景区接待的游客量非常多，导致通往该旅游景区的道路拥挤不堪，造成其他企业或居民交通不便，由此产生了负外部性。

2．生产外部性与消费外部性

根据外部性产生的原因，外部性可分生产外部性与消费外部性。生产者根据产品的价格和成本进行经济决策，如果生产过程存在外部收益或外部成本，就不能达到 $MR=MC$。消费者根据产品的价格和效用进行消费决策，如果消费过程给他人带来额外效用（如跳舞、唱歌）或额外损失（如在景区扔垃圾、吐痰、吸烟），也不能达到边际效用彼此均等。

三、外部性的解决办法

解决外部性的传统方法有以下 3 种。

1. 征税与补贴

关于外部性解决的制度方法，庇古（Arthur Cecil Pigou）于 1920 年在《福利经济学》中提出了征收"庇古税"作为治理外部性的方法，所以经济学上把征收"庇古税"以治理外部性的经济手段叫庇古手段。

庇古手段的具体内容为：对负的外部性征收税负，正的外部性给予补贴。征税可以抑制产生负的外部性的经济活动；补贴可以激励产生正的外部性的经济活动。

2. 界定产权

科斯于 1960 年在《社会成本问题》中提出的解决外部性问题的方案是：在交易费用为零时，只要权利（产权）初始界定清楚，并允许当事人进行谈判交易，就可以导致资源的有效配置或社会产值最大化的安排。由这个表述可以看出，科斯提出的解决外部性问题的方案包含 3 个要素：①交易费用为零；②产权或权利界定清楚；③允许产权或权利在当事人之间自由交易。例如，现在学者们提倡污染企业自由交易"排污权"的建议，即为对排污这种权限界定产权。

3. 企业合并

米德于 1962 年在《竞争状态下的外部经济和外部不经济》中提出一种解决外部性的方法。他以苹果园和养蜂场为例，认为苹果园面积的增加可以使养蜂场的蜂蜜的产量增加，但是养蜂场不必为蜂蜜的增加向苹果园支付费用。对此，他提出除了征税外，还可以将养蜂场和苹果园联合起来经营。这样，外部性就被内部化了，也就不存在外部性了。

让外部性内部化，即通过制度安排经济主体的经济活动所产生的社会收益或社会成本，转为私人收益或私人成本。

第三节　公共物品

市场机制依靠价格的变动来调节资源的流动，以实现资源的最佳配置。但是在现实生活中，市场规律对公共物品领域的供给却无能为力，或调节作用甚微。

市场规律对公共物品的供给的调节作用甚微，这是市场失灵的重要表现之一。之所以市场对公共物品的供给表现得无能为力，是由公共物品的"共享"和"公共"的特性所决定的，来自公共物品的利益并不归属某些个人"私有"的财产权利，这样，在市场交换原则之下，公共物品的交换行为难以产生，消费者与供给者之间的联系由此中断；虽然存在市场需求，但却没有市场供给。

一、公共物品的特征

公共物品与私人物品是相对立的。私人物品是普通市场上常见的那些物品，如家具、服装、鞋子等，私人物品的数量随着任何人对它的使用或消费的增加而减少。

私人物品是指在消费上具有竞争性（Rival）和排他性（Exclusively）的产品。竞争性是指如果某人已消费了某件物品，则其他人就不能再消费这件物品了；排他性是指某个人消费某件物品时，其他人不能同时消费该物品。

一般情况下所讲的产品都属于私人物品。实际上，市场机制只有在具备上述两个特点的私人物品的场合才真正起作用，才有效率。

公共物品是指那些在消费上具有非竞争性（Nonrival）与非排他性（Nonexclusively）的物品。

非竞争性是指一个人消费某件物品并不妨碍其他人同时消费同一件物品。公共物品的这一特征不同于私人物品。私人物品的消费量增加要求增加私人物品的数量，这样增加了生产成本，即边际成本为正数；公共物品一旦用既定的成本生产出来以后，增加消费者数量也不需要额外增加生产成本。典型例子如高速公路，一旦高速公路已经存在，不存在拥挤，额外驾驶的成本等于零。

非排他性是指只要社会存在某一公共物品，就不能排斥该社会上的任何人消费该物品，任何一个消费者都可以免费消费公共物品。典型例子是国防，一国的国防一经设立，就不能排斥该国任何一位公民从国防受益。

严格地讲，只有同时具备非竞争性与非排他性两种特征的物品才是真正的公共物品，但是现实生活中同时具备这两种特征的公共物品并不多。国防、灯塔通常被认为是同时具备这两种特征的公共物品。

有些物品只具有这两种特征中的一种特征。例如公路上的桥梁在消费上具有非竞争性，但不具有非排他性，在交通的非高峰期，增加额外一辆车通过该桥梁所引起的边际成本近似于零；但是通过设立收费卡却可以排斥任何不交费的车辆通过大桥。在共有的湖泊上捕鱼具有非排他性，但却不具备非竞争性。只要湖泊是社会成员共有的，就不能排斥任何一个捕鱼者在湖中捕鱼；但是捕鱼者的不断增加必然会减少湖内可供捕捞的鱼的数量，这无疑会增加每一个捕鱼者的成本。

上面所讲的公共物品都是公共好的，有些物品却具备公共坏的特征，如噪声污染、河流污染等，会造成广泛的负的外部性。

二、公共物品的分类

不同的公共物品所具有的非竞争性和非排他性的程度是不同的。根据非竞争性与非排他性的程度，公共物品可以分成不同种类。

学者们一般将公共物品分为两类：纯公共物品与准公共物品。

纯公共物品是具有完全的非竞争性和完全的非排他性的物品，较典型的例子是国防，此外还有外交、法律、法规、灯塔等。

准公共物品是指具有有限的非竞争性和非排他性的物品。准公共物品分为以下两类：

1）与规模经济有联系的物品，称之为自然垄断型公共物品，如下水道系统、供水系统、铁路运输系统、公路交通系统、天然气煤气系统、电力输送系统、电话通信系统、道路照明与桥梁涵洞设施、警察消防服务、基础科学研究工作，等等。一般来说，这类公共物品都属于社会基础设施。

2) 优效型公共物品，即那些不论人们的收入水平如何都应该消费或得到的公共物品。这类优效型公共物品的典型例子包括社会卫生保健、住房、中小学教育、传染病免疫措施、必要的娱乐设施、必要的社会安全保障条件，等等。

准公共物品的这两类物品有一个共同的特点，即它们具有"拥挤性"，尤其是自然垄断型物品和优效型物品中的教育与娱乐文化设施等都是如此。换言之，在准公共物品的消费中，当消费者的数目从零增加到某一个可能是相当大的正数即达到了拥挤点时，就显得十分拥挤。在未超过拥挤点的范围内，可以增加额外的消费者，而不会发生竞争。当超过拥挤点以后，增加更多的消费者将减少全体消费者的效用（如餐厅服务、体育表演、野营地、风景区、猎场及绝大部分基础设施的消费等）。有些成员可能喜欢单独观赏风景，而有些成员可能偏好有相当多的人一起观赏，每增加一个观赏者，就会减少已有的观赏者的效用。

公共物品的分类及特点见表 9-1。

表 9-1　公共物品的分类及特点

分类	纯公共物品		准公共物品	
	特殊意义上的纯公共物品	现实意义上的纯公共物品	自然垄断型公共物品	优效型公共物品
主要特点	通过纳税间接购买与被动消费的公共物品，且无拥挤性和选择性		具有拥挤性质，公共部门或私人提供的具有私人物品性质	
	用金钱买不到		用金钱可以买到	
	只能由政府提供		政府与市场皆可提供	
	具有广泛的外部经济性			

由于某些准公共物品（尤其是优效型公共物品）的实际消费过程具有强烈的私人物品性质（如教育、自来水、煤气、电话、退休保险、下水道等），所以，如果政府免费提供这些物品或只对它们象征性地收费，人们就可能过度消费该物品，而政府对多供一些人消费所花费的边际成本就会很大，这样就造成拥挤性的加剧。对于消费者来讲，他对该物品的购买会达到他所取得的边际收益等于零的程度，而不管供给的真正边际成本是多少。

三、公共物品的免费与收费问题

消费者对公共物品的消费支付大部分属于间接支付，即在消费和购买公共物品（如国防）时不必立即支付，因为消费者在其支付的各种税金中已经预先支付了公共物品的费用。但是，有一些公共物品尤其是某些特殊行业使用的公共物品和某些优效型公共物品（如灯塔、消防、教育、医疗等），是否应该收费或给予补贴，如何收费或给予补贴，始终存在着理论上的争议。简而言之，主要有以下 3 种观点。

（1）收费的困难可以逐步解决　灯塔收费困难，而私人不愿建造与经营的事实已被经济学界所公认，但科斯认为，私人是可以建造并经营灯塔的，收费也是可行的。财产权的人格化与明晰化是解决那些不易收费的公共物品的突破口，不解决这个问题，有许多公共物品的收费问题便解决不了。现代科学技术的发展是解决收费困难问题的重要基础，随着科技的迅速发展，对以前某些不易收费的公共物品进行收费逐渐成为可能。

（2）对某些公共领域要逐步实行收费制度　在大部分欧美国家，医疗、住房、教育和消防、垃圾收集等公共领域是免费的，或部分免费的。公共选择理论认为，实现免费制的公共领域要逐步缩小，个别学者甚至认为"可以在公共生活的一切领域中重新建立价格逻辑"，认为免费制具有强烈的"反社会"效果。在他们看来，诸如消防这样的公共服务项目也应该予以收费，按实价给消防队支付报酬，否则就没有"市场惩罚"。

（3）对某些公共领域的政府补贴要逐步进行改革　新自由主义者认为，在医疗、教育、住房等一些优效型公共物品的消费面前，人人拥有平等的权利。因此，对这些产品给予一定的财政补贴是必要的。但问题是，目前各国的补贴政策是错误的：把补贴给了公共物品的生产者，而没有给消费者。这种补贴政策导致了贫困阶层的消费并没有多大程度的改善，更重要的是，这种补贴制度使消费者没有选择的余地，没有选择就意味着没有竞争，没有竞争就会导致没有效率。因此，浪费现象和服务质量下降现象便随处可见。新货币主义者认为，与其补贴生产者，不如补贴消费者，这样起码有 3 个优点：①它可以恢复这些领域里的竞争，从而使公共服务的质量得以提高，并使之高效、低耗、多样化，使消费者有更多的选择自由；②可以更有效地推动需求的增长和消费的增加；③可以减轻国家财政补贴的负担。

四、政府对公共物品供给的介入

既然市场机制在公共物品的供给方面显得无能为力，毫无办法，政府的介入就成为一种自然和必然的结果。但是政府介入和干预公共物品的生产绝不等于政府生产全部的公共物品，更不等于完全取代公共物品的"市场"。

当政府出现在公共物品的"市场"上时，其身份或作为投资者、调节者、生产者。

这里的问题是，政府的职能是"提供"而不是"生产"公共物品，即对于"政府提供"与"政府生产"这两个概念要加以区别：后者是指政府建立企业对公共物品进行直接生产，而前者则是指政府通过预算安排或政策安排等某种适当方式将公共物品委托给私人企业进行间接的生产。在资本主义市场经济中，公共物品的生产除了公营以外，还大量地选择了私营的方式。

1．政府提供公共物品的 3 种形式

西方市场经济中，政府直接生产公共物品的形式归纳起来大致有 3 种：①中央政府直接经营；②地方政府经营；③地方公共团体经营。

2．私人提供公共物品的 6 种形式

国家对在公共物品的私人生产与经销方面的作用可以归纳为 6 种方式：①签订合同；②授予经营权；③经济资助；④政府参股；⑤法律保护；⑥社会自愿服务。

第四节　信息不完全与不对称

一、旅游市场信息不完全

在西方经济学的大部分内容中，通常都假定消费者和生产者具有完全信息，这意味着他们知晓他们所选择的有关经济变量的集合和相关信息。例如，消费者不仅知道他们自己

的偏好，而且对市场上所有企业的所有商品的价格、特性等完全了解；生产者不仅知道生产的技术，而且知道所有商品的价格、要素的生产能力等。显而易见，上述关于完全信息的假定并不符合现实。

信息不完全是指有关市场主体获取的或掌握的信息不足以使市场主体作出理性判断或决策。需要指出的是，信息不完全不仅是指人们常常限于认识能力不可能知道在任何时候、任何地方发生的或将要发生的任何情况，而且更重要的是指行为主体为充分了解信息所花费的成本实在太高，不允许他们去掌握完全的信息。

例如，旅游者需要选择一个旅游目的地，只有他完全了解了全世界每个旅游目的地的食、住、行、游、娱、购等单项旅游产品的价格、质量等信息，然后才能做出理性决策，但是这是任何旅游者都无法做到的，旅游者处于信息不完全状态。

1.旅游市场信息不完全的表现形式

（1）旅游产品的多样性决定了旅游市场信息不完全的广泛性　旅游产品包括食、住、行、游、娱、购等多种单项旅游产品，而且每种单项旅游产品的类型多样，所包含的信息量庞大到无法估计，其收集成本也高到无法估计，任何旅游者都不可能支付如此高的收集成本，也因此无法掌握所有的信息，旅游市场信息不完全广泛存在于各种产品。

（2）旅游产品的无形性及生产消费同步性决定了旅游市场信息不完全的绝对性　与别的有形产品相比，旅游产品的质量更多体现在服务上，是无形的，而且旅游产品的生产与消费是同时发生的，这使得旅游者所购买的旅游产品的质量的信息尚未显现，旅游者购买旅游产品时的信息是绝对不完全的。

2.信息不完全对旅游经济的影响

（1）旅游产品的逆向选择　在信息不完全的旅游市场上，由于旅游者普遍存在追求价廉物美的消费心理，显性的价格就自然成为影响人们选择的一个首要因素，从而造成旅游市场上恶性价格竞争，竞争的结果就是那些成本高、价格相对较高的优质旅游产品被淘汰，而成本低、价格低的劣质旅游产品存活下来了。

（2）旅游企业的无序生产　为了实现利润最大化，旅游企业必须根据消费者的偏好进行生产，否则，生产出来的商品就可能卖不出去，但是很显然，旅游企业很难知道每个消费者偏好的具体情况。例如，很多景区开发出来却门可罗雀，很多交通企业、住宿企业、餐饮企业、景区娱乐企业顾客寥寥无几，很多旅游纪念品无人问津，这都是信息不完全造成了旅游企业的无序生产。

（3）旅游者的盲目跟风　由于旅游者掌握的信息不完全，在选择旅游目的地时，为了避免选择失误，旅游者往往会选择那些名气大的旅游目的地，不管这个景区是否适合自己的喜好，这就造成很多知名景区人满为患，同时也造成很多旅游者产生"不来后悔，来了更后悔"的想法。

二、旅游市场信息不对称

旅游市场信息不对称是指旅游市场交易过程中，交易双方所拥有的信息不相等，旅游企业往往拥有比旅游者更多的信息。

旅游的定义有很多种，现代人给它一些新的界定：离开自己居住的地方；追寻陌生的世界；探寻与自己日常生活方式不同的生活体验；等等。从这些对旅游所下的定义中可以看出，旅游者在旅游过程中完全处于信息链的劣势，因此，最大限度地避免信息不对称，不仅会大大促进旅游经济的发展，还能有效地规范旅游企业的管理，减少旅游投诉案件。

1. 旅游市场中信息不对称的表现形式

（1）旅游的内涵决定了旅游市场的信息不对称极为严重　从旅游者角度来看，由于旅游活动经常是跨地域进行的，而且多数情况下旅游者都是第一次到旅游地，因此旅游者很难准确地了解有关旅游地的各种信息。从旅游经营者角度来看，他所接待的旅游者来自全国甚至全世界，他无法对每位旅游者的政治信仰、生活信俗、生活方式等都很了解。

（2）旅游活动的多样性决定了信息不对称表现形式的多样性　旅游者在旅游活动中有食、住、行、游、购、娱等多方面的需求，旅游经营者由此而获得经济、社会、环境、文化多方面的效益，这既是兴办旅游业的动机，更是发展旅游业的归宿。但是旅游过程中往往出现旅游者与旅游活动间的信息不对称，这些不对称包括对当地餐饮、住宿、交通、旅游场所、购物、娱乐等环境的信息不对称，对这些活动场所的安全、服务、价格等的信息不对称等。对旅游经营者来说，则存在对旅游者多样性需求的了解方面的信息不对称等。

2. 信息不对称对旅游经济的影响

旅游者和旅游服务机构的信息不对称现象，严重制约了旅游市场的健康发展。

（1）信息不对称给各种不正规旅游公司提供了生存的"土壤"　信息不对称使旅游者无法花很少的时间以较低的成本获得各种旅游信息。旅游者不能了解正常的竞争价格和各个旅游公司以往的信誉进而达到在一定程度上的信息对称，这将加剧旅游市场的不正当竞争，也将阻碍旅游市场的规范化进程。

（2）信息不对称会阻碍旅游业的可持续发展　旅游市场的信息不对称可从两个方面阻碍旅游业的可持续发展。一方面，由于旅游者处于信息市场的劣势，无法准确判断旅游企业提供的旅游产品或旅游服务究竟是优质还是劣质，往往会误认为旅游企业提供的产品或服务均为劣质，致使旅游市场出现"劣币驱逐良币"的现象，各旅游企业只得以"价格战"吸引旅游者，因此也无法取得合理的利润空间；另一方面，一些旅游企业利用旅游者在旅游信息市场的劣势地位，采取坑蒙拐骗手段，损害旅游者的正当权益，这又进一步加剧了旅游者对旅游企业的不信任程度，两方面因素相互影响，严重阻碍了旅游业的可持续发展。因此，只有完善旅游信息，摒弃不正当竞争，让旅游者全面地了解旅游地和有关的各种旅游信息，使他们在信息对称的旅游活动中得到物质、文化和休闲等方面的满足，才能让旅游者对旅游地有亲切感，对旅游公司有品牌的认同感。这些旅游者的回头率和他们的无形宣传，能给旅游市场一个良性的客源循环。

（3）信息不对称无法使旅游行业更好地开展营销活动　在信息不对称条件下，旅游地不了解旅游者的需求，旅游者不能充分了解旅游地，在旅游行业围绕 4P（产品、价格、渠道、促销）进行的营销活动中，旅游者往往只是充当被动接受者，营销效果不是很显著。只有建立完善的双向的信息系统，让旅游者更好地认识、感知和了解旅游地，同时旅游地也能充分地了解旅游者的各种需求，有针对性地进行旅游设施、活动、服务等的建设，这样旅游经营者也才能有的放矢地开展富有成效的营销活动。

三、信息不对称与不完全的应对策略

1. 信号传递

针对信息不完全导致的次品逆向选择问题，买者希望知道产品的质量，他可以诱使卖者传递质量信息。或者卖者特别是高质量产品的卖者，试图向买者提供一系列信号，以便证明其产品是高质量的。这就需要买卖双方通过市场发出传递产品质量信息的信号。例如，旧车市场的产品"三包"就提供了有关产品质量方面的信息，对厂家而言，质量越好，维修保证的预期成本就越低，越能够提供较长时期的保修；对消费者而言，这一保证的价值在于，它不仅能减少购买者使用过程中的维护费用，而且还能吸引潜在的购买群体，质量担保就是这方面的例子。

在旅游市场中，为有效解决信息不对称现象，信息传递手段日益受到行业主要部门和旅游企业的重视。旅游行业管理部门通过对旅游企业实行业务资格审查、监控，对旅游企业营销活动中信息发布进行有效监管，确保旅游企业各种信息传递的准确性和真实性；旅游企业则通过提供规范、真实的广告信息或营销信息，以及公平、合理的格式合同，向旅游者传递质量保证能力。

2. 委托—代理

委托和代理的概念来源于法律规定。一方自愿委托另一方从事某种行为并签订合同，委托—代理关系即告产生。授权人即委托人，而获得授权者就是代理人或称被委托人。不过在经济学中，委托—代理关系泛指涉及信息不对称的交易，其中的委托人是指不具有信息优势的一方，而代理人则是指具有信息优势的一方。

在旅游行为发生过程中，旅游者是委托人，而旅行社或饭店等服务机构是代理人。委托人不能直接观察到代理人的行为，而且代理人的行为也不能由其行为的后果被推断出来。因此，道德风险产生。

针对道德风险，经济学家们设计出了激励机制，其关键思想是把经理努力的结果与他所能获得的报酬相联系，以便激励经理为了自身的利益而努力工作。这个思想适用于所有的委托人—代理人问题。

第五节　旅　游　规　制

一、规制与旅游规制

1. 规制的含义

规制，一般是指政府规制，意为政府从公共利益出发，通过法律、法规、政策、制度等来控制和规范社会经济主体和事业主体的行为，纠正在市场不健全或市场失灵情况下发生的资源配置的非效率性和分配的不公平性，目的在于促进产业结构合理化，资源配置优化，维护社会秩序和社会稳定。

多数发达国家的规制是基于市场经济这一前提的，以解决市场失灵为目的。众所周知，

如何有效地解决生产什么，如何生产，为谁生产的问题是每个社会都要面对的。但是，现实的市场和完全竞争市场有很大差异。比如，存在垄断、信息不对称、外部性、公共产品的提供等问题，这些问题的存在使经济运行的效率不能达到最优。同时，即使在完全竞争的市场经济条件下，也可能存在社会收入分配的公平性、经济的稳定性及非价值物品等问题，这种现象称为市场失灵。市场失灵靠市场机制自身无法解决，要由国家通过规制的办法来克服，以达到提高效率和增进社会福利的目的。解决市场失灵是所有规制实施的理由。

学者们依据不同的标准对规制的分类很多，而日本学者植草益的研究比较全面。他认为所有有关市场机制内在问题的法律制度和政策都是规制，总共可以分为以下8类。

1）以保证分配的公平和经济增长为目的的财政、税收、金融等政策。

2）提供公共设施和服务的政策。

3）处理不完全竞争的反垄断法、商法等政策。

4）以处理自然垄断为目的的政策——在公益事业等领域的进入、退出、价格、投资等政策。

5）以处理非价值性物品和外部不经济为目的的政策。

6）以处理信息不对称为目的的政策——保护消费者利益、公开信息、对广告的说明制约、知识产权保护等。

7）各种产业政策（新生产业政策）和科技振兴政策（专利、实用新法、设计、商标、著作权等与知识产权相关的政策和规格统一化政策）。

8）其他政策（劳动政策及与土地资源相关的政策）。

其中1）与8）不在本书的范围之内，2）为公共供给政策，7）为公共引导政策，3）～6）是最基本的为解决市场失灵而依法限制经济主体活动的行为，称为公共规制。从广义上说，公共规制就是国家干预。它的任务是，在市场经济条件下，通过经济、法律、行政手段，矫正市场机制的内在问题。

2. 旅游规制的含义

鉴于旅游业具有综合性、配置性和服务性的特点及国民化的趋势，旅游规制是解决旅游经济中市场失灵的一个有效方法，即旅游规制是政府利用行政性资源和行政手段，从维护旅游者的公共利益和国家的整体利益出发，纠正或缓解市场失灵与市场缺陷带来的不经济和不公正现象，从而维护旅游经济和旅游市场秩序的稳定，增进所有旅游者的福利水准。

二、旅游规制的必要性

1. 建立各种旅游规制是解决旅游经济市场失灵的一个有效方法

在前面，我们分析了在旅游经济活动中，由于市场不完全性、信息不对称性、自然垄断现象、外部性以及公共物品的原因，市场会出现失灵现象。市场失灵的结果导致旅游经济活动不能按照资源的最优配置运行。为了保证旅游经济资源的有效配置，有必要通过政府行为对旅游经济进行规制，使旅游经济以及市场主体的经济活动向有效率的资源配置方向发展。

在旅游文化塑造、旅游产品创新、旅游市场开发培育和旅游市场秩序维护，以及旅游环境保护和一些公用、基础设施的建设等方面，对于具有外部性的行为，如果任其由市场机制自行调节，一些大型的旅游集团和旅游企业进行了旅游市场的培育、旅游目的地或客源地形象的维护与建设及各种新产品的研发，而中小旅游企业却坐享其成，不花成本或花极少的成本搭便车、跟风和模仿。在这种情况下，市场规则的紊乱使竞争机制无法充分实现资源的有效配置，其结果是旅游市场无论是供给还是需求都将为之付出更多的代价。

有一些公用或基础设施，兼有公共物品和私人物品的特征，被称为俱乐部物品，如公园门外的停车场、城市内的主题公园，既能给所有者带来好处，也能给周围的非所有者带来便利或好处。为了保证或提高俱乐部物品使用的效率，最有效的办法是通过某些制度调控以实现其排他性消费。

旅游经济中普遍存在信息不对称现象，为此将会出现旅游需求的逆向选择，阻碍旅游者享受到低价优质的旅游产品。由于旅游生产与旅游消费具有同步性，旅游供给方自己又处于信息优势，因此产品质量差的供给方易于做出过多的承诺，更热衷于低价竞争以扰乱市场秩序。针对旅游者的逆向选择，提供低价优质产品的旅游企业就必须通过代价高昂的前期投入（如大做广告）和过程投入（如打造品牌、建立信用）实现信号传递。但是由于信道质量、受众分布、传输时滞等因素的影响，信号传递是不充分的。在这种情况下，旅游者获取有关低价优质旅游产品等有效信息的搜寻成本就会加人，此类现象在旅游业内屡见不鲜。为了减少旅游市场上的信息不对称，节约旅游厂商和旅游者的交易成本，引入政府规制的行为是必要的。政府可以通过旅游信息预报制度、运输部门价格听证制度、旅游企业年审制度、评选优秀旅游企业制度，降低由信息不对称所形成的成本，提高旅游经济的效率。

2．旅游规制是建设社会的价值观和道德体系的必要手段

旅游经济的正常发展是与社会的价值观和道德体系相联系的。社会价值观和道德体系如果不受任何约束和引导，逐利竞争的无限发展势必导致市场秩序的极度紊乱。一个社会内在价值观和道德体系的建立可以减少旅游市场机制运行成本。社会价值观和道德体系的建立不会在市场机制内自动形成，但完全可以经由政府通过适当的制度调控在市场机制下达成。政府在社会价值观和道德体系方面规制旅游市场健康运行的必要性也在于此。政府有理由也有能力在树立和规范旅游业供需双方向上而健康有序的道德思想上发挥自己的作用。

3．旅游经济本身所具有的特点

旅游经济是一个综合的经济现象，综合的经济现象不仅表现在旅游经济体系组成是多行业的，还表现为运行空间是多地区的；同时，旅游经济所需要的各种经济要素相当一部分是公共物品。对这样一种综合的经济现象，仅仅靠市场机制下的私人生产和供给是难以实现全社会资源的有效配置。比如，旅游目的地形象是旅游经济的一个重要因素，是引起旅游行为和旅游经济行为的主要力量。旅游企业经营的效益不仅取决于通过市场运作的自身努力，在一定程度上还取决于这个旅游企业所在的旅游目的地形象。对于旅游目的地形象这个公共物品的供给就不能靠市场的私人行为而应通过政府来提供。再比如，某个地区要将潜在的旅游资源转化为经济资源，不仅取决于这个地区对旅游资源进行有效的开发，还取决于客源地与这个地区具有良好的交通条件。如果没有一定的便利交通作为保证，这个地区是不可能成为一个旅游目的地的，旅游企业也不可能取得一定的经济收益。提供客源地与目的地之间的交通不是哪一个单一的旅游企业能完成的，也不是旅游目的地自己所能实现的，靠旅游企业与交通行业就交通问题进行谈判是很难达成的，而如果通过政府的行政性资源来进行配置，就可以降低企业之间就交通讨价还价所形成的交易成本，从而大大提高资源的利用效率。

三、旅游规制的特点和原则

旅游规制是通过政府制定的各项管理制度实现的。一般来说，旅游规制是对一定的市场机制、行政机制和法律机制运用和管理机构的基本要求的规范化和具体化，充分反映了市场机制、行政机制和法律机制的基本性质和基本属性。

1. 旅游规制的特点

旅游规制具有以下 3 个主要特点。

（1）强制性　旅游规制一般是根据旅游管理目标和市场机制、行政机制和法律机制的要求，由一定的行政管理机构制定、颁布的，它充分反映了一定时期旅游经济运行目标管理的要求，也反映了市场机制、行政机制和法律机制的作用力，具有强制性，旅游经济的任何利益主体不能违抗，都必须在其约束下开展旅游活动。

（2）相对稳定性　旅游规制是根据一定时期内旅游经济条件和市场环境制定的，具有稳定性。只有当旅游经济条件和市场环境发生了根本的变化，旅游规制才会发生变动。

（3）综合性　旅游规制是由多种制度、原则组成的一个完整体系，既有旅游经济宏观规制，也有旅游企业内部管理规制；既有行政管理规制，也有经济、法律的规制，各项管理规制的相互联系和相互作用，共同对旅游经济运行产生影响。

2. 制定旅游规制的原则

旅游规制的制定应符合以下 4 个方面的原则。

（1）边界明确　这里所说的规制边界是指旅游规制所能作用的领域界限。如果旅游规制的边界模糊，就会影响规制的实施，加大了不必要的"人治"成分。同时，旅游规制的边界不清，也会使规制在执行过程中产生大量的管理成本，使规制效益递减甚至产生负效果。从交易成本经济学的角度来看，旅游规制也是一项交易，存在交易成本，因此，正如在确定企业和市场的边界时依据它们的交易成本大小一样，在确定旅游规制和旅游市场行为相互替代的边界时，也要依据旅游规制的成本大小进行。如果旅游规制的成本大于收益，那么就有必要将大于收益的成本部分所包含的内容通过适当的制度调控交由旅游市场去做。

（2）公正、透明　旅游规制是政府规制的一种，政府规制政策的形成是一个交易的过程，是政府规制的需求方（如消费者）和被规制方（如产品和服务的供应商）在政府规制供给方（即政府）的参与下经过讨价还价，达成协议。然而，产品和服务的供应商由于具有更大的经济动力和经济实力，它可能会比一般的消费者更多地影响到规制决策的选择。为此，旅游规制的制定应公正、透明，真正体现广大旅游者的利益。这就要求旅游行政部门在进行规制决策时更多地引入广大消费者的意愿，包括引入听证制度，引入消费者代表的"参政"制度，建立将年检等规制措施的结果与效果进行公示的制度，科学、具体地建立起一套反映旅游者对企业与市场满意度指标的系统，建立各旅游目的地公正的行政裁决机构，通过制度建立旅游企业的信用等级及控制体系。这样，反映旅游者利益的法规就能维护市场的未来需求，反映受规制旅游企业利益的法规则能促进企业的发展并减少法规执行等规制成本。

（3）系统性　首先，由于旅游规制的跨行业、跨部门性质，要避免规制中的职能单一和职能分裂。旅游规制管理者对旅游产品的最低限价和环境、社会等承载力的管理，如果本身不参与市场进入、需求管理和运作成本的监控，就会形成与被规制企业间信息严重不对称的局面，规制便难免盲目、强制，违背市场规律，因此旅游规制的职能应该是综合而呼应全程的。职能分裂也是旅游规制的"软肋"。由于旅游规制常常涉及多个领域的多个部门，各部门的级别和归属不一，在规制执行中往往职能分裂，典型的例子是我国对出境游的管理和对国家风景区的管理，管理涉及部门多，职能分散。其次，由于旅游部门是一个专业经济管理部门，在旅游规制中往往存在权威分化的问题。国际经验告诉我们，旅游规制本身不能创造一个公正和自由的交易环境，而必须借助一个有效的执行机构，而旅游规制执行过程中权威分化是一个突出的问题。

（4）偏重于"激励性规制"　旅游规制的制定应致力于提高旅游企业内部效率的诱导型规制。其具体方法是竞争刺激和诱导企业提高经营效率。实行激励性规制既可以节约规制成本又能提高规制效率。比如，旅游局对旅行社旅游合同条款的规范，由于对企业的成本不明，操作手段和服务内容不清，难于通过具体界定合同条款达到规范和监控旅行社经营质量的目的，还会因此浪费很多的管理资源，而通过激励性规制（如：旅游局在对旅游者意见抽查的基础上，对旅行社的最终服务质量进行评比并公示来引导需求）则能克服这些不足。

四、我国旅游规制的现状

我国的旅游规制起源于计划经济时代对旅游的部门管理。改革开放以后，我国逐步形成了以行业管理为主的旅游规制体系，1996年《旅行社管理条例》的出台，标志着该体系的正式形成。由于旅游经济涉及多个相关产业，管理权限条块分割较为严重，除旅游行政主管部门有一定的规制权外，其他相关行政主管部门以及地方政府也拥有相应的管理权，部门之间相互制约，旅游管理部门拥有的权限非常小，这就使我国的旅游规制带有弱权威的特性。

旅游行业管理，不仅表现在旅游行业管理的"全行业"上，即需要对旅游者旅游过程中所涉及的食、住、行、游、娱、购各行业进行管理，而且也表现在行业管理的"全过程"上，即不仅需要在旅游者的客源地进行管理，还需要在途经地、目的地进行管理。目前我国旅游规制仍然无法做到这种"全行业管理"及"全过程管理"。

目前，我国在行业管理方面的旅游规制，主要还通过政府的行业管理组织（如国家和地方各级旅游局）来实施，其主要工具仍是行政手段，即在改变以往直接干预企业微观运作的改革思路下，通过对市场失灵领域进行调节并对企业进行间接的引导，达到完善市场、激活企业的目的。

五、旅游规制的目标

1. 旅游规制目标的相关理论

旅游规制究竟是为了解决什么问题？许多学者从不同角度进行分析，从而形成了各种政府规制理论，归纳起来主要有两种，即规制的公共利益论和规制的部门利益论。

（1）公共利益论　公共利益论是传统的规制理论，这一理论认为，在那些存在市场缺陷的领域，政府通过对私人经济活动进行直接的规范、约束和干预，以维护社会公众的利益。公共利益论主张，哪里有市场缺陷，哪里就要实行规制。不过，在现实生活中，一般不存在完全竞争的市场，市场缺陷不可避免，因而按照这一理论，规制的范围几乎是无边无际。虽然人们已逐步认识到，在许多场合规制的成本已超过所获得的收益，但因政府在弥补市场缺陷方面有许多优势，因而规制仍然被广泛地实施。

（2）部门利益论　部门利益论是现代的规制理论。人们发现在实际生活中，政府规制的效果恰恰有利于生产者，如出租车市场上政府规制的价格往往高于成本且不允许其他经营者随意进入，结果使营运者获得高于正常利润的收益。部门利益论认为，确立政府规制的立法机关或实施政府规制的部门，仅仅代表某一集团的利益，并非是为广大社会公众的利益而设计，因为一个集团可以通过说服政府实施有利于自己的规制行为，把其他社会成员的福利转移到自己集团中来。政府规制与其说是为了符合公共利益，不如说是"特殊利益集团"寻租的结果。有时候，政府规制也会给社会公众带来一些利益，但那不是政府规制的初衷，只是一个"副产品"。

2．我国旅游规制的目标

由于我国现在正处于经济转型的特定时期，"培育旅游市场机制，建立旅游市场规则，维护旅游市场秩序"是现阶段旅游规制的主要目标。

六、旅游规制的手段

在社会主义市场经济体制下，有效的旅游行业管理取决于有效的管理手段。一般来说，管理手段是与管理主体相联系的，旅游行业管理的主体有政府的行业管理部门和行业管理组织。从政府的行业管理部门来说，是以行政手段为中心建立旅游管理手段体系；从行业管理组织来说，是以服务为中心建立旅游管理手段体系。

政府部门的主要管理手段就是行政手段，无论是建立市场规则还是维持市场秩序，离开行政手段都是不可能的。管理的关键是要改变运用行政性资源的方式，改变以往那种直接干预企业经营活动的管理方式，而是在政企分开的基础上，用行政手段进行外部规范，尤其是规范市场无法有效调节的领域，以使旅游企业符合市场运行的多方面要求，从而通过保障市场的发育和完善，使企业具有更大的活力。

在市场经济条件下，作为理性的市场主体，企业最关心的是盈利。盈利的手段有很多种，如通过提高产品的市场占有率，或通过提高企业的社会公众形象，或通过制定符合企业实际的竞争战略等。因此行业管理对企业经营的根本促进在于通过行业管理，形成行业自律，使企业降低生产成本和交易成本，从而增加旅游企业的利润，提高企业的市场形象，更重要的是净化企业面对的市场环境。因为如果市场竞争环境不规范，那么即使有再好的竞争战略也难以发挥应有的作用。

通常，旅游行业管理的手段有行政、经济、法律3种基本手段。具体地说，可以有以下几种手段。

1．法规手段

市场经济是法治经济，因此规范市场大体是通过法律规范、政策规范和技术标准来实现的。法律规范的约束力最强，但是目前最重要的《旅游法》由于需要调整的范围较大，难度较大，难以在短期内出台，所以现实的选择，一是充分利用既有政策规范作为管理依据；二是针对行业的具体情况，先行制定一些行业性的法规，这一点已经在各地的旅游实践中得到充分体现，如各地的《旅游管理条例》。此外，利用技术标准进行行业管理工作已经取得了很大的成绩,并且广泛推动旅游行业的标准化已成为国家旅游局的一项重要工作。

借助法律禁止是政府最强硬的规制手段,如禁止无旅行社经营许可证的企业经营旅游业务,禁止无证人员从事导游工作。政府也可以建立特许制度控制进入,如定点餐饮、定点购物等。

2. 审批手段

与其他行业相比,在旅游业中,旅游行政管理机构的审批权并不多,主要是旅行社许可证、导游从业资格证、旅游定点饭店的星级标准。随着各地对发展旅游产业的重视程度的不断提高,先后出台有关加快旅游业发展的决定,这些决定在一定程度上强化了旅游部门的权限。例如,在开发利用旅游业资源方面,确立了旅游部门参与立项审批和项目验收的权限;明确规定新建、改建和扩建的景点景区项目须经旅游管理部门同意方可报批。

3. 监督手段

政府对全行业实施监督是宏观调控的重要手段。旅游业的经济监督通过统计、情况汇集等途径,反映旅游经济运行的状态、趋势和规律,为旅游政策提供决策依据。在旅游业中,旅行社业最早并广泛运用经济监督。从1991年开始,全国经营国际旅游的旅行社都实行了旅行社经济指标考核和业务年检。旅行社业务年检是政府部门对行业运行实施监督的最好证明。旅游质量监督管理所也已经在旅游行业管理中发挥越来越重要的监督作用。

4. 检查手段

检查是一种刚性的管理手段,是行政执法的具体行为。检查的目的是维护市场秩序。旅游市场检查的主要法规依据是《旅行社管理条例》及其《实施细则》,星级饭店评定、复核的有关规定,以及中央和国务院发布的关于出国旅游管理的文件等。可以说,在法规手段相对不健全的条件下,各地旅游行业管理部门创造了许多成功的经验,发挥了行业管理的高度自主性。现在,已经有26个省市出台了自己的旅游管理的法规,有的是人大颁布的条例,有的是以政府形式颁布的规章。各地旅游行业管理部门还与工商行政管理部门、公安部门配合对旅游市场进行整顿。在条件成熟的时候,可以考虑建立一支受旅游和公安部门双重领导的"旅游警察"队伍。

5. 价格、费率和数量限制

该管理手段是指对景区景点的门票借助于价格控制进行规制,防止景区借助垄断地位索取高价,谋求超额利润。

6. 服务质量标准和技术生产标准

通过服务质量标准确保服务产品的质量,如导游服务质量标准、旅游区(点)质量等级的划分与评定;通过技术生产标准确保生产过程的安全,如游乐园(场)安全和服务质量等。

7. 补贴

为补偿企业的一部分生产成本,政府会发放补贴,既可以是直接的补贴,也可以是间接的补贴,如"非典"期间和过后许多地方实行的税收减免政策等。

8. 信息提供

信息不完全是市场缺陷的表现之一。政府可在很少甚至没有成本的基础上直接向消费者提供信息，也可以要求企业通过信息标志直接向消费者提供信息。例如建立旅游信息系统，发布旅行社年检信息等。

七、旅游规制的内容

1. 培育完善的旅游市场体系

在旅游经济中，市场缺陷主要是由于市场发育不完善而出现的功能性障碍。旅游比较发达的资本主义国家经过多年的市场经济发育，旅游经济的市场体系从发育到成熟的自然成长过程花了相当长的时间。

我国旅游经济起步较晚，为了加速旅游经济市场体系的形成，必须通过政府出面来清除成长中的市场障碍。

在旅游经济中，培育市场表现在完善市场主体和市场客体两个方面。建立与旅游经济相适应的市场主体是培育市场的一个重要内容。在旅游经济中，市场主体的缺位以及市场主体弱化现象是一个突出的问题。政府要利用各种行政性手段来加速市场主体的培育，使旅游企业成为能与国际旅游企业相抗衡的市场主体。

健全和完善的市场体系是市场机制发生作用的前提，所以市场客体的培育主要表现为市场体系的建立。我国旅游经济的现实是，入境旅游市场体系发展很快，而出境旅游市场和国内旅游市场发育缓慢；点线旅游经济体系发育较好，而板块旅游经济体系发育较慢；观光旅游市场体系发育较快，而度假旅游和特种旅游市场体系发育较慢；旅行社分工体系和旅游饭店的市场细分都还处于初级发育阶段。所有这些，都需要政府发挥自觉培育市场的职能，促使市场的发育。

2. 建立旅游经济市场规则

在旅游经济中，旅游企业以及市场主体进入市场的规则，旅游企业及市场主体退出市场的规则，旅游市场运行规则及旅游企业制度等大量的市场规则则是由政府制定的。

政府对旅游经济的干预是对旅游经济进行的总体干预，而不是对旅游经济市场个别旅游经济主体的干预，也不是对从事旅游经济活动的个人经济行为进行干预。因此，政府对旅游经济的干预，除了向市场提供公共物品以外，主要是控制旅游社会总需求与总供给的均衡，其主要干预目标是调节旅游总需求，而不是调节总供给。对旅游总供给的调节主要是通过产业政策和地区政策来调整旅游产业结构、地区结构。从旅游供给和需求关系来说，政府对旅游总需求的干预是直接的，对旅游供给的干预是间接的。政府在干预旅游经济的同时，还应该对经济组织进行引导并提供相应的服务。政府通过建立旅游宏观经济信息网络，可以大大降低旅游经济市场主体交易费用，促进资源最有效的配置。

到目前为止，旅游行业的国家旅游法规只有《旅行社管理条例》、《导游人员管理条例》，其他的主要是行业性的法规，如国家旅游局主持制定的《旅行社质量保证金制度》、各省市人大或政府制定的《旅游管理条例》等地方性法规有效地规范了旅游行业的市场秩序。

3. 建立执法队伍进行旅游市场监督

由于国家级的独立的执法力量尚未建立，所以旅游行业管理部门对旅游市场运行的监督主要是通过与工商行政管理部门、公安部门联合进行旅游市场专项整治（1996 年）、旅游市场重点整治（1997 年）等形式展开的。1995 年成立的各级旅游质量管理监督所也在行业执法中扮演着重要角色。甚至有些地方已经出现类似旅游发达国家的"旅游警察"的旅游执法队伍。在桂林的旅游景区已建立了旅游市场纠察队；在张家界景区，由张家界市财政负担、湖南省公安厅批准编制的旅游警察已经在执行维护秩序、保卫安全和景区卫生等多项使命；云南省也已经建立了旅游警察部队。

4．向市场提供公共物品

旅游经济是借助于大量的公共物品运行的，如旅游地的形象，旅游宣传，国际旅游市场的对外促销，国际旅游者的出入境条件，城市旅游环境，旅游基础设施，旅游资源和景点景区等。没有这些公共物品的存在，旅游经济就无法完全展开，而私人企业又不愿生产和供应这些无利或低价微利的公共物品。这些就必须由政府向市场提供，相应地，提供一定的公共物品就成了一项重要的政府职能。

国家旅游局从 1992 年联合举办的"92 中国友好观光年"到 2009 年的"中国生态旅游年"，每年一个旅游主题，组团参加世界上几大主要的旅游展销会，增设海外旅游办事处等，都体现出行业管理部门为旅游企业服务的功能。地方各级旅游行业管理部门积极组织相关的旅游企业到主要客源地的促销会、说明会，也无非是希望通过这种服务性的工作，提高旅游企业的竞争力。

5．协调与有关部门的关系，形成有利于行业发展的政策方针

旅游行业管理的每一项工作都包含协调，因为旅游业涉及几乎所有的政府部门，这种纵横交错的职能结构使得旅游业的任何一项政策、建议和发展计划都需要取得广泛的支持才能推动下去。在中央层次的协调通常包括以下几个方面：为实行旅游市场秩序整顿工作，旅游行业管理部门与工商行政管理部门、公安部门等之间进行的政策协调；与物价和民航方面进行价格政策的协调，如曾经推行过的星级饭店最低保护价；为批准某一项目而进行的技术协调，如为了旅游饭店星级标准上国标，1993 年国家旅游局与国家技术监督局反复协调；为获取某项行业管理权而进行的协调，如 1997 年为了取得出国旅游管理权而与公安部进行的协调。

6．加强行业的国际关系，建立国际合作体制

这也是世界旅游市场竞争发展的需要。旅游市场的竞争已经不仅仅局限于企业之间的竞争，而是已经上升为举国竞争的高度。另一方面，在世界经济一体化和区域化发展的大趋势下，旅游的区域合作已经日趋重要，欧洲旅游合作委员会、东盟旅游年的举办等都表明了这种趋势。加强国际合作还体现在进行跨区域的国际旅游规划和开发上，如"儒家文化"的规划开发。我国已经在旅游合作方面取得了一定成绩，但是在合作内容、合作范围、合作方式、合作层次上还需要进一步深化。我国在共同开发旅游线路产品（如丝绸之路）、旅游客源交流、联合促销等方面的国际合作前景十分广阔。就目前而言，要充分利用国际性（如世界旅游组织）和区域性旅游组织（如亚太旅游协会）的力量促进国际合作。"丝绸之路"的开发就直接受到了世界旅游组织的帮助。

本 章 小 结

市场机制在很多情况下会失效，这种情况被称之为"市场失灵"。本章阐述了导致旅游市场失灵的几种原因：垄断、外部性、公共物品以及信息不完全与不对称，并分别对每种

原因进行了分析。市场失灵的结果导致旅游经济活动不能按照资源的最优配置运行,为了保证旅游经济资源的有效配置,有必要通过政府行为对旅游经济进行干预。本章还对政府干预以及政府失灵进行了介绍,最后对旅游规制作了论述。

思考与练习

一、名词解释

市场失灵　垄断　外部性　公共物品　信息不完全　信息不对称　旅游规制

二、选择题

1. 景区周边环境治理应该由政府进行的原因是（　　）。
    A. 人们对这类物品的评价不高
    B. 私人进行会获得潜在的超额利润,从而损害公众利益
    C. 非常高的正外部性会引起私人不愿意进行
    D. 在这方面政府比私人企业更有效率
2. 下列不属于准公共物品的是（　　）。
    A. 通往景区的收费高速公路
    B. 饭店门口的路灯
    C. 焰火表演
    D. 景区内的治安

三、简答题

1. 分析旅游市场失灵的原因。
2. 旅游行业中哪些产品属于公共物品?
3. 为什么旅游景区的道路等基础设施都是由政府提供建设的?
4. 旅游规制的手段有哪些?

四、案例分析

××市旅游局:发挥职能作用加快旅游产业发展

近日,××市旅游局召开全体干部会议,就如何进一步加快旅游产业的发展展开了热烈的讨论,会议还提出了下半年全市旅游工作的指导思想和具体措施。

会议确定了全市旅游业发展的总体思路:加大投入,整合资源,优化环境,营造氛围,提高服务,提升品质,强化保护,协调发展。全体干部要大胆解放思想,积极破解难题,深入贯彻落实科学发展观,结合国家旅游局提出"中国奥运旅游年"的宣传主题,积极推进"旅游旺市"战略,按照《××市旅游产业发展总体规划》和《××市旅游经济走廊总体策划和重点地段控制性规划》的要求,充分利用"中国××之乡"和"××国家地质公园"的品牌优势,整合资源,完善配套,推动旅游业发展迈上新的台阶。

(1)抓好旅游规划的实施,确保旅游业可持续发展。抓好《××市旅游产业发展总体规划》和《××市旅游经济走廊总体策划和重点地段控制性规划》的贯彻实施工作,坚持"科学规划,合理开发,依法管理"的原则,做到开发利用与保护资源相统一,确保旅游

开发与资源保护相协调，着力打造生态型旅游名市。抓好××国家地质公园规划的修编和建设工作，着力打造一个集地质遗迹保护、科学研究、科普教育、休闲度假和旅游观光等于一体的旅游精品。

（2）抓好宣传推介工作，提高旅游品牌知名度。通过举办多种形式的旅游主题活动和赴各地参加旅游展销会、交流会，对全市旅游项目进行整体包装和全方位宣传，扩大"中国××之乡"和"××国家地质公园"的品牌效应。下半年，重点是配合市政府办好"2008××欢乐节"，大力宣传推介我市独特的侨乡文化和丰富的旅游资源，进一步擦亮"中国××之乡"和"××国家地质公园"品牌，全面提高我市旅游的知名度和影响力。同时，借我市在广州、深圳、珠海等城市举办招商活动的契机，进一步加强旅游交流和合作，实现优势互补，资源共享，利益共赢。

（3）推进重点项目和配套设施建设，提升旅游建设品位。加快××小镇、××生态旅游度假村、××旅游度假区、××园等旅游项目的建设步伐，进一步完善旅游基础设施和配套设施的建设。加大旅游招商力度，加快××农业科技园等一批重点项目的开发。

（4）加强旅游市场管理，促进旅游业健康发展。整顿和规范旅游市场秩序，营造"安全、舒适、优美、和谐"的旅游服务环境。加强旅游从业人员的教育培训工作，结合国家旅游局提出"中国奥运旅游年"的宣传主题，通过举办"迎奥运，促旅游"系列活动，着力提高旅游从业人员的整体素质，提升旅游接待水平能力。进一步完善旅游行业安全隐患整治督办机制，建立和健全旅游企业安全生产监管体系和应急机制，加强事故防范措施，清除安全隐患，遏制旅游重特大事故的发生。

（5）抓好旅游资源的整合，促进文化产业和旅游产业互动发展。科学整合文化资源和旅游资源，实行优化配置，提升旅游档次，打造旅游品牌。开展旅游文化特别是××文化研究，充分挖掘和利用丰富的历史文化和多彩的乡土文化，使文化资源优势转化为旅游资源优势，实现优势互补，促进文化产业和旅游产业互动发展。

（6）抓好特色旅游商品的开发，壮大旅游产业链。积极探索工艺品实用化、实用品工业化的路子，加大旅游商品开发力度，利用我市丰富的土特产资源，推出更多、更新、更受欢迎的旅游商品。发挥我市是"中国××行业产业基地"的优势，大力开发工业旅游商品，壮大旅游产业链。

（资料来源：恩平在线 http://www.epzx.com/，有改编）

思考：该市旅游局职能定位是否正确？为什么？

评析：该旅游局的职能定位基本正确，但是某些方面值得商榷。按照旅游规制的理论，该旅游局第一项职能是培育市场的旅游规制，第二和第三项职能是提供公共物品，第四项职能是规范市场秩序，第五项职能也可以理解为是公共物品。

值得商榷的是第六项，特色旅游商品的开发，这项活动并非是公共物品，因为特色旅游商品既不具有排他性，也不具备竞争性，特色旅游商品的开发与生产应该交由市场进行。但是为了促进该市旅游业的发展，旅游局可以通过制定相应的政策，鼓励私人企业推出具有当地特色的旅游商品。

第 十 章

旅游收入与分配

学习目标

1. 熟悉旅游收入的含义、类别及旅游收入的指标。
2. 了解旅游收入分配与再分配的内容和流程。
3. 掌握旅游乘数理论，进一步认识旅游收入对社会经济发展的重要作用。
4. 了解旅游外汇漏损的含义、形式和影响旅游外汇漏损的因素，以及减少旅游外汇漏损的措施。

第一节 旅 游 收 入

一、旅游收入的概念

1. 旅游收入的含义

旅游收入是指旅游目的地国家或地区在一定时期内（以年、季度、月为计算单位），通过销售旅游产品所得到的全部货币收入的总和，也就是旅游目的地国家或地区向旅游者提供旅游资源、设备设施、交通工具、旅游劳务和旅游购物品所换取的货币。具体来讲，游客（入境游客和国内游客）在旅游过程中，由游客或游客的代表为游客支付的一切旅游支出就是国家（省、区、市）的旅游收入。旅游支出应包括过夜游客和一日游游客在整个游程中食、住、行、游、购、娱，以及为亲友、家人购买纪念品、礼品等方面的旅游支出，不包括为商业目的的购物，购买房、地、车、船等资本性或交易性的投资，馈赠亲友的现金及给公共机构的捐赠。

2. 旅游收入的重要地位

旅游收入直接反映了某一旅游目的地国家或地区旅游经济的运行状况，是衡量旅游经济活动及其效果的综合性指标，也是衡量某一国家或地区旅游业是否发达的重要标志。

（1）旅游收入反映了旅游经济活动的成果 旅游收入作为已售旅游产品价值的货币表现，其体现了旅游经济活动的成果，一方面反映了旅游产业部门和企业所提供的旅游产品价值得到体现；另一方面，旅游收入的增长不仅对旅游企业的积累和发展起着决定性的作用，而且对国民经济和旅游业的持续发展也起着举足轻重的作用。

（2）旅游收入反映了旅游企业的经营状况 旅游企业是直接生产和经营旅游产品的基本单位，因而旅游收入的多少直接反映了旅游企业的经营状况。一方面，旅游收入的获得和增减反映了旅游企业接待旅游人数的增减变异，旅游服务质量水平的高低，旅游产品的畅销程度和旅游需求的满足程度；另一方面，旅游收入的增加反映着旅游企业流动资金周转的加速，即每一次旅游收入的获得都标志着在一定时期内，一定量的流动资金所完成的一次周转，旅游收入获得的越快越多，就意味着流动资金周转次数多、速度快，占用的流动资金越少，旅游企业的经济效益就会越好。

（3）旅游收入体现着旅游业对国民经济的贡献 发展旅游业的目的是为了发展同全世界各国人民之间的友好往来，促进国际经济、文化、技术交流，满足国内外旅游者对旅游产品的需求。因此，旅游收入也体现着旅游业对国家作出贡献的大小，以及对国民经济的促进和影响作用。2004～2008 年我国旅游业总收入占当年国内生产总值的比重见表 10-1。

表 10-1　2004～2008 年我国旅游业总收入占当年国内生产总值的比重

年　份	旅游业总收入/亿元	比上年增长（%）	国内生产总值/亿元	旅游业总收入占国内生产总值的比重（%）
2004	6 840		136 875.9	5.02
2005	7 686	12.4	182 321	4.22
2006	8 935	16.3	209 407	4.27
2007	10 957	22.6	246 619	4.44
2008	11 600	5.9	300 670	3.86

资料来源：根据《中国旅游统计年鉴》、《中国国内旅游抽样调查资料》和《中国统计年鉴》中有关数据计算制作

二、旅游收入的分类

旅游产品是一种组合产品，由此决定了旅游收入的多样性，旅游收入不仅包括旅行社向旅游者销售整体旅游产品所获得的收入，也包括各类企业向旅游者提供餐饮、住宿、交通、游览、娱乐等单项旅游产品所获得的收入，还包括旅游目的地通过向旅游者出售旅游商品和其他劳务所获得的收入。

1. 按照旅游收入的性质，可以将其分为基本旅游收入和非基本旅游收入

基本旅游收入是指旅游部门和交通部门向旅游者提供旅游设施、旅游物品和旅游服务等所获得的货币收入的总和，即旅游者在旅游过程中必须支出的费用，包括交通费、食宿费、游览费等。通常，基本旅游收入与旅游者的人次数、停留时间成正比例关系，由此可以大致估量一个国家或地区旅游业的发达程度。

非基本旅游收入是指其他相关部门向旅游者提供其设施、物品和服务所获得的货币收入，即旅游者在旅游过程中可能发生的消费支出，如邮电通信费、医疗保健费、修理费、咨询费及购物的费用等。非基本旅游收入具有较大的弹性，它既取决于旅游者的支付能力，也取决于他们的兴趣和爱好。非基本旅游收入也受旅游者人次数和停留天数的影响，但并不表现为相同的正比例关系。

基本旅游收入的刚性特点和非基本旅游收入的弹性特征，使我们可以通过两者的比例

关系来了解某一地区的社会经济水平和旅游业的发达程度。一般来说，非基本旅游收入所占的比重越大，说明该国或该地区的社会经济水平和旅游业的发达程度越高，特别是旅游商品收入，最能反映一个国家或地区旅游业的发展水平。

2．按照旅游收入的来源，可以将其分为国内旅游收入和国际旅游收入

国内旅游收入是指国内旅游者在国内旅行、游览过程中用于餐饮、住宿、交通、参观游览、购物、娱乐等全部花费。它是指经营国内旅游业务所获得的本国货币，它来源于国内居民在本国的旅游，实质上是一部分产品价值的实现过程，属于国民收入的再分配范畴，不会增加国民收入的总量。

国际旅游（外汇）收入是指入境旅游者在中国（大陆）境内旅行、游览过程中用于餐饮、住宿、交通、参观游览、购物、娱乐等全部花费。它是指经营入境旅游业务所获得的外国货币，通常被称为旅游外汇收入，它来源于外国旅游者在旅游目的国的旅游消费，实质上是旅游客源国的一部分国民收入转移到了旅游目的国，是社会财富在不同国家之间的转移。它表现为旅游目的国或地区社会价值总量的增加，相当于旅游目的国或地区对外输出产品，是特种形式的对外贸易。国际旅游业从外国旅游者那里获取的外汇收入，扣除物化劳动和活劳动价值后的差额，就是国际旅游业的利润。因此，国际旅游业同其他生产性行业一样，为社会创造或增加了新价值，这部分新价值就构成了一国国民收入的一部分。

3．按照旅游收入的构成，可以将其分为商品性收入和劳务性收入

商品性收入是指向旅游者提供实物形式的商品而得到的收入，包括商品销售收入（如销售各种旅游商品、生活用品、工艺品、药品、书报等）和饮食销售收入。

劳务性收入是指向旅游者提供劳务服务而得到的收入，包括旅行社旅游业务费收入、住宿、交通、邮电、文娱、医疗及其他服务而得到的收入。

三、旅游收入的指标及计算

旅游收入指标是用货币单位计算并表示的价值指标，是用来反映和说明旅游经济活动的实质及其水平、规模、速度和比例的指标，是了解、分析旅游经济状况的重要手段和依据。

1．旅游收入总额

旅游收入总额是指一定时期内，旅游目的国或旅游目的地销售旅游产品所获得的货币收入的总额。它反映了某一国家或地区旅游业总体规模和发达程度，是一项重要的综合性指标。在国际旅游业中，旅游收入总额用外国货币表示，也叫旅游外汇收入总额。在国内旅游业中，旅游收入总额用本国货币表示，仍叫旅游收入总额。

2．人均旅游收入

人均旅游收入是指一定时期内，每个旅游者在旅游目的国或旅游目的地的平均支出额，即某一时期旅游收入总额与旅游者人次数之比。它反映了旅游者的平均消费及停留时间，是我们了解某国或某地旅游业发展水平的一项重要指标。在国际旅游业中，人均旅游收入用外国货币表示，仍叫人均旅游收入。

3．旅游收汇率

旅游收汇率是指一定时期内，旅游外汇纯收入与旅游外汇总收入的比率，用公式表示为

$$RE = \frac{(R-E)}{R}$$

式中　　RE——旅游收汇率；

　　　　R——旅游外汇收入总额；

　　　　E——发展旅游业所花费的外汇。

需要说明的是，发展国际旅游业可以赚取大量的外汇，但也需要支出一定数量的外汇，这些外汇支出主要包括：进口必要的设备和原材料，旅游宣传和促销的费用，外方管理人员的工资，偿还外汇借贷款的本息等。外汇支出过大，即表现为外汇漏损。旅游收汇率的高低同一个国家或地区的总体状况紧密相关，反映了某国或某地区旅游业的生产力水平和社会化程度。

4. 旅游创汇率

旅游创汇率是指在一定时期内，旅游目的地国家或地区经营国际旅游业务所取得的全部外汇收入扣除了旅游业经营中必要的外汇支出后的余额，并与全部旅游外汇收入相除的比值。其计算公式为

$$C_r = \frac{R_f - E_f}{R_f} \times 100\%$$

式中　　C_r——旅游创汇率；

　　　　R_f——旅游外汇收入；

　　　　E_f——旅游外汇支出。

5. 旅游换汇率

旅游换汇率是指旅游目的国或旅游目的地向国际旅游市场提供单位旅游产品所能够换取的外汇数量及其比例。通常，旅游换汇率与某国或某地区的汇率相一致，不同时期的外汇汇率不同，旅游换汇率也不同。其计算公式为

$$H_r = \frac{R_f}{R_s} \times 100\%$$

式中　　H_r——旅游换汇率；

　　　　R_s——单位旅游产品本币价格；

　　　　R_f——单位旅游产品外汇收入。

四、旅游收入的影响因素

旅游业是由众多部门组成，以旅游经济活动为中心，以提供旅游产品为职能的综合性行业。旅游业的这种特性，使得旅游收入的增多或减少会受到多种因素的影响。具体来讲，影响旅游收入的因素主要有以下几个。

1. 旅游价格水平

旅游收入等于旅游产品价格与旅游产品销售量的乘积。这一公式表明了旅游价格与旅游收入存在着密切的依存关系。一般来讲，提高旅游产品价格会增加旅游收入，降低旅游

产品价格会减少旅游收入。但是这一结论并非完全正确，这就涉及旅游产品的供求关系问题。当旅游产品供不应求时，提高旅游产品价格会促进旅游产品的生产，其销售量也会上升，从而大大增加旅游收入。当旅游产品供求平衡时，提高旅游产品价格同样会刺激旅游产品的生产，却导致了旅游需求的萎缩，旅游产品的销售量有所下降，单位旅游产品价格上涨与旅游产品销售量下降两种因素相互抵消，旅游收入不会有太大的变化。当旅游产品供大于求时，提高旅游产品价格不仅不能刺激旅游产品的生产，而且进一步抑制了旅游需求，使得旅游产品的销售更加困难，旅游收入会进一步减少，若适当降低旅游产品价格，就会刺激旅游需求，不仅可以抵消降价造成的损失，旅游收入还有可能增加。

2. 外汇汇率

汇率与币值变动对旅游目的国或旅游目的地的旅游收入有重要的影响。汇率是指两种不同货币之间的比价，即以一国货币单位表示的外国货币单位的价格。汇率的标价方法有两种，即直接标价法和间接标价法。直接标价法是指用一定单位的外国货币为标准折算成若干单位的本国货币，如 1 美元=8.45 元人民币。在直接标价法下，外汇汇率的升降与本国货币标价数额的增加趋势是一致的。如果用一定单位的外币兑换的本国货币数额增加了，则称外汇汇率上升，即本国货币币值相对下降；反之，则称为外汇汇率下降，即本国货币相对升值。目前，世界上绝大多数发展中国家和发达国家采用的是直接标价法，我国对外公布的外汇牌价采用的也是直接标价法。间接标价法是指用一定单位的本国货币为标准折算成若干单位的外国货币。例如，1 美元=102 日元，对美国来说就是间接标价法。如果一定单位本国货币兑换的外国货币比原来少了，则称为外汇汇率上升，本国货币币值相对下降；反之，则称为外汇汇率下降，本国货币相对升值。目前世界上采用间接标价法的国家主要是英国和美国。

当旅游目的国的货币贬值、汇率下降时，旅游产品的卖价降低，旅游收入有可能减少，但与此同时，较低的旅游价格大大刺激了客源国的旅游需求，旅游收入反而会有所增加；当旅游目的国提高旅游产品的价格或本国货币升值、汇率上升时，虽有可能增加旅游收入，但也会抑制客源国的旅游需求，旅游收入反而会减少。

需要说明的是，汇率下调对旅行社、旅游饭店和旅游商店的影响有所不同。汇率下调后，可以吸引更多的旅游者，从而增加旅行社的收入，如果旅行社大幅度降低对外报价，互相削价竞争，加上出国推销成本和进口费用的上升，旅行社的实际收入就会减少。汇率下调会大大增加旅游饭店的进口费用和各项外汇开支，如果饭店能够适时争取客源，提高客房出租率，适当上调客房出租价，其收入就不会减少甚至还有可能增加。反之，旅游饭店的收入就会大大减少。汇率下调对旅游商店的影响不大，因为旅游商品一般是在境内出售，汇率下调使本国货币表示的商品价格下降，虽然利润下降，但销售量却会提高，薄利多销，同样会增加旅游收入。

3. 通货膨胀和通货紧缩

旅游活动是一种商品性经济活动，价值规律对它起着重要的调节作用。通货膨胀或通货紧缩直接影响货币购买力，旅游目的国通货膨胀会使旅游者购买力下降，从而影响该国旅游人次和旅游收入；反之，客源国通货膨胀会促使居民出境旅游。例如，日本在 20 世纪 80 年代中期，由于巨额贸易顺差，导致日元升值，继而引起国内通货膨胀，日本政府为缓解国内经济局势，鼓励本国居民出境旅游。

4．接待的旅游人次数

旅游目的地国家或地区接待的旅游人次数是决定其旅游收入高低的基本因素，通常旅游收入与接待旅游人次数成正比例关系。尽管旅游者的旅游消费水平会有很大差别，但只要是某个国家或地区所接待的旅游人次增加，它的旅游收入也会随之增加。

5．旅游者的平均消费水平

在旅游人次数既定的情况下，旅游者的平均消费水平是旅游目的地国家或地区旅游收入增减变化的又一个决定因素。旅游者的平均消费水平与旅游目的地国家或地区的旅游收入成正比例关系。旅游者平均消费水平的高低与旅游者的构成有关，此外，还和旅游目的地的旅游产品构成、产品质量等旅游产业发展的总体水平密切相关。

6．旅游者在旅游目的地停留的时间

出游时间长短影响旅游目的地的产业要素安排。旅游者的停留时间会在很大程度上影响每个旅游点的收入量，特别是对餐饮、住宿方面的影响，同时出游时间也会影响旅游者对交通工具的选择。

7．旅游距离

游客流在空间上随距离增加而衰减，旅行距离与旅游收入链长、收入点设置和收入量正相关，距离越长，所涉及的旅游产业的要素就越多，旅游设计中的收入点就越多。所以长距离旅游者，特别是跨国旅游者对旅游目的地收入有很大影响。所以在旅游项目设计定位中，在资源与其他旅游产业配套要素允许的前提下，入境旅游者或长距离旅游者是目的地重要的潜在收入来源和重点营销的对象。长距离旅游收入链长，带动效应大，长距离旅行中，航空是重要的收入点，所以针对长距离旅游，机场的建设是产业要素建设的重点。短距离旅游收入链较短，特别是城郊旅游的收入链最短，对产业要素影响较小，旅游中对饭店收入影响最大，对餐馆有一定影响。针对城郊旅游，主要是度假休闲设施的设置，饭店和娱乐、游憩设施是收入链中的重点。

8．统计因素

旅游业涉及若干直接旅游部门及相关部门，导致在旅游统计上常会出现遗漏或重复统计的现象，而使统计的旅游收入不能完全如实地反映旅游目的地国家或地区实际所获得的旅游收入。

此外，旅游景区的性质，旅游者的类型等其他因素，也对旅游收入有着重要的影响。

第二节　旅游收入分配

一、旅游收入分配的内涵

旅游收入分配是指按照旅游产品生产要素通过货币形式在各个经济行为主体之间进行的分配。旅游收入分配是旅游经济再生产过程中必不可少的环节，它不仅关系到旅游产品

简单再生产和扩大再生产过程能否顺利进行，而且也直接影响到旅游经济活动中各利益主体的利益能否公平、公正地实现问题，进而影响到旅游目的地国或地区旅游产业的发展质量和发展速度，因而是旅游经济运行中十分重要的问题。

一般来说，旅游收入分配与国民收入分配一样，是通过初次分配和再分配两个过程实现的。旅游收入分配的对象也是旅游收入中扣除补偿价值部分后的余额，即旅游从业人员所创造的新价值。旅游收入初次分配是在直接经营旅游业务的旅游企业之间和旅游企业内部进行的，经过初次分配得到的收入，也称原始收入。初次分配主要由市场机制形成，政府通过税收杠杆和法律法规进行调节和规范，一般不直接干预初次分配。旅游收入再分配是在全社会范围内进行的。再分配主要由政府调控机制起作用，政府进行必要的宏观管理和收入调节，是保障社会稳定、维护社会公正的基本机制。通过旅游收入初次分配和再分配环节，实现了既定收入下的经济主体间的利益协调过程，促使旅游经济循环过程得以继续。

二、旅游收入的初次分配

旅游收入初次分配是指直接经营旅游服务的旅游企业（如旅行社、饭店、餐馆、交通运输公司、旅游景点及旅游购物品商店），将获得的营业收入首先在企业内按生产要素以货币形式进行的分配。在旅游收入初次分配中，旅游企业首先从旅游收入中扣除掉用于生产旅游产品所耗费的物质资料补偿价值，然后对旅游净收入进行初次分配，旅游收入初次分配流向图见图 10-1。

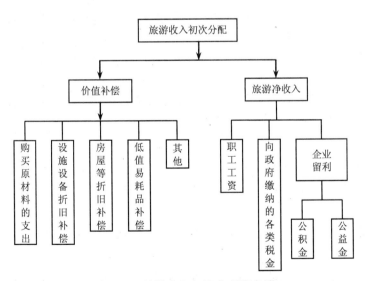

图 10-1　旅游收入初次分配流向图

旅游收入初次分配中，旅游净收入的分配结果划分为以下 3 部分。

1. 职工工资
职工工资用于满足劳动力自身及其家庭对各类消费资料的需求，从而使劳动力得以延续。

2. 向政府缴纳的各类税金
旅游企业向政府缴纳的各类税金用于满足政府对各类财政支出的需求，从而使国家各类需要财政支持的事业得以延续。从 1994 年开始，我国实行新税制，规定旅游经济中的劳务性收入缴纳营业税，营业税的税率是企业营业收入额的 5%；旅游经营中的商品性收入缴纳增值税，基本税率是增值额的 17%，低税率为 13%；在企业总收入中，扣除营业成本、营业费用、租金、利息、营业税等各项税费之后，形成旅游企业经营利润。企业以经营利润额为基数，缴纳所得税，其税率为按照税法调整后的应纳所得额的 33%。

3. 企业留利

企业留利用于满足对投资者的分红需求和扩大再生产需求，从而使企业得以延续发展。旅游企业的自留利润被称为企业净利润，这部分利润才是企业按有关规定可以自行安排使用的。在我国旅游部门和企业中，企业净利润又分为企业公积金和公益金两部分，分别用于企业的自身发展和职工的福利支出等。

在旅游企业初次分配中，旅行社由于自身经营特点而在旅游收入初次分配中发挥着独特的作用。在包价旅游收入的分配中，组团社首先偿付构成其营业收入中很大一部分的营业成本，即根据旅行社与相关旅游企业签订的购买合同规定的支付时间、支付方式、双方约定的价格和购买数量等向他们分配其营业收入，这些旅游企业再将所获得的营业收入按前述方式进行分配。在旅行社营业收入分配中，又可分为组团社营业收入和接待社营业收入。

三、旅游收入再分配

旅游收入再分配是指在初次分配的基础上，各收入主体之间通过各种渠道实现现金或实物转移的一种收入再分配过程。旅游收入经过初次分配以后，必然在初次分配的基础上，按照价值规律和经济利益原则，在旅游目的地国家或地区的全社会范围内，进行再分配，以实现旅游收入的最终用途。旅游收入的再分配是旅游经济活动的重要一环，旅游经济活动与其他经济活动一样，同样也是一个不断重复和扩大的运动过程。在这个过程中，旅游产品再生产所消耗掉的劳动力与物质资料在价值上要不断得到补偿，在实物上要不断得到替换。

1. 旅游收入再分配的内容

旅游收入再分配的内容，是指旅游企业、旅游行业职工以及旅游目的地政府用初次分配得到旅游收入进行消费或投资，从而形成旅游收入在整个旅游目的地社会中进行再分配。其大体分为以下 3 个方面。

（1）旅游企业收入的再分配　为进一步促进旅游业不断发展，满足旅游企业扩大再生产和自我发展、自我完善所必需的物质条件的需要，使消耗掉的原材料和物资设备等能得到补偿，旅游企业向有关行业的企业购买各种物质产品和服务，从而使旅游企业的利润转换为相关行业部门的收入，形成旅游企业收入的再分配。

（2）旅游企业职工工资收入的再分配　为满足旅游企业职工的物质、文化生活需求，以恢复和增强其体力和智力，持续不断地为旅游者提供优质服务，同时满足劳动者的家庭生活需要，促使劳动力不断地再生产，旅游企业的职工把所得工资的部分用于购买他们所需要的物质、文化产品和劳务，从而使相关部门和企业获得了收入，形成旅游企业职工工资收入的再分配。

（3）政府旅游税收收入的再分配　旅游收入中的一部分以支付各种税金而转化为政府的财政收入，政府又通过财政预算用于发展国民经济和社会公共福利事业，建立国家社会基金和社会保证基金，以及国防建设支出等；同时还支付国家机关、文教卫生等事业单位的经费和工作人员的工资，促进社会经济的繁荣和发展，就形成了政府旅游收入的再分配。

2. 旅游收入再分配的流向

旅游收入再分配的流向图见图 10-2。

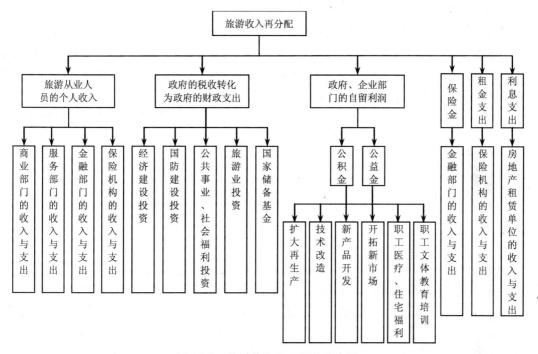

图 10-2 旅游收入再分配的流向图

（1）旅游收入中上缴政府的各类税金构成政府的财政收入，政府又通过各种财政支出方式来实现旅游收入的再分配。政府的财政支出主要用于国家的经济建设、国防建设、公共设施、社会福利投资及国家的储备金。其中，也会有一部分作为旅游基础建设和重点旅游项目开发又返回到旅游业中来，以推动旅游业的可持续发展。

（2）旅游收入中支付给旅游从业人员个人的报酬部分，其中大部分被用于购买他们所需要的生活用品和劳务产品，以满足他们物质和文化生活的消费需要，这部分消费支出流向社会经济各相关部门和企业。而旅游从业人员个人收入扣除消费之后所剩下的部分，则用于购买保险、国库券及存入银行等，它们形成金融部门的收入并转化为金融贷款，成为国家社会经济建设资金的来源。

（3）旅游收入中的企业自留利润分为公积金和公益金两部分。公积金主要用于旅游企业扩大再生产的追加投资，如购买新的设备和设施、新产品的研制、技术更新改造、开拓新的市场，以及弥补企业亏损等。而公益金则主要用于旅游企业职工和集体的福利，以满足职工住房、医疗、教育、文体等方面的需求，此外，公积金和公益金的投资和消费支出就流向直接或间接为旅游企业提供产品与服务的相关部门或企业。

旅游收入经过初次分配和再分配的运动过程，实现最终用途而形成消费基金和积累基金两大部分。在旅游收入的分配过程中，应兼顾每个旅游部门和企业的利益，但每个部门和企业自身的利益应同整个国家的利益相一致。因为没有整个国家的利益，就没有整个旅游业的利益，就没有旅游企业和相关部门的利益。所以，旅游收入的初次分配与再分配应始终把国家整体利益摆在第一位，把国家利益、旅游部门和企业的利益，以及旅游业职工的个人利益有机地结合起来，正确处理好三者之间的关系。

四、旅游收入分配的作用

旅游收入的初次分配和再分配，对旅游目的地国家或地区的社会经济发展具有十分积极的促进作用，其主要表现在以下几个方面。

1．促进旅游业的发展

旅游收入经过初次分配与再分配后，就形成积累基金和消费基金两大部分。其中积累基金不仅可用于旅游业的扩大再生产，而且可用于与旅游业相关部门和企业的扩大再生产，从而为全社会的扩大再生产提供了前提条件。尤其是通过有计划地再投入到旅游建设中，开发旅游产品和旅游市场，能够促进旅游业的进一步发展。而每种消费基金部分投入消费以后，不仅为扩大劳动就业提供了良好条件，也为旅游业的发展输送了大量的劳动力，并促进社会劳动力资源的有效使用和合理利用。

2．带动社会经济的发展

根据现代经济学理论，旅游收入在初次分配和再分配过程中，其用于生产性消费和生活性消费的比例会随之变化，分配环节也不断增加，最终形成乘数效应而使国民收入总量增加。旅游业是一个综合性产业，通过旅游收入的初次分配后再分配，不仅诱发对旅游业自身的投入及开发，还会带动交通运输业、贸易业、建筑业、工农业等物质生产部门，以及文化、教育、卫生、体育等非物质生产部门的投入与发展，从而促进整个社会经济的繁荣和发展。

3．促进旅游产业结构的合理化

旅游收入分配还直接影响旅游投资结构与产业结构的合理化。随着旅游收入的增加和分配，必然促使旅游供给能力不断增强，各种食、住、行、游、购、娱的规模不断扩大；而旅行社、旅游饭店、旅游交通、旅游景点、旅游购物等的数量不断增加，规模不断扩大，又必然拉动为旅游业提供配套设施设备的相关部门和企业供给的增加。于是，在旅游收入初次分配和再分配过程中，必然影响整个社会投资结构，进而影响产业结构的变化和调控，促使产业结构的合理化，从而有利于旅游业和社会经济的不断发展。

第三节　旅游收入的乘数效应

一、乘数效应概述

1．乘数的概念

乘数是经济学中的一个基本概念。乘数（Multiplier）又称为倍数，主要是指经济活动中某一变量与其引起的其他经济量及经济总量变化的比率。乘数概念起源于 19 世纪后半叶。1931 年，英国经济学家卡恩首先提出了乘数理论。其后，凯恩斯又将这一理论进一步加以完善。

乘数理论说明，在经济活动中，一种经济量的变化可以引起其他经济量的变化，最终使经济总量的变化数倍于最初的经济变量，我们把这种现象称为乘数效应。在经济活动中，之所以会产生乘数效应，是因为国民经济的各个行业是相互关联、相互促动的。例如，在某部门注入一笔投资，不仅会增加该部门的收入，而且会在各相关部门引起连锁反应，最终产生数倍于投资额的国民收入。

2. 乘数公式的数学推导

乘数是指在一定的边际消费倾向条件下，投资的增加（或减少）可导致国民收入和就业量若干倍的增加（或减少）。收入增量与投资增量之比即为投资乘数，以公式表示为

$$K = \frac{\Delta Y}{\Delta I}$$

式中　K——乘数；

　　　ΔY——收入增量；

　　　ΔI——投资增量。

同时，由于投资增加而引起的总收入增加中还包括由此而间接引起的消费增量在 ΔC 内，即 $\Delta Y = \Delta C + \Delta I$，这使投资乘数的大小与消费倾向有着密切的关系，两者之间的关系可用数学公式推导，具体为

$$K = \frac{\Delta Y}{\Delta I} = \frac{\Delta Y}{(\Delta Y - \Delta C)} = \frac{1}{(1 - \Delta C / \Delta Y)}$$

式中　$\Delta C / \Delta Y$——边际消费倾向。

因此：

$$K = \frac{1}{1 - MPC} \quad \text{或} \quad K = \frac{1}{MPS + MPM}$$

式中　MPC——边际消费倾向；

　　　MPS——边际储蓄倾向；

　　　MPM——边际进口倾向。

从上式中可以看出，乘数与边际消费倾向成正比例关系，与边际储蓄倾向和边际进口倾向成反比例关系。例如，当一笔资金流入某地区的经济系统时，就会引起一系列企事业单位的经济运转，产生经济活动中的连锁反应，导致该地区社会经济效益的增加。如果把这笔资金储蓄起来或用来购买进口物资，使资金离开本地区的经济系统，则减少了本地区经济发展的力度，本地区的乘数效应就会降低。

下面我们用一个例子来推导乘数的公式。假设第一轮总需求增量 ΔAD 为 100 亿元，这种总需求的增加所引起的国民收入增加中有 $c \cdot \Delta AD$（80 亿元）为支出（c 为边际消费倾向，$c=0.8$），这个 $c \cdot \Delta AD$（80 亿元）就成为第二轮中总需求的增加，这种总需求的增加又会引起国民收入的增加，如此一直继续下去，则会出现下面的情形，见表 10-2。

表 10-2 增加 100 亿元的总需求而导致的国民收入增加

第 几 轮	本轮总需求的增量	本轮国民收入的增量	国民收入总增量
1	100 亿元（ΔAD）	100 亿元（ΔAD）	100 亿元（ΔAD）
2	80 亿元（$c \cdot \Delta AD$）	80 亿元（$c \cdot \Delta AD$）	180 亿元[（$1+c$）ΔAD]
3	64 亿元（$c^2 \cdot \Delta AD$）	64 亿元（$c^2 \cdot \Delta AD$）	244 亿元[（$1+c+c^2$）ΔAD]
4	51.2 亿元（$c^3 \cdot \Delta AD$）	51.2 亿元（$c^3 \cdot \Delta AD$）	295.2 亿元[（$1+c+c^2+c^3$）ΔAD]
...	...	...	
			500 亿元

注：边际消费倾向 $c=0.8$

从表 10-2 中可以得知：

第一轮总需求增加 ΔAD 为 100 亿元，国民收入增加量为 100 亿元，国民收入总增加量为 100 亿元；

第二轮总需求增加 $c \cdot \Delta AD$ 为 80 亿元，国民收入增加量 $c \cdot \Delta AD$ 为 80 亿元，国民收入总增加量为两轮国民收入增加量之和，即：

$$（1+c）\Delta AD=100+80=180（亿元）$$

第三轮总需求增加量为第二轮国民收入增加量的 c 倍，即：

$$c \cdot c \cdot \Delta AD=c^2 \cdot \Delta AD=64（亿元）$$

国民收入总增加量为三轮的国民收入增加量之和，即：

$$\Delta AD+c \cdot \Delta AD+c^2 \cdot \Delta AD=（1+c+c^2）\Delta AD=100+80+64=244（亿元）$$

由此类推，可以得知以后各轮的情况，最后结果表述为

$$\Delta Y = \Delta AD+c \cdot \Delta AD+c^2 \cdot \Delta AD+c^3 \cdot \Delta AD+\cdots+c^n \cdot \Delta AD$$
$$=（1+c+c^2+c^3+\cdots+c^n）\Delta AD$$
$$=\frac{1}{1-c} \cdot \Delta AD$$
$$=\frac{1}{1-0.8}\times100$$
$$=500（亿元）$$

又因为 $0<c<1$，所以我们可以得出下面的公式：

$$\Delta Y = \frac{1}{1-c} \cdot \Delta AD$$

即：

$$K = \frac{\Delta Y}{\Delta AD} = \frac{1}{1-c}$$

由这个公式可以看出，乘数的大小取决于边际消费倾向 c，与 c 同方向变动。边际消费倾向越大，乘数越大；反之，乘数越小。这是因为，边际消费倾向越大，所增加的国民收入中用于消费支出的部分越大，从而引起下一轮总需求增加也就越大，以后国民收入的增加也就越多。而且由于 $0<c<1$，所以乘数 $\frac{1}{1-c}>1$。

二、旅游收入的乘数效应的应用

旅游收入的乘数效应是指旅游目的地国家或地区对旅游行业的投入引起各个经济部门的连锁反应，导致本地区经济总量的成倍增加。需要指出的是，旅游收入的乘数效应必须以一定的边际消费倾向为前提，而边际储蓄倾向和边际进口倾向则降低了旅游收入在本地区经济系统中的作用，使得该地区的乘数效应减少。

旅游收入通过初次分配和再分配，对经济发展产生以下 3 个阶段性的作用。

第一阶段，直接影响阶段。在此阶段，旅游者在旅游目的地的各项消费，将资金直接注入了各个核心旅游企业和部门，饭店、旅行社、餐厅、商店、景区、交通及通信部门在旅游收入的初次分配中获得了一定量的收益。

第二阶段，间接影响阶段。在此阶段，旅游核心部门和企业在再生产过程中向有关部门和企业购进生产和生活资料，各级政府把从旅游核心企业收缴的税金又投资于其他企事业项目，使有关部门和企业在旅游收入的再分配中获得了收益。

第三阶段，扩大影响阶段。在此阶段，旅游相关部门和企业在再生产过程中购进大量的生产资料和生活资料，从而促进了更多部门和企业的发展。旅游收入正是通过多次的分配与再分配，对国民经济不断产生着连带作用和综合效益。

一个国家或地区的旅游收入如果增加，即会引起该国或该地区国民收入的增加，这种关系可用 $Y=KX$ 来表示，其中 Y 为增长的国民收入总量，X 为旅游收入量，K 为两者之间的比例系数，即乘数。例如，某地区的边际消费倾向为 80%，即 80% 的旅游收入在本地区的经济系统中运转，而 20% 的旅游收入则存储起来或用于进口物质，即有 20% 的旅游收入离开了本地区的经济系统，按照乘数的计算公式 $K=1/（1-0.8）$ 或 $1/0.2=5$，表明该地区的旅游收入经过初次分配和再分配，产生了 5 倍于此的经济效益。假若该地区的边际消费倾向为 70%，边际储蓄倾向为 10%，边际进口倾向为 20%，则 $K=1/（1-0.7）$ 或 $1/（0.1+0.2）≈3.3$，表明该地区的旅游收入经过初次分配和再分配，产生了约 3.3 倍的经济效益。

我们还可以用以下几类乘数模式来分析旅游收入对社会经济各个方面的影响。

1．营业收入乘数

营业收入乘数，即旅游营业收入增加额与由此导致的其他营业收入增加额之间的比例关系。该乘数表明某地区旅游业的发展对该地区营业收入的影响。

2．政府收入乘数

政府收入乘数，即旅游收入增加量与当地政府收入净增量之间的比例关系。政府收入净增量是指政府从旅游业获得的税收及各项收益减去政府向旅游业投资后的余额，该乘数主要用来衡量旅游经济活动对国家和地区财政收入的影响程度。

3．就业乘数

就业乘数，即旅游收入增加量与其所创造的直接和间接就业人数之间的比例关系。该乘数表明某一地区通过一定量的旅游收入，对本地区的就业机会所产生的影响。具体来说，一定时期内旅游从业人员的增加量与同期旅游收入的增加量之比，即为单位旅游收入可提供的就业机会。

4．居民收入乘数

居民收入乘数，即旅游收入的增加额与由此导致的某地区居民收入的比例关系。该乘数反映了旅游业的发展对居民收入的影响程度。

5．进口额乘数

进口额乘数，即旅游收入增加量与由此导致的进口额增加量之间的比例关系。该乘数显示了相关部门和企业向国外进口物资、设备的增加量与旅游收入增加量之间的互动关系。

总之，根据旅游收入的乘数效应，可以全面衡量旅游发展对国民经济的影响，更加科学地确定国民经济的发展目标和旅游业的发展战略。

三、旅游乘数效应的局限性

1．乘数理论不以分析旅游接待国或地区的产业结构、经济实力为基础，然而后两者的不同可能产生不同性质和不同量值的乘数

如果接待国经济实力较强，技术先进、生产门类齐全、经济自给程度很高，无论从数量上还是质量上都能满足国内企业、居民及外来旅游者对各种物质商品和服务的需求，那么便有可能使游客通过旅游消费所带来的收入尽可能多地留在国内，减少对进口商品和服务的购买。自给程度越高，旅游乘数数值越大，乘数效应就越强劲。反之，如果接待国或地区经济落后，生产门类不全甚至单一化，经济上自给程度很低，那么该国或地区对进口的依赖必然很大，因而乘数效应必然很微弱。而且经济规模越小，产业关联越弱，边际进口倾向越高，乘数效应也就越不显著。

2．乘数理论的一些前提条件在实际生活中受到限制或不见得总是存在

乘数理论的前提条件之一，是要有一定数量的限制资源和存货可被利用，以保证需求扩张后供给能力相应增长。而实际生活中这一条件不总是存在，因而乘数理论有时会失效。例如，我国目前旅游市场日趋成熟化和规模化，旅游消费旺盛，给其他关联部门造成很大压力。其中交通业处于超饱和状态，不存在资源闲置和存货现象，因而成为制约旅游业发展的瓶颈，影响旅游乘数效应的发挥。要消除这一瓶颈，只能在两种方案中选择：①从其他部门抽调资源来供给这一部门，如改变现有交通运输结构，增加客运能力，压缩货运运量等，这等于削减了交通部门对其他行业的投入；②进口相关物品，由于进口引起的外汇漏损同旅游业创汇的经济目标相矛盾，而且外汇漏损还会进一步削弱乘数效应。因此，无论选择哪一种方案，都会陷入顾此失彼的两难境地。也就是说，如果经济体系中不存在闲置资源和存货，或者瓶颈的制约比较严重，旅游乘数理论就会失效。

第四节　旅游外汇漏损

一、旅游外汇漏损的含义和形式

1．旅游外汇漏损的含义

旅游外汇漏损是指旅游目的地国家或地区的有关部门和企业，为了发展旅游业而进口

商品、对外贷款、引进劳务等，因此导致了旅游外汇收入的减少。漏损主要包括：购进本地区以外的物资和商品，本地区居民或雇员出外旅游消费，国外或外地投资者带走的利润，贷款利息，外籍外地雇员部分工资，在外地的广告和促销费用，驻外办事机构开支，以及储蓄储备等。在经济欠发达的国家或地区，旅游综合设施比较落后，为了发展国际旅游业务，需要从国外进口有关的物资设备，需要引进国外的先进技术和管理人才，这些都要花费大量的外汇，由此造成了旅游外汇的流失。

旅游外汇漏损对旅游乘数效应具有很大的削弱作用，这些外汇流失脱离本国、本地区经济体系的运转，因此在计算旅游乘数效应时，必须把它扣除掉。据世界银行估计，各发展中国家及以对外贸易为国民经济支柱的一些发达国家的旅游外汇漏损率一般在55%左右。

2．旅游外汇漏损的形式

（1）直接漏损 直接漏损是指旅游行业和企业因开展旅游业务而直接发生的外汇收入的流失。它主要包括：购买旅游开发建设与经营运转所需要的各种进口物资的外汇支出；为发展旅游业向国外筹措的外债和贷款的利息，以及合资或独资旅游企业中外国投资者所获利润的外流；旅游业雇佣外国雇员的薪金和其他外籍人员的劳务费用；政府旅游管理部门、各个旅游团体组织或旅游企业在国外进行旅游推广宣传所支付的各种费用和成本。

（2）间接漏损 间接漏损是指为配套旅游发展而产生的其他方面的外汇支出。例如，向旅游业供应各种物资和服务的相关企业，为满足旅游业需要而从国外进口各种物品和劳动力所造成的外汇流失，为发展旅游而使用进口物资或劳动力程度较高的各种基础设施，以及由此引起耗用加大、进口增多而造成的外汇支出。

（3）无形漏损 无形漏损是指由于旅游者增多而使旅游目的地的道路、桥梁、机场设施、排污系统等各种公共设施的磨损加剧，引起各种人造和自然旅游资源损坏和自然环境污染，使旅游目的地为此而进行修复、弥补和清除时，需要从国外进口某些物资造成的外汇流失。

（4）先期漏损 先期漏损是指旅游经营者向旅游者销售某一国家的旅游产品所获得的全部收入中，未进入这一旅游目的地国家的那部分收入。造成这种先期漏损的因素包括：旅游预定方式，旅行距离，使用何种交通工具及交通工具的类别，旅游者进入旅游目的地经过的线路等。

（5）后续漏损 后续漏损又称诱导性漏损，是指旅游从业人员个人生活消费中所涉及的外汇流失。直接或间接从旅游企业获得工资收入的各类从业人员，为了自己的生活需要，有时需要用工资收入购买各种进口物品，旅游接待国因为这些进口物品所支付的外汇便形成旅游外汇后续漏损。

二、影响旅游外汇漏损的因素

（1）旅游目的地国家或地区的经济发展水平 衡量这一类因素的主要指标包括：国内生产总值和人均国内生产总值，农业产出和加工能力，制造业产出能力等。

（2）旅游目的地国家或地区各种资源的自给能力 衡量这一类因素的主要指标包括：本国的自然资源赋存，人力资源规模、结构及素质，农业产出和加工能力，制造业产出规模、结构及技术水平，科技研发能力和水平，教育培训能力和水平，经营管理水平等。

（3）旅游目的地国家或地区有关法律法规与政策 衡量这一类因素的主要指标包括：有

关进口物资的规定，涉及外汇收入与管理的财政金融政策，对旅游业给予自主和贷款等方面的优惠政策，建筑方面的有关规定等。

（4）旅游目的地国家或地区的人口规模。

（5）旅游目的地国家或地区的旅游业发展规模。

（6）旅游目的地国家或地区对外进行旅游促销所需开展工作量的大小。

经验表明，一国或地区无论国际旅游还是国内旅游，都会由于本地区的经济、技术力量不足而不得不在旅游再生产过程中，将大量资金用于国外或者区外采购或人才引进等，这些都必然会造成该地区旅游收入外流，从而削弱对本国本地区乘数效应的发挥。但旅游业的发展必然刺激一些与旅游业关系密切的其他部门的发展，在旅游供给有关的资源开发的投资额也会随之大大增加。因此，经过旅游业快速发展阶段之后，一国或地区能够满足国际旅游业各种需求的能力必然也会大幅度提高，从而使旅游业进口量减少，旅游漏损也会随之下降。

三、减少旅游外汇漏损的措施

旅游外汇漏损的程度显示了一个国家的经济实力和科技水平。一方面，旅游漏损严重状况，一般发生于经济社会发展设施不完善的发展中国家和地区；另一方面，由于旅游漏损会使旅游外汇收入大量流失，减弱旅游乘数效应，更加不利于旅游目的地国家或地区经济的发展。为了减少旅游外汇漏损，首先要大力发展本国经济，提高本国产品的品质和科技含量；其次，要积极培养旅游业的现代化管理人才，逐步减少外方管理集团和管理人员的数量；最后，要加强国际收支的宏观监管机制，完善外汇管理法规，防止外汇流失。减少旅游外汇漏损的具体措施如下。

（1）完善外汇管理制度、管理方法，降低黑市漏损。制定、完善相关法律法规和外汇管理办法并严格执法。对违法违规经营、恶化市场环境的行为给予及时必要的行政和法律处罚，建立良好的市场秩序。

（2）提高本国旅游相关产品质量，或者通过技术引进增加本国生产，减少直接进口。牢固树立质量第一，不断创新自主知识产权和增强产权意识，改变单纯的"以市场换技术"、"重引进轻消化"的老路子。努力培育高质量的自主品牌，尽量使用国产产品、设备和技术。

（3）增强目的地相关供给厂商之间的沟通、协调和合作，提高目的地自身的供给能力。

（4）提高管理水平，加强培训，降低管理技术与服务的进口。积极培养本国本地区的旅游管理人才，认真学习现代化管理方法，广泛运用现代化管理手段，强化现代市场经营观念，不断提高企业、政府、行业组织的管理水平，逐步减少国外引进的管理人才数量。

本 章 小 结

旅游收入是国民经济活动的重要内容。旅游目的地国家或地区通过销售旅游产品而获取旅游收入，并通过旅游收入的初次分配和再分配保证旅游经济体系的顺利运行，实现旅游业的扩大再生产。本章阐述了旅游收入的含义、分类、指标体系和影响因素；明确了旅游收入初次分配和再分配的资金流向；深入分析了旅游乘数效应的产生和发挥，并提出了旅游漏损在旅游经济运行中的负面影响和改善的具体措施，进一步论证了旅游收入对国民经济的促进作用。

思考与练习

一、名词解释

旅游收入　旅游收入分配　乘数效应　旅游乘数效应　旅游外汇漏损

二、选择题

1. 大多数国家对发展出境旅游限制的主要原因是（　　）。

　　A. 出境旅游会导致旅游乘数效应下降　　B. 出境旅游会产生旅游外汇漏损

　　C. 出境旅游会使得旅游收入下降　　D. 出境旅游会影响旅游收入的初次分配

2. 以下不是旅游收入再分配内容的是（　　）。

　　A. 旅游企业收入的再分配　　B. 旅游企业职工工资收入的再分配

　　C. 政府旅游税收收入的再分配　　D. 旅游外汇收入的再分配

三、简答题

1. 旅游收入分配的初次分配和再分配是如何展开的？

2. 推导旅游收入乘数公式。

3. 减少旅游漏损的措施有哪些？

4. 运用本章知识，谈谈对现阶段我国实施"大力发展入境旅游，积极发展国内旅游，适度发展出境旅游"方针的认识。

四、计算题

1. 假设某旅游企业的投资增量为100万元，如果这笔收入的3/5用来购买原材料和商品。

（1）请将产生的连锁反应填入表10-3。

表10-3　某旅游企业投资增量导致的连锁反应

企 业 单 位	投资增量/万元	收入增量/万元	消费增量/万元	储蓄增量/万元
甲企业	100			
乙企业				
丙企业				
丁企业				
合计				

（2）计算该旅游企业的旅游收入乘数。

五、案例分析

旅游业对相关行业经济发展的乘数效应——以杭州为例

1. 核心层——旅游资源开发是杭州旅游乘数效应变量的基础

旅游是杭州传统优势产业，是杭州的比较优势和核心竞争力所在。由于政府的引导和投入，旅游资源开发在原有的基础上得到了规模化的发展，新型业态不断涌现。据杭州市旅游业发展总体规划要求，杭州开发"一心一轴七区五翼"的旅游空间新格局；建设西溪国家湿地公园等十大休闲基地；开辟杭州梅家坞茶文化村等九大工、农业旅游示范点；推出京杭大运河水上巴士等100个国内首创的社会资源国际旅游访问点。此外，与旅游相关的大型投资项目也亮点频出，如投资数十亿元人民币的海洋公园等。杭州旅游业态正处于转型期，即从原来的观光旅游，逐步向观光、休闲、会展产品"三位一体"转变。

旅游资源开发，创造出难以计数的旅游新品、名品，使杭州旅游无论在形式上还是内容上都获得了延续和发展。虽然受到国际金融危机和H1N1流感负面影响，但旅游经济仍然取得了令人瞩目的"双增长"，好于全国平均水平。据统计，2009年，杭州共接待入境旅游者230万人次，增长3.5%，外汇收入13.8亿美元，增长6.5%。国内旅游者5 000万人次，增长10%，国内旅游收入700亿元人民币，增长13.5%。实现旅游总收入800亿元人民币，增长13%，旅游业对杭州市GDP的贡献达到14.8%。旅游资源开发，旅游产品推陈出新，带动杭州旅游经济持续、稳定、健康地发展，为发挥旅游业的乘数效应奠定了坚实的基础。

2. 中间层——旅游要素产业是杭州旅游乘数效应变量的助推器

旅游要素产业是指服务于旅游消费者的食、住、行、游、购、娱6要素相关产业。由于旅游资源开发和旅游产品的不断升级换代，杭州已成为国内外旅游者首选的目的地城市之一，从而极大地触发了食、住、行、游、购、娱旅游要素产业的规模发展。据统计，杭州目前旅行社、酒店、景区（点）等行业与国内其他旅游城市相比，在数量和所产生的经济效能上均排名居前。杭州市直接从事旅游业的有四十多万人，间接从事旅游业的多达两三百万人，形成了一支庞大、稳定、优质的现代旅游业服务产业大军，为接待服务提供了重要支撑。

杭州"十大特色潜力行业"是近年来旅游发展的"新蓝海"。杭州市政府从2007年开始，启动培育发展旅游十大特色潜力行业规划，首批将美食、茶楼、演艺、疗（休）养、保健、化妆、女装、婴童、运动休闲、工艺美术行业确定为杭州"十大特色潜力行业"，涉及数万家企业单位。近年来，杭州共召开三次由中外学者、专家参加的十大特色潜力行业论坛峰会；评选出杭州十大特色潜力行业200强；成立17个十大特色潜力行业协会；增加政府对十大特色潜力行业的扶持投入；召开表彰奖励大会；编印投放了《杭州十大特色潜力行业休闲旅游指南》等。尤为值得一提的是，旅行社业与相关潜力行业发表共同宣言，从原来的无意识的连接，到有意识的共同谋划、共促发展。杭州的十大特色潜力行业，既赋予杭州旅游主要要素延伸的新内涵，同时又融入现代旅游中创意、休闲、健康、快乐、美丽、时尚等方面的新元素，从而确立了杭州旅游发展的新方向和新增长点。

由于旅行社业与相关行业存在着经济利益的关联性，在杭州旅行社总量不变而十大特色潜力行业总量增加的情况下，后者因游客的综合性、多层面、多渠道的消费而获益，从而使旅游乘数效应的比率发生变化，完全有可能由原来的1:7比率，向1:8、1:9，甚至1:10转化。

3. 外围层——与旅游相关的行业是杭州旅游乘数效应变量的空间

从2005年起，杭州市开始实施社会资源转化为旅游产品工程，通过数年的努力，筛选出了100个具有明显吸引力的社会公共资源点，将其整合转化为旅游产品。社会资源转化为旅游产品工程，是杭州市旅游业发展的重大创新举措。它极大地拓展了旅游横向发展和纵向深入的空间。

现在已知在杭州与旅游相关的行业多达近百个，分为直接影响和间接影响的行业。目前精选的转化为旅游产品的行业包括：工业、农业、科技、金融、地产、医疗、教育、体育、文化、艺术、公检法，以及公共交通、美容时尚、农贸市场、特色街区、社会福利、社区家庭等。值得一提的是，杭州的市、区两级人大、政府、政协和市长热线也作为旅游资源访问点，以政治开放和民主的形象，直面国际社会和旅游市场。庞大的与旅游相关的行业为旅游乘数效应变量提供了广阔的空间，而社会资源转化为旅游产品工程的推进，则为旅游乘数效应变量由 1:7 向更高的变量发展提供了现实的保障。杭州作为旅游目的地城市，由于上述行业的旅游化、兼融化，引导游客消费结构和层面提升，使游客消费需求综合化、多样性成为可能，遂使这些行业的受益面和获利率得到很大程度的提高。由于获益驱使，这些行业不断开发出更新颖、更适销对路的旅游产品，扩大和促进消费增长，从而形成良性循环，乘数效应变量不断发生变化。

（资料来源：《中国旅游报》，作者：浙江海内外商务旅游有限公司，日期：2010 年 4 月 6 日）

思考：分析杭州旅游业呈现巨大乘数效应的原因是什么？

评析：乘数效应是一种宏观的经济效应，是指经济活动中某一变量的增减所引起的经济总量变化的连锁反应程度。该理论被公认为旅游对相关行业经济发展最具权威性的评估方式之一。目前，杭州旅游业界对具体的比率基本认同在 1:7，即旅游业获得 1 元的利润，可带动相关行业产生 7 元经济效益。这种比率关系是个不断变化的量，其变化是由旅游核心层、中间层、外围层决定的。正确理解和把握旅游乘数效应的变量关系，对指导杭州旅游业可持续发展具有重要的理论和实践意义。杭州市旅游业乘数效应的良好发挥，主要是由三个方面决定的：①旅游资源的深度开发，优质旅游产品的形成是旅游业发挥乘数效应的基础；②旅游产品构成 6 要素的深度挖掘，形成系列新的增长点，推动旅游业乘数效应的发挥；③旅游相关行业的百花齐放，特别是把社会资源打造成旅游产品，进一步实现旅游业乘数效应的发挥。

总之，旅游乘数效应的发挥和实现，需要一个完善的旅游产业链条。在这个产业链条中，如何围绕旅游资源这个核心，多方位地挖掘相关要素，并使得各要素良好运作，是实现旅游产业蓬勃发展的根本和关键。

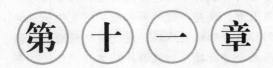

第十一章

旅游经济结构及其优化

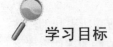

学习目标

1. 了解旅游经济结构的概念、特征，以及旅游经济结构的影响因素。
2. 深刻理解并掌握旅游经济结构的具体内容。
3. 熟悉旅游经济结构优化的原则、意义与途径，并能够应用于旅游业实际问题的分析。

第一节　旅游经济结构概述

一、旅游经济结构的概念及含义

1. 旅游经济结构的概念

旅游业作为社会经济的一个组成部分，是整个社会经济系统中的一个子系统，具有与其自身发展相适应的经济结构。建立合理的旅游经济结构，是旅游业发展的必要条件，也是全面提高旅游业经济效益和社会效益的前提。

具体而言，旅游经济结构有狭义和广义之分。狭义的旅游经济结构是指旅游产业结构，即旅游产业内部满足游客不同需要的各行各业之间在运行过程中，所形成的内在的联系和数量比例关系，这种比例关系主要由饭店、交通业、旅行社业、游览和娱乐业构成。

而广义的旅游经济结构则是指旅游经济各部门、各地区、各种经济成分和经济活动各个环节的构成及其相互联系、相互制约的关系，既包括旅游部门关系和地区关系，又包括旅游经济成分关系和活动环节关系等。因此，广义的旅游经济结构反映了旅游经济系统在总体上由哪些部门构成，具有哪些层次、要素和特点；反映了旅游各部门、各层次、各要素之间是如何相关联地组成一个有机整体；反映了旅游经济系统内部及整体运动和变化的形式规律及内在的动力等。

2. 旅游经济结构的含义

从旅游经济结构的概念来看，它包括以下 3 方面的含义。

（1）旅游经济作为社会经济的重要组成部分，其本身是社会经济结构的一个构成要素，这就要求旅游经济必须从整个社会经济发展的大局出发，发挥其在社会经济中的功能，体现旅游经济在社会经济中的推动作用，促进社会经济的发展。

（2）旅游经济结构与社会经济结构相比，二者存在隶属关系，但从经济结构的构成来看，旅游经济结构又存在其自身的独立性，这主要表现在旅游经济结构的特征方面，既有与社会经济和其他经济的共性，也有旅游经济自身特定的个性特征。

（3）从旅游经济结构所包含的内容来看，旅游经济结构不仅包括旅游业的食、住、行、游、购、娱6个构成要素，也包括6个要素之间相互联系、共同发展的联系，旅游业6要素之间的比例关系不仅关系到旅游经济能否正常运行，也会影响到旅游经济的效率和水平。

总体来说，合理的旅游经济结构是旅游业发展的重要条件。我们系统地研究旅游经济结构，有利于从旅游经济系统的内在特征，动态地考察旅游经济的运行过程和状态，从而揭示旅游经济运行的规律和趋势。

二、旅游经济结构的特征

结合旅游经济的概念与含义可知，旅游业是整个社会经济大系统中的一个子系统，但是由于旅游业的产业关联性非常强，使得其同整个社会经济系统和其他子系统相比较时，既有一般经济结构所具有的共同特征，又有其典型特征，具体可概括为以下几点。

1．综合性与整体性

旅游业是一个综合性的经济产业，其由食、住、行、游、购、娱等多个环节的经营要素所组成，缺一不可。每种要素都体现了旅游经济的一个环节或旅游者的消费活动所涉及的一个具体方面，并且，这些具体环节或要素都是从属于旅游经济这个整体的。由于各组成要素的性质和特点不同，使得任何一个组成要素都不能代替由它们所组成的整体——旅游经济结构。因此，旅游经济结构不仅仅是各组成要素的简单相加，而是根据旅游经济整体的需要，按照各要素之间相互联系、相互作用的特点和规律性，形成合理的比例及结构，从而发挥出旅游经济的综合性和整体性的特征。

2．功能性与自适应性

从抽象的系统功能与演变来说，一方面，系统组织的功能与结构是密切相关的，结构决定该系统组织所能发挥的功能特点，而功能又能促进结构的变化；另一方面，系统组织的结构本身就具有自我协调、自我适应、自我发展、有效满足系统所服务对象的不断变化的需求，从而促进系统组织不断发展的自适应能力。因此，不同的旅游经济结构必然会产生不同的旅游经济功能和旅游经济效益；而且，旅游经济的结构也必然会具有适应并有效满足旅游者不断变化的旅游需求的旅游经济系统自适应能力。例如，我国传统的旅游经济结构是以观光型旅游为主的，即便是我国当前旅游经济发展规模已经相当大的经济基础上，观光型旅游仍然是主流的旅游产品结构，因此，观光型旅游产品的经营者在满足旅游者需求的旅游功能及旅游效益时，也是同观光型旅游产品的供给结构特征相联系的；另一方面，随着社会经济的发展，人们的旅游需求有了新的变化，要求从观光型向旅游休闲度假、健体娱乐型旅游发展，而旅游供给企业之间的竞争更为激烈，种种形势的变换必然要求旅游经济结构（旅游企业组织）进行相应的自适应调整，以便提供更好地满足旅游者新的旅游需求的功能，进而推进整体旅游经济的发展。

3．动态变化性

由于旅游经济系统各要素、各部门及其相关关系是不断变化的，因此，旅游经济结构也是不断发展变化的。旅游经济结构的变化不仅有量的变化，而且有质的变化。旅游经济结构的量的变化，一方面表现为旅游经济规模的增长；另一方面表现为旅游经济各种比例关系的变化。因此，通过对旅游经济结构量的分析，可以把握旅游经济结构在旅游经济发展规模和速度方面的适应性。旅游经济结构质的变化主要通过各种量的指标反映出来，并且其主要表现为旅游经济的效益不断提高，旅游经济的综合发展水平不断提升。由于旅游经济结构的变动是十分复杂的，因此，旅游经济管理部门必须注意分析影响结构变动的各种因素，适时进行调整，提高旅游经济结构的动态适应性和旅游经济效益。

4．有机关联性

旅游经济结构与其他行业或部门经济结构的最大差别在于关联效应较强，旅游经济结构的内部各个组成部分，以及与外部结构之间都存在着较为明显的有机联系。从旅游业食、住、行、游、购、娱6大要素来看，任何一个要素的有效供给都离不开其他相关要素的配合；从旅游业中的旅行社、旅游饭店、旅游交通、旅游景点、旅游购物等具体行业来看，任何一个行业的发展都必须以其他行业的发展为条件，都离不开其他行业的密切配合。另外旅游经济结构与外部其他行业部门之间的有机联系也是整个社会经济系统中不可忽略的部分，如旅游活动涉及并带动了整个经济部门中的日用品的生产加工企业、邮政、卫生医疗等行业。因此，旅游经济结构较强的关联性，使组成旅游经济结构的各行业、各要素的协调发展，并成为旅游经济结构协调的重要内容，其中任何一方面的发展薄弱或不协调，都会影响到旅游经济产业整体发展的规模、效益和水平。

三、影响旅游经济结构的因素

旅游经济结构的典型特征（如综合整体性和有机联系性），决定了影响旅游经济结构的因素是十分复杂的。具体而言，影响旅游经济结构的因素主要有以下几方面。

1．稀缺的旅游资源

旅游资源尤其相对稀缺、具有垄断性的旅游资源，对旅游经济结构的影响是至关重要的。传统观点认为，旅游资源主要是自然旅游资源和人文旅游资源；而现代观点认为旅游资源还包括人才、信息、智力、资金等，这样的旅游资源的概念范畴可以视为泛化的旅游经营资源。旅游资源是旅游业赖以生存和发展的物质基础，其所具有的数量和质量不仅决定着旅游业的发展规模及水平，而且还决定着旅游经济结构的功能和属性。因此，正确认识和分析旅游资源的品位、特点、类型及规模，是实现旅游经济结构合理化的重要因素之一。

2．旅游市场

市场经济作为社会经济运行方式和社会资源配置机制，要求一切经济活动都必须以市场为轴心，按照市场经济规律对社会经济活动进行调节和控制。现代旅游经济是一种以市场为导向的外向型经济，因而其整体经济运行都必须围绕市场来进行。针对我国当前的旅游规划领域所反映出的各个旅游目的地之间的竞争状态而言，已经明显进入到了市场竞争态势，各个旅游目的地都非常重视的旅游规划也已经演进到了更为科学的市场导向型战略规划。

从旅游需求角度来看，旅游者的需求是决定和影响旅游经济结构的关键因素，因为一个国家或地区旅游业发展的规模和水平，主要表现在其对旅游客源市场的拥有数量和水平。而旅游客源地的社会经济发展水平，旅游客源地的出游人数等，又决定着旅游目的地国家或地区的旅游经济结构及旅游业的发展速度和规模。

从旅游供给的角度来看，一个地区旅游市场的大小还取决于其旅游产品的供给及旅游服务水平，它不仅决定着该地区旅游市场接待规模的大小，还决定着旅游市场的开拓发展水平及旅游经济效益的提高。旅游供给规模和水平，通常是受旅游开发和投资结构的决定和影响，因此必须根据市场需求变化趋势，有效地增加资金的投入，科学地进行旅游资源的开发，形成合理的旅游产品供给规模和旅游产业结构与区域结构，才能有效促进旅游经济的合理化。

3．科技进步

科学技术是第一生产力，科技进步不仅是现代经济发展的主要动力，也是影响旅游经济发展的重要因素。特别是对于现代旅游经济来讲，科技进步对旅游经济结构的作用越来越重要，并表现在以下几个方面。

（1）科技进步促使人们旅游需求结构的变化　现代科学技术的发展对人们的生活方式产生了重要的影响，引起人们消费结构的变化，而人们消费结构的变化又促进旅游需求结构的变化，进而引起旅游产品结构的变化，从而增强了对旅游经济结构变动的影响力，促使旅游经济结构在科技进步的基础上，实现现代旅游设施的发展。这些都充分体现了旅游业如何有效地利用现代科学技术，最大限度地满足旅游者的旅游需求。

（2）科技进步直接影响着旅游经济结构的变化　一方面，现代科学技术的进步与发展，改变了旅游经营者对旅游资源开发和利用的具体方式，提高了旅游资源的利用效果和水平，促进了旅游交通和通信手段的发展，为旅游活动的有效进行提供了先进的工具和手段。例如，飞机航线的开拓，以及第二次世界大战后喷气推进技术的应用，使得长途航线及洲际旅游成为可能。这些科技的发展与进步，推进了旅游经济结构的拓展。另一方面，科技进步加快了旅游设施的建设和发展，丰富了旅游活动的内容，改善了旅游服务的质量。例如，斯塔特勒首创了用一组给排水管同时供给相邻的两间客房的用水形式，这就是斯塔特勒管道井，这种技术革新使得客房产品实现质的创新，实现了在客房内安装浴室的计划，大大改善了饭店顾客享受的旅游服务水平。斯塔特勒的这一历史性革新在当时的旅游饭店行业内得到广泛使用，并且沿用至当今的饭店业。总之，这些科技进步直接对旅游经济结构产生积极的促进作用，不断提高旅游业的经济效益和社会效益。

（3）科技进步提高了组织管理的能力和水平　科技进步对旅游业的经营和管理等软技术方面产生积极的促进作用，促进现代旅游经济管理的科学化和现代化；科学进步加快了现代信息技术、高新技术在旅游业中的应用步伐，提高了现代旅游经济的科学内涵。特别是在我国建立社会主义市场经济的过程中，在各种旅游硬技术逐渐完善的条件下，旅游经营管理和信息技术等软技术的广泛应用，将在旅游经济结构的合理化和高度化中发挥着重要作用。例如，在饭店设备配置上，斯塔特勒在他那个时代（现代饭店兴起时期），很多饭店还都处在追求豪华而不讲究成本的管理理念下，他首创大批订购标准化的器具，利用大规模订货的优势，降低费用，这种软技术革新虽然在现今的旅游企业管理之中已经司空见惯，但在当时降低成本、提高管理水平的作用还是非常明显的。

4. 社会经济

一个国家或地区的社会经济发展水平及其为旅游业发展所提供的有利条件或限制因素，直接影响到该国家或地区旅游经济结构的变化以及旅游经济的可持续发展。通常，发达的经济条件更容易为旅游业提供各种基础设施、交通运输手段及财力资源，并且往往具有较高的旅游服务和管理水平，从而增强了旅游目的地的吸引力和市场竞争力，促进旅游经济效益和社会效益的提高。

从旅游经济发展的国际比较来看，欧洲和北美地区由于经济发达，从 20 世纪 50 年代以来的半个多世纪中，一直是世界旅游业较发达的地区，其接待国际旅游入境人数占到全球国际旅游入境人数的 80%左右。又如我国东部沿海地区及大多数中心城市经济一般比较发达，从而也成为我国旅游经济较发达地区，接待海外旅游者占全国入境旅游人数的 60%；而中西部经济欠发达地区，虽拥有丰富的旅游资源，但开发能力及配套的社会经济条件薄弱，无法尽快转化为经济优势。旅游经济管理部门除了考虑旅游资源、科技进步及旅游市场因素外，也要充分适应不同地区社会经济的发展水平，适度超前的发展旅游业，通过旅游业带动地方经济发展；同时又要根据不同发展阶段的社会经济状况，合理进行旅游经济结构的调整，实现整个旅游经济与社会经济的和谐统一。

5. 政策和法规因素

经济政策和法律、法规是政府部门的重要调控手段之一。运用经济政策和法律、法规，不仅能加快旅游资源的优化配置，促进旅游经济在数量扩张、结构转换和水平提高方面协调发展，实现旅游经济的良性循环，而且有利于促进旅游经济结构的合理化，减少地区间经济差异，实现总体效率与空间平等的统一。尤其旅游业是以市场为导向的经济产业，如果没有国家从政策和法律、法规等方面给予宏观的指导和调控，旅游业不仅不能快速地发展，而且也不可能得到健康的发展。

第二节　旅游经济结构的内容

旅游经济结构的具体内容就是对旅游业界的微观、中观、宏观层次的抽象认知以及规律总结。一般而言，旅游经济结构的内容包括：旅游经济所有制结构、旅游产品结构、旅游企业结构、旅游市场结构、旅游产业结构、旅游区域结构等。学习旅游经济结构所包含的具体内容，也应保持一种从微观到宏观的思维模式。对众多微观旅游企业的产权性质、经营产品内容等方面的抽象认知、概括性总结，即为旅游所有制结构、旅游产品结构的内容。对于中观层次的众多旅游企业组织、旅游行业协会组织、旅游教育支持与服务组织等方面的抽象认知，即为旅游企业结构，可以说这是从市场供给角度认识的旅游经济结构。旅游市场结构是从中观层面分析旅游产品在供给和需求之间的规模、比例及相互协调性，以及各种旅游客源市场之间所形成的比例关系。基于宏观层面分析旅游产业结构、旅游区域结构，涉及旅游目的地的整体旅游经济布局、搭配、协调与发展等战略问题。

学习与了解旅游经济结构的内容，并非单纯地为学习其内容与形式，而是在基于应用的角度，把旅游经济结构的内容放置于政府在调整旅游经济结构、发展旅游经济的各种产业政策、规划纲要等一系列宏观大背景之下，思考与分析：旅游经济组织的所有权属性及其适用的管理方式，旅游企业组织的产品战略规划导向，市场营销战略，区域竞争战略，行业发展前景等，这些关系到企业组织、行业组织、产业形态的发展态势等重要问题。

一、旅游经济所有制结构

旅游经济所有制结构是指不同所有制成分在旅游经济中所处的地位、作用及相互联系。随着改革开放的深入、国内旅游的发展，我国现阶段的旅游经济形成了以公有制为主体，多种经济成分并存的所有制结构。生产资料所有制的状况是形成旅游经济所有制结构的基础，以公有制为主体的多种经济成分并存的所有制结构是由社会主义初级阶段生产力发展水平决定的，也是相当一个时期内经济发展的客观要求。从旅游企业所有制形式看，主要有以下几个方面。

1. 国有经济

国有经济是生产资料归国家所有的一种经济类型。例如，国有控股的大型旅游企业集团的所有权是归国家所有的，其企业组织形式是由国家对该项旅游资源或者该种旅游项目的行政管理部门通过资产重组、产权制度改革，成立相应的规范的公司或企业，进入市场领域，进行企业化经营。例如，嵩山景区管理委员会积极运作成立的登封嵩山少林旅游集团有限公司，发行嵩山旅游年票、经营饭店、旅游购物品等多项产品，并且还在积极谋划除门票收益之外的部分板块业务的上市操作。另外，若是国有经济结构的旅游企业进行了股权划分，除了国有经济成分还吸纳有其他经济成分，如集体经济、私营经济成分，实施以股权比重为基础的董事会管理制度，则实现了国有经济在现代化企业制度导向下的企业化管理改革。

2. 集体经济

集体经济是生产资料归公民集体所有的一种经济类型。集体所有制企业可再划分为城镇集体所有制企业和乡村集体所有制企业。例如，以景区发展带动旅游地经济发展的"栾川模式"的主要代表景区——重渡沟景区的发展历程，就是以当地集体林为背景和村委会控股的集体产权为依托，使得集体经济成分进行市场化运作的成功案例。

3. 私营经济

私营经济是生产资料归公民个人所有，以雇佣劳动为基础的一种经济类型，包括所有按照《中华人民共和国私营企业暂行条例》规定登记注册的私营独资企业、私营合伙企业和私营有限责任公司。国内知名的宋城集团，是典型的私营经济性质的大型旅游企业组织，主营业务涉及旅游景区和景观房产等行业，主要通过资本运营、品牌和管理输出等形式扩大集团规模。

4. 联营经济

联营经济是不同所有制的企业之间或企业、事业单位之间共同投资组成新的经济实体的一种经济类型。例如，当前很多旅游景区在出让经营权或者筹集资金开发建设时，通常采取"建设—经营—转让"（BOT）、"移交—经营—移交"（TOT）等常见的发展模式，这些发展模式大都为旅游景区当地政府投入国家资金或地方资金进行基础设施建设，吸引社会游资配套投资一部分基础设施建设，并鼓励社会资金进行旅游服务项目的建设投入。而这些经济主体就包含了不同所有制的企业、政府、事业单位等多种经济成分。于是，这些投资发展模式就能够保证各方经济主体在"谁投资，谁受益"的原则下，实现联营经济共同发展的目标。

此外，还有股份制经济类型、外商投资经济类型、港澳台投资经济类型，以及其他经济类型。总体而言，首先探讨与学习旅游经济所有制结构，能够帮助大家了解与认知当前我国旅游企业集团的性质及其运作特征，旅游景区当前的管理体制现状以及经营收益分配模式等实际的、复杂的问题，也有助于大家更为深刻地理解旅游经济运行规律、旅游经济结构矛盾等方面的问题。

二、旅游产品结构

旅游产品结构是指旅游产品的构成及各部分之间的结构比例关系，它包括不同行业提供的旅游产品之间的结构比例关系和同行业提供的旅游产品之间的结构比例关系。各种旅游产品之间在规模、数量、类型、层次等各种指标的比例关系方面，应形成一种协调的组合关系。不仅各种旅游产品之间要保持合理的数量比例关系，同种旅游产品不同消费层次类型之间也要保持合理的数量比例关系，形成合理的旅游产品体系。旅游产品结构的内容包括以下几个方面。

1．旅游产品要素结构

旅游产品要素结构是指旅游产品具有很显著的综合特点，它的构成包括食、住、行、游、购、娱6要素中的几种或全部。在研究旅游产品要素结构的过程中，我们要着重研究旅游景观、旅游设施、旅游服务和旅游商品等各自的发展状况，包括规模、数量、水平及比例结构等，以便更好地把握各种要素的特点和供给能力，便于开发旅游产品。同时，我们也不能忽视对各种旅游要素的组合状况的研究，即以旅游景观为基础的各种自然风景和人文景观的有机组合，各种旅游设施和旅游服务的配备比例，各种旅游活动的合理安排等，从而构成综合性的旅游产品，以便更好地满足旅游者的旅游需求。

2．旅游产品组合结构

旅游产品组合结构是指按照一定的旅游需求和旅游供给条件，把各种单项旅游产品有机组合起来，形成一定区域内旅游活动的消费行为层次结构。因此，从旅游产品组合结构入手，研究各种旅游线路的设计与单项旅游产品的有机组合，把各个区域旅游产品和专项旅游（如会议、探险、考察、体育等）有机组合起来，向旅游者提供具有吸引力的综合性产品，就成为旅游产品组合结构研究的重要内容。随着旅游需求的日益多样化，旅游产品组合结构已经成为旅游产品能否满足旅游者旅游需求的一个关键因素。

3．旅游产品类型结构

旅游产品类型是指根据旅游产品的特点、功能、开发程度、销售方式等对旅游产品进行分类，从而将旅游产品分成许多不同的类型。一般来说，旅游产品类型主要是根据旅游产品的特点和功能来划分的。比如，根据旅游产品的特点，可以将旅游产品划分为观光旅游产品、文化旅游产品、度假旅游产品等类型；根据旅游产品功能，则可以将旅游产品划分为康体旅游产品、探险旅游产品、特种旅游产品等。通常，从充分发挥区域旅游资源特色和优势来看，旅游产品类型结构是否完善关系到区域旅游产品是否丰富和旅游资源开发程度的深浅。

三、旅游企业结构

旅游企业结构是指旅游业中旅游企业机构的设置及旅游企业的规模等。它一般包括旅游企业类型结构和旅游企业规模结构，而旅游企业内部结构一般视为具体的旅游企业内部管理问题，不再赘述。

1. 旅游企业类型结构

旅游企业类型结构一般是根据旅游企业的业务类型来划分的。比如，根据旅游企业的传统业务，将旅游企业分为旅行社、旅游饭店、旅游景区和旅游车船等类型。随着旅游企业的不断发展，旅游企业的业务类型在不断多元化，许多旅游企业在自己原始企业的基础上，积极向其他旅游领域拓展，寻求企业的集团化发展。比如，首旅集团作为经北京市政府批准成立并授权经营管理国有资产的大型集团公司，以经营旅游业为主，涵盖了酒店、旅行社、汽车、购物、餐饮、会展、娱乐和景区等业务，并向旅游房地产和金融市场及其他相关领域积极拓展。集团化是现代旅游企业的一个发展趋势，因此许多大规模的综合型旅游企业集团纷纷涌现。

2. 旅游企业规模结构

旅游企业规模结构，主要反映旅游企业大、中、小结构比例和旅游企业集团化发展的状况。研究当前旅游企业集团化发展的趋势与状况，对于优化和提高旅游业的整体发展水平具有重要现实意义。

（1）客观的市场竞争条件决定旅游企业大、中、小规模结构　旅游企业通过市场竞争而逐步形成了相对稳定的大、中、小旅游企业规模结构。从我国旅游企业的发展历程来看，旅游企业的成长有两个主要途径：一是旅游企业的自我成长；二是政府行为下旅游企业的成长。目前，从我国旅游企业的规模来看，完全通过自身成长起来的旅游企业规模一般较小，如栾川重渡沟旅游发展有限公司；也有一些规模较大的旅游企业，但其最初业务并非旅游业而后来涉足旅游业的，如浙江宋城集团、四川万贯集团；规模较大的旅游企业主要是通过政府行为（如资产划拨重组等方式）形成的，如华侨城集团（旅游业只是其主要业务之一）、首旅集团等，这种方式使旅游企业的发展跨越了资本的原始积累阶段，能够在短时间内得到扩张与发展，是目前我国大规模旅游企业的主要成长途径。

（2）规模经济和集约化经济的市场竞争促使旅游企业结构迈向集团化发展方向　旅游企业遵循规模经济和集约化经济的市场竞争要求，逐步形成一些紧密型与松散型相结合的大企业集团，如酒店管理公司、旅游集团公司等。旅游企业的集团化有利于增强旅游企业的竞争力和提高经济效益。并且，在适应具有中国特色的社会主义市场经济体制背景下，建立现代企业制度，发展大型现代化的企业集团，是今后旅游企业结构优化与调整的发展方向。但是，在旅游企业逐步形成大企业集团的发展历程中，由于其经历的成长方式与路径不同，则形成了不同的旅游企业集团化发展模式，进而也致使旅游企业集团内部的组织结构展现出不同的特征，使得这些旅游企业集团在适应市场竞争、企业活力、经营效益及其分配方式等方面都展现出差异。常见的旅游企业集团化发展模式主要有 3 种：市场成长型、政府行为型和混合推动型。旅游企业集团化发展模式及比较，见表 11-1。

表 11-1   旅游企业集团化发展模式及比较表

发展模式类型	主 要 特 点	优 点	缺 点	旅游企业集团示例	发 展 方 向
市场成长型	由旅游市场竞争所形成的	产权明确，管理规范，协同效应明显	成长周期长，时间代价大，容易失去市场机会	宋城集团等	通过资本运营、品牌和管理输出扩大集团及规模
政府行为型	政府行为，命令驱动	资源整合效率快，集团实力增长迅速	产权不明晰，管理欠规范，集团经营受政府行为干扰	陕旅集团、武汉旅游国有控股集团	通过资产重组和产权制度改革，向市场成长型发展
混合推动型	政府、市场、企业三者相结合	融合了前两者的优点	协调好政府、市场和企业之间关系有一定难度	首旅集团、锦江国际等	通过资产重组和产品塑造，向市场成长型发展

四、旅游市场结构

通常，市场分为消费品市场和生产要素市场，旅游产品是消费品，但旅游产品的生产也需要相应的生产要素，如资本、劳动和土地等。如果仅从消费品市场的角度来考虑，旅游市场结构就是指旅游市场上需求和供给之间的数量、规模和比例关系，它反映了旅游目的地和旅游客源市场之间的供求比例和相互联系。如果再从旅游产品的生产要素市场的角度来考虑，应该还要加上生产旅游产品所需的生产要素的供求结构。

1. 旅游需求结构

旅游需求是旅游者在一定时期内和一定价格水平下，愿意购买并能够购买的旅游产品数量。旅游需求受到许多相关因素的影响，如旅游者的收入水平、旅游产品价格、闲暇时间、旅游者的偏好等。按照不同的分类标准，如社会人口特征（年龄、性别、职业、文化程度等）、地理特征、心理特征等，又可以将旅游者分为不同的类型，不同类型的旅游者的需求特征表现出很大的差异性，因而形成不同的旅游需求结构。针对不同类型的旅游者，要重点分析其多样化的需求特征及结构差异，同时也要重点研究不同季节、不同旅游方式的需求结构和特征，开发和提供多类型的旅游产品，满足旅游者的多样化需求提供依据。

2. 旅游供给结构

旅游供给是旅游经营者在一定时期内和一定价格水平下，愿意并能够向市场提供的所有旅游产品的数量，包括餐饮、住宿、交通、景观、购物、娱乐等多种内容和服务。旅游产品是一种综合性产品，不仅要从供给数量上满足旅游者的需求，还需要旅游供给结构的相互配套，以免造成旅游供给的结构性不足，影响旅游者的满意程度。因此，我们除了要从数量上研究旅游供给结构，还要重点分析，旅游供给的要素是否配套；旅游设施的规模、水平和比例关系是否协调；旅游服务项目的内容和质量是否能够有效满足旅游者的需求，最终形成合理配套的旅游综合接待能力。

3. 生产要素供求结构

按照国际标准化组织（ISO）的定义，为旅游企业提供中间产品以进行旅游产品生产的是供应商和分供方。它们是旅游产品提供者的一部分。对旅游企业来讲，成本是指为获得某一物品（包括生产要素）而付出的代价。例如，旅游饭店招聘服务员的代价是服务员的工资报酬；建造旅游饭店而购买土地等自然资源付出的是地租；旅游车队获得贷款的代价是支付银行利息。

总之，旅游消费品市场上的旅游供求变化会展现出一定的时空变换特征，因而两者只要在数量、规模和比例上相互适应，就实现了旅游消费品市场结构的协调，从而能够促进旅游经济的发展。但是，由于旅游者的旅游需求变动性较大、旅游资源分布的不均衡性及旅游活动的季节性等因素影响，使得旅游消费品市场上的旅游供给和需求在数量、规模、层次及比例上往往难以相互适应。因此，为了提高旅游经济效益，避免旅游资源浪费或供给不足，就必须依据实际情况，对旅游消费品市场结构中出现的不协调现象进行适当的优化与调整，以满足旅游经济发展对旅游消费品市场结构的要求。同理，旅游产业的生产要素市场的各种交换行为是为了提高旅游消费品的生产而进行的，因此，旅游市场需求与供给结构由于生产要素供求结构相互联系、相互影响。在当前经济发展的大背景下，随着旅游产业的生产要素价格的上涨，旅游产品的价格将会上升，进而影响到旅游消费品市场的产品的供求状况与发展趋势。那么，政府宏观层面的财政政策、货币政策、社会补贴（如提供免费教育培训劳动力、免费派发多种类型消费券）等多种调控与引导措施，则是优化旅游生产要素市场的协调发展，进而稳定旅游消费品市场结构的主要途径。

五、旅游产业结构

旅游产业结构是指在旅游经济运行中所形成的各种行业之间的比例关系，见图11-1。旅游产业，即旅游业是满足旅游者在旅游活动中的食、住、行、游、购、娱等各种需求，并以提供这些旅游服务为主的综合性产业。旅游业由有关国民经济及与旅游相关的行业、部门等构成，其中包括支撑旅游业生存和发展的基本行业，并涉及许多相关行业、部门、机构及公共团体，如政府的旅游行政管理部门、行业自建的各种协会组织等。关于旅游业构成的说法主要有："6大要素"说，即从供给角度而言的"食、住、行、游、购、娱"；"3大支柱"说，该观点认为旅游业主要有传统的旅行社业、旅游饭店业、旅游交通业组成；另外还有旅游业构成的"5大部门"说，即除了上述"3大支柱"的旅行业务组织部门、住宿接待部门、交通运输部门之外，还包括以旅游景点为代表的游览场所经营部门，以及旅游目的地各级旅游管理组织部门。在我国，随着近年来旅游业的发展，各种类型的资本投入到旅游景点业的趋势越来越明显，旅游景点景区业的企业化经营改革越来越规范，因而旅游景观业作为以营利为目的、依靠市场化运作的产业性质也就越来越突出。另外，就"5大部门"说而言，前4类都属于商业营利性部门，而有关旅游目的地政府管理组织、旅游研究与旅游景区开发规划的设计部门等不属于以营利为目的的经济部门，主要作为支持、促进与扩大旅游业发展的宏观层面的组织部门。因此，本书这里主要介绍旅游业的4大行业门类：旅行社业、旅游饭店业、旅游交通业和旅游景观业，重点讨论这4类以营利为目的的商业性行业。

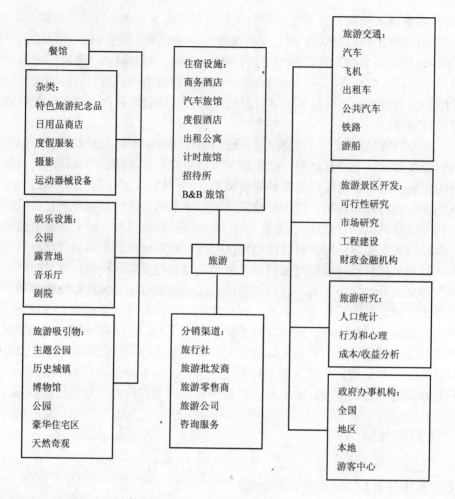

图 11-1　旅游产业结构

（资料来源：依据田里、牟红《旅游经济学》，2007 年的相应资料整理）

六、旅游区域结构

1. 旅游区域结构的相关概念

旅游区域结构是指各地区旅游业在当地经济和全球旅游业中的地位，它们之间的相互关系及相应的资源配置。不同的地区，由于社会、自然、经济、历史、政治、文化等多方面的差异，特别是旅游资源状况和经济发展水平的差异，导致旅游业经济发展水平参差不齐。各旅游地区在全国旅游业中的比例关系，表现为各区域之间的旅游设施配置的均衡协调程度和旅游区域类别的合理分工。由于旅游业的发展总是在一定的地域空间上实现的，从空间区域范畴上审视旅游经济发展的结构状态，更有利于从宏观层面评价某一地域的旅游经济的整体水平和综合效益。因而，旅游区域结构的状况及其变化，是进一步分析和认识旅游经济发展状态的重要依据。

2. 旅游区域结构的主要内容

旅游区域结构一般分为具体层面的旅游要素区域结构和综合层面的旅游经济区域结构

两大类。旅游要素区域结构主要包括旅游市场区域结构（旅游者区域分布结构、旅行社区域结构、旅游饭店区域结构、旅游交通区域结构、旅游资源区域结构）和旅游投资区域结构等，它们反映了各旅游要素之间的空间分布与布局、功能分区，以及要素与区域经济发展之间的空间联系状态等。综合层面的旅游经济区域结构主要包括旅游产业布局结构、旅游区域竞争合作结构等，即从更为宏观的层面研究区域结构与产业布局对于旅游目的地区域的旅游经济发展水平与效益的作用。

（1）旅游市场区域结构　旅游市场区域结构，主要是对国际和国内不同区域旅游市场需求和供给进行研究。研究旅游市场区域中的需求结构，即研究不同旅游者的需求特点、需求规模和水平，以便有针对性地向市场提供旅游产品，更好地满足旅游者的旅游需求。研究旅游市场区域的供给结构，包括旅游资源区域结构、旅行社区域结构、旅游饭店区域结构、旅游交通区域结构等。总之，旅游区域的整体市场结构反映了需求方（旅游者）的分布及其变化特征，它对各旅游供给因素特别是旅行社、旅游饭店、旅游交通的合理布局具有很大的引导作用。加强旅游供给与需求的对应分析，找出现有旅游供给与旅游需求存在的差距与不足，以便改善旅游供给结构和内容，促进旅游需求与供给的均衡。

（2）旅游投资区域结构　旅游投资区域结构是指资金在各个旅游地区的流动及分布关系，它取决于不同地区经济的发展速度、资源特征、经济政策等地区特点，旅游投资必须以有限的资金取得较高的综合经济效益，因而提高资金利用率对旅游投资地区结构具有重要的意义。

（3）旅游区域的产业结构布局　通过对旅游区域的研究，结合产业组织理论，根据旅游产业布局的原则，分析旅游区域布局的影响因素，探寻旅游产业合理布局的内容和方法，促进旅游区旅游产业布局的合理化，形成旅游区域旅游产业发展的整体合力，共同构建旅游产业发展战略思路，将区域旅游业的发展推向新的发展阶段。旅游区域的产业结构布局，具体来讲，主要是建立在以特定区域为范围的旅游区、旅游圈和旅游带的结构布局，它们是构成旅游目的地这一旅游经济区域的重要内容。比如，我国的长江三角洲旅游圈、珠江三角洲旅游圈、环渤海湾旅游圈、泛珠三角旅游圈等。

（4）综合旅游经济区域之间的竞合结构　综合旅游经济区域结构，也就是整个旅游经济的空间分布格局。进一步而言，通过运用区域规划理论，根据多个区域之间的旅游经济综合特征的相似性与差异性程度，分析旅游区域的特色和发展方向，就可以将整个区域划分成若干个低一层次的旅游经济区域，并对各个旅游区的旅游功能进行合理定位，明确各旅游区开发重点与旅游形象塑造，探讨旅游区的总体构成，分析相互之间的互代关系（竞争）和互补关系（合作），确立各个旅游区在旅游区域结构中的地位和角色，形成层次分明、自成特色又浑然一体的旅游区域结构体系。那么，整体的区域层次之下的每个旅游经济区域之间，整体区域层次与其他等同规模及层次的旅游经济区域之间都客观存在着微妙的竞争与合作关系，并且此种竞合结构与态势直接影响了综合旅游区域的产业政策制定、产业发展规划、产业结构布局、核心旅游竞争力评价等。

3. 旅游区域结构的研究意义

从一定程度上来看，旅游区域经济结构也被称为旅游业的生产力布局。因此，对旅游区域结构进行研究，能够有效地对旅游生产力进行布局，其作用具体表现在如下方面。

（1）有利于调动各区域的旅游资源、经济资源、劳动力资源，发挥资源优势和比较优势，调动各区域的积极性，促进区域旅游经济的发展。

（2）有利于以有限的资金投入，促进旅游经济的最佳区域组合，促进旅游区域的联合与协作，从而提高旅游经济的综合效益。

（3）有利于保护环境和生态平衡，保障城乡居民生活环境和生活质量，保护旅游业赖以生存和发展的自然物质基础，保障旅游经济和生态环境有机协调起来，以旅游开发促进环境保护，以环境保护促进旅游业发展，真正形成旅游经济发展与环境保护的良性循环，实现旅游经济的可持续发展。

（4）有利于在建设社会主义市场经济体制中，充分发挥政府宏观调控的主体作用。通过制定旅游区域经济政策，为不同地区、不同阶段的旅游经济发展提供政策依据及指导，使不同地区从旅游市场出发，结合自身资源优势，制定旅游业发展规划，促进旅游经济的发展。

第三节　旅游经济结构的优化

一、旅游经济结构优化的概念

旅游经济结构优化是指整个旅游经济结构的合理化和高度化。旅游经济结构的合理化是指在现有经济技术的基础上，旅游经济内部各种结构保持较强的互补性和协调性，具有符合现代化旅游经济发展要求的比例关系，从而实现整个旅游经济的持续稳定发展。旅游经济结构的高度化是指在旅游经济合理化的基础上，充分应用现代科学技术成果，有效利用社会分工优势，不断提高旅游业的技术构成和旅游生产要素的综合利用率，促进旅游产出向高附加值、精细化、延伸化方向发展，不断拉长旅游产业链条、提高旅游经济综合效益。

二、旅游经济结构优化的内涵

旅游经济结构优化包括合理化和高度化两个方面，它们是旅游经济结构优化的两个相辅相成的重要内容和目标，它们既相互联系又有区别，具体表现在以下几方面。

1. 旅游经济结构合理化是高度化发展的前提和基础

旅游经济结构合理化是指旅游经济活动中各种因素或结构之间在各种数量、规模的比例方面形成的一种动态协调，有利于旅游经济顺利的发展；而旅游经济高度化是以技术进步为标志，是一个不断创新发展的动态过程。因此，旅游经济结构高度化必须以合理化为前提和基础，没有旅游经济结构的合理化，则旅游经济结构高度化就失去了存在的条件，不但不能促进旅游经济的协调发展，甚至会引起旅游经济结构的失衡而制约旅游经济的发展。只有当旅游经济结构实现了合理化，并且其结构积累到一定水平，才有可能推动旅游经济结构向高度发展。

2．旅游经济结构高度化是合理化发展的方向和目标

旅游经济结构合理化发展的方向和目标，就是要不断适应社会经济发展的需要，努力推进旅游经济结构的高度化，以满足人们不断增长的旅游需求。因为人们的旅游需求是随着物质文化生活水平的日益提高而不断变化的，尤其是现代科技进步对人们物质文化有较大的影响，如果旅游经济结构不以高度化为发展方向和目标，就难以满足人们日益增长的旅游需求，旅游经济结构也无法实现更高层次的合理化。因此，旅游经济结构合理化是一个动态的发展过程，以高度化为发展方向和目标，通过不断运用现代科学技术，调整旅游经济结构，提高旅游经济的外部适应性，促进旅游经济的高度发展。

3．旅游经济结构合理化和高度化之间相互促进

通常在旅游经济发展的不同阶段和不同时期，旅游经济结构合理化和高度化发展的目标是不一样的。在某一发展时期，当旅游经济发展缓慢、结构性矛盾突出的情况下，就必须对旅游经济结构进行合理化调整，以缓解结构性矛盾，保证旅游经济稳定、协调的发展；在旅游经济结构基本协调，而旅游需求结构变动较大的情况下，就要积极推进旅游经济结构的高度化，以增强旅游经济结构的转换能力，提高结构生产力和发挥结构的联动功能，促进旅游经济的快速发展。因此，旅游经济结构的合理化和高度化的区分是相对的，在旅游经济发展过程中，它们是相互渗透、相互联系而共同发挥作用的。

三、旅游经济结构优化的标志

旅游经济结构优化并不是一个抽象的概念，而是有具体的评价标准的。尽管由于各个国家在旅游经济发展水平、旅游经济结构形成的历史背景不同，从而导致旅游经济结构优化的标准存在着差别，但旅游经济结构作为一种客观经济活动的实体，却有着普遍意义的优化标准，具体表现在以下几方面。

1．旅游资源配置的有效性

在现实旅游经济中，旅游资源的稀缺性和旅游需求的无限性是客观存在的一对矛盾，因此，旅游资源配置的有效性是衡量旅游经济结构优化的基本标志之一。通常，合理的旅游经济结构应能够充分、有效地利用旅游资源及人力、财力、物力要素；能够较好地利用国际分工条件，发挥自身的比较优势，实现旅游资源要素的最佳配置；能够促进旅游资源的保护和适度开放，尽量保持旅游资源的有效使用和永续利用。

2．旅游产品类型的多样化

人们对旅游需求的差异性，决定了旅游产品类型的多样化。在旅游经济发展初期，大多数旅游产品是以观光旅游产品为主的，但随着社会的发展和人们生活水平的提高，人们的旅游需求从观光旅游向休闲度假、康体娱乐、科考探险、商务会展等多方面发展，从而要求旅游产品必须向多样化方向发展，才能更好地满足旅游者多样化的旅游需求。

3．旅游产业结构的协调性

旅游经济结构优化的重要标志之一是，旅游产品结构演进和内部构成的合理化和高度化，从而促进旅游产业结构的协调发展。因此，合理的旅游经济结构应能使旅游业内部各产业各部门保持合理的比例关系；能够相互配合、相互促进地协调发展；能够有效地促进

旅游生产、流通、分配及消费的顺利进行；能够不断地调整旅游供给和需求使其处于协调发展的状态，使旅游业的综合生产力不断提高，促进整个旅游经济活动协调的发展。

4．旅游区域布局的合理性

任何形式的旅游经济活动都必须在一定的空间范围内进行，因此旅游区域布局的合理性也是评价旅游经济结构优化的重要标志之一。通常，合理的旅游经济结构应遵循旅游经济发展的客观要求，形成包括旅游景点、旅游景区、旅游经济圈在内的合理的旅游区域布局，才能树立整个旅游目的地的整体形象，提高国家或地区旅游经济的综合生产能力，提高整个旅游经济的综合效益。

5．旅游科技应用的广泛性

现代旅游经济是一种依存性很强的经济，不仅以其相关经济产业的发展为依托，更要依赖现代科技的广泛应用。在旅游产业中的各个部门无一不利用现代科技来谋求健康地发展，从旅游业的龙头部门——旅行社，到旅游饭店、旅游交通、旅游娱乐、旅游购物、旅游观光等，都必须应用现代科技来提升其竞争力；而旅游宣传促销、旅游教育、旅游规划与开发、旅游经营管理更离不开对现代信息技术和高新技术的应用。

6．旅游经济发展的持续性

良好的生态环境是旅游经济可持续发展的前提和基础，也是旅游经济结构优化的重要标志，合理的旅游经济结构应能促进生态环境的保护和改善，即随着旅游经济的发展，不仅应该保护自然旅游资源和人文旅游资源不受破坏，而且应该进一步美化和改善生态环境，使旅游业发展与生态环境的保护有机地融合为一体，实现经济持续稳定的发展，促进社会经济效益的不断提高，促使国家经济实力的不断增强。

四、旅游经济结构优化的原则

旅游经济结构的优化是在社会经济和旅游业的发展的基础上，通过不断调整逐步实现的，其基本原则有以下几点。

1．旅游供给结构与旅游需求结构相适应的原则

在市场经济条件下，旅游产品的供给是以旅游者的需求为前提的，从而旅游供给的方向、品种、质量和结构要围绕旅游需求的方向、品种、质量和结构来建立和调整。由于旅游需求变动性大，而旅游供给的调整则需要一定的时间，旅游供给的响应调整具有一定的滞后性，因此二者之间必然存在矛盾，并且，这种矛盾将是长期的，致使在宏观层面上还会出现市场失灵。旅游目的地国家或地区要使前者适应后者的要求，唯一的办法就是对各个时期的旅游市场进行深入的调查研究，把握各时期旅游需求的变动趋势，并据此调整其供给的内容和结构，使二者基本相适应。

2．主导行业与关联行业相协调的原则

旅游业是一个异质型的行业，其直接相关的行业门类之间的经营业务性质差异极大，主要由旅行社业、饭店业、交通运输业和旅游景区（点）等组成。此外，与旅游业直接和间接相关的还有其他许多行业，它们分别向旅游者提供不同的产品和服务。在这些众多的行业中，起主导作用的是旅行社业，它在旅游经济活动中，担负着旅游产品生产、组织和

销售的功能，它的作用贯穿于整个旅游活动的始终，它的发展水平决定了一系列其他相关行业的兴衰，影响着整个旅游业的发展水平。因此，在旅游经济结构的建立和调整的过程中，应首先确立旅行社业的主导地位。同主导行业相对照，其他与旅游活动直接或间接相关的行业均属管理行业，它们提供了物质和精神保障，因而也是旅游经济结构网络中必要的组成部分。但是，它们提供的产品和服务要通过旅行社组合起来，才能够形成旅游产品。所以，在使旅游经济结构合理化的过程中，既要突出旅行社业的主导地位，同时也要加强关联行业与主导行业的协调，以及关联行业之间的协调。

3. 旅游目的地国家或地区旅游经济结构同国际旅游经济结构相接轨的原则

在国际旅游业中，随着世界旅游市场竞争的不断激化，一些有大量游客出入境业务的发达国家或地区，相继制定和实施了一系列更为严格的旅游供给的标准和规范，世界旅游组织与一些地区性国际旅游组织也在努力推行旅游产品统一技术标准。这标志着世界旅游经济结构正向更高一级变化，它要求旅游目的地国家尤其是发展中国家的旅游经济结构同世界旅游产品贸易结构相衔接，同越来越严格的国际旅游产品的标准相适应。只有这样，旅游目的地国家或地区才能保持和扩大在国际旅游市场上占有的份额。

五、旅游经济结构优化的意义

旅游经济结构优化对旅游经济发展具有十分重要的意义，因为旅游经济的持续发展取决于旅游经济结构的优化，而旅游经济结构的优化不仅是旅游经济发展的战略目标，而且是旅游生产力体系形成客观要求、旅游经济实现良性循环的根本保证。旅游经济结构优化的具体意义如下。

1. 它是旅游经济发展的目标之一

在传统的经济体制下，人们往往把经济发展的总量增长和速度作为经济发展的目标，因而在讲到旅游经济发展战略时，也往往过分强调发展指标和增长速度，而忽略了旅游经济结构和效益。事实上，旅游经济总量的增减和发展速度的快慢不一定完全反映生产力水平的提高或降低，而旅游经济结构的优劣则明显反映生产力水平的升降和旅游经济效益的好坏。因此，数量扩张型的旅游经济增长未必带来经济效益的提高，相反引起投入量的增加和结构性失衡，最终使整个旅游经济发展不协调；而质量效益提高型的旅游经济增长依赖于技术进步和结构优化，旅游经济结构合理而优化，既有速度，也有效益，从而能实现旅游经济长期、持续、协调的发展，即当前提倡的"实现旅游经济的又好、又快发展"。

2. 它是旅游生产力体系形成的要求

生产力经济学认为："生产力是由相互联系、相互依存、相互制约的各种因素的有机整体，各个因素必须质量先适应、数量成比例、序列有秩序，才能形成合理的生产结构，才能有效地实现人与自然之间的物质变换过程。否则，就不能形成合理的结构，不能构成有效的生产力。"旅游也是一个综合性产业，旅游经济各部门、各要素的发展规模、速度和水平，如果不能相互适应，形成一定的数量比例和合理的序列结构，就不能形成旅游生产力体系，从而不能发挥出应有的功能。因此，要促进旅游经济的发展，就必须形成有效的旅游生产力体系。而要形成有效的旅游生产力体系，就必须努力实现旅游经济结构的合理化，推动旅游经济结构的高度化发展，才能不断提高旅游经济结构的生产力和效益。

3．它是旅游经济良性发展的根本保证

旅游经济的良性发展通常表现为旅游经济各部门、各要素比例协调的发展。如果比例不协调，经济发展大起大落，则是不良循环的反映。纵观改革开放以来我国旅游经济的发展，在总体呈现高速增长的情况下，也一度出现过大起大落的状况，其中有许多客观因素，但也存在旅游结构方面的原因。虽然通过宏观调控的手段可以使旅游经济比例关系暂时协调，但随着旅游经济的持续增长，又会出现新的比例失调。因此，要解决旅游经济的平衡协调发展的问题，最根本的还是要从旅游经济结构优化入手。只有从根本上实现旅游经济结构合理化，不断促进旅游经济结构的高度化，才能使旅游经济发展实现速度适当、效益良好，最终进入可持续协调发展的良性循环之中。

4．它是提高旅游经济综合效应的有效手段

旅游经济结构优化的根本目的是使旅游资源得到合理的开发利用，旅游供给体系趋于完善，形成旅游区域结构新格局，使旅游产业内部和外部各种重要比例不断趋于协调，并向高度化方向发展，从而有效地发挥旅游业的产业功能和经济优势，全面提高旅游经济的综合效益。旅游经济结构优化的目标和内容，包括旅游经济各种结构都必须处在合理化和高度化的状态下，而且各种结构之间的相互作用、制约的关系必须有利于各种结构保持合理化发展状态。其中旅游产品结构、旅游市场结构、旅游产业结构和旅游区域结构的优化又在整个旅游经济结构的合理化中居于重要地位。

六、旅游经济结构优化的途径

旅游经济结构优化主要包括旅游产品结构优化、旅游市场结构优化、旅游产业结构优化和旅游区域结构优化。

1．旅游产品结构优化

旅游产品结构优化是指：①各种旅游产品之间在规模、数量、类型、层次等各种指标的比例方面形成一种协调的组合关系，包括各种旅游产品之间要保持合理的数量关系，同种旅游产品在不同类型消费者之间要保持合理的数量比例关系等；②各种旅游产品内部之间在质量、体验感受、旅游者满意程度等各种指标的比例方面形成一种协调的组合关系，使得核心优势的旅游产品能够在科学研发、提高质量、扩展功能、延伸附加值等方面保持高度化的发展态势。旅游产品结构优化的途径如下。

（1）加强旅游产品的开发　　大多数旅游产品都是由单项旅游产品组合而成的，任何单项旅游产品的缺少、不足或过多都会对旅游产品结构的优化产生影响。因而必须对各种单项旅游产品的开发都给予重视，不能因收益回报少而忽视对某些单项旅游产品的开发，也不能因某种单项旅游产品的收益大而一哄而上，盲目开发，重复建设。有些单项旅游产品特别是旅游景区景点，一旦经过开发引导，就成为旅游产品结构中不可缺少的一环，若某些单项旅游产品开发不足则势必会降低组合旅游产品的吸引力。

（2）丰富旅游产品的类型　　旅游产品结构不是一个静止的结构，而是在不断地发生着运动和变化。随着旅游消费者需求的提高和多样化，将会对旅游产品类型和产品层次提出新的要求。例如，旅游者需求由观光旅游需求发展到度假旅游需求；由对普通交通工具的需求变为对高级交通工具的需求等。因此，要求旅游经营者时刻跟踪旅游需求的变化，及

时对旅游需求结构作出预测，以适时调整现有旅游产品类型。此外，为延长现有旅游产品的生命周期，也要注意对现有旅游产品的深度开发和提升开发，通过深层次开发创造新的价值，形成新的卖点，在满足旅游需求的同时保持旅游产品结构的优化。

（3）提高旅游产品质量，培植旅游产品品牌　品牌旅游产品是旅游产品结构的核心，高品质的旅游产品也是旅游活动具有吸引力的基础，品牌旅游产品在旅游产品结构中占有举足轻重的地位。因此，旅游经营者在旅游资源开发中，既要重视对具有特色及吸引力强的旅游产品的开发建设，又要注意丰富旅游产品的类型和数量，尤其是通过加强名牌旅游产品的开发，促进整个旅游产品结构的优化；要通过对优势旅游资源和特色旅游产品的开发，开发内容更为丰富的、体验感受更为深刻的、更容易达到旅游者满意的旅游产品来增加旅游环境的容量，通过培育品牌旅游产品来吸引更多的游客，实现既增加旅游经济效益，又能促进生态环境的保护。

2．旅游市场结构优化

旅游市场结构的优化，是在促进旅游供给和需求动态平衡发展的基础上，不断扩大客源市场规模，增加消费支出高的旅游者，提高旅游创汇收入和旅游经济总量的数量和水平。

根据旅游市场结构优化的目标，其主要内容是通过调整旅游市场客源结构，努力开拓高素质的旅游客源。高素质的旅游客源，主要是指具有高需求、高消费、高素养的旅游者。同时，在优化旅游需求结构和旅游供给结构的基础上，也要优化生产要素供求的结构。

（1）积极开拓高素质旅游的客源　高素质旅游客源包括：

1）高需求旅游者。是指旅游产品的内容和服务质量的要求越来越高，不仅要求旅游活动的内容更加丰富多彩、类型多样；而且要求服务质量能够更加优质化和个性化，能够充分满足每个旅游者的个性需求。随着人们收入水平和生活质量的日益提高，以及带薪假日的增多，高需求旅游客源市场不断扩大已成为国际旅游市场的发展趋势。因此，要不断扩大旅游市场的范围和规模，就需要顺应国际旅游市场的发展趋势，开发多样化的旅游产品，提供优质化和个性化的旅游服务，满足旅游者的高需求，只有这样，才能不断增加旅游者的数量和规模。

2）高消费旅游者。是指旅游者在旅游目的地的人均消费水平高，尤其是具有高需求的旅游者通常都具有高消费的经济能力和条件。据调查，旅游者的高消费支出取决于旅游产品和服务质量。通常，休闲度假、康体娱乐、会展商务、科考探险等旅游产品的消费支出比观光旅游产品的消费要高。因此，要通过开发多样性的旅游产品，进一步提高旅游设施质量和服务水平，丰富旅游活动的内容和形式，提供更方便的旅游通达条件和更优质的旅游产品，在满足旅游者多样性需求，延长旅游者停留时间的基础上，才能不断增加旅游消费支出，增加旅游业的总收入。

3）高素养旅游者。是指旅游者的文化素养较高，旅游环境保护意识强。尤其是随着人们对回归自然的追求和对生态环境、文化遗产保护意识的增强，高素养的旅游者具有更强的环境保护意识和文明的旅游行为。增加高素养旅游者数量，不仅有利于加强对生态环境和历史文化遗迹的保护，促进旅游经济的可持续发展；而且有利于增加旅游者消费支出，减少追加的环境保护成本，从而提高旅游经济效益和社会、生态环境效益，实现旅游经济的良性发展。

（2）加强生产要素市场供求的宏观调控　生产要素的供求结构对生产要素的价格有很大的影响，而生产要素的价格又直接影响到旅游产品的价格，进而影响旅游市场的需求和供给。因此，为保持生产要素市场供求的稳定性，维持旅游市场需求和供给的平衡，在旅游的旺季等时期，有必要加强生产要素供求的宏观调控和配置，使旅游产品对生产要素的需求得到保障供应，以维护旅游市场的稳定。

3．旅游产业结构优化

旅游产业结构优化是指旅游业内部各行业之间形成协调的数量比例和经济技术关系。它包括旅游产业在类型、规模、发展水平、各方面结构的合理化和高度化。旅游产业优化，使我国的旅游资源都得到较为合理的开发利用，使旅游产业外部和内部各种重要的比例关系不断趋于协调，并向效率化、高度化方向发展，从而充分发挥旅游业的产业功能和经济优势，全面地提高旅游业的企业经济效益和社会经济效益。为了实现旅游产业结构优化的目标，必须针对以下内容采取有效的对策和措施。

（1）以市场调节为主、宏观调控为辅，二者有机结合　在旅游产业结构优化过程中，宏观调控与市场调节分别具有不同的优势。在宏观上，国家对旅游经济结构中的不合理状况，可以通过行政手段、预算投资、价格、利息、税收等宏观调控措施强制性地、及时地进行调整，从而避免市场失灵和市场调节的滞后性。但市场的复杂性及其运行的规律性又决定了市场调节具有不可替代的基础性地位和作用，旅游行业的供给结构总是受旅游市场需求的引导。

（2）坚持主导行业与关联行业的协调发展，形成产业链　在旅游产业结构中，旅行社在各行业中居于主导地位，起主导作用，它是连接各行业的纽带，因此，要充分发挥它的"龙头"带动作用，并与旅游产业结构中的其他行业形成合理的比例关系。同时，也要深入研究旅游市场的发展趋势，根据旅游市场需求变化的特点，分析和研究不同旅游行业的变化趋势，着重解决"瓶颈"行业的制约，及时调整相关行业的供给及运行状态，保持整个旅游产业结构的合理性，以适应旅游经济发展的需求。

（3）加快旅游企业的集团化发展　加快旅游企业的集团发展是旅游产业结构高度化的重要内容。国际经验表明，专业化、综合性强的企业集团是增强旅游竞争力的重要手段，它能发挥规模经济的优势，降低旅游市场的风险，是旅游产业结构合理化和高度化的重要措施之一。加快旅游企业的集团化发展应注意以下几点：①组建大型旅游集团，形成旅游开发、经营、管理的一体化；②促进旅游企业所有制结构调整，实现旅游经济所有制结构的合理化；③加强旅游集团的科学管理和现代化管理，不断提高旅游企业经营管理的国际化水平，提高经济效益。

4．旅游区域结构优化

旅游区域结构优化是指根据不同地区旅游资源和社会经济发展的差异性，合理布局旅游生产力，形成各旅游区在旅游产品数量、规模上的合理比例及相关关系，提高旅游目的地的整体竞争力，在建设一批重点旅游城市、旅游景区和旅游线路的同时，通过热点地区促进和带动各"温"、"冷"地区的发展，加强区域性旅游合作，促进旅游业的共同发展。

为了实现旅游区域结构优化目标，应切实按照以下要求，促进旅游区域结构的合理化和高度化发展。

（1）突出发展重点，加强旅游中心城市建设 旅游区域布局应该按照区域经济发展理论，遵循突出重点的原则，加强对重点旅游区、旅游城市及旅游线路的建设和发展。根据旅游需求市场变化和发展趋势，重点加强具有一定知名度的旅游区的配套建设及旅游度假区的开发，通过建设一批融观光、度假及文化娱乐为一体的旅游区，尽快形成具有相当产业规模的综合接待能力，增强对国内外的旅游者的吸引力；加快对一些重点旅游城市的配套建设，特别是对旅游中心城市进一步的深入开发，提高综合接待能力，充分发挥旅游中心城市的作用，增强对邻近地区的辐射功能，成为旅游经济发展的增长点；重点扶持和建设一批具有发展潜力、经济效益良好的旅游线路，开展多种专项旅游活动，丰富旅游产品的内容，增强旅游经济发展的推动力。

（2）遵循点—轴—圈的发展规律，逐步发展 点—轴—圈的发展规律是指在区域经济发展过程中，以建设国际化旅游城市为依托，形成旅游经济发展的增长点，再以"点"带"线"、以"线"带"面"，通过辐射扩散作用，发展旅游线和旅游区，带动整个区域旅游经济的发展。根据点—轴—圈的发展要求，首先要加快重点旅游区和国际化旅游城市的建设，在重点旅游区和国际化旅游城市中，有选择地建设一批具有国际化标准和功能的旅游城市和旅游景区，形成旅游经济发展的增长点。然后，依托这些增长点的辐射和扩散作用，不断向周围地区扩散，并形成旅游经济圈和旅游经济带，带动相应地区旅游经济跨越式发展，从而促进和推动整个区域旅游经济的发展。

（3）加强区域分工合作，发挥优势互补 旅游区域布局必须遵循合理分工、突出特色、优势互补的原则，根据各地区间旅游经济发展水平及区位状况，进行合理的分工和布局。首先，各地区应根据自己的旅游资源优势和区位条件，根据旅游市场需求来开发和建设与经济发展相适应的旅游产品，并和相关地区旅游经济结构形成合理的分工和布局。其次，在注意突出各自的优势和特色时，要强调相互补充，形成各地区之间旅游资源互补、旅游市场互补、旅游产品互补、旅游优势互补，从而促进整个旅游生产要素的流动和有效利用，提高旅游经济的整体效应。

（4）积极开展区域旅游合作，构建旅游圈（带） 旅游业是一个开放型的经济产业，封闭是不能发展的，因而必须加快对外开放和区域联合，积极开展区域间的旅游合作。首先，要按照旅游经济的内在联系，以区域经济理论为指导，加强各地区之间的旅游区域联合与协作，逐步形成具有一定规模、一定水平和特色的旅游圈和旅游区，提高区域旅游发展的整体竞争力。其次，要积极开展区域旅游合作，参与国际市场竞争。特别是要顺应目前旅游经济区域一体化的趋势，打破边界约束，寻求更大范围内的区域旅游合作，增强我国旅游业在国际旅游市场上的联合竞争能力，为进一步开拓国际旅游市场寻求新的发展途径。

本 章 小 结

旅游经济结构是旅游经济发展的重要影响因素，旅游经济结构的合理化是旅游经济发展的内在要求。旅游经济结构不仅决定着旅游经济总量的规模和增长水平，还直接影响着旅游经济的增长方式和旅游经济效益。因此，本章在阐释旅游经济结构的概念、内涵和特征的基础上，重点介绍了旅游经济结构所包含的旅游企业所有制结构、旅游产品结构、旅游企业结构、旅游市场结构、旅游产业结构和旅游区域结构；最后，重点对旅游经济结构的优化进行了探讨，分别从旅游经济结构优化的概念、内涵、标志、原则、意义和途径等方面进行了多角度的分析。

思考与练习

一、名词解释

旅游经济结构　旅游市场结构　旅游产业结构　旅游区域结构

二、填空题

1. 广义的经济结构，则是把_____、_____和_____之间统一起来的社会经济结构。

2. 除了旅行业务组织部门、住宿接待部门、交通运输部门之外，还包括以_____为代表的游览场所经营部门、旅游目的地的_____，共同组成旅游业的"五大部门"。

3. 现代旅游经济结构的特征有_____、_____、_____、_____。

三、判断题

1. 结构和功能是密切相关的，经济结构决定经济功能，经济功能又促进经济结构的变化。　　　　　　　　　　　　　　　　　　　　　　　　　　（　　）

2. 判断旅游经济结构功能好坏的标准，就是看这种旅游经济结构能否有效地提供和满足人们不断变化需求的功能，能否形成一种自我协调、自我适应、具有充分活力的旅游经济机制，从而促进旅游业的快速发展和社会生产力的不断提高。　　　　（　　）

3. 旅游经济结构质的变化主要表现在旅游经济的效益和水平上，并通过各种量的指标反映出来，但总的情况是表现为旅游业的综合发展水平和不断提高的经济效益。（　　）

4. 旅游产品消费结构是指旅游者在旅游过程中所消费的各种类型旅游产品及相关消费资料的比例关系。　　　　　　　　　　　　　　　　　　　　　　　（　　）

四、简答题

1. 影响旅游经济结构的因素有哪些？

2. 旅游区域结构研究的内容是什么？

3. 旅游经济结构优化的标志是什么？

4. 旅游产品结构优化的措施是什么？

五、案例分析

基于旅游区域结构调整与旅游产业结构优化角度的
四川旅游业"5·12"地震灾后规划

"5·12"地震对四川省旅游业的破坏是巨大的，除了造成灾区旅游资源的大量破坏，更主要是对旅游业生产能力的重创，不仅造成灾区旅游基础设施和服务设施的毁灭性破坏，也导致灾区和四川省旅游市场消费几乎为零，乃至影响了全国旅游市场。

旅游业的恢复重建规划，首先就要明确旅游业在地震灾区恢复重建中的地位。旅游业的产业地位明确了，才能给规划做好定位。地震灾害改变了灾区地质地貌状况，改变了灾区现有产业基础条件。地震之前，灾区大部分地区第一、二产业比重普遍较高。许多县市的第一产业比重都远远超过四川全省的平均水平，有的县市高达30%、40%以上；有的县市的第二产业比重超过60%，大大超过全省平均水平；而第三产业发展水平普遍较低，大部分县市的第三产业比重都低于全省平均水平，而这应是灾后积极发展的产业方向。其中，旅游业作为第三产业的主导产业之一，承担着调整生产力要素布局和引导产业结构调整的重要任务。同时，从保护生态环境和经济社会可持续发展的角度，旅游业是构建灾区合理的环境承载能力的重要手段。通过控制游客和旅游发展规模并结合资源的要素禀赋，可以形成适宜环境承载力的旅游产业发展方向，使灾区的自然与社会实现和谐。地震后，震中区龙门山地带将形成世界地震地质奇观，将形成世界上迄今为止地震遗址保留最丰富、最完整的地区。作为我国重要的世界遗产地（大熊猫保护区、九寨沟、黄龙、青城山—都江堰），这里的自然生态和文化遗产都将成为具有核心吸引力的旅游资源。旅游资源丰富，组合条件优良，世界级品牌众多，发展灾区旅游业符合经济社会发展的规律。另外，由于灾区紧依成都平原经济圈和成渝经济走廊，市场需求旺盛，这里的旅游业发展拥有强大的市场基础。由于旅游业具有产业关联度高，拉动效应大的特点，优先发展旅游业可以较快地推动灾后经济社会的恢复发展，扩大就业和增加灾区人民收入，使经济社会呈现良性发展的局面。所以，旅游业将成为地震灾区恢复重建的优势产业和先导产业。

作为旅游业灾后恢复重建的规划，不能再以传统的规划手法和规划结构去制定未来灾区的发展战略。因为灾后的四川旅游，其生产力要素分配和产业格局已经发生了重大变化。需要在产业发展中进行新的生产力布局和产业结构调整，形成宏观层面上的发展战略，指导灾后旅游业的恢复与重建。

首先，应将大龙门山地区作为一个整体进行开发规划，并且构建大龙门山旅游试验区，实现从分散到集中的布局转变；实现旅游生产要素向旅游景区、旅游城镇、旅游村落和旅游通道四个空间集中；休闲度假服务设施向山前和山中的旅游城镇集中；乡村旅游和观光农业向山前和平原集中；整合九寨沟、黄龙、大熊猫栖息地、青城山—都江堰、羌族村寨、汶川地震遗址旅游产品，旅游影响力向六大品牌集中。

其次，根据生产力布局和产业结构调整的要求，在构建大龙门山旅游试验区时，依据资源特点和资源结构，以及生态环境承载力与生态保护的要求，在产业空间布局上首先要形成3个产业带：平原丘陵地区以旅游城镇为中心的乡村休闲旅游产业带；低山至中山山地观光休闲度假旅游产业带；高山生态保护及科考、探险专项旅游产业带。从资源要素的合理分配上形成羌文化体验、龙门山休闲、三国文化、大熊猫栖息地4个不同主题的旅游经济区。最终可以形成四川旅游最具吸引力的六大旅游路线：九环线精品旅游线、藏羌文化旅游走廊、中国汶川地震遗址旅游线、大熊猫栖息地旅游线、三国文化旅游线及红色文化旅游线。这样的"三带"、"四区"、"六线"的旅游产业空间布局，打破了原来各景区自我封闭发展的格局，有利于线路产品在丰度和深度上的拓展，也让资源得到整合，形成了规模化效益。

地震灾后四川旅游业的恢复，是一个漫长的过程。旧的产业格局在地震中被打破，科学、合理地调整产业结构，为产业发展配置合适的生产力要素，是这个恢复过程中应该始终坚持的发展战略和原则。只有从产业的角度上去认识旅游，去认识旅游与其他产业的关系，去研究资源与产品的特性，才能从更高的战略角度去规划未来的旅游发展道路，以布局促成规模，以产业整合要素，更好地描绘灾后旅游业发展的宏伟蓝图。

（资料来源：杨振之. 汶川地震灾后四川旅游业恢复重建规划的基本思想. 城市发展研究，2008（6））

思考：请根据旅游区域结构优化理论，讨论四川汶川震后旅游产业恢复重建规划中，关于旅游产业结构调整、优化的具体途径及措施，并阐述该规划对于旅游目的地的旅游经济发展的重要意义与作用。

评析：此次汶川地震事件对于四川旅游业原有的发展规模造成的负面影响明显；但若转换思考角度，此次重创之后的重生，也是重新进行科学的旅游产业规划、实现跨越式发展的有利契机。以杨振之教授为首的四川旅游业恢复重建规划的部分成果是为当地旅游经济产业发展规划的战略布局与结构调整而实施的重要实践，值得我们大家学习、借鉴与讨论。例如，2010 年进入汛期以来，造成许多地方的洪涝灾害、地质灾害频繁，对当地旅游业发展造成重创，尤其像是在国内旅游业享有"栾川模式"美誉的河南栾川县重渡沟旅游景区受灾严重，这些地方在进行灾后自救发展的时候，不约而同地都重点倾向于旅游产业的重新调整，这样发生的实际案例给予我们的启示就是：旅游产业规划、结构布局与优化等问题，事实上就处于我们的日常经济生活之中，我们多多借鉴与思考有关旅游产业结构调整、优化的具体案例，有利于提高对本地旅游业的规划调整与战略布局。

第十二章

区域旅游经济发展

学习目标

1. 了解区域旅游经济增长、区域旅游经济发展、区域旅游经济可持续发展的基本概念、区别和联系，以及研究区域旅游经济发展的目的。

2. 掌握区域旅游经济发展的目标、模式、战略、政策、措施等的基本内容与分析方法。

3. 应用区域旅游经济发展研究的基本内容与方法解决实际问题。

区域旅游经济发展是一个很宽泛的概念，其内容大体包括：区域旅游经济的增长，技术的进步，旅游产业结构的改进，旅游资本的积累，以及与外界旅游联系的加强等。从区域旅游经济发展的形式来看，它既包括旅游经济总量的扩张，又包括质的改善，以及旅游经济结构的优化；从发展的程度来看，它既包括区域旅游经济增长、区域旅游经济发展，又包括区域旅游经济可持续发展。区域旅游经济发展研究既是旅游经济学研究的核心问题之一，也是旅游经济学研究的归宿和最终目的。区域旅游经济发展研究是在区域旅游经济发展条件研究的基础上，针对区域旅游经济发展的目标、模式、战略、政策和措施等问题进行深入的探讨，然后提出一个切实可行的区域旅游经济发展方案，对一个国家或地区的旅游经济发展予以指导。

第一节　区域旅游经济发展概述

一、区域旅游经济增长

区域旅游经济增长是指一个国家或地区在一定时间内，旅游经济在数量上的增加和规模上的扩大，具体表现为旅游经济总产出数量的增加和规模上的扩大。区域旅游经济增长在区域旅游经济发展中占有中心位置，但并不是区域旅游经济发展的全部内容。

目前，国内外通行的描述旅游经济增长的指标主要有 3 个。

1）增长的幅度，即目标期指标减去基期指标，描述的是该指标增加的幅度。若用相对增加幅度，即增加的幅度与基期指标之比，则更有实际意义。

2）增长的速度，包括当年增长速度、若干年平均增长速度等。

3）人均旅游国民生产总值、人均旅游国民收入的变化，包括绝对增长速度、相对增长速度和年平均增长速度等。

目前，描述旅游经济规模扩大的指标主要有 2 个。

1）旅游国内生产总值（旅游 GDP），即按国土或地区范围计，按市场价格计算的旅游业所创造的国内生产总值的简称，它是一个国家或地区内的所有常驻旅游单位在一定时间（一年）内生产的最终成果—— 所创造的增加值之和（总产值减去中间消耗）。

2）旅游国民生产总值（旅游 GNP），即按国民国籍计，按市场价格计算的旅游方面的国民生产总值的简称，它是一个国家或地区所有常驻旅游单位一定时期内（一年）初次分配的最终成果。

对于发展中国家和地区来说，区域旅游经济增长在区域旅游经济发展中占有中心地位。区域经济的增长有可能使旅游收入和分配随之增长。而收入的增加带来了储蓄的增加，为扩大旅游再生产提供了必要的条件和可能，与此相关联，生产的增长还可能引起个人和社会财产以外的财富的增加，这也是增加福利的重要条件。因此，只有加快区域旅游经济增长，才能促进区域旅游经济发展。

二、区域旅游经济发展的含义

区域旅游经济发展，从内涵方面来看，比区域旅游经济增长更为广泛和深刻。区域旅游经济发展是状态的改善，它不仅包括经济总量的增长，还包括旅游服务水平的提升，旅游经济结构的优化，旅游资源的合理开发利用，旅游生态环境的改善，旅游经济效益的提高和人们生活质量的不断改善等，即整个旅游经济质量的变化和提升。

旅游经济发展与旅游经济增长有着密不可分的关系，旅游经济增长是推动旅游经济发展的首要因素和前提条件，是旅游经济发展的基础。但是，一个地区的旅游经济仅仅停留在数量的增长和规模的扩大上是很不够的，因为这是区域旅游经济发展最简单、最低级的形式。区域旅游经济发展应该在旅游经济增长的基础上实现一个质的飞跃，只有这样，才能使旅游经济有更好的经济效益、社会效益和环境生态效益。所谓质的飞跃，主要体现在以下几个方面。

1. 实现旅游经济结构的合理化和高度化

旅游经济结构的合理化是指在现有经济技术基础上旅游经济内部各种结构保持较强的互补性和协调性，有一个良好的符合现代旅游经济发展要求的比例关系，从而实现旅游经济的稳定发展。旅游经济结构的高度化是指在旅游经济结构合理化的基础上，充分利用现代科学技术成果，有效利用社会分工的优势，不断提高旅游业的技术构成和旅游生产要素的综合利用率，促进旅游产出向高附加值方向发展，不断提高旅游经济的综合效益。

2. 更加科学、合理地利用旅游资源

旅游资源是旅游业发展的重要物质基础，其开发利用是否科学合理不仅直接影响到现实的旅游经济收入和旅游经济效益，而且影响到地区旅游业未来的长远发展。那种杀鸡取卵式的破坏性开发，只讲经济效益，不讲社会效益和生态环境效益的片面性开发，都属于

不合理开发的范畴,应该坚决地予以制止和摒弃。科学、合理地开发利用旅游资源是指:①物尽其用,即根据旅游资源的性质、特点和功能等,进行其开发利用,最大限度地发挥资源的优势和作用;②合理配置,即充分考虑人文旅游景观与自然旅游景观,主体景观与非主体景观,景观与设施,景观与环境等之间的关系,尽可能做到协调一致;③注意保护,即旅游资源的开发不能引起旅游资源数量的减少、质量的降低、特色的退变和环境的恶化,要在严加保护的前提下进行开发利用。

3. 充分考虑各相关群体的利益

旅游资源的开发不能只考虑开发者的利益,一味追求企业经济效益,还应该充分考虑旅游者的利益,旅游地社区居民的利益和国家宏观旅游经济的运转。只有这样,才能实现旅游资源开发的效益最大化,才有利于区域旅游经济的可持续发展。

4. 自然生态环境的保护不容忽视

旅游地良好的自然生态环境是吸引旅游者的重要因素之一,也是区域旅游经济发展的前提和基础。因此,旅游经济的发展要注意不断提高人们的生态环境保护意识,正确处理自然生态环境保护和区域旅游经济发展的关系,不论是旅游者、旅游开发者、经营者、管理者,还是旅游科学教育工作者,都应该把旅游地的生态环境保护放在优先、重要的位置,真正使旅游地实现良好的旅游经济效益和良好的生态环境效益。

三、区域旅游经济可持续发展

1. 区域旅游经济可持续发展的概念

区域旅游经济可持续发展既是区域旅游经济发展的最高形式,也是人们对旅游经济发展的最高追求。1990 年,温哥华"90 全球可持续发展大会旅游组行动筹划委员会会议"指出,区域旅游可持续发展是指旅游地在保持和增强未来发展机会的同时,满足目前旅游者和旅游地居民的需要,其目的是:①增进人们对旅游带来的经济效应和环境效应的理解;②促进旅游的公平发展;③改善旅游接待地居民的生活质量;④为旅游者提供高质量的旅游经历;⑤保护未来旅游开发赖以存在的环境质量。另外,1995 年在西班牙加那利群岛的兰沙特岛召开的"可持续发展世界会议"上,又通过了《可持续旅游发展宪章》和《可持续发展行动计划》,该宪章指出,旅游作为一种强有力的发展形式,能够并应积极参与可持续发展战略。

区域旅游经济可持续发展的核心思想是建立在经济效益、社会效益和环境生态效益基础之上的,它所追求的目标是:既要使人们的旅游需求得到满足,个人得到充分发展,又要对旅游资源和旅游环境进行保护,使后人具有同等的旅游发展机会和权力。区域旅游经济可持续发展特别关注的是旅游活动的生态合理性,强调对旅游资源和旅游地环境的保护。在发展指标上,不单纯用旅游收入作为衡量区域旅游经济发展的唯一指标,而是用社会、经济、文化、环境等多项指标衡量其发展。这种多指标综合性考虑,能够较好地把旅游经济发展的当前利益和长远利益、局部利益与全局利益有机地统一起来,使区域旅游经济沿着健康的轨道发展。

2. 区域旅游经济可持续发展观念

(1)系统观 区域旅游经济可持续发展的系统观是把当代人类赖以生存的地球表面或局部区域看成是由自然—社会—经济—文化等多因素组成的复合系统,它们之间既相互联系，又相互制约，其核心是强调人与自然、环境、社会相互依赖、相互和谐的共生共存关系。这种系统观为人与资源、环境问题的分析提供了整体框架。人与资源、环境矛盾的实质，是由于人和这一复合系统的各个组成之间关系的失调。一个可持续发展的社会应该是系统内部各要素协调发展的，其中任何一个方面功能的削弱或增强都会影响系统内部其他要素和系统整体的持续发展。

（2）效益观　区域旅游经济可持续发展的效益观是一个包括经济效益、社会效益和生态环境效益在内的综合效益观。旅游经济可持续发展的效益观要求人们在旅游资源的开发和旅游经济发展中，要充分注意区域旅游地域系统内部各要素对旅游发展的支持和保障能力，如资源保障能力、环境缓冲能力、进程稳定能力、区域生产能力和管理调控能力等，尽可能在取得良好的旅游经济效益的同时，也能够保证有一个良好的社会效益和生态环境效益。要坚决彻底地摒弃传统的旅游经济发展效益观，即唯一的旅游经济效益观。

（3）资源观　区域旅游经济可持续发展的资源观重点强调两个方面，一是旅游资源的有价性，即旅游资源是进行旅游经济活动的资本，是有价值的，应该将旅游资源与旅游环境以价值的形式计入旅游活动的成本之中，以期从旅游收入中给予相应的补偿，从而实现资源和环境的永续利用。二是旅游资源的有限性。旅游资源的有限性有两层含义，首先是部分旅游资源的数量是有限的，要求人们珍惜利用，在严加保护的前提下利用；其次是对各种旅游资源的利用都应该是有限度的，应该限定在旅游资源的承载能力之内，如果超过了旅游资源的承载能力，必然会带来资源的破坏和减少，这样就不利于区域旅游经济的可持续发展。由以上两点可以看出，旅游资源是旅游经济赖以存在和发展的物质基础，必须严加保护。

（4）技术观　区域旅游经济可持续发展的技术观重点强调两个方面，一是技术的创新观，二是技术的伦理观。可持续发展的技术观认为，技术是连接人类和自然的纽带，为了更好地利用自然为人类服务和为了更好地保护自然，都需要先进的技术。但是，技术是一把双刃剑，高新技术不仅可以用来改善生产条件，提高劳动生产率，开发新产品，保护生态环境，也可以用来伤害他人与社会。因此，可持续发展的技术观认为，技术绝对不能用于伤害他人与社会，而应该坚持技术的伦理观，要把技术用到改善环境，提高旅游资源利用率、开发新产品、满足人们日益增长的旅游消费需求等方面，为人类造福，为区域旅游经济可持续发展做出贡献。

（5）公平观　区域旅游经济可持续发展的公平观主要体现在 3 个方面：首先是区域间的平等，即一个国家或地区的发展不应该以牺牲另一个国家或地区，甚至更多国家或地区的利益为代价；其次是代际间的平等，即当代人的经济发展不应该以牺牲后代人的经济发展为代价；最后是社会平等，即一个社会或一个团体的发展不应该以牺牲另一个社会或团体的利益为代价。也就是说，区域旅游经济可持续发展的公平观要求我们，要公平处理人与人、国家与国家、社团与社团之间的关系，要善于互相尊重，平等相处，和平发展。旅游活动本来是一种愉悦身心、强健体魄、增长知识、陶冶情操、时尚高雅的活动，因此更应该充分体现其公平性。

（6）环境观　区域旅游经济可持续发展的环境观认为，人类旅游活动的开展必须同地理环境容量（地理环境承载力）相适应，决不能随意超越。地理环境的承载力可以通过 3种途径来计算：①资源途径，即通过旅游资源容量与每位游客所占有的基本空间标准的比例计算；②环境途径，即通过环境自净能力与人均排污及预防能力的平衡进行计算；③生产途径，即通过旅游地各种设施与物资的供给能力与一定的人均消费标准相除求取。人类利用自然、改造自然的力量虽日益增强，但人口数量和人均生活消费水平也呈上升趋势，其能否保证人地关系的和谐，关键是要把人类的旅游活动量控制在特定的地理环境承载力之内。否则，生态平衡将受到破坏。

另外，可持续发展的环境观还认为，人类旅游活动的开展还必须顺应自然与社会发展规律。两种规律的产生和发展变化虽各不相同，但都具有不以人们的意志为转移的特点，都具有它们的客观性，若违反这些规律，区域旅游经济的发展必然会遭受各种挫折。

第二节　区域旅游经济发展环境分析

环境是相对于某一中心事物而言的周围事物。区域旅游经济发展的环境，按其物质特性可分为物质环境、非物质环境和人力与技术资源 3 个方面。

一、物质环境

物质环境包括自然环境、旅游资源、公共设施环境和区域旅游市场环境。

1. 自然环境

自然环境，又称自然地理环境，它是由地球表层中各种自然物质和能量组成的，具有一定地理结构特征，并按照自然规律发展变化的一种实体系统。自然地理环境包括整个水圈、生物圈、岩石圈、大气圈等在内，是人类进行社会活动的基本空间。自然地理环境对区域旅游经济发展的影响主要表现在以下几个方面。

（1）自然环境的地域分异是旅游资源地域分异的客观基础，是旅游者产生旅游动机和行为的直接原因之一　旅游资源是旅游经济发展的物质基础和旅游活动的客体，旅游资源的形成及其分布像其他资源一样，是在特定的地理环境条件下形成的，也具有明显的区域性特点和地域分异规律。一般来说，一定地区的自然旅游资源的形成和演变，是由该地区的综合自然地理环境决定的；而人文旅游资源的形成与演变，则是由特定的自然和人文地理环境决定的。但是，人文地理环境是后天的，是在特定的自然地理环境条件下形成的。因此，不论自然旅游资源或人文旅游资源，其形成和演变都与当地特有的自然地理环境有关，自然地理环境的地域分异是旅游资源地域分异的客观基础。而旅游资源的不同，又在一定程度上影响到旅游活动及旅游经济发展的内容、形式和效果。正是自然地理环境的差异，才导致各地旅游资源的不同，才使人们产生了对其他地区的好奇感和新鲜感，从而导致经常居住在某一地区的人们产生到另一地域旅游的动机，产生各种各样的旅游活动。与此相关联，旅游需求的产生一定会引起旅游供给的发展，使人们凭借本地区特有的自然地理环境条件和旅游资源条件发展旅游业。综上所述可知，自然地理环境的差异性是区域旅游经济发展的最基本条件，没有这个条件旅游经济难以产生和发展。

（2）自然地理环境各要素的时空组合状况，决定了一个地区自然环境条件的优劣和旅游吸引力的大小　自然地理环境各要素的时空组合既造就了各种各样的旅游资源，也塑造了各地都不相同的自然地理环境。而良好的自然地理环境对旅游经济发展具有极大的促进作用，特别是在人们追求生态旅游的今天，良好的自然地理环境是区域旅游经济发展的宝贵财富。例如，海口清新的空气、优质的水源、和煦的阳光等，造就了它"全国最适宜居住的城市"环境，每天吸引着数以万计的游人前往；昆明四季如春的气候，使它具有了"春城"的美称，成为中国著名的旅游地之一。

（3）各自然地理环境要素对区域旅游经济发展起着不同程度的促进与制约作用　例如，地形条件不仅是形成自然风景的骨架，严重影响到旅游地风景特色的形成，而且直接决定了旅游地可进入性的强弱，旅游经济发展的时间，速度与规模。在水贵如油的地区，十分不利于自然美景的培育、游人的舒适旅游和区域经济（如耗水工业、灌溉农业）的发展，因此也很难谈得上良好的区域旅游经济的发展。

（4）自然环境的承载能力在一定程度上制约着区域旅游经济的发展规模　自然环境容量是指在一定时期内旅游地的自然生态环境不致退化的前提下，所能容纳的旅游活动量。自然环境容量是立足于当地原有的自然环境质量，考虑自然环境对于旅游活动所产生的污染物能够完全吸收与净化，旅游活动不会导致其他自然要素发生异向演替，对其他物种不会形成生存干扰和数量的减少基础之上的。这样一来，自然环境的承载能力与区域旅游经济的发展规模之间便产生了矛盾，要么不顾自然环境的恶化，一味扩大区域旅游经济发展规模，要么为了确保旅游地的自然环境，合理控制区域旅游经济发展规模。显然，只能选择后者。

2．旅游资源

旅游资源是旅游经济发展的物质基础和必备条件。一个地区旅游资源数量的多少、质量（品位）的高低、特色是否突出、地域组合是否良好等，会不同程度地影响着区域旅游经济的发展。除了旅游资源的自身条件影响到区域旅游经济的发展以外，旅游资源开发中的资源配置、产业结构和国民经济其他产业部门的协作配合，也在很大程度上影响着旅游资源的开发利用，以及区域旅游经济的发展。

（1）合理配置旅游资源是获得良好旅游经济效益的重要途径　合理配置旅游资源是指在旅游资源开发利用过程中，要求旅游经营者在认真进行旅游资源评价的基础上，根据当地旅游资源开发的社会经济条件和旅游产品的市场需求情况，在时间和空间的安排上做出合理选择，如有些资源可能会得到优先开发、重点开发，有些资源可能会暂缓开发或不预开发，即通过人为地时空调控，达到合理利用旅游资源的目的。

（2）合理的旅游产业结构是充分发挥旅游经济优势的重要举措　针对一个地区的旅游资源开发而言，在从资源优势到产业优势、再到经济优势这个转换过程中，资源优势是条件，经济优势是目标，产业优势则是从资源优势到经济优势转化的桥梁。在一定的资源和市场条件下，正确引导各种资源的合理利用，可以使区域内的整体资源优势得以发挥，劣势得以降低或回避。产业优势是实现经济优势的条件，但产业优势只有与合理的产业结构结合起来，才能形成经济优势。

（3）国民经济其他产业部门的协作配合，是形成旅游经济优势的重要保证　在区域经济发展过程中，任何一个产业的发展都离不开其他相关产业的支持与配合。旅游业是一个涉及面广，牵涉行业多的产业，旅游资源的开发利用和区域旅游经济的发展更离不开各个产业部门的协作与配合。

3．公共设施环境

公共设施是指由政府提供的满足社会生产和生活等公共需要的各种设施。公共设施是包括旅游经济在内的区域经济发展的重要的物质环境条件之一。

（1）为生产服务的公共设施　它主要包括通信、交通、供水、供电、供气、供热等。这类设施一般投资规模大，涉及领域多，企业难以独立承担投资。政府建立这类设施的目的：①可以节约企业生产成本，解决企业无法独立投资的困难；②可以加强此类产品价格和服务质量的管理，促进区域经济发展。

（2）为生活服务的公共设施　它主要包括医疗卫生设施、公共娱乐设施、环境保护设施、商业设施等。这类设施健全与否、质量高低直接影响到区域内居民的生活质量和生活成本，间接影响到区域内经济的发展。设施完备、优质服务的生活环境，会大大增强区域对人才和劳动力的吸引力，提升区域内劳动素质，降低劳动力成本，增强企业活力，促进区域经济发展。

（3）为生产要素发展服务的公共设施　它主要包括文化、教育、科学研究、技术交流等设施。良好的生产要素发展环境，能够保证区域内职工和居民非常方便地学习新知识、新技术、先进的思想和方法，随时进行业务培训，不断提高劳动者的各项素质。

4．区域旅游市场环境

区域旅游市场环境是指一定地区经济运行状态条件下，地区旅游市场结构、设施与服务构成的要素总和。地区旅游市场环境直接影响着旅游企业的生存与发展，关系到企业的切身利益，而旅游企业是区域旅游经济发展的细胞，又直接影响着区域旅游经济的发展。市场环境主要从以下几方面影响区域旅游经济的发展。

（1）旅游市场结构与行业分布　旅游市场结构是指旅游业内部企业间的竞争关系。企业数目、产品差别程度、进入旅游市场的难易程度和企业对产品价格的控制程度等，决定了市场的竞争和垄断程度。一般来说，旅游市场的竞争程度越高，经济效益越高，越有利于区域经济的发展。

（2）生产要素供给　要素余缺、种类、质量、价格、信息、供给弹性和供给的方便程度是企业评价投资环境的重要方面，尤其是劳动力要素和资金要素的供给情况。区域内劳动力是否丰富，决定了旅游企业对劳动力选择的自由度；劳动力的层次和种类多少，决定了旅游企业对劳动力选择的满意度；劳动力的素质高低，决定了旅游企业的劳动力成本和利润。随着经济的不断深入发展，高素质的劳动力资源在区域经济发展中的地位越来越重要。

（3）第三产业的发达程度　金融、保险、商业、信息、中介、医疗等第三产业对区域旅游经济发展具有重要作用。区域旅游经济越发达，对服务产品的需求量越大，第三产业就显得越重要。对一个地区而言，第三产业越发达，企业的专业化程度会越高，企业成本下降越快，区域旅游经济效益会越好。

二、非物质环境

非物质环境主要是指社会、历史、文化、经济、政策和政府行为等影响区域经济发展因素组成的环境。从这些因素形成的条件来看，非物质环境可分为政府环境、经济环境和社会环境 3 个方面。

1. 政府环境

政府环境主要是指政府行为各因素（如法律、政策、政府管理与服务等）构成的环境氛围。在区域经济发展过程中，各级政府或公共机构通常会为实现一定的社会经济目标而对区域经济运行进行有目的的干预。一般认为，政府在发动、促进与支持区域经济发展过程中的主要作用包括如下 4 个方面：①为区域经济活动提供一个环境保证，如法制环境、安全保障等；②提供公共产品，即那些为社会大众所利用的不具有排他性的产品（如道路）或排他性不能为社会所接受的产品（如基础教育）；③负责处理社会认为是必要的，但由于必要的投资规模原因（如铁路网）或对私人投资者而言，缺乏短期获利能力（如环境保护），私人部门不可能介入的领域；④解决或避免由地方经济活动引起的问题，如失业、资源过度利用与破坏、环境污染等。

（1）法律环境　法律环境是指立法与执法情况。市场经济应该是法制经济，通过完备的法律规范行为主体的行为规则，调整各行为主体的利益关系，明确各行为主体的行为界限，维持经济活动的秩序，使人们能够根据法律形成稳定预期。执法是法律权威的最终体现，执法不严，则地区的法律环境就不具有稳定性，人们的收入就很难得到保证；严格执法，企业决策时就可以有明确的依据，大大减少企业决策风险。对于一个地区而言，在立法权限受到限制的条件下，执法情况便成为区域法律环境的主要影响因素。

（2）政策环境　政策环境是指区域内各种政策的总和，主要有宏观区域性政策、区域地方性政策和宏观政策的区域效应。政策环境能够以一种外在的力量促进区域条件向经济优势转化，或抑制区域条件向经济劣势转化。这两种转化是通过不同的政策来增加和减少各经济主体的利益，从而影响和改变经济主体的行为和决策来实现的。从这个角度上来看，政策可分为限制性政策和鼓励性政策两个方面。改革开放以来，在旅游经济发展方面，国家和地方政府出台了大量的鼓励和支持区域旅游经济发展的政策。为了确保政策的正确性和更好地促进区域经济的发展，制定政策时应广泛征集多方面意见，使政策做到公平、科学、合理，同时还要保证政策的相对稳定和连续性。

（3）政府管理与服务　政府是地区的宏观管理者和服务者。从区域经济发展方面来看，作为管理者主要是向当地群众宣传和贯彻落实国家（或地区）的各项经济政策，带领人民群众大力发展地方经济。作为服务者，主要是在区域经济发展中向企业和当地群众提供生产和生活服务。对企业而言，具有指导意义的政府服务，可以减少企业的决策失误，降低企业的经营风险，减少企业公共信息性支出，节约企业成本，形成良好的区域经济发展软环境。

2. 经济环境

经济环境是指一个地区在长期的经济发展中形成的由区域经济发达程度、诚信状况、商业道德等因素组成的环境。

（1）区域经济发达程度　区域经济发达程度对旅游资源开发利用和旅游业发展具有重大的影响作用，也是投资者重点考虑的因素。如果一个地区经济发达，各种基础设施、服务设施等条件良好，那么旅游经济的发展相对来说就比较容易，不论是本地投资或吸引外地资金都不会有大的问题。如果一个地区经济衰落，发展前景暗淡，社会经济环境欠佳，就非常不利于区域旅游经济的发展。另外，区域经济发达与否，在一定程度上影响着区域旅游经济开发中人、财、物的供应能力，高技术的引进和消化吸收能力等，进而影响到区域旅游经济的发展。

（2）信用环境　　信用环境是指经济主体相互之间的资金借贷和商品赊销等商业信用关系的状况。商业信用在经济生活中是不可缺少的，也是十分重要的。在一个没有良好信用环境的地区，各种经济交往都会缺乏信任感，这样会严重阻碍区域经济的发展。创造信用环境的重要措施是形成契约经济，通过契约使人们养成一个良好的诚信习惯，明确经济交往中各自的责任和利益，从而有利于区域经济的发展。

（3）商业道德环境　　商业道德是商业活动中为当地社会商业交往所认同的规范化的基本伦理观念。一个地区的商业道德状况构成地区商业道德环境。在商业经营活动中有很多责任与利益无法用契约明确表达出来，但对当事人又有很大影响，必须靠商业道德来约束。因此，商业道德环境是构成区域经济环境的重要方面，必须高度重视，加强建设。商业道德环境培育的措施主要有：①建立商业服务规范标准，加强行业自律；②加强市场监督与管理，规范人们的商业交往行为；③运用社会舆论监督工具，促进社会商业道德水平提高等。

3．社会环境

社会环境是指由社会、传统和文化因素构成的环境氛围，其内容包括道德风尚、风俗习惯、行为模式、信仰、偏好、机构和关系等。社会环境对区域经济发展而言，属于重要影响因素之一，它直接影响到区域内企业在要素组织、投资和产品生产时，必须考虑企业所处的社会环境，根据具体情况决定企业的投资、生产和经营行为。例如，良好的道德风尚和行为模式，十分有利于区域旅游经济的发展，企业可以放心投资、经营；富有特色的风俗习惯是构成旅游地吸引力的一个重要方面，可供旅游企业作为旅游资源开发利用；和谐的人际关系和文明的行为举止，有利于提高旅游地形象，给旅游者留下美好的记忆等。社会环境在任何地区都是客观存在的，社会环境的好坏与一个地区的精神文明建设重视程度有关。一般来说，随着社会经济的发展，社区政府要在社区居民中倡导新文化、新观念、新风尚、新文明；反对和废除那些不健康、不文明、不科学的旧风俗、旧习惯、旧传统、旧观念，为包括旅游业在内的区域经济发展，创造一个良好的社会环境。

三、人力与技术资源

人力资源，也称劳动力资源，是指某地域范围内的人口总体所具有的劳动能力的总和。与其他资源相比，人力资源具有能动性、时效性、智力性、再生性、生物性和社会性等特点。与人力资源紧密联系的一个概念就是人力资本。也可以说，人力资本是在人力资源基础上派生出来的，是指以人力资源为核心，以人的能力的利用、开发为表现的，包括教育、工作经验及人口的健康营养状况等因素在内的资本形式。企业的无形资产，大部分可以归结为人力资本作用的结果。在企业创造财富的经营过程中，通过人的活动为有形的生产资料创造了高附加值。人的创新活动为有形资产赋予了不同的特点，最大限度地发挥了有形资产的作用，决定了企业经营的成败。管理的窍门、知识的扩散、企业内部及企业间的合作、企业敢为人先的创新精神都是人力资本的体现。人力资本在现代经济中之所以如此重要，是因为它作为知识的载体介入了生产过程。人力与技术资源在区域旅游经济发展中的作用主要体现在如下几个方面。

1．人力与技术资源开发是区域旅游经济发展成败的关键

回顾我国旅游经济的发展，可以深刻理解人力资源在区域旅游经济发展中的重要性。20世纪80年代，我国旅游业的发展，尤其是主题公园的建设和发展走了很多弯路，出现了旅游资源破坏、旅游环境污染、旅游景区无规划乱建、旅游市场混乱等一系列问题，严重影响了我国旅游业的发展。其原因很多，但关键是旅游业起步较晚，旅游技术与管理人才缺乏，旅游发展具有很大的盲目性20世纪80年代以后，随着我国旅游教育事业的发展，大批旅游专业人才相继进入旅游行业，旅游经济才步入健康发展的轨道。

2．人力与技术资源是区域旅游经济发展的根本动力

21世纪，人类经济发展进入了知识经济时代，知识在经济发展中的作用显得尤为重要。知识经济阶段有别于劳动力经济阶段和自然资源经济阶段，其产生的前提和背景是20世纪50年代末兴起的新技术革命。信息科学技术、生命科学技术、新能源与新材料科学技术、环境科学技术及软科学技术的创立和迅速发展，使得区域经济发展与知识、技术密不可分，使得科学技术成为第一生产力。知识经济也称智力经济，即经济发展主要取决于智力资源的占有和配置的经济。而智力资源的载体是人，因而人的因素在知识经济的发展进程中占有重要地位。旅游经济是一个涉及经济科学、社会科学、自然科学等众多学科科学技术的经济，其发展更离不开各种科学技术和人才的支持。因此，区域旅游经济的发展若忽视人力资源的开发利用，或任意浪费人力资源，不仅不适合知识经济时代的要求，反而会使区域旅游经济的发展失去根本动力，严重阻碍区域旅游经济的发展。

3．人力资源是区域旅游经济发展中最活跃的生产要素

社会生产力包括劳动者、劳动工具和劳动对象，科学技术进步则体现在三者之中，既体现在劳动者的知识和技能，又体现在劳动工具的进步和劳动对象的改善上，所以科学技术是第一生产力。而在社会生产力三要素中，人（尤其是高素质的人）是最活跃的因素，科学技术知识要靠人去学习和掌握，劳动工具要靠人去制造和使用，劳动对象要靠人去认识、研究和施加作用。因此可以说，在现代经济发展中离开了高素质的人，将一事无成。旅游经济是社会经济的一个方面，其发展也无疑离不开高素质的人。在科学技术日新月异的今天，只有持续不断地将高素质人才引进旅游行业，并提供良好的使其施展才华的环境，充分发挥这些人的聪明才智，区域旅游经济的发展才有好的经济效益、社会效益和环境生态效益可言。

4．人力资本运营是区域旅游经济的基本经营模式

人力资本运营的核心是对人力资本进行开发和利用，并在此基础上建立相应的产业群，为区域旅游经济发展提供人才储备与智力支持。在区域旅游经济发展各因素中，人力资本运营模式把人放在最重要的位置，一切运营与操作都围绕人力资本这个中心进行。该模式使人力资本运营与知识经济的发展相辅相成，相互促进，互为动力，使旅游产业结构轻化、软化。在区域旅游经济发展中，人力资本运营形成的产业群可包括旅游教育、旅游规划设计、旅游创意策划、旅游信息、咨询服务、旅游市场营销等。

第三节　区域旅游经济发展的目标、模式与重点选择

区域旅游经济发展目标、模式与重点，是在全面分析区域旅游经济发展的各种因素和条件的基础上，从关系区域旅游经济发展全局的高度考虑而制定出来的，这些内容对于一个地区的旅游发展而言，具有全局性、长期性、战略性和纲领性的特点，对指导一个地区的旅游经济发展起着十分重要的作用。

一、区域旅游经济发展目标

区域旅游经济发展目标是制定区域旅游经济发展战略首先要解决的问题，发展目标的确定将决定一个地区旅游业的产业地位和发展速度，是整个地区旅游业各部门都为之奋斗的核心，也是区域旅游经济发展的纲领性指标。区域旅游经济发展目标的确定需要进行一系列的研究，其主要内容如下。

1．相关问题研究

区域旅游经济发展目标是一个事关全局的大问题，不是随随便便就可以确定的，必须经过认真地研究分析后才能确定。一般来说，目标确定前要进行的相关性基础研究，具体内容如下。

（1）发展区域旅游经济的原因研究（经济的、社会的和环境的）。

（2）旅游发展的形式，准备吸引的国际与国内市场的类型。

（3）旅游发展是否仅仅考虑市场规模和经济效益，抑或是开发仅仅符合环境和社会要求的旅游形式。

（4）能够容忍的旅游开发强度。

（5）旅游发展的速度。

（6）政府和企业在区域旅游经济发展中各自扮演的角色。

（7）环境保护、文化保护和可持续发展问题。

（8）开发的主要区位及开发的分区问题研究等。

2．目标期限问题研究

在确定发展目标之前，还要认真研究发展目标的期限长短问题，并根据其长短再划分出若干个目标期。关于这个问题，世界旅游组织（World Tourism Organization，WTO，1994）提出了开发行动期、发展战略期和长期政策规划期 3 种分期（见图 12-1）。

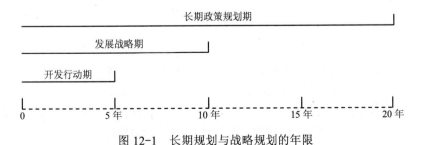

图 12-1　长期规划与战略规划的年限

3．国内外旅游发展趋势及特征研究

在制定区域旅游经济发展目标过程中，把握国内外旅游经济发展趋势与特征是十分重要的，因为只有充分把握了发展趋势和特征才能据此从构建旅游产业体系的目标出发，观察目前旅游业对区域经济的贡献率，预测未来一定时期内旅游产业的经济地位，以及旅游业在区域经济发展中的联动强度，估计旅游业的收益乘数和就业乘数效应。另外，除了对国内外旅游经济发展的总体趋势和特征予以准确把握以外，还要对本区的旅游业发展现状进行分析，包括目前旅游经济的发展水平，在国民经济中所处的地位，最近几年的发展速度，区域旅游经济发展的成就及存在的突出问题，以及发展的潜力等。这样，通过国内外、区内外的发展分析，对区域旅游经济发展目标的制定会更为科学、合理，会更符合地区实际。

4．区域旅游经济发展目标的制定

区域旅游经济发展目标可分为总目标、分目标和具体指标3个层次。总目标是区域旅游经济发展分目标和具体指标的高度概括和凝练，分目标和具体指标是总目标的分解与细化。

（1）总目标 总目标是对一个地区一定预期末区域旅游经济发展应达到的高度，在世界或全国等旅游劳动地域分工中所处的地位，即一定预期末区域旅游经济发展希望实现的综合地位。例如，杭州市区域旅游发展经济总目标是：以个性国际化为总体方针，充分发挥资源优势，大力加强市场营销，全面提升以观光旅游、休闲度假和商务会展为核心的多元化产品体系的服务功能，稳步提高杭州作为目的地城市在国际和国内的竞争力，到2020年，将杭州建设成为最具幸福感和江南个性的国际风景旅游城市与东方休闲之都。

（2）分目标 区域旅游经济发展分目标一般包括3大部分：①经济发展目标；②社会发展目标；③环境发展目标。对于区域旅游经济发展分目标的划分，可能有些人会持有异议，即分目标中为什么会包括社会发展目标和环境发展目标呢？我们认为，从区域旅游经济可持续发展的角度考虑，不包括社会发展目标和环境发展目标是不全面的，是不符合可持续发展精神的。下面以杭州为例举例说明。

杭州市区域旅游经济发展分目标是：近期（2004～2010）：国际化发展阶段。打造"东方休闲之都·人间幸福天堂"城市品牌；重点围绕"一心、一轴、六区"布局，引导传统观光旅游向以观光、会展、休闲度假为核心的产品体系转变；加强三大入境市场阵营的营销力度，巩固以日韩、东南亚和港澳台为主的传统入境市场份额，大幅增加欧美主要客源国的市场份额，推进上海都市圈、京津都市圈和广州都市圈三大市场的稳定增长，扩展目标客源城市；力争杭州旅游服务水平接近国际水平；优化旅游管理体制，健全旅游法制；以世界"休博会"的举办提升杭州休闲旅游的国际知名度与美誉度，完善杭州作为浙江省旅游中心地城市的服务与辐射功能；积极推进"旅游西进"，大杭州旅游格局初步显现；加强区域合作，杭州在长江三角洲（以下简称长三角）一体化和无障碍旅游区建设中的作用更加突出，初步树立长三角休闲度假中心的地位；杭州建设成为具有较高国际知名度的风景旅游城市与东方休闲之都。

中期（2011～2015）：国际化提升阶段。城市品牌形象和知名度进一步提升，"Waterside, Heaven Site"在西方入境市场中的知名度大大增加；旅游产品结构发生根本变化，以观光、会展、休闲为主体的多元化产品体系基本完善，旅游西进继续深入发展，大杭州旅游格局完全实现；产品、营销与服务达到国际一流水准，提供完善的城市基础设施和旅游服务设施，城市现

代服务功能与旅游功能较为完善；旅游管治体系得到优化，旅游法制化基本健全；国际国内市场消费初步实现向质量效益型的转变，游客平均停留时间继续增加；长三角休闲度假中心的地位得到完善和加强；杭州成为国际知名的风景旅游城市和东方休闲之都。

　　远期（2016～2025）：国际化巩固阶段。进一步巩固城市品牌在国际国内市场的影响力；更加完善以观光、休闲度假和会展为主导、其他产品为支撑的多元化旅游产品体系，产品结构性矛盾完全消除；大杭州旅游格局进一步深化；在旅游管理、营销、服务等方面处于国际领先水平；游客平均停留时间与游客人均消费继续增加，旅游业完全实现向质量效益型的转变；旅游法制化体系更加完善，管治体系更加优化；杭州成为具有国际水准的国际国内旅游者首选目的地，最终建设为最具幸福感和江南个性的国际风景旅游城市与东方休闲之都。

　　（3）具体指标　　具体指标是对分目标的分解和具体量化。一般来说，分目标是靠一系列具体的量化指标来支撑和说明的，如果没有这些具体的指标，分目标便缺乏一个度的界限，便显得模糊不清。在区域旅游经济发展目标研究中，描述旅游经济发展分目标的具体指标有：旅游 GDP，旅游外汇收入，旅游 GDP 占 GDP 的比重，旅游接待总人数，旅游经济发展速度，旅游经济结构，旅游经济运行质量等。描述区域旅游社会发展分目标的具体指标有：旅游就业人数，就业乘数效应，旅游比（人均逗留时间/人均交通时耗），收入乘数效应，基础设施发展目标，居民生活质量目标，精神文明指数等。反映环境发展分目标的具体指标有：旅游资源开发利用率，环境率[指大气、水体、噪声等指标与国家环境标准之比率的乘积，即 ESR＝旅游地环境质量（E）之积/国家环境（一级）标准（S）之积]，森林覆盖率，城市绿地率等。

　　按照时间尺度分析，总目标、分目标和具体指标又包括近期目标、中期目标和远期目标

二、区域旅游经济发展模式

　　区域旅游经济发展模式是指一个国家或地区在某一特定时期旅游业发展的总体方式，它是对某一类型的区域旅游经济系统所作的理论概括。不同的国家或地区，由于影响区域旅游经济发展的因素不同，其旅游经济发展模式的选择可能多种多样。

1．超前型与滞后型发展模式

　　从区域旅游经济的形成、发展及其与国民经济发展的总体关系来看，旅游经济发展模式可分为超前型与滞后型两种。

　　超前型发展模式是指区域旅游经济的发展超越国民经济总体发展水平和发展阶段，通过率先发展入境旅游而带动和促进国民经济相关行业发展的旅游发展模式。超前型区域旅游经济发展模式一般发生在区域经济不够发达的发展中国家或地区，这些国家或地区利用旅游经济关联性强、产业带动作用大、综合效益比较好的特点，通过对旅游业的高强度投入和富有特色的旅游资源开发，在政府的支持下首先发展入境旅游，待国民经济全面发展并达到一定水平后，再发展国内旅游和出境旅游。

　　滞后型区域旅游经济发展模式又称自然发展型模式，是指区域旅游经济的发展滞后于国民经济总体发展水平和发展阶段，即国民经济发展水平达到某一相当高度后，区域旅游经济自然而然地形成和发展起来的一种发展模式。这种类型的区域旅游经济发展模式是由适应本

国居民对旅游产品消费需求增长的需要而逐步推动的。这种模式的产生时间早于超前型发展模式，大体在19世纪后半叶时的西欧、北美等发达地区就已出现，并且其旅游经济随着区域经济的进一步发展而发展壮大。滞后型区域旅游经济发展模式是一种常规的发展模式，充分体现了旅游经济活动是社会生产力发展达到一定水平条件下自然而然出现的发展规律。

2．市场主导型和政府主导型发展模式

市场主导型和政府主导型发展模式是根据区域旅游经济发展的调节机制不同而划分的。市场主导型发展模式是指区域旅游经济的发展主要以市场机制为核心，通过市场调节，实现旅游资源的优化配置，推动区域旅游经济发展的一种模式。市场机制对区域旅游经济发展的调节作用，主要是通过价格、供求关系和市场竞争等形式实现的，即通过这些不同的市场机制形式达到区域旅游经济内部的自我调节和自我均衡，从而使旅游供求在不均衡—均衡—不均衡和不适应—适应—不适应的矛盾运动中实现发展，以此推动区域旅游经济的发展。市场主导型发展模式具有以下几个特点：①区域旅游经济的发展主要依靠市场机制推动，由市场上"看不见的手"自发地发挥作用；②政府的作用是间接的，主要是通过一定的市场参数实现调节；③国家政策对旅游产业的影响主要侧重于市场需求。

政府主导型发展模式是指由政府有关部门通过制定各个时期的区域旅游发展规划、区域旅游发展战略或通过制定旅游产业政策而推动区域旅游经济发展的一种发展模式。它是在对区域旅游经济发展影响因素进行认真分析的基础上，对区域旅游经济发展进行远景筹划，提出区域旅游未来一定时期的发展方向、目标、规模、速度、重点、模式、对策等，从而达到干预旅游业发展的目的。该模式的基本特点是：①在区域旅游经济发展中，政府起主导作用，市场起辅助作用，其手段是设置强有力的旅游行政管理部门，制定鼓励旅游业优先发展的产业政策，编制符合当地实际的旅游发展规划，加大对旅游开发和建设的投入，加强对旅游行业的宏观管理等；②对区域旅游经济发展的影响主要侧重于旅游供给。

3．延伸型和推进型发展模式

从区域旅游经济发展的演进形式和旅游类别发展的先后顺序分析，区域旅游经济发展模式可分为延伸型和推进型两种。延伸型区域旅游经济发展模式是指优先发展国内旅游，通过国内旅游的发展，再发展入境旅游和出境旅游，最终实现国内旅游、入境旅游和出境旅游全方位多层次的发展模式，它属于国内旅游向国际旅游延伸的常规发展模式，也是区域旅游经济随着社会生产力发展水平和社区居民旅游消费水平的进一步提高，而自然延伸的一种发展模式。延伸型发展模式的基本特点是：①其发展由境内向境外延伸；②它是在社会生产力发展水平不断提高的基础上自然形成的。

推进型区域旅游经济发展模式是指首先发展入境旅游，再发展国内旅游，随着社会经济和居民收入水平的进一步提高，然后再发展出境旅游，最终实现入境旅游、国内旅游和出境旅游全面发展的模式，它是由国际旅游向国内旅游推进的非常规发展模式。这种模式是以城市为依托，通过入境旅游的发展，全面带动以城市为中心的区域旅游资源开发和旅游设施的建设，然后再向城市的周边地区推进，实现全国地域的旅游资源开发和旅游业发展。由于这种发展模式是建立在较低的国民经济发展水平之上的，所以大多数发展中国家通常采用该模式。推进型区域旅游经济发展模式追求的是国内经济发展急需的外汇收入和旅游经济发展的乘数效应，以及对外向型经济的带动作用。该模式的基本特点是：①国内旅游和出境旅游的发展是在入境旅游发展的基础上逐步推进的；②整个区域旅游经济的发展虽然主要是以社会经济的发展为基础的，但政府在其中起着重要的作用。

4. 大国模式和小国模式

从国土面积的范围大小来看，区域旅游经济发展可分为大国模式和小国模式两种。大国模式即国土面积较大国家的区域旅游经济发展模式，既包括发达国家，也包括发展中国家。在国土面积较大的国家，由于地域辽阔，其自然和社会环境条件复杂多样，无论自然旅游资源和人文旅游资源都很丰富，且地区间差异很大，再加上人口众多，文化发达或厚重，本身就具有很多发展旅游经济的有利条件。大国模式的基本特点是：①由于旅游业发展条件的不同，国内各地区间的旅游经济发展差异性很大；②虽然国内旅游发展规模和潜力都较国际旅游大，但大力发展国际旅游特别是入境旅游是所有大国的重要发展目标；③旅游经济发展的综合性突出。

小国模式即国土面积较小国家的区域旅游经济发展模式，包括发达国家和发展中国家。在国土面积较小的国家，由于地域面积有限，其自然和社会环境条件比较简单，因此其旅游资源的丰富性、旅游经济发展的区域差异性等，都不如大国大。但是由于面积较小国家一般都具有地理区位特殊而优越、旅游资源特色突出、国家经济发达、旅游设施完善、旅游管理简单的特点，所以其旅游经济发展水平都很高，尤其是国际旅游发展水平高，旅游经济在其国家经济中所占地位也都相当高。

以上区域旅游经济发展模式是针对世界旅游经济发展的现实，从不同的角度和不同的划分标准而划分的，具有一定概括性和综合性。由于区域旅游经济系统是一个具有开放性、变化性的系统，受这些性质的影响，一个地区的旅游经济发展模式也不是一成不变的。当区域旅游经济运行的内外部条件都发生较大变化，原有的经济运行模式难以适应新的旅游经济发展需要时，就会出现新模式，取而代之旧模式。当新的运行模式确立后，区域旅游经济的发展方向和目标便已明确，区域旅游经济便会沿着新的轨道运转，并保持相对稳定。因此，阶段性和相对稳定性是所有旅游经济发展模式都具有的共同特点。至于一个国家或地区区域旅游经济的发展采用何种模式为好，这要根据一个国家或地区的旅游经济发展的具体条件而定。不管哪种模式，只要有利于区域旅游经济的发展就是好模式。

三、区域旅游经济发展重点、布局和步骤

区域旅游经济发展重点、布局和步骤是分别从区域旅游经济内部的部门结构、空间配置和时序安排上保证区域旅游经济发展目标顺利实现的 3 个重要方面。

1. 重点

在一定时期内区域旅游经济发展的重点如何选择，一般来说应从以下两种情况予以考虑：①瓶颈部门；②关键部门。瓶颈部门是指在区域旅游经济内部结构中成长发育不良，严重影响区域旅游经济整体发展的部门。把瓶颈部门作为发展重点，旨在体现和实现区域旅游经济内部各部门之间协调发展的要求。关键部门是指在区域旅游经济发展中起关键性、根本性和全局性的部门。例如，在区域旅游经济发展中食、住、行、游、购、娱 6 个方面都是缺一不可的，都很重要，但"游"是核心，是先导、是主导、是支柱。说"游"是核心，是因为缺了"游"便成为无游之旅而不是"旅游"。说它是先导，是因为"游"的规模、特色与水平，直接影响到食、住、行、购、娱各部门的发展规模和水平。说它是主导，是因为"游"

在区域旅游经济起飞或内部结构转换时,能够起到关键性的推动作用。说它是支柱,是因为"游"在区域旅游经济的发展中始终起着支撑作用,是旅游经济的主体和旅游收入的主要创造者。因此,对于一个地区而言,瓶颈问题的存在会直接影响区域旅游经济的整体发展,而"游"的问题解决不好,区域旅游经济整体便难以发展。

2. 布局

布局是指一个国家或地区旅游经济发展的空间配置问题。布局应解决以下 3 个问题:①明确现时区域旅游经济发展的重点旅游景区、核心景区、重要节点(重点旅游中心)和重要线路,以此为基础进行大力建设;②明确区域旅游经济发展潜力较大的旅游景区、旅游节点和旅游线路,将其作为潜在的旅游发展增长极予以培植,使其与核心景区和线路,形成接力发展的格局,以支撑与带动整个地区的旅游经济发展;③根据点轴发展规律,依托已有景区、节点和线路,不断向外围区扩展,推进旅游布局有序展开。

3. 步骤

步骤是从时间序列对实现总目标的阶段划分,其重点在于安排好各阶段间的任务转移和衔接。其一般原则是:先易后难;先重点后一般;先理顺关系,再调整和优化结构。

第四节 区域旅游经济发展的保障措施

就一个地区而言,区域旅游经济发展的目标和内容能否得到落实,还需要一系列的保障措施予以支撑,如政府的主导作用、旅游市场的能动作用、企业的主体作用、知识的促进作用、环境的优化作用等。

一、政府的主导作用

在区域旅游经济发展过程中,由于市场的不完全性、信息的不对称性、自然垄断现象、外部性及公共物品的存在等原因,旅游市场会出现失灵现象,即市场机制有它自身难以克服的缺陷,正是这些缺陷的存在,才需要政府合理地介入。市场失灵的结果是导致旅游经济活动不能按照资源的最优配置运行。另外,区域旅游经济是一种综合性经济现象,具有多行业性和多地区性,旅游经济发展所需的各种经济要素有相当一部分是公共物品。对这样一种综合性的经济现象,仅仅靠市场机制下的生产和供给难以实现全社会资源的有效配置。因此,要实现社会资源的有效配置,政府的作用是不可缺少的。

1. 消除市场障碍,培育旅游市场体系

在旅游经济中,市场缺陷主要是由于市场发育不完善而出现的功能性障碍,如旅游经济的地区性和行业性分割,造成各地区、各行业追求本地区和本行业利益,使市场机制不能很好地发挥作用,统一的旅游市场经济难以形成,影响了资源配置效益。消除市场障碍,培育市场体系的一个重要任务就是要建立与区域旅游经济发展相适应的市场主体。政府要利用各种行政手段加速市场主体培育,使旅游企业成为能与国际市场接轨并能参与国际市场利益分割的市场主体。市场主体的培育重点有两个:一是转变企业经营机制,建立现代企业制度;二是采取各种行政手段与措施,促使具有一定经济规模的旅游企业和企业集团

快速发育，走集约化经营之路。在市场体系建设方面，政府要注意加强有利于区域旅游经济发展的旅游人才市场、旅游资本市场、旅游技术市场和旅游信息市场的培育，为旅游外汇创收创造更好的条件。

2．弥补旅游市场运行中的不足

旅游经济是一种综合性经济，一个部门或一个企业的经营决策行为会对其他部门或企业的成本和收益产生影响，形成外部不经济性。例如，旅游交通运输部门产品价格的提高，会使本部门受益，但这种受益有时是以牺牲旅游目的地的经济利益为代价的；旅游景区或景点在有需求弹性的情况下，大幅度提高门票价格，增加本部门收益的举动，会对旅游交通、旅行社、旅游饭店等企业的经营产生不利影响，形成外部不经济现象。由于在区域旅游经济发展中，市场主体并不完全承担各自引发的外部不经济的后果，所以在经济利益的驱使下，如果没有政府的干预，这些部门或企业就不会轻易停止制造外部不经济活动。另外，区域旅游经济发展中的垄断行为，也会使旅游市场的创新动力下降，最优的旅游资源配置难以形成。对此，政府要通过各种手段加以限制，打破垄断，以保证市场机制最有效地发挥作用。

3．向旅游市场提供充分的公共物品

区域旅游经济的发展是借助大量的公共物品运行的，如区域旅游规划成果、旅游地形象、旅游宣传、入境旅游市场的对外促销、城市旅游环境、旅游基础设施、景区景点旅游资源与环境等。没有这些公共物品的提供与存在，区域旅游经济是无法发展的。由于这些公共物品使用上的公共性、收益上的无利或微利性、生产上的困难性等，个别部门或企业是不愿生产或难以生产的。因此，向旅游市场提供充分的公共物品是各级政府的一项重要职能。

4．建立市场规则，维护市场秩序

市场规则是由国家有关政府部门根据国家法律法规制定的约束市场交易行为，维护市场交易秩序，形成良好市场环境的各种行政法令、规定、管理条例、管理制度、国际惯例、国际市场规定等。在区域旅游经济活动中，大量的市场规则是由各级政府制定的，少量的市场规则是国际通用的或约定俗成的。

二、旅游市场的能动作用

旅游市场是区域旅游经济赖以生存和发展的重要条件，在区域旅游经济运行中发挥着重要的能动作用，尤其是旅游资源的优化配置作用。

1．旅游资源的优化配置作用

资源配置是指在社会经济活动中，如何把社会经济资源（人、财、物等要素）进行合理有效的分配，使各种资源优势更好地转化为经济优势的过程。资源配置既可以在政府的主导下进行，也可以在市场机制作用下进行，两种情况各有千秋。一般来说，在当事人具有比较完全的经济信息、市场竞争条件较好、行为人比较理性和经济活动较少产生外部性时，在市场机制作用下进行资源配置要优于政府主导下的资源配置。但是，当市场机制失灵，旅游经济活动产生明显的外部不经济时，政府的干预就显得很有必要。也就是说，市

场机制是实现资源优化配置的一个重要方面，要不失时机地加以利用，尽可能使区域旅游经济在比较完好的市场机制条件下运行，及时调整资源配置，不断提高区域旅游经济效益。

2．旅游产品的交换和旅游信息的交流作用

旅游市场是连接旅游产品供需双方的桥梁和纽带，承担着旅游产品价值与使用价值实现的任务。没有旅游市场的存在，旅游产品的价值与使用价值难以实现交换，旅游经济便难以发展。

另外，区域旅游经济的发展离不开旅游信息的指导，而旅游信息的源头就在旅游市场，因为旅游市场一头连着生产，另一头连着消费。所以，通过市场可以了解各种旅游供求信息。由此可以看出，搞好旅游市场建设，对于促进旅游产品交换、旅游信息交流，进而促进区域旅游经济发展具有十分重要的作用。

三、企业的主体作用

旅游企业是区域旅游经济发展的细胞，也是区域旅游经济的基本单位和微观基础。因此，区域旅游经济的发展完全是靠一个个旅游企业支撑的，加强旅游企业的主体作用是提高区域旅游宏观经济效益的重要途径。要真正发挥旅游企业的主体作用，就必须为企业创造良好的发展环境，支持企业向国际化、纵向一体化和横向一体化发展。

1．旅游企业的国际化

旅游企业的国际化，即旅游企业的跨国经营。旅游者的跨国流动需要相关企业提供服务，这是旅游企业跨国经营的最基本动因。由于旅游业具有增加经济收入、出口创汇、回笼货币等经济作用，每一个国家和政府都积极发展入境旅游或支持本国旅游企业和人员从事跨国经营。另外旅游企业的跨国经营还受到当今一些国际组织的积极影响，如世界贸易组织、世界旅游组织、饭店和旅行社联合会等国际性组织等。

2．旅游企业的纵向一体化

国外一些经济学家，如潘热（John C. Panzer）、威利格（Robert D. Willig）、鲍莫尔（William E. Baumol）等指出，两个或多个产品生产线联合在一个企业中生产，比它们独立分散在只生产一种产品的不同企业中生产更节约时，就存在范围经济，即范围经济揭示了企业从事多产品生产的成本节约现象。具体地讲，范围经济主要来源于共用要素的充分利用，一旦这些共用要素为生产一种产品而投入，无需增加太多的费用甚至无需代价就可以部分地或全部用于生产其他产品，即这些生产之间是联合生产关系，这时就存在范围经济。而公用物品是典型提供范围经济的资源。范围经济是与联合生产紧密关联的，因此范围经济不仅包括生产经营多种相关或者不同产品时产生的收益递增，而且在垂直或纵向一体化情况下，为最终产品而进行处于相继生产经营阶段的不同产品的生产（即价值链上下游产品的生产），也包括在范围经济范畴内。所以范围经济包括垂直集中（纵向一体化）的经济性和结合生产或产品经营多元化的经济性两个方面。由于旅游业是一个交叉性很强的行业，非常有利于进行联合生产，从而带来范围经济，即一家旅游企业既做一项核心业务，同时又兼做与其紧密相关的其他业务。北京首旅集团就是如此，它是一个集经营酒店、旅行社、汽车服务、会展服务、景区景点、娱乐等服务为一体的纵向一体化大型企业集团。旅游企业纵向一体化的优点突出表现在节约交易费用、稳定交易关系、增强竞争实力和技术经济性

等方面。其风险是退出壁垒较高，市场应变能力降低。

3．旅游企业的横向一体化

旅游企业横向一体化是指企业现有生产活动的扩展，并由此导致现有产品市场份额的扩大，即企业横向一体化是指同类生产规模的扩大，是一种规模经济现象。由于该类增长与原有生产活动有关，所以比起其他类型增长更易于实现。一般来说，这种模式多为企业的早期发展阶段。在目前旅游企业横向一体化案例中，最典型的是饭店集团的横向一体化，表现形式主要是饭店之间的收购、兼并、租赁、特许经营、战略联盟等。对于旅游企业而言，规模经济的优点主要体现在以下几个方面：①获得规模经济效益，由于许多旅游产品有类似公共物品的性质，而且旅游活动涉及食、住、行、游、购、娱6个方面，增加客源和扩大经营范围都可以增加利润；②交易成本的节约，无论是规模经济理论的鼻祖亚当·斯密，还是其以后的一些经济学家，都从不同的理论途径揭示了规模化生产引起生产成本节约这一基本规律；③有利于多元化经营，旅游企业集团化经营的主要优势在于借助实力和品牌，采用多种运作方式拓展经营边界，整合资产，调整产品结构，取得高额利润；④垄断优势，旅游产品中的景区（景点）、特殊服务设施基本上处于绝对垄断或寡头垄断地位，饭店和旅行社也会因条件和服务质量不同而形成不同的垄断市场，因此集团化经营可以获得更多的垄断利润。

四、知识的促进作用

对于区域旅游经济发展而言，知识具有两重性，作为生产要素，它可以提高劳动生产率；作为消费品，它可以给人以愉悦和满足；即知识既可以促进生产，又可以促进消费，是区域旅游经济发展不可缺少的要素之一。

1．知识的生产性作用

无数实践证明，在区域旅游经济发展过程中，生产的各个环节与要素在知识因素的作用下，会大大减少区域旅游经济的内部矛盾并促使其呈现出更高级的特征，从而相应提高区域旅游经济的运行质量与效果，促进区域旅游经济的发展。同样生产一种旅游产品，如果投入更多的知识与技术，可在很大程度上节省有形资源，也可更大规模地循环利用有形资源，产生较少的废弃物。自古至今，社会经济始终是靠知识的不断促进而发展的，尤其是处于知识经济时代的今天，知识对于区域经济的发展显得更为重要。有人说，在今天这个时代，知识增长以几何级数进行，所以，作为生产要素的知识对生产的促进作用是无限的。知识性生产，主要是靠人的创造性劳动，靠科学技术的创新，需要较少的人力、物力、财力的投入，也排放较少的废弃物。因此，无论从生产性节约的角度来看，还是从环保性节约的角度来看，知识都有利于经济效益的提高。今天，凡是旅游经济发展水平高的地区，也都是知识利用得好的地区。

2．知识的消费性作用

随着生活水平的不断提高，在人们的消费构成中精神消费所占的比重越来越大，而精神消费又往往与知识有关。知识消费不仅不会造成消费倾向递减，反而会形成递增，消费的递增又会促进生产的发展，经济效益的提高。例如，越是有知识的人，对知识含量越高的旅游产品的消费需求越高，而旅游产品的知识含量越高，其产品的价格越高，附加值越大，经济效益越好。迪士尼公园是一个集丰富知识为一体的旅游产品，半个多世界以来一直长盛不衰，深受旅游者的喜爱，它所创造的经济效益和社会效益都很大。无数的事实证明，知识消费的弹性系数很大，知识的生产和消费相互促进，同消共长。社会越发展，人们的生活水平越提高，人们对知识性旅游产品的渴求越强烈。所以从消费的角度来看，知识性旅游产品的市场容量无限，多样性的旅游需求无限。

3. 从人地关系的角度来看，只有知识性的旅游经济才是区域旅游可持续发展的经济

知识性旅游经济是以智力资源为主要依托，要求充分考虑资源利用的环境效应、生态效应，科学、合理、综合、高效地利用旅游资源。因此，知识性旅游经济是促进人类旅游活动与自然环境协调的经济，是可持续发展的旅游经济。另外，在知识性旅游经济条件下，人们会更理性地从事旅游活动，因而人与自然的关系、人与人的关系、人与社会的关系会更加融合，社会秩序会更加良好，社会和谐才有可能完全实现。

由以上内容可以看出，知识性的旅游经济，既是以知识作为旅游竞争的生产力因素，从事旅游产品生产的经济；也是以知识产品作为消费的主导产品，促进旅游产品消费的经济。因此，如何在旅游经济的生产和消费两个方面更加充分地利用知识，是区域旅游经济能否很好发展、能否可持续发展的关键点之一。

五、环境的优化作用

环境的优化是指在人们的干预下，区域旅游经济发展的自然环境与社会环境由差变好，由不适宜到适宜旅游经济发展的过程。良好的旅游地环境是区域旅游经济发展的必备条件之一，不断促进旅游地环境的优化是旅游地建设的重要任务之一。旅游地环境的优化并不是一个抽象的概念，而是有一定要求的，其优化的标志是：旅游环境要具有高度的审美性；旅游布局要具有高度的合理性；旅游接待要充分考虑环境容量的有限性。

1. 旅游环境的审美性

旅游环境的审美性是指旅游地环境必须具有高度的美感，能够吸引游客并得到游客的赞美。环境美的创造应该从以下几个方面做起。

（1）物质景观的美感塑造　物质景观是指旅游地具有体现旅游形象功能的具象景观，包括背景景观、旅游区景观和城镇物质景观等。背景景观是旅游区存在的依托，存在于广泛的范围内，无需太多的设计与创造。但在景观形象的设计中需要注意的是生产建设和旅游开发活动，应当尽可能维护和强化原有资源的特色，避免环境污染和对旅游资源的破坏。旅游区景观是旅游者最感兴趣的观览对象，其景观形象的塑造一定要处理好以下几个关系：①自然景观与人文景观的协调；②主体景观与辅助景观的协调；③景观与设施的协调；④突出强调设施的艺术性和景观功能。旅游地内的城镇是旅游者进入旅游目的地的交通枢纽和旅游活动的服务基地，在烘托和加强旅游者对目的地整体形象感知方面具有重要作用。城镇物质景观形象主要通过城镇建筑、街道景观、广场、雕塑、绿化、园林、艺术小品等体现出来。城镇物质景观一定要有地方特色，一定要与旅游区格调相一致。

（2）社会文化景观的美感塑造　社会文化景观包括地方风土民情、民族文化、服务形象、居民行为等。社会文化景观形象的塑造牵涉到许多方面，是一项复杂的系统工程，必须由全社会共同行动才能完成。社会文化景观形象塑造的基本原则是，突出地方风土民情